JÜRGEN KOCKA

Sozialgeschichte

Begriff – Entwicklung – Probleme

2., erweiterte Auflage

V&R

VANDENHOECK & RUPRECHT
IN GÖTTINGEN

Jürgen Kocka

Geboren 1941, Studium der Geschichte und der Politischen Wissenschaft in Marburg, Wien, Berlin und Chapel Hill, N. C. (USA), dort M. A. 1965, Promotion 1968 an der Freien Universität Berlin, Habilitation 1973 an der Universität Münster, seit 1973 o. Professor für Allgemeine Geschichte unter besonderer Berücksichtigung der Sozialgeschichte an der Universität Bielefeld. Gastprofessuren University of Chicago (1984) und Hebräische Universität Jerusalem (1985). – *Buchveröffentlichungen u. a.:* Unternehmensverwaltung und Angestelltenschaft am Beispiel Siemens 1847–1914. Zum Verhältnis von Kapitalismus und Bürokratie in der deutschen Industrialisierung (1969); Klassengesellschaft im Krieg. Deutsche Sozialgeschichte 1914 bis 1918 (1978², engl. 1984); Unternehmer in der deutschen Industrialisierung (1975, engl. 1977); Angestellte zwischen Faschismus und Demokratie. Zur politischen Sozialgeschichte der Angestellten: USA 1890–1940 im internationalen Vergleich (1977, engl. 1980, ital. 1982); Die Angestellten in der deutschen Geschichte 1850–1980. Vom Privatbeamten zum angestellten Arbeitnehmer (1981); Lohnarbeit und Klassenbildung. Arbeiter und Arbeiterbewegung in Deutschland 1800–1875 (1983). – Mitherausgeber der „Kritischen Studien zur Geschichtswissenschaft" (1972 ff.) und von „Geschichte und Gesellschaft. Zeitschrift für Historische Sozialwissenschaft" (ab 1975).

CIP-Kurztitelaufnahme der Deutschen Bibliothek

Kocka, Jürgen:
Sozialgeschichte : Begriff – Entwicklung – Probleme /
Jürgen Kocka. – 2., erw. Aufl. – Göttingen :
Vandenhoeck und Ruprecht, 1986.
(Kleine Vandenhoeck-Reihe ; 1434)
ISBN 3-525-33451-6
NE: GT

Kleine Vandenhoeck-Reihe 1434

2., erweiterte Auflage 1986

Umschlag: Hans-Dieter Ullrich. – © Vandenhoeck & Ruprecht, Göttingen 1977. – Alle Rechte vorbehalten. – Ohne ausdrückliche Genehmigung des Verlages ist es nicht gestattet, das Buch oder Teile daraus auf photo- oder akustomechanischem Wege zu vervielfältigen.
Gesamtherstellung: Verlagsdruckerei E. Rieder, Schrobenhausen

INHALT

Vorbemerkung   3

I. *Geschichtswissenschaft zwischen Dogmatismus und Dezi-*
   sion: Bausteine zu einer zukünftigen Historik   9

   1. Gegenstand, Begriff und Interesse   9
      a) Karl Marx und Max Weber: Zielsetzung und Vor-
         bereitung des Vergleichs ihrer Methodologien   9
      b) Wirklichkeit und Methode bei Weber 17
      c) Wirklichkeit und Methode bei Marx 20
      d) Historische Totalität und „heterogenes Kontinuum" 23
      e) Kritik und Versuch der Vermittlung 29
      f) Vorläufiges Ergebnis 39
   2. Objektivitätskriterien in der Geschichtswissenschaft . . . 40
      a) Die Grenzen des Spielraums 42
      b) Abwägung innerhalb des Spielraums 45

II. *Sozialgeschichte: Begriff – Entwicklung – Probleme* 48

   1. Die Streitfragen und warum es sich lohnt, sie zu disku-
      tieren 48
   2. Allgemeine Geschichte als Politikgeschichte und die
      Folgen: das wissenschaftsgeschichtliche Grundmuster . 51
      a) Die Hauptströmung im 19. und frühen 20. Jahrhun-
         dert 51
      b) Neuansätze vor 1914 59
   3. Ansätze zum Paradigmawechsel nach 1945 67
   4. Strukturgeschichte – eine Betrachtungsweise 70
      a) Bedeutung und Leistung 70
      b) Strukturgeschichte, Ereignisgeschichte und histori-
         sche Sozialwissenschaft 73
      c) Grenzen der Strukturgeschichte – gegen ihre
         Gleichsetzung mit Sozialgeschichte 76

5. Sozialgeschichte als Geschichte eines Teilbereichs 82
   a) Zur Verwendung sozialwissenschaftlicher Theorien   83
   b) Gegenwärtige Probleme und Entwicklungstenden-
       zen 89
6. Sozialgeschichte als Geschichte ganzer Gesellschaften . 97
   a) Zum Begriff „Gesellschaftsgeschichte" 97
   b) Theorien in der Gesellschaftsgeschichte 99
   c) Aufgaben und Probleme 108

III. *Geschichte – wozu?* 112

1. Historische und aktuelle Bedingungen der Frage und
   möglicher Antworten darauf 112
2. Gesellschaftliche Aufgaben und Funktionen der Geschichtswissenschaft 123
3. Identitätsbildung und Kritik 129

IV. *Sozialgeschichte in der Bundesrepublik. Entwicklungen seit
Mitte der 70er Jahre* 132

1. Alte und neue Kategorien und Themen 134
2. Sozial- und Wirtschaftsgeschichte 142
3. Politische Sozialgeschichte 146
4. Sozialgeschichte und Kultur 152
5. Probleme der Gesellschaftsgeschichte 160
6. Historische Sozialwissenschaft und „Alltagsgeschichte" 162
7. Perspektiven 174

Abkürzungen 177

Anmerkungen 178

Weiterführende Literatur 245

VORBEMERKUNG

Als die 1. Auflage dieses Buches 1977 erschien, wurde so grundsätzlich um die Prinzipien und Perspektiven des Faches debattiert, daß Karl-Georg Faber den damaligen Theorie- und Methodenstreit der Historiker mit dem Lamprecht-Streit der späten 1890er Jahre vergleichen konnte[1]. Mitte der 70er Jahre ging es zum einen um das Verhältnis von Interesse und Begriff, von gesellschaftlich-politischer Praxis und Wissenschaft, von Norm und Analyse; Objektivität, Engagement und Parteilichkeit der Wissenschaft standen im Mittelpunkt der Debatte. Zum andern ging es um das Verhältnis der traditionell dominierenden Politikgeschichte und der langsam an Boden gewinnenden Sozialgeschichte und damit um das, was Sozialgeschichte sein sollte: eine Teildisziplin, die sich auf die Untersuchung eines Teilbereichs geschichtlicher Wirklichkeit zwischen Wirtschaft und Politik beschränkt, oder ein Zugriff – ein überlegener Zugriff? – zur Untersuchung der Geschichte überhaupt. Schließlich wurde intensiv über das Verhältnis von Theorie und Empirie in der Geschichtswissenschaft und über deren Verhältnis zu den systematischen Sozialwissenschaften diskutiert. Die Schärfe der damaligen Debatte ist jetzt – Mitte der 80er Jahre – vorbei. In dem Maß, in dem sich die Geschichtswissenschaft im Kanon der Schulfächer und im öffentlichen Interesse wieder etabliert hat, nahm die Neigung der professionellen Historiker zur prinzipiellen Selbstreflexion wieder ab. Dies ist das eine. Zum andern entwickelten sich neue Kontroversen, die 1977 erst im Ansatz vorhanden waren: so etwa die Kritik der „Alltagsgeschichte" an der strukturell und theoretisch orientierten Sozialgeschichte. Und weniger um das richtige Verständnis von Theorien geht es in der heutigen Debatte als vielmehr um die Erzählung und ihre angemessene Rolle in der Geschichtswissenschaft. Interessierte vor zehn Jahren noch vornehmlich das Verhältnis der Geschichtswissenschaft zur Soziologie, Ökonomie und Politikwissenschaft, so hat mittlerweile die Beziehung des Faches zur Volkskunde und zur Kulturanthropologie an Bedeutung gewonnen. Alte Schlüsselbegriffe sind verschwunden, neue haben ihre Stelle eingenommen: Von Sinndeutung und Identität, kaum mehr von Kritik und

Emanzipation, wird heute gesprochen, wenn es um die Aufgaben der Geschichte in der Gegenwart geht.

Trotzdem sind die Abschnitte I bis III dieses Buches gegenüber der ersten Auflage unverändert geblieben. Ihre Aussagen scheinen mir weiterhin vertretbar, auch wenn man aus heutiger Perspektive das eine oder andere anders akzentuieren würde. Die Abschnitte I bis III bestehen aus ursprünglich selbständigen, zwischen 1966 und 1975 erschienenen Aufsätzen, die 1977 leicht überarbeitet und miteinander verknüpft wurden. (Der ursprüngliche Druckort wird in der ersten Anmerkung jedes Abschnitts angeführt.) Natürlich sind sie von der Zeit ihrer Entstehung geprägt, gerade in ihren programmatischen Urteilen und in ihrer Kritik. Studien dieser Art lassen sich – nach fast einem weiteren Jahrzehnt – nicht leicht überarbeiten.

Jedoch wurden für die zweite Auflage nicht nur diese Vorbemerkung geändert, redaktionelle Ergänzungen durchgeführt, Text und Anmerkungen auf Fehler durchgesehen und das abschließende Verzeichnis weiterführender Literatur modernisiert, sondern auch ein umfangreicher Abschnitt IV neu verfaßt (1985), der die Entwicklung der Sozialgeschichte, vor allem in der Bundesrepublik, während der letzten Jahrzehnte darzustellen versucht: die wichtigsten Tendenzen und Verschiebungen, Errungenschaften und Probleme.

Abschnitt I entwickelt eine wissenschaftstheoretisch-methodologische Grundposition, die gleich weit von anti-liberalem Dogmatismus wie von unverbindlichem Dezisionismus entfernt ist. Dies geschieht in Auseinandersetzung mit Karl Marx und Max Weber, deren Wissenschaftstheorien mit dem Ziel interpretiert und konfrontiert werden, eine Position zu umreißen, die zwischen Marx und Weber vermittelt und Grundlage einer zukünftigen Historik sein könnte. Auf dieser Grundlage wird bestimmt, was „Objektivität" in der Geschichtswissenschaft sein kann; Kriterien werden formuliert, die zwischen legitimem Engagement und verzerrender Parteilichkeit, zwischen notwendiger Selektion und verstellender Einseitigkeit sowie zwischen legitimer praktischer Verwertung und schlechter Instrumentalisierung historischer Einsichten zu unterscheiden erlauben.

Abschnitt II entwickelt einen doppelten Begriff von „Sozialgeschichte". In Auseinandersetzung mit der Tradition und in Abgrenzung zur „Strukturgeschichte" (deren Leistungen und Grenzen ausführlich diskutiert werden), wird Sozialgeschichte zum einen als Geschichte eines Teilbereichs („Sektorwissenschaft"), zum andern als sozialgeschichtlicher Zugriff zur Analyse der allgemeinen Geschichte („Gesellschaftsgeschichte") bestimmt. Wie sozialwissenschaftliche Theorien verschiedenster Dimension in der Sozialgeschichte zu verwenden sind, wird ausführlich diskutiert – mit besonderer Berücksichtigung der idealtypischen Verwendungsweise. Diese entspricht am deutlichsten den Grundsätzen eines begrenzten und diskursiv kontrollierten Begriffs- und Theorienpluralismus, wie er in Abschnitt I entwickelt wurde. Am Historischen Materialismus, an Modernisierungstheorien und anderen Beispielen werden Leistungen und Grenzen umfassender Theorien bei der Analyse ganzer Gesellschaften diskutiert. Das Verhältnis der Sozialgeschichte zu den systematischen Sozialwissenschaften wird angesprochen und als eines der möglichst engen Kooperation selbständiger Disziplinen bestimmt. Der Abschnitt skizziert die Hauptlinien der Entwicklung des Faches seit dem 19. Jahrhundert bis zur Mitte der 70er Jahre und gibt eine Übersicht über die vielfältigen Entwicklungstendenzen, Forschungsschwerpunkte und Untersuchungsprobleme der internationalen Sozialgeschichte.

Abschnitt III stellt die Frage nach dem gesellschaftlichen Sinn von Geschichtswissenschaft und Geschichtsunterricht in der Gegenwart. Auf der Basis eines liberal-demokratischen Begriffs des Verhältnisses von Gesellschaft und Wissenschaft – und damit auf der Grundlage von Abschnitt I – wird ein praktischer Verwendungszusammenhang geschichtswissenschaftlicher Erkenntnisse skizziert, der wissenschaftlichen Grundsätzen nicht widerspricht, sondern mithilft, diese zu erfüllen. Gezeigt wird, daß geschichtliche Bildung unersetzbare und wichtige Aufgaben in einer liberal-demokratischen Gesellschaftsordnung, bei deren Durchsetzung, Vervollkommnung und Erhaltung, erfüllen kann und daß umgekehrt ein Minimum liberal-demokratischer Prinzipien zu den Funktionsvoraussetzungen von Geschichtswissenschaft gehört; deren begrenztes „politisches Mandat" in diesem spezifischen Sinn wird begründet. Die hier vertretene Position setzt sich gleich weit ab von politischer Indienstnahme („Politisierung") der Geschichtswissenschaft wie von der Vorstellung einer Geschichtswissenschaft, die ihren Zweck nur in sich selbst trägt.

Der neu hinzugefügte Abschnitt IV bietet abschließend dreierlei. Zum einen: Aus der Rückschau nach einem Jahrzehnt ist mancher früher geschilderte Sachverhalt nun klarer zu erkennen und einzuordnen; dies wird versucht, zum Beispiel mit Bezug auf die „politische Sozialgeschichte", die heute bei weitem nicht mehr so stark im Mittelpunkt des Interesses steht wie Mitte der 70er Jahre. Zum andern wird die eine oder andere Kritik aufgenommen, die in der Zwischenzeit an den hier vertretenen Positionen geübt wurde. Schließlich und vor allem skizziert Abschnitt IV die wichtigsten Neuentwicklungen des letzten Jahrzehnts in der Sozialgeschichte der Bundesrepublik. Es geht um die Neuentdeckung – oder doch Neubelebung – früher eher am Rande behandelter Dimensionen sozialer Ungleichheit, etwa des Unterschiedes zwischen Frauen und Männern (und um die Herausforderung seitens der Frauengeschichte). Es geht um die schnelle Fortschritte machende Einbeziehung der „Kultur" in den Untersuchungsbereich der Sozialgeschichte. Und es geht um die teilweise als spannende, fruchtbare Anregung zu begrüßende, teilweise als Irrweg zu kritisierende Herausforderung der sog. „Alltagsgeschichte". Mit ausgiebigen, aber natürlich nicht erschöpfenden Literaturhinweisen wird versucht, den Fortschritt in den verschiedenen sozialgeschichtlichen Untersuchungsgebieten und Fragerichtungen zu skizzieren und gleichzeitig einige offene Probleme zu beschreiben, wie sie sich jetzt – 1985 – darstellen. Ich habe Hans-Ulrich Wehler und den Teilnehmern unseres sozialgeschichtlichen Kolloquiums für Hinweise und Kritik zu danken, die bei der Abfassung dieses Abschnitts noch verwertet werden konnten.

Wie gesagt, die verschiedenen Abschnitte des Buches entstanden zu verschiedenen Zeiten zwischen 1965 und 1985. Der Leser wird merken, daß es sich nicht um ein Werk aus einem Guß handelt. Die Erkenntnisinteressen, der Blickwinkel und die Sprache ändern sich im Laufe zweier Jahrzehnte. Doch es wurde versucht, Wiederholungen zu eliminieren, die Aufsätze aufeinander zu beziehen und miteinander zu verknüpfen. Im Ergebnis zeigen sie hoffentlich einen sie verbindenden gedanklichen Zusammenhang.

Dies sind theoretische Abhandlungen eines primär empirisch, wenn auch nicht untheoretisch arbeitenden Historikers, dessen Forschungsschwerpunkte bisher im Zeitraum seit dem späten 18. Jahrhundert liegen. Die Leseerfahrungen und Interessen sind entsprechend akzentuiert. Viele der folgenden Aussagen über Geschichtswissenschaft und Sozialgeschichte beziehen sich primär auf die neuere Geschichte, auch wenn das nicht jedes Mal neu betont wird. Explizit und implizit ist der Fluchtpunkt der meisten Überlegungen die praktische Arbeit des Historikers, die durch ausgiebige theoretische Reflexion nur gewinnen kann.

Die Abhandlungen entstanden teilweise zum Zweck der eigenen Selbstverständigung, und sicherlich spiegeln sie dieses Bemühen. Doch sie können m. E. auch zur Klärung einer nicht immer ganz klaren Diskussion beitragen, die so viel notwendige (und hoffentlich fruchtbare) Kontroversen und Konflikte kennt, daß sie gut auf solche Kontroversen und Konflikte verzichten kann, die aus Unklarheiten und Mißverständnissen resultieren. Auf die klare Definition von Begriffen wie „Sozialgeschichte", „Strukturgeschichte", „Theorie", „Kultur" oder „Alltagsgeschichte" wird einige Mühe verwandt.

Zweifellos wurde die hier vertretene Konzeption vom intellektueller Klima und von den Auseinandersetzungen der 60er und frühen 70er Jahre geprägt. Besonders die wurden davon beeinflußt – in individuel. durchaus unterschiedlicher Weise –, die in jenen Jahren ihre wissenschaftliche und berufliche Orientierung erst bildeten. Auch in der Rückschau stellt sich mir das primär als Vorteil dar. Die Tragfähigkeit dieser theoretisch-methodischen Konzeption muß sich nicht zuletzt an ihrer Fähigkeit erweisen, die im Laufe der Zeit auftretenden neuen Erfahrungen und Anregungen, Anstöße und Herausforderungen selektiv anzueignen und produktiv zu verarbeiten. Daß dies möglich ist, soll Abschnitt IV zeigen. Es besteht überhaupt kein Grund, mit fliegenden Fahnen von der seinerzeit entwickelten Position einer strukturell und theoretisch orientierten Sozial- bzw. Gesellschaftsgeschichte zu einer konzeptionsarmen Alltagsgeschichte „von innen und unten ' überzugehen, obwohl solche Bewegungen beobachtbar sind. Umgekehrt wäre es ein Zeichen lernunfähiger Starre, wollte man die neuen Anstöße erfahrungs-, kultur- oder frauengeschichtlicher Art ignorieren und ohne Konsequenz für die eigene Arbeit belassen. Glücklich wird man sich schätzen, wenn es argumentativ gelingt, an den einmal mit guten Gründen entwickelten Grundpositionen trotz aller Kritik festzuhalten und diese zugleich durch Erschließung und Aufnahme von Neuem zu erweitern und zu modifizieren: ein Akt der intellektuellen Identitätssicherung, wenn man so will, der sowohl die beflissene Anpassung an modische Trends wie auch prinzipientreue, aber unproduktive Starre vermeidet.

Bielefeld, September 1985   Jürgen Kocka

I

GESCHICHTSWISSENSCHAFT ZWISCHEN
DOGMATISMUS UND DEZISION:
BAUSTEINE ZU EINER ZUKÜNFTIGEN HISTORIK

1. Gegenstand, Begriff und Interesse[1]

a) Karl Marx und Max Weber: Zielsetzung und Vorbereitung des
Vergleichs ihrer Methodologien

Nichts ist entscheidender für den wissenschaftstheoretischen und methodologischen Standort eines Sozialwissenschaftlers oder Historikers als die Art, wie er das Verhältnis von Untersuchungsgegenstand, Begriff/Theorie und (außerwissenschaftlichem) Interesse denkt. Von diesem Angelpunkt her lassen sich – sofern überhaupt eine einigermaßen konsistente theoretisch-methodologische Position vorliegt – die Vorstellungen erschließen und begründen, die er sich vom rechten Verhältnis zwischen Theorie und Empirie, Objektivität und Parteilichkeit, Wissenschaft und Praxis macht. Das Verhältnis von Gegenstand, Begriff und Interesse ist in der an Hegel orientierten Theorie von Karl Marx und in Max Webers Wissenschaftslehre auf zwei extrem verschiedene Weisen – gewissermaßen klassisch – formuliert worden. In den Werken dieser beiden Autoren finden sich die zwei entgegengesetzten Positionen, die auch die wissenschaftstheoretische Diskussion des letzten Jahrzehnts, jedenfalls hier in Deutschland, geprägt haben, und zwar meist in scharfer Frontstellung gegeneinander. In der einen oder andern Weise an Marx orientierte Autoren werfen „bürgerlichen" Sozialwissenschaftlern häufig irrationalen Dezisionismus, Willkür, Unverbindlichkeit und Agnostizismus bei der Bestimmung des Verhältnisses von Begriff und Wirklichkeit vor und nennen dabei oft Max Weber als negativen Kronzeugen[2]. Umgekehrt muß die Sicherheit des Anspruchs mancher Marxisten, über Fragestellungen, Begriffe und Theorien zu verfügen, deren Identität mit den zu erkennenden Strukturen der Wirklichkeit im Prinzip gesichert sei, in denen sich sozusagen die zu erkennende Sache selbst bewege und die allein die wissenschaftliche Erkenntnis der gesellschaftlichen Gesetzmäßigkeiten ermöglichen, zumindest für jene, die erkenntnistheoretisch hegelisch-marxistischen Voraussetzungen nicht strikt verpflichtet, sondern – wenn auch oft vage und im Detail sehr differierend – neokantianisch[3] orientiert sind, nicht nur als ungerechtfertigt und unkritisch, sondern auch als antipluralistisch und dogmatisch erscheinen[4].

Die Verständigung über einige Bedingungen, Implikationen und Lösungsperspektiven dieses prinzipiellen und aktuellen Streits ist das leitende Interesse des folgenden Abschnitts, der die wissenschaftstheoretisch-methodologischen Positionen von Marx und Weber teilweise rekonstruiert und konfrontiert[5]. Die Konfrontation der wissenschaftstheoretisch-methodologischen Konzeptionen von Marx und Weber wird auf deren jeweilige Begrenztheit und Einseitigkeit aufmerksam machen und damit weiter treiben zu der Frage nach Lücken und nach solchen weiterführenden Momenten innerhalb beider Konzeptionen, die den Versuch, sie partiell zu vermitteln und dadurch ihre jeweilige Einseitigkeit zu mildern, nahelegen und tragen können. Solch ein Versuch sollte nicht nur dazu führen, häufig vernachlässigte Aspekte der Marx- und der Weber-Interpretation herauszuarbeiten; er sollte sich vielmehr auch um die Identifikation jener Momente beider Konzeptionen bemühen, die für jede zukünftige Wissenschaftstheorie unaufgebbar sein dürften, wenn sie sich gegen den Vorwurf des autoritären Dogmatismus ebenso verteidigen können will wie gegen das Verdikt des unverbindlichen begrifflich-theoretischen Dezisionismus, dessen Ergebnisse jeden Wahrheitsanspruch entweder aufgegeben haben oder einen solchen nur noch methodisch beanspruchen können. Es soll versucht werden, durch Rekonstruktion, Konfrontation und Kritik der beiden Klassiker die Umrisse einer angezielten Geschichtstheorie zwischen Dogmatismus und Dezisionismus wenigstens anzudeuten. Daß die damit angesprochene wissenschaftstheoretische Problematik des Verhältnisses von Erkenntnisgegenstand und Erkenntnis mit der davon zu unterscheidenden geschichtsphilosophischen Problematik des Verhältnisses von analysierbarer geschichtlicher Wirklichkeit und Normen politischen Handelns, also mit dem Verhältnis von Wissenschaft und Politik, aufs engste verknüpft ist, wird sich zeigen und unterstreicht die praktisch-politische Bedeutung des hier behandelten methodologisch-theoretischen Themas.

Das skizzierte Unternehmen stößt auf mehrere Schwierigkeiten: 1.

Weber setzt sich explizit kaum mit Marx auseinander. Wenn er sich mit Marxismus beschäftigt, so wendet er sich primär gegen eine bestimmte Weiterentwicklung der Marxschen Theorie, verfehlt aber im wesentlichen die Position Marxens, hinter dessen Denken die damaligen Historischen Materialisten selbst zurückgefallen waren[6]. – 2. Marx hat sich kaum methodologisch erklärt, wie auch das sich auf ihn berufende Denken kaum mehr als Ansätze zu einer Methodologie hervorgebracht hat. Die Begründung dieses Sachverhalts muß versucht werden. Um Marxens methodologische Position zu ermitteln, wird es nötig sein, einerseits einige Bemerkungen aus seinem philosophischen und ökonomischen Werk heranzuziehen, andererseits sie aus seinem Begriff von Geschichte zu entwickeln. – 3. Um eine stichhaltige Vergleichsbasis zu finden, tritt damit die Notwendigkeit auf, zwar von Webers methodologischer Theorie[7] auszugehen, aber darüber hinaus auch nach seinem Geschichtsbild[8] zu fragen. Aufzuweisen ist der Punkt, von dem die Verschiedenartigkeit der beiden Positionen einsichtig wird, die auch dann zutage getreten wäre, hätte Weber Marx adäquater interpretiert.

Weber aus einer Gegnerschaft zu Marx heraus verstehen zu wollen, wäre ungenügend[9]. Häufig und auch in seinem Hauptwerk *Wirtschaft und Gesellschaft* folgen weite Strecken der Untersuchung einer Methode, die sich dem Marxschen Ansatz, gesellschaftliche Organisations- und Bewußtseinsformen auf ökonomische Prozesse zu beziehen, sehr nähert. So etwa, wenn die Gemeinschaftsbildung und das Entstehen einer wertbezogenen Ordnung aus der Voraussetzung des wirtschaftlichen Wettbewerbs hergeleitet oder wenn religionssoziologisch der Primat eines Gottes in der Bedeutung einer bestimmten ökonomischen Entwicklung begründet wird[10]. Selbst Webers Kritik am Historischen Materialismus erweist sich noch dem Marxschen Ansatz verpflichtet: „Und unter dem Eindruck der gewaltigen Kulturbedeutung der *modernen* ökonomischen Umwälzungen und speziell der überragenden Tragweite der ‚Arbeiterfrage' glitt der unausrottbar monistische Zug jedes gegen sich selbst unkritischen Erkennens naturgemäß auf diesen Weg" (WL, 167)[11]. Weber stellt gewissermaßen den marxistischen Monismus unter Ideologieverdacht, indem er ihn auf seine ökonomisch-gesellschaftliche Basis bezieht.

Andererseits bedient sich Weber in „Die protestantische Ethik und der Geist des Kapitalismus" in bewußter Absetzung gegen Marx[12] einer Methode, die dessen Ansatz umkehrt, indem sie geistig-religiöse

Ursprünge kapitalistischer Produktionsverhältnisse aufzuzeigen unternimmt[13]. Zur Erklärung dieser seiner ambivalenten Haltung gegenüber Marx sind zunächst Webers eigene Äußerungen über Marxismus heranzuziehen.

„Die sogenannte ‚materialistische Geschichtsauffassung' in dem *alten* genial-primitiven Sinne etwa des kommunistischen Manifests beherrscht heute wohl nur noch die Köpfe von Laien und Dilettanten" (WL, 167). Weber lehnt sie als „Weltanschauung" ab. Dazu mache diese Geschichtsauffassung, ihr gegen sich selbst unkritischer Zug, ihr Glaube, „daß die Gesamtheit der Kulturerscheinungen sich als Produkt oder als Funktion ‚materieller' Interessenkonstellationen *deduzieren lasse*" (WL, 166). Und Weber definiert: „Materialistisch" meine „die eindeutige Bedingtheit der ‚historischen' Vorgänge durch die jeweilige Art der Beschaffung und Verwendung ‚materieller', das heißt ökonomischer Güter und insbesondere auch die eindeutige Determiniertheit des ‚historischen' Handelns der Menschen durch ‚materielle', das heißt ökonomische Interessen" (WL, 314). Vorwürfe, die auf dieser Sicht des Historischen Materialismus beruhen, ziehen sich durch Webers Werk[14].

Trotzdem glaubt Weber, „daß die *Analyse der sozialen Erscheinungen und Kulturvorgänge* unter dem speziellen Gesichtspunkte ihrer *ökonomischen* Bedingtheit und Tragweite ein wissenschaftliches Prinzip von schöpferischer Fruchtbarkeit war und, bei umsichtiger Anwendung und Freiheit von dogmatischer Befangenheit, auch in aller absehbaren Zeit noch bleiben wird" (WL, 166). Weber sieht sogar die Gefahr, daß die marxistische Methode in der Gegenwart unterbewertet werde. „Die eminente, ja einzigartige *heuristische* Bedeutung dieser Idealtypen (= der marxistischen Kategorien, J. K.), wenn man sie zur *Vergleichung* der Wirklichkeit mit ihnen benutzt und ebenso ihre Gefährlichkeit, sobald sie als empirisch geltend oder gar als reale (das heißt in Wahrheit metaphysische) ‚wirkende *Kräfte*', ‚Tendenzen' usw. vorgestellt werden, kennt jeder, der je mit marxistischen Begriffen gearbeitet hat" (WL, 205).

Weber versucht somit das, was er unter marxistischer Geschichtsinterpretation versteht, für das, was er unter Wissenschaft versteht, zu retten. Er akzeptiert den Historischen Materialismus als heuristisches Prinzip, befreit ihn von seinem Absolutheitsanspruch, damit aber auch von seiner revolutionären Potenz, und sieht ihn als eine Methode unter anderen an, Wirklichkeit – soweit dies überhaupt möglich ist – wissenschaftlich zu erkennen. So kann sich Weber der Marxschen Modelle mit Gewinn bedienen, ohne sich von ihnen seine Methodenvielfalt einschränken zu lassen. Bevor dieser Sachverhalt aus Webers Methodologie verständlich gemacht wird, ist noch näher auf seine Kritik an der Marxschen Geschichtsinterpretation einzugehen. Zweierlei Aspekte der skizzierten Kritik sind auseinanderzuhalten: Zum einen meint Weber tadelnd, der Historische Materialismus gebe die von ihm festgestellten Tendenzen, Kräfte und Gesetzmäßigkeiten als Wirklichkeit aus und kennzeichne sie nicht als von der Wirklichkeit Abstand haltende, idealtypische Konstruktionen. Er identifiziere naiv erfahrungswissenschaftliches Erkennen und objektive Wirklichkeit[15]. Zum andern glaubt Weber, die Kausalerklärungen des Historischen Materialismus zielten auf eine Deduktion der einzelnen historischen Erscheinungen aus einem letztlich ungeschichtlichen „Gesetz", nämlich aus dem Gesetz der kausalen Abhängigkeit gesellschaftlichen Bewußtseins und Handelns vom ökonomischen Sein, das aller Entwicklung monokausal zugrunde liege. Dieser zweite Vorwurf wird jedoch dem, was Marx mit „Gesetz" meint, nicht ganz gerecht.

Marx sagt zum Verhältnis von Geschichtsschreibung und Geschichtsphilosophie: „Die selbständige Philosophie verliert mit der Darstellung der Wirklichkeit ihr Existenzmedium. An ihre Stelle kann höchstens eine Zusammenfassung der allgemeinsten Resultate treten, die sich aus der Betrachtung der historischen Entwicklung der Menschen abstrahieren lassen. Diese Abstraktionen haben für sich, getrennt von der wirklichen Geschichte, durchaus keinen Wert. Sie können nur dazu dienen, die Ordnung des geschichtlichen Materials zu erleichtern, die Reihenfolge seiner einzelnen Schichten anzudeuten. Sie geben aber keineswegs wie die Philosophie ein Rezept oder Schema, wonach die geschichtlichen Epochen zurechtgestutzt werden können." Die Ordnungs- und Darstellungsprinzipien ergeben sich „erst aus dem Studium des wirklichen Lebensprozesses und der Aktion der Individuen jeder Epoche"[16].

Marx lehnt es ausdrücklich ab, jenseits der praktischen Geschichtsschreibung ein philosophisches Gesetz zu formulieren. Dies vor allem aus drei Gründen: 1. Die Geschichte als durch Arbeit vermittelter „Stoffwechsel zwischen Mensch und Natur"[17] ist für Marx keine automatische, voll determinierte Funktion der ‚materiellen Basis'. Zwar gibt es Formulierungen bei Marx, die eine solche Interpretation ermöglichen, doch widersprechen sie den dominanten Aspekten seines durch und durch historischen Ansatzes, der in seinem ökonomischen Hauptwerk zwar schwächer hervortritt als in seinen Jugendschriften, der aber gleichwohl keineswegs aufgegeben wird[18]. Geschichte entsteht für Marx nie ohne praktisch werdendes Bewußtsein. Dieses ist nicht als kausale Folge des „materiellen Seins" zu verstehen, menschliches Handeln nicht als eindeutig determiniertes Ausführen von Gesetzen, die die Basis diktiert. „Die materialistische Lehre[19] von der Veränderung der Umstände und der Erziehung vergißt, daß die Umstände von den Menschen verändert und der Erzieher selbst erzogen werden muß. Sie muß daher die Gesellschaft in zwei Teile . . . sondieren"[20]. Das will Marx gerade nicht. Vielmehr sind geschichtliches Sein und Bewußtsein sich gegenseitig verändernde Momente eines verschränkten Verhältnisses, das genausogut als getrenntes wie als geeintes gedacht werden muß. Auf jeder geschichtlichen Stufe findet sich ein Ensemble von gewordenen Verhältnissen vor, das „zwar einerseits von der neuen Generation modifiziert wird, ihr aber auch andererseits ihre eigenen Lebensbedingungen vorschreibt und ihr eine bestimmte Entwicklung, einen speziellen Charakter gibt, daß also die Umstände ebensosehr die Menschen wie die Menschen die Umstände machen"[21]. Von Gesetzen im Sinne ungeschichtlicher, determinierender Naturgesetze zu sprechen ist nach Einsicht in diese dialektische Vermittlung von Sein und Bewußtsein, von Verhältnissen und Mensch eigentlich nicht möglich.

2. Wenn Marx das Gesetz der Geschichte formulierte, täte er genau das, was er Feuerbach in bezug auf den Menschen vorwirft. Feuerbach spreche fälschlich von „dem Menschen" statt von dem je und je verschiedenen „wirklichen historischen Menschen"[22]. Marx würde vom realen geschichtlichen Verlauf abstrahieren, ein „Naturgesetz" aufstellen und damit seinem eigenen Ansatz nicht entsprechen, der daran festhält, daß die „Natur" des Menschen seine Geschichte sei, man also gerade nicht von einer in Gesetzesform zu fassenden Natur des Menschen und seiner Geschichte sprechen könne[23]. Die objektiven Möglichkeiten des gesellschaftlichen Menschen sind durch nichts begrenzt als durch seine bisherige Geschichte und durch die Eigengesetzlichkeit der Natur, insoweit diese nicht völlig in den Weisen ihrer geschichtlichen Aneignung aufgeht[24]. Diese Eigengesetzlichkeit der Natur, die dem Menschen nicht völlig verfügbar wird, ist jedoch nur im Rahmen der jeweiligen historischen Situation beschreibbar, in der sich Menschen mit ihr auseinandersetzen. Sie ist deshalb ebenfalls ungeeignet,

die Basis für die Formulierung einer (negativ begrenzenden) Wesenskonstante des Menschen abzugeben[25].

3. Scharf polemisiert Marx 1870 gegen den Versuch, die gesamte Geschichte „unter ein einziges großes Naturgesetz zu subsumieren", unter das Prinzip des Kampfes ums Dasein[26]. Jedoch benutzt Marx häufig den Begriff „Naturgesetz" zur Bezeichnung gesellschaftlicher Entwicklungstendenzen. Er spricht von den „Naturgesetzen" der kapitalistischen Produktion, von diesen „mit eherner Notwendigkeit wirkenden und sich durchsetzenden Tendenzen"[27]. Dies ist in doppelter Hinsicht zu verstehen:

Mit „Naturgesetz" bezeichnet Marx zum einen *kritisch* die Weise, in der die Selbstreproduktion des *kapitalistischen* Systems vor sich geht, „indem hier der Zusammenhang der gesamten Produktion als blindes Gesetz den Produktionsagenten sich aufzwingt, nicht als von ihrem assoziierten Verstand begriffenes und damit beherrschtes Gesetz den Produktionsprozeß ihrer gemeinsamen Kontrolle unterworfen hat"[28]. Naturgesetzlich in diesem Sinne läuft der gesellschaftliche oder ökonomische Prozeß ab, solange die Menschen noch nicht zum bestimmenden Subjekt ihrer Verhältnisse geworden sind[29]. Indem Marx die „Naturgesetze" auf eine bestimmte historische Situation bezieht, aus der heraus sie entstanden und innerhalb deren sie wirken, zeigt er sie als gewordene und veränderbare. Gleichzeitig kritisiert er ihren starren, repressiven, „naturgesetzlichen" Charakter mit dem Interesse, ihn aufzuheben[30].

Zum andern ist Marx allerdings der Auffassung, daß allen geschichtlichen Produktionsepochen *gewisse* Merkmale gemeinsam sind. „Soweit der Arbeitsprozeß nur ein bloßer Prozeß zwischen Mensch und Natur ist, bleiben seine einfachen Elemente allen gesellschaftlichen Entwicklungsformen desselben gemein"[31]. Die Existenz solcher „Konstanten" innerhalb der Konzeption von Marx ist nicht erstaunlich, wenn man das Verhältnis von Mensch und Natur bei Marx bedenkt. Während der junge Marx sehr utopisch als Ziel der geschichtlichen Entwicklung „die vollendete Wesenseinheit des Menschen mit der Natur, die wahre Resurrektion der Natur, (den) durchgeführte(n) Naturalismus des Menschen und (den) durchgeführte(n) Humanismus der Natur"[32] bezeichnet, sieht Marx später ein, daß die Natur nicht völlig in den historischen Weisen ihrer praktischen Aneignung aufgeht, daß vielmehr auch der Mensch der sozialistischen Gesellschaft mit der nicht völlig ihrer Widerständigkeit entkleideten Natur ringen muß, um seine Bedürfnisse zu befriedigen[33]. Er schreibt 1868: „Naturgesetze können überhaupt nicht aufgehoben werden. Was sich in historisch verschiednen Zuständen ändern kann, ist nur die *Form,* worin jene Gesetze sich durchsetzen"[34]. Aus dem Zusammenhang ist ersichtlich, daß unter dem, was hier mit „Naturgesetze" bezeichnet wird, jene sich durchhaltende „von allen Gesellschaftsformen unabhängige Existenzbedingung des Menschen (und) ewige Naturnotwendigkeit"[35] zu verstehen ist. Nichtsdestoweniger sind die den Historiker und Nationalökonomen interessierenden Forschungsgegenstände gerade nicht diese formalen und abstrakten „Naturgesetze", sondern die Form, worin jene Gesetze sich durchsetzen[36].

Solche mißverständlichen, vielleicht auch auf Widersprüche im Marxschen Denken hindeutenden Formulierungen dürfen nicht darüber hinwegtäuschen, daß es sich bei diesen „Naturgesetzen" nicht um abstrahiert von den historischen, konkreten Individualitäten formulierbare, übergeschichtliche Gesetze handelt, nicht um Regeln, als deren Anwendungsfälle die historischen Erscheinungen interpretiert werden könnten, sondern um ein Allgemeines, welches nirgends als im Besonderen ist[37].

Zwar ist demnach Geschichte für Marx nicht unbegrenzte Plastizität, doch hat in seinem Denken das „ewige Gesetz", das Weber ihm unterstellt, keinen Platz. Weber kritisiert, wenn er dem Historischen Materialisten seinen ungeschichtlichen, monokausalen Gesetzesbegriff vorwirft, nicht so sehr Marx, sondern viel eher jene, die ihn später starr und undialektisch interpretierten. Allerdings muß betont werden, daß Marx selbst seinen historisch-dialektischen Ansatz nicht immer durchhielt, und vor allem: daß der Marxsche Begriff vom Verhältnis des Allgemeinen und Besonderen in der Geschichte eben nur aus seiner Herkunft aus der Hegelschen Logik zu verstehen ist. Schon um die Jahrhundertwende, erst recht aber in den folgenden Jahrzehnten wandten sich solche Begriffe an ein Publikum, das die Voraussetzungen und Eigenarten der Hegelschen Logik i. d. R. nicht mehr teilte; der darin begründeten Gefahr des Mißverständnisses, die heute erst recht von jedem zu beachten wäre, der sich hegelianisierender Sprache bedient und dennoch auf möglichst klare Verständigung abzielt, erlag wohl auch Weber.

Mit der Aufdeckung dieser Weberschen Einseitigkeit fallen jedoch keineswegs alle Differenzen zwischen Marxens und Webers methodologischer Position fort. Denn: wenn Marx auch nicht ungeschichtliche

Gesetze des Geschichtsablaufs formuliert, so gibt er doch nicht den Anspruch auf, die „Kerngestalt" der kapitalistischen Gesellschaft wissenschaftlich zu erkennen, das heißt, Substanzeinsicht zu gewinnen, die für Weber nicht möglich erscheint und die er als „Metaphysik" verurteilt. Auch wenn Weber Marx angemessener interpretiert hätte, wäre dessen Ansatz für ihn unannehmbar gewesen.

b) Wirklichkeit und Methode bei Weber

Weber geht aus von der strikten Trennung zwischen analysierendem Wissenschaftler und zu analysierender Wirklichkeit. Sicherlich genügt es nicht zu behaupten, daß diese Wirklichkeit, insofern sie noch nicht wissenschaftlicher Betrachtung unterzogen worden ist, für Weber eine unstrukturierte sei. „Was Gegenstand der Untersuchung wird und wieweit diese Untersuchung sich in die Unendlichkeit der Kausalzusammenhänge erstreckt", das bestimmen zwar die Wertideen des Forschers (WL, 184). Mit diesem Satz impliziert Weber aber, daß Kausalbeziehungen existieren, in die sich die Untersuchung erstreckt, das heißt: die Untersuchung *folgt* vorgegebenen Wirklichkeitsstrukturen, sie zaubert sie nicht hervor[38]. Überdies ist die den Geisteswissenschaften vorgegebene Wirklichkeit eine menschlich-geschichtliche Wirklichkeit. Das bedeutet für Weber, daß die Gegenstände geisteswissenschaftlichen Erkennens bereits auf der „ontischen"[39] Ebene durch ein auf Werte bezogenes Handeln entstandene, insofern sinnbezogene und dadurch strukturierte sind. Erst diese ihre Eigenart ermöglicht historisches Verstehen, das ebenfalls nur im Bezug auf Werte vor sich gehen kann (WL, 180f.).

Demgegenüber lassen sich eine Vielzahl von Äußerungen Webers zusammentragen, die darauf hinweisen, daß er Wirklichkeit als eine chaotische auffaßt. „Das Licht, welches jene höchsten Wertideen spenden, fällt jeweilig auf einen stets wechselnden endlichen Teil des ungeheuren chaotischen Stromes von Geschehnissen, der sich durch die Zeit dahinwälzt"[40]. Viele Interpreten sind aufgrund solcher deutlichen Zitate zu dem Schluß gekommen, daß die Wirklichkeit für Weber überhaupt keinerlei „gegenständliche Struktur" habe[41].

Der Widerspruch zwischen einerseits strukturierter, andererseits chaotischer Wirklichkeit läßt sich durch folgende Überlegungen auflösen. Selbst wenn die Wirklichkeit des „heterogenen Kontinuums"[42] eine durch Kausalbeziehungen und Wertbeziehungen strukturierte und bestimmte ist, so bedeutet das noch nicht, daß sie *in diesen Beziehungen* – etwa für den Wissenschaftler – erkennbar sein muß. Vielmehr können die vorgegebenen Strukturen des „Kontinuums" für die Strukturen, die die wissenschaftliche Arbeit aufsucht und mitkonstituiert, irrelevant sein, dann nämlich, wenn die vorgegebenen Kausalbeziehungen unzählbar sind und gleichzeitig jedes Element dieser Wirklichkeit in einer mehrdeutigen Bezogenheit zu anderen Elementen steht. Man kann dann von einem Chaos von Kausalzusammenhängen sprechen bzw. von einem Haufen wertbezogener individueller Seinselemente[43], von einem „amorphen Geschiebe von verfilzten", wenn auch in sich strukturierten Elementen. Kultur ist danach lediglich ein vom Analysierenden nach bestimmten Werten und Gesichtspunkten geordneter, konstituierter Ausschnitt einer zwar nicht unstrukturierten, für den Betrachter letztlich jedoch chaotisch erscheinenden Wirklichkeit[44].

Wenn Wirklichkeit somit als unendlich komplex und mannigfaltig vorgestellt wird, kann erfahrungswissenschaftliche Erkenntnis jeweils nur Partialerkenntnis sein. „Alle denkende Erkenntnis der unendlichen Wirklichkeit durch den endlichen Menschengeist beruht daher auf der stillschweigenden Voraussetzung, daß jeweils nur ein endlicher *Teil* derselben den Gegenstand wissenschaftlicher Erfassung bilden, daß nur er ‚wesentlich' im Sinne von ‚wissenswert' sein solle" (WL, 171). Die Auswahl des „Wesentlichen" erfolgt aufgrund von Wertideen und Interesse-Gesichtspunkten, die nicht dem „Stoff selbst entnommen" (WL, 181) werden können. Immer wieder verneint Weber die Ableitbarkeit der die wissenschaftliche Erkenntnis erst ermöglichenden Gesichtspunkte aus der Sache[45]. Das Kriterium für die Richtigkeit eines Gesichtspunktes beziehungsweise für die Möglichkeit, zwischen mehreren Gesichtspunkten abzuwägen, liegt nicht – wenigstens nicht hinreichend – im zu untersuchenden Gegenstand[46]. Obwohl die Wirklichkeit des Kontinuums eine strukturierte ist, muß Weber diese Unabhängigkeit der Gesichtspunkt- und Kategorienbildung vom zu untersuchenden Stoff betonen, weil jene „ontischen" Strukturen im „heterogenen Kontinuum" gegenüber den Kausalzusammenhängen und Interdependenzstrukturen, auf die es der Wissenschaft ankommt, weitgehend indifferent sind. Allerdings ist die „ontische" Wirklichkeitsstruktur der wissenschaftlichen Strukturbildung (Begriffsbildung und Ergebnisfindung) gegenüber auch nach Weber nicht völlig indifferent. Der Wissenschaftler kann nicht mit jedem Interesse und jedem Begriff an jeden Stoff herantreten und nicht schlechthin Beliebiges zu einem „historischen Individuum" zusammenfassen[47]. Grenze der Willkür ist zunächst und zumindest[48] jene Mannigfaltigkeit von Sachverhalten, die zwar vielerlei Deutungen, aber nicht alle zulassen. Solange die wissenschaftliche Begriffsbildung dieser elementaren Tatsächlichkeit nicht widerspricht (und der Spielraum scheint für Weber groß zu sein), bleibt die Wirklichkeit gegenüber der Kategorienbildung jedoch letztlich indifferent.

Webers Bemühen, die Gegenstandswelt als wertfreie Tatsächlichkeit sauber von der Welt der Werte und der von ihnen abhängigen Gesichtspunkte zu scheiden, ist aus seinem Wirklichkeitsbild verständlich und ein konstitutives, unaufgebbares Moment seiner Wissenschaftslehre wie seiner Ethik. Es brachte ihm den Vorwurf des Dezisionismus ein. Tatsächlich scheint es, als ob die Wahl der Erkenntnisgesichtspunkte im Bereich der rational nicht zu begründenden und zu kritisierenden Entscheidung bleibe, wenn die zu untersuchende Sache, die geschichtliche Wirklichkeit, so weitgehend als Kriterium ausfällt[49]. Wenn Weber sagt, die Gesichtspunktwahl sei nicht „willkürlich", solange der Erfolg für sie spreche (WL, 170), so ist zu bedenken, daß der Erfolg nach denselben Gesichtspunkten beurteilt wird, für die er Kriterium sein soll.

Wenn man dem Weber der methodologischen Aufsätze folgt, *soweit er bisher zusammenfassend dargestellt wurde,* so bleibt zwischen Wirklichkeit und Erkenntnis ein tiefer Spalt. Objektivität kann nicht inhaltlich, sondern nur methodisch bestimmt werden. Dieser Verzicht begründet um so mehr das Recht der Wertgesichtspunkte, in ihrer Freiheit letztlich der rationalen Diskussion entzogen zu sein. Vernunft und Entscheidung scheinen auseinanderzuklaffen. Von hier aus wird Webers ambivalente Haltung gegenüber Marx besser verständlich. Er kann dessen Gesichtspunkte und Kategorien als eine Möglichkeit unter anderen gelten lassen. Ihm einen Vorzug oder Nachteil gegenüber anderen zusprechen kann Weber kaum: so kritisiert er gleichermaßen Historischen Materialismus und Rassentheorie, sie gleichberechtigt und formal nebeneinanderstellend (WL, 167). Zugleich muß er dem Marxschen Denken den Anspruch, mehr als denkende Ordnung eines letztlich ungeordneten Wirklichen zu sein, streitig machen, denn Substanzeinsicht kann es für Weber nicht geben.

c) Wirklichkeit und Methode bei Marx

Marx wendet sich dagegen, Wirklichkeit nur „unter der Form des Objekts" zu fassen. Er will sie als „sinnlich-menschliche Tätigkeit", als Praxis begreifen[50]. Geschichtliche Wirklichkeit ist demnach ein Prozeß, in dem ständig und in steigendem Maße menschliche Arbeit und damit menschliches Bewußtsein gegenständlich werden und wiederum als Bedingung auf das denkende und handelnde Subjekt zurückwirken. Marx würde die Webersche Forderung nach klarer Trennung zwischen erkennendem Subjekt und zu erkennendem Objekt als abstrakt ablehnen. Denn einerseits befindet sich auf dem jeweiligen Stand des geschichtlichen Prozesses in den bedingenden Verhältnissen schon immer ein gut Teil menschlichen Bewußtseins, und andererseits – „Der Mensch, das ist die Welt des Menschen"[51] – ist menschliches Bewußtsein in Form und Inhalt jeweils als historisches, das heißt durch den historischen Prozeß bestimmtes zu beschreiben. Daraus folgt wiederum zweierlei: Einerseits braucht die Wirklichkeit, insofern sie zunehmend durch Arbeit vermittelt und durch praktisch gewordenes Bewußtsein mitkonstituiert ist, dem vernünftigen menschlichen Verstehen nicht prinzipiell fremd und äußerlich zu sein. Daran hält Marx gegen Feuerbach sogar für die Gegenstände der Naturwissenschaften fest: „Selbst diese ‚reine' Naturwissenschaft erhält ja ihren Zweck sowohl wie ihr Material erst durch Handel und Industrie, durch sinnliche Tätigkeit der Menschen"[52]. Dies gilt erst recht für die Sozialwissenschaften.

Andererseits nähert sich das Bewußtsein der Wirklichkeit nicht mit sachfremden Kategorien. „ . . . das menschliche Wesen ist kein dem einzelnen Individuum innewohnendes Abstraktum. In seiner Wirklichkeit ist es das Ensemble der gesellschaftlichen Verhältnisse"[53]. Deshalb sind seine Bewußtseinsformen und -inhalte „ein historisch gewordenes Dasein in seiner begrifflichen Form, ein gesellschaftlich gewordener Erfahrungsbereich und Vorstellungskreis"[54]. Das bedeutet, daß auch Werte und Gesichtspunkte als Momente des gesamtgesellschaftlichen und geschichtlichen Prozesses reflektiert werden müssen und keineswegs wie bei Weber unverbunden der Sache gegenüberstehen.

Allerdings folgt daraus für Marx nicht, daß das Bewußtsein der Menschen seinen Gegenständen immer angemessen ist. Die begrifflichen Elemente, die in die Wirklichkeit eingehen, können und müssen im

Bewußtsein der „Träger und Agenten" der entfremdeten ökonomischen Verhältnisse[55] in einer verkehrten Form erscheinen. Wenn etwa die Privatproduzenten im kapitalistischen Tauschakt ihre gesellschaftliche Arbeit abstrakt aufeinander beziehen, so „wissen sie (das) nicht, aber sie tun es"[56]. Die Aufklärung dieses notwendig falschen Bewußtseins ist gerade Aufgabe der Wissenschaft, die jedoch nur vermittelt durch proletarisches Klasseninteresse und zugleich mit praktischer Veränderung der Verhältnisse erfolgreich sein kann.

Welche methodologischen Konsequenzen hat die angedeutete Ungeschiedenheit von Bewußtsein und Welt? Auf keinen Fall kann es sich um eine Auflösung des Objektes im Erkenntnissubjekt handeln. Das „reale Subjekt (das ist das Erkenntnisobjekt, J. K.) bleibt nach wie vor außerhalb des Kopfes in seiner Selbständigkeit bestehn; solange sich der Kopf nämlich nur spekulativ verhält, nur theoretisch. Auch bei der theoretischen Methode daher muß das Subjekt, die Gesellschaft, als Voraussetzung stets der Vorstellung vorschweben"[57].

Ebensowenig kann der Erkenntnisvorgang als Übereinstimmung des Intellekts mit den außerhalb seiner befindlichen Gegenständen im Sinne einer Abbildtheorie beschrieben werden. Das würde gerade jene Dualität von Subjekt und Objekt voraussetzen, die Marx zu überwinden suchte[58].

Der Erkenntnisprozeß kann nicht außerhalb des praktischen Verhältnisses von Mensch und Wirklichkeit beschrieben werden. Zum einen nimmt für Marx die Reflexion über Gegenstände der Außenwelt ihren Ausgang von der Bedeutung, die diese als Mittel der menschlichen Bedürfnisbefriedigung haben[59]. Der fortschreitende Prozeß der praktischen Aneignung dieser Gegenstände führt zum andern dazu, daß in der geschichtlichen Wirklichkeit, die es zu erkennen gilt, Arbeit gegenständlich wird. Damit muß einerseits in die Definition solcher Wirklichkeit die menschliche Praxis eingehen, die sie mitkonstituiert hat, andererseits wird so die Praxis zum Wahrheitskriterium: „Die Frage, ob dem menschlichen Denken gegenständliche Wahrheit zukomme, ist keine Frage der Theorie, sondern eine *praktische* Frage"[60]. Ohne daß hier die in diesem Satz eingeschlossene Problematik weiterverfolgt werden kann[61], ist klar, daß für Marx auch wissenschaftliches Denken immer schon präformiert ist von einem Verhältnis zwischen Welt und Mensch, das als praktisches zu beschreiben ist. Wissenschaftliches Denken richtet sich auf eine Welt, die nicht fertig, sondern auf Praxis hin angelegt ist, insofern sie schon immer menschliche Praxis in vergegenständlichter Form enthält. Geschichtliche Wirklichkeit ist strukturiert und in diesen ihren Strukturen innerhalb des jeweiligen Praxisbezugs für den Forscher auch erkennbar. Webers Unterschied zwischen „objektiver" und „historischer" (d. h. durch wissenschaftliche Begriffsbildung mitkonstituierter) Wirklichkeit ist in diesem Denken irrelevant. „Der Streit über die Wirklichkeit oder Nichtwirklichkeit des Denkens – das von der Praxis isoliert ist – ist eine rein *scholastische* Frage"[62].

Aus solcher Bezogenheit des Denkens auf gegenwärtige und sich verändernde Praxis ergibt sich eine doppelte Unmöglichkeit:

Die Marxsche Theorie erlaubt einerseits nicht, ein wirtschaftswissenschaftliches oder soziologisches *System* zu formulieren. Dieses müßte sich als solches aus seinem historischen Bezug lösen und abstrakt verselbständigen. Von hier wird wieder einsichtig, wie wenig Platz das von Weber kritisierte allgemeine Geschichtsgesetz im Marxschen Denken hat. Vielmehr ergibt sich hier eine gewisse Übereinstimmung Marxens mit Weber, der ein definitives System der Kulturwissenschaften aufgrund des stetigen Wandels der Erkenntnisinteressen ebenfalls für unmöglich hält (WL, 184).

Es wird andererseits unmöglich, eine Methodologie (etwa im Sinne Webers) auszuarbeiten. Jede Methodologie muß, so scheint es, gerade jenen Schnitt zwischen Erkenntnissubjekt und -objekt vollziehen, den Marx ablehnt. Außerdem ist zu fragen, ob sie nicht immer vom konkreten historischen Fall abstrahieren, sozusagen ein Schema aufstellen muß, unter das sie alle Erkenntnisvorgänge subsumieren kann[63]. Von der Marxschen Position her verläuft eine Kritik an Webers methodologischem Standpunkt deshalb in folgende Richtung[64]: Der Prozeß der gesellschaftlichen Reproduktion hat eine derartige Selbständigkeit gewonnen, daß die menschliche Welt dem Menschen als eine völlig fremde gegenübertritt. Die Unüberschaubarkeit des geschichtlichen Prozesses für das vereinzelte Individuum, deren Gründe für Marx angebbar sind, spiegelt sich bei Weber in seiner Charakterisierung der Wirklichkeit als unermeßliches Chaos. Fortschritt kann nicht mehr gedacht werden. Rationalität verengt sich zur effektivsten Zweck-Mittel-Relation, wobei die Zwecksetzung letztlich nichts mehr mit Vernunft zu tun zu haben braucht. Marxistische Kritik an dem Methodologen Weber würde darauf zielen, seine ungeschichtlich formulierten Aussagen über den erfahrungswissenschaftlichen Erkenntnisvorgang aus ihren geschichtlich-gesellschaftlichen Voraussetzungen zu begreifen, sie damit historisch und gesellschaftlich zu relativieren und so als allgemeine Methodologie zu zerstören. Ein Schritt solcher Kritik wäre etwa die Aufdeckung des Weberschen Wirklichkeitsbildes, einer Voraussetzung seines Denkens, die Weber nicht mitreflektiert. Eine solche Kritik müßte Weber in seinen geschichtlichen und gesellschaftlichen Zusammenhang stellen. Die Kritik der abstrakten Kategorien ginge über in die Kritik der abstrakten Verhältnisse, deren falsche Vollendung jene sind. Ungeschichtliche, von dem Objekt ihrer Anwendung losgelöste Kategorien würden als Indiz für entfremdetes Denken aufgezeigt und relativiert.

d) Historische Totalität und „heterogenes Kontinuum"

Aus dem bisher Gesagten geht hervor, daß Marx im Gegensatz zu Weber einen Begriff von Gesamtgeschichte hat und damit auch Gesellschaft als bestimmte und bestimmbare Totalität denken kann, als Ganzes, das seine einzelnen Teile (die untereinander in Beziehung stehen) ebenso bedingt, wie es von ihnen bedingt wird. Dadurch kann Marx die Methode anwenden, die er in der Einleitung zur „Kritik der politischen Ökonomie" kurz darstellt[65].

Marx geht aus von dem anscheinend „Realen und Konkreten, den wirklichen Voraussetzungen", also in der Nationalökonomie von der Bevölkerung. Dieses „Reale und Konkrete" erweist sich als inhaltsleere Abstraktion, wenn man nicht bis zu seiner Gliederung, den Klassen und deren Grundelementen, Kapital, Lohnarbeit und so weiter, fortfragt. Ohne den analytischen Gang vom vorgestellten Konkreten zu immer „dünneren" Abstrakta und zu den einfachsten Bestimmungen bliebe die Vorstellung des Ganzen chaotisch und vollkommen unbestimmt. „Von da wäre nun die Reise wieder rückwärts anzutreten, bis ich endlich wieder bei der Bevölkerung anlangte, diesmal aber nicht als bei einer chaotischen Vorstellung eines Ganzen, sondern als einer reichen Totalität von vielen Bestimmungen und Beziehungen". Wirklich konkret ist für Marx also nicht die unmittelbare Anschauung, sondern: „Das Konkrete ist konkret, weil es die Zusammenfassung vieler Bestimmungen ist, also Einheit des Mannigfaltigen"[66]. Diese konkrete Totalität umfaßt sämtliche gesellschaftlichen Verhältnisse einer historischen Periode.

Das Ganze ist nirgends zu finden als in seinen Teilen. „In der Natur der

Teile des Ganzen liegt die Voraussetzung seiner Existenz, und so ist nur das Studium dieser Teile die das Ganze bildende Bewegung. Aber auch das reicht nicht aus, denn es muß gezeigt werden, wie sie ineinander übergehen, sich gegenseitig bedingen, um als Ganzes zu erscheinen"[67]. Umgekehrt ist aufgrund des Zusammenhangs der Teile jeder von ihnen nur zu erfassen, wenn gleichzeitig auf das Ganze hin gefragt wird.

Diesem methodischen Vorgehen liegt implizit die Vorstellung einer Wirklichkeit zugrunde, in der es Erscheinungsform und Wesen, Oberfläche und Kerngestalt zu unterscheiden gilt. „Die fertige Gestalt der ökonomischen Verhältnisse, wie sie sich auf der Oberfläche zeigt, in ihrer realen Existenz, und daher auch in den Vorstellungen, worin die Träger und Agenten dieser Verhältnisse sich über dieselben klarzuwerden suchen, ist sehr verschieden von, und in der Tat verkehrt, gegensätzlich zu ihrer innern, wesentlichen, aber verhüllten Kerngestalt und dem ihr entsprechenden Begriff"[68]. Obwohl in der entfremdeten Gesellschaft die existierende Gestalt der Verhältnisse ihr Wesen eher verhüllt als bloßlegt, hat der Wissenschaftler bei einer der Oberflächenerscheinungen anzusetzen, denn nirgends sonst kann er die „Kerngestalt" finden als in ihren historisch-konkreten Erscheinungsformen. Die Aufgabe des Wissenschaftlers ist es, den Begriff dieser „Kerngestalt" aufzusuchen[69], d.h., „das ökonomische Bewegungsgesetz der modernen Gesellschaft zu enthüllen"[70]. Das heißt jedoch nicht: ein allgemeines Gesetz im Sinne einer Weltformel zu suchen. Vielmehr handelt es sich um einen Begriff, der nicht losgelöst von den Formen seiner Existenz zu formulieren ist. Deshalb fordert Marx auch sogleich, „die Reise wieder rückwärts anzutreten", das heißt, die Beziehungen zwischen Kerngestalt und Phänomen an der Oberfläche aufzudecken und erst so die Kerngestalt angemessen, das heißt konkret, zu erfassen[71]. Zugleich werden die „Vorstellungen, worin die Träger und Agenten dieser Verhältnisse sich über dieselben klarzuwerden suchen"[72], in Frage gestellt und so die Möglichkeit ihrer Veränderung geschaffen, die sich allerdings nicht auf den theoretischen Bereich zu beschränken, sondern in praktische Veränderung jener Verhältnisse überzugehen hat, die jenes falsche Bewußtsein bedingen.

Substanzeinsicht in diesem Sinne ist – nach Marx im Gegensatz zu Weber – prinzipiell für die Wissenschaft möglich aufgrund des oben skizzierten dialektischen Verhältnisses von Bewußtsein und Wirklichkeit, wenn sie auch nur von einem Bewußtsein geleistet werden kann, das nicht mehr durch Klassenschranken eingeengt und durch den Zwang der entfremdeten ökonomischen Verhältnisse verkehrt ist. Die Bedingungen der Möglichkeit solcher Erkenntnis können nicht abstrakt reflektiert werden, da Inhalt und Form des erkennenden Bewußtseins als je verschiedene Ergebnisse und Momente je anderer historischer Situationen bestimmt sind.

Vor allem ein von Hegel übernommener, allerdings materialistisch transformierter Begriff von Wirklichkeit[73], der eine strukturierte Einheit in aller Mannigfaltigkeit, eine Kerngestalt in allen Erscheinungen weiß, ermöglicht es Marx, von der Wissenschaft Einsicht in das Wesen der historischen Verhältnisse, das heißt Substanzeinsicht oder Erfassen der Totalität, zu verlangen. Im Gegensatz dazu muß sich das nach-hegelianische, neokantianische Denken Webers, das sich Wirklichkeit nur als „heterogenes Kontinuum" vorstellen kann, mit Partialerkenntnis begnügen und jene Unterscheidung zwischen Wesen und Erscheinung als schlechte Metaphysik und jene Intention auf einen Begriff vom Ganzen hin als überhebliche Selbsttäuschung verurteilen. Umgekehrt sind die Überzeugungskraft und Konsistenz des Marxschen Ansatzes ganz außerordentlich stark von der Geltung Hegelscher Prämissen abhängig. Wer diese Prämissen nicht mehr akzeptiert, wird jenen Ansatz nicht einfach übernehmen können.

Webers aus der Vorstellung von historischer Wirklichkeit als einem „heterogenen Kontinuum" hervorgehende Methode ist im Unterschied zu Marxens ständigem Einbezug des Ganzen dadurch gekennzeichnet, zunächst gemäß *einem* erkenntnisleitenden Gesichtspunkt *einen* „Kausalstrang" aus der Fülle des Wirklichen, das nicht als strukturierte Totalität gedacht wird, herauszulösen. Wenn er auch additiv mit Hilfe weiterer Untersuchungen ergänzende „Kausalstränge" verfolgen kann, so ist es Weber aufgrund seiner Methode doch sehr erschwert, ständig die Beziehung und die Bedeutung *eines* Moments der Wirklichkeit gegenüber den anderen zu reflektieren.

Diese vom methodischen Ansatz verlangte Abstraktion läßt sich als Schwierigkeit in Webers Arbeiten, etwa in „Die protestantische Ethik und der Geist des Kapitalismus", aufweisen. So scheint es, daß Weber, wenn er innerhalb seines begrenzten Ansatzes bleibt, das Phänomen des Pietismus nicht hinreichend erklären kann, der zwar auf gleichen religiösen Grundlagen wie der den Kapitalismus fördernde Puritanismus ruht, aber gerade nicht zu nüchterner Askese und Arbeitsethos führt wie dieser. Weber müßte, wollte er diese Differenz erklären, weitere Bedingungen des Umschlagens von calvinistischer Religiosität in weltoffene Tüchtigkeit entwickeln, die wahrscheinlich gesellschaftlicher, ökonomischer, geographischer und anderer Art sind und die bewirken, daß ähnliche religiöse Inhalte einmal zu tätiger Weltoffenheit, ein anderes Mal zu verinnerlichter Frömmigkeit führen[74]. Die Verflochtenheit und gegenseitige Beeinflussung verschiedener bedingender Momente müßte reflektiert und ihre Bedeutungen gegeneinander abgewogen werden[75].

In ähnliche Schwierigkeiten gerät Weber durch seine Beschränkung auf *eine* Kausalkette bei der Erklärung, wie aus Verlagsunternehmen im 18. Jahrhundert zentralisierte Manufakturen entstanden[76]. Weber führt den neuen calvinistischen Geist als bewegenden Grund an, der eine Verschärfung der Arbeitskontrolle, Planung, Kundenwerbung usw. bewirkt und die bisherige auf Heimarbeit fußende gewerbliche Form in Frage stellte. Es scheint aber fraglich, ob alle diese Antriebe und Auswirkungen des neuen Geistes hinreichend erklären können, warum nun die Arbeit in Manufakturen, also in von der Wohnstätte getrennten zentralen Arbeitsräumen, stattfinden mußte. Es wäre durchaus denkbar, daß Planung, Kundenwerbung und größere Rationalität des Arbeitsprozesses auch in einer dezentralisierten Arbeitsform garantiert werden hätten können. Um das Entstehen der geschlossenen Betriebe zu erklären, wird es unumgänglich sein, auf die Weiterentwicklung der Produktionsmittel, der Werkzeuge und ersten Maschinen, deren Kauf und Anwendbarkeit eine gewisse Zentralisierung verlangten, und auf den Arbeitsprozeß, dessen technologische Weiterentwicklung immer deutlicher zentrale Leitung erforderte, zu rekurrieren und den Zusammenhang dieser Elemente mit dem neuen Geist zu untersuchen. Das erschwert Webers Ansatz aber, zumindest führt er nicht zwangsläufig zu einem solchen Vorgehen.

Demgegenüber versucht Marx die Wirklichkeit in ihren vielfältigen, sich gegenseitig bedingenden Momenten zu fassen, deren eines die wissenschaftliche Forschung selbst ist. Für ihn sind selbst die abstraktesten Kategorien historische Kategorien. Er entwickelt das an der Kategorie „Arbeit". Arbeit könne erst als „Arbeit überhaupt" gedacht werden (nach Marx erstmalig von A. Smith) in einer „sehr entwickelte(n) Totalität wirklicher Arbeitsarten . . . , von denen keine mehr die alles beherrschende ist". Vorausgesetzt ist eine Gesellschaftsform, „worin die Individuen mit Leichtigkeit aus einer Arbeit in die andre übergehen und die bestimmte Art der Arbeit ihnen zufällig, daher gleichgültig ist". Das war etwa zur Zeit der Physiokraten weniger der Fall als innerhalb der modernen bürgerlichen Gesellschaft. An diesem Beispiel stellt Marx überzeugend fest, „wie selbst die abstraktesten Kategorien, trotz ihrer Gültigkeit – eben wegen ihrer Abstraktion – für alle Epochen, doch in der Bestimmtheit dieser Abstraktion selbst ebensosehr das Produkt historischer Verhältnisse sind und ihre Vollgültigkeit nur für und innerhalb dieser Verhältnisse besitzen"[77]. So konkretisiert sich die obige These, daß das erkennende Subjekt nicht mit sachfremden Kategorien an die Sache herantritt. Es muß jedoch ständig seine Stellung innerhalb der Totalität des geschichtlichen Prozesses und die Herkunft seiner Kategorien aus diesem reflektieren[78]. Kategorien, Gesichtspunkte können nur kritisiert werden, indem man sie mit den Verhältnissen in Verbindung bringt, in denen sie entstanden und angewandt werden.

Die beherrschende Stellung der Kategorien (Gesichtspunkte) Arbeit, Produktion und Tausch begründet Marx mit der hohen Bedeutung, die diese Elemente in der von ihm untersuchten kapitalistischen Gesellschaft erlangt haben. Kategorien sind für Marx zugleich Seinskategorien, in Webers Sprache: Gesichtspunkte des wissenschaftlichen Erkennens sind zugleich herrschende Elemente der zu untersuchenden Wirklichkeit.

Damit stellt sich jedoch die Frage an den Geschichtsschreiber Marx, ob denn Kategorien, die der gegenwärtigen Gesellschaft angemessen sein mögen, auch zur Erforschung vergangener Zeiten verwandt werden können. Falls etwa mit den Kategorien „Klasse" und „Klassenkampf" die mittelalterliche Gesellschaft untersucht wird, so tritt damit die Gefahr auf, daß ein gegenwärtiges Kategoriensystem, das nach Marx' eigenem Anspruch der historischen Relativierung unterliegt, ungeschichtlich aller bisherigen Entwicklung unterschoben wird. Marx denkt historisch im Sinne der Verschiedenartigkeit der historischen Individualitäten genug, um nicht naiv die Anwendbarkeit der gegenwärtigen Begriffe auf vergangene Zeiten zu behaupten. „Wenn daher wahr ist, daß die Kategorien der bürgerlichen Ökonomie eine Wahrheit für alle andren Gesellschaftsformen besitzen, so ist das nur cum grano salis zu nehmen"[79]. Trotzdem ist er der Meinung, daß erst von der (bisher am höchsten entwickelten) Organisation der Gegenwart her Einsicht in Gliederung und Verhältnisse der untergegangenen Gesellschaftsformen möglich ist, die von der bisher letzten, der gegenwärtigen Form als „Stufen zu sich selbst betrachtet" werden.

„Die bürgerliche Ökonomie liefert so den Schlüssel zur antiken etc."[80], wobei die historischen Unterschiede nicht verwischt werden dürfen. Marx scheint unausgesprochen der Meinung zu sein, daß einzelne Momente erst in der Gegenwart als das erscheinen, was sie in der Vergangenheit in verhüllter Form waren, daß die Gegenwart die entwickelte Form der Vergangenheit ist und damit gegenwärtige Kategorien, auf vergangene Formen angewandt, besser deren Wesen erfassen können als etwa Kategorien, die in der zu untersuchenden Zeit selbst bewußt und in Gebrauch waren.

Damit ist von Marx implizit zugegeben, daß geschichtliche Betrachtung immer aus einem bestimmten Horizont heraus geschieht. Jedoch sind die gegenwärtigen Verhältnisse, die den Horizont ausmachen, für Marx die entwickeltere, die wahrere Form *der* Verhältnisse, die es zu beschreiben gilt. Hier zeigt sich eine gewisse Berechtigung für Webers Vorwurf, bei den „Gesetzen" des Historischen Materialismus handle es sich um eine universalgeschichtliche Methode, in der die Produktionsverhältnisse gleichsam eine metaphysische Präponderanz hätten. Marx liefert selbst Ansatzpunkte dafür, das, was er als Anatomie der bürgerlichen Gesellschaft plante, als geschichtsphilosophische Maxime, als „materialistische Geschichtsauffassung" zu verkennen.

Auch diese Eigenart der Marxschen Methode folgt mit gewisser Notwendigkeit aus Marxens (modifizierter) Übernahme von Hegels Entwicklungsbegriff. Mit diesem liegt nämlich dem Marxschen Denken die Voraussetzung zugrunde, Geschichte als einen im Prinzip vernünftigen Prozeß aufzufassen, zu dem der Mensch als aktiv-vermittelndes Moment unabdingbar hinzugehört. Zwar ist die Geschichte für den Materialisten Marx nicht mehr wie bei Hegel der Weg der Selbstbefreiung des zuerst nur an sich seienden Geistes zur offenbaren Wirklichkeit seines Wesens. Trotzdem wird jede historische Epoche als strukturierte Totalität begriffen, deren Widersprüche die Forderung und das Versprechen ihrer Auflösung bereits in sich schließen. Auch für Marx ist die Gegenwart insofern „eingeengte Zukunft"[81], derart, daß die Zukunft nur die Verwirklichung der in der Gegenwart bereits angelegten, gerichteten Entwicklungstendenzen ist.

Diese Hegelsche Voraussetzung Marxschen Denkens begründet letztlich den Gegensatz solchen Denkens zu einer Position wie der Weberschen, dessen Absage an jeden Entwicklungsbegriff aus seinem Verständnis von Wirklichkeit als „heterogenem Kontinuum" notwendig folgt[82]. Deutlich macht diese Differenz eine Gegenüberstellung dessen, was Weber und Marx prinzipiell unter Kritik verstehen: „Das Schicksal einer Kulturepoche, die vom Baum der Erkenntnis gegessen hat, ist es, wissen zu müssen, daß wir den *Sinn* des Weltgeschehens nicht aus dem noch so sehr vervollkommneten Ergebnis seiner Durchforschung ablesen können, sondern ihn selbst zu schaffen imstande sein müssen, daß ‚Weltanschauungen' niemals Produkt fortschreitenden Erfahrungswissens sein können und daß also die höchsten Ideale, die uns am mächtigsten bewegen, für alle Zeit nur im Kampf mit anderen Idealen sich auswirken, die anderen ebenso heilig sind wie uns die unseren" (WL, 154). „Jede sinnvolle *Wertung* fremden *Wollens* kann nur Kritik aus einer eigenen ‚Weltanschauung' heraus, Bekämpfung des *fremden* Ideals vom Boden eines *eigenen* Ideals sein" (WL, 157). Dagegen Marx: „Die Vernunft hat immer existiert, nur nicht immer in der vernünftigen Form. Der Kritiker kann also an jede Form des theoretischen und praktischen Bewußtseins anknüpfen und aus den *eigenen* Formen der existierenden Wirklichkeit die wahre Wirklichkeit als ihr Sollen und ihren Endzweck entwickeln"[83]. Während für Weber der sich entscheidende Mensch in einer letztlich sinnlosen Wirklichkeit Sinn schafft, will Marx den Sinn der neuen gesellschaftlichen Verhältnisse durch die Kritik der alten finden, die ihn bereits in impliziter Form enthalten.

e) Kritik und Versuch der Vermittlung

Innerhalb des Marxschen Denkens, so wurde gezeigt, fungiert die zu untersuchende Wirklichkeit als ein Kriterium für die Angemessenheit der Untersuchungskategorien. Da es um die Erkenntnis der wesentlichen Strukturen, der „Gesetze" der jeweiligen Wirklichkeit (d. h. um deren „Kerngestalt") – und nicht um Partialerkenntnis – geht, kann der Anwendung der Untersuchungskategorien nicht ein willkürlicher Wahlakt vorausgehen. Vielmehr drängt die zu untersuchende Sache dem Forscher adäquate Gesichtspunkte und Kategorien zu ihrer eigenen Untersuchung auf, wenn er sich ihr nur in der rechten Weise überläßt. Entsprechendes – so ließe sich zeigen – gilt für das Verhältnis von Werten, das heißt Normen und Kriterien des Handelns, zu der Wirklichkeit, die durch solches Handeln verändert werden soll. Auf die Spitze getrieben, behauptet ein solches Denken die Ableitbarkeit der Normen des Handelns aus der richtigen Analyse der historischen

Wirklichkeit[84]. Entscheidungen werden hiermit im Gegensatz zur Weberschen Theorie der Wertfreiheit eindeutig überprüfbar, damit aber zugleich eliminiert. Ähnlich wie in einer „wissenschaftlichen Zivilisation", in der der „Politiker gar nicht ‚Entscheidender' oder ‚Herrschender', sondern Analytiker . . . " wäre, der die Konsequenzen aus Zwängen der die gesellschaftliche Entwicklung bestimmenden Apparatur zöge[85], würde auch in einer Wirklichkeit, die eine Analyse ihrer selbst und ihrer objektiven Potenzen derart ermöglicht, daß die Erkenntnis des „gesellschaftlich Wertvollen" daraus ableitbar wird[86], die Entscheidung nach Werten durch eine sachgerechte Folgerung aus Wirklichkeitsanalyse ersetzt. In beiden Fällen taucht in der Konsequenz solchen Denkens die Gefahr der Illiberalität, des autoritären Anti-Pluralismus und Dogmatismus auf: wissenschaftstheoretisch als Intoleranz gegenüber anderen Erkenntnisansätzen, die ja innerhalb solchen Denkens nur als irrtümliche oder ideologische Abweichung gegenüber dem eigenen wahren Zugriff verstanden werden können; gesellschaftlich-politisch als ideologische Rechtfertigung der eigenen, durchaus partikularen Ziele als allgemeine und absolute aus angeblich wissenschaftlicher Einsicht.

Die Wissenschaftslehre Max Webers, soweit sie bisher herangezogen wurde, formuliert eine entgegengesetzte Position, die an der Unableitbarkeit von Erkenntnisgesichtspunkten aus der zu untersuchenden Sache festhält. Ihre Erkenntnis bleibt immer Partialerkenntnis, deren Richtung durch einen primären Wahlakt zwischen mehreren Gesichtspunkten bestimmt ist. Eine Abhängigkeit der Gesichtspunktwahl von Wirklichkeitserkenntnis wird kaum aufgezeigt, wenn auch umgekehrt die Forschung in Ausgang, Art und Ziel ihres Weges von jenen Gesichtspunkten bestimmt ist.

Eine entsprechend radikale Trennung vollzieht Weber, so ließe sich zeigen, auch zwischen geschichtlicher Wirklichkeit und Normen des Handelns (Werten), zwischen Wirklichkeitswissenschaft und Lebensentscheidungen. Die Erkenntnis von Werten und Zielen des Handelns folgt für ihn nicht aus der erfahrungswissenschaftlichen Analyse, so perfekt die auch sein mag. Zumindest reichen die Funktionen der Wissenschaft, die sie auch nach Weber bei der Formulierung von Handlungszielen hat[87], nicht aus, den Vorzug eines Wertes gegenüber einem entgegengesetzten anderen zu begründen (WL, 149ff.). Selbst wenn wissenschaftlich eine Entwicklungstendenz der geschichtlichen Wirklichkeit festgestellt worden wäre, bedeutete das für den Handelnden noch keinen Aufschluß darüber, ob er die Verwirklichung dieser Tendenz unterstützen oder ihr Widerstand leisten solle (WL, 474 f.). In einer Wirklichkeit, die verschiedene Möglichkeiten des Handelns nach entgegengesetzten Werten offenläßt, scheint denn auch die Herkunft und Wahl der Werte nicht rational diskutierbar (WL, 469 f.). Im Bereich des Handelns (bzw. im Forschungsprozeß) werden die Ziele und Normen (beziehungsweise die Erkenntnisgesichtspunkte und -ziele) durch einen letztlich dezisionistischen Akt konstituiert, über dessen materiale Vernünftigkeit nichts aussagbar ist[88].

Marx und Weber repräsentieren – *soweit ihre Lehren bisher in gewisser, durch die Gegenüberstellung bedingter Einseitigkeit dargestellt wurden* – zwei einander entgegengesetzte Denkmöglichkeiten. Ihre in bestimmter Weise akzentuierte Konfrontation erweist ihre Mängel und Gefahren und wird so Anlaß zu wechselseitiger Kritik und Vermittlungsversuchen, d. h. zunächst zum Anlaß der Frage, inwieweit sich innerhalb der beiden Denkansätze selbst Momente finden, die über deren bisher skizzierte Grundmuster hinausdrängen.

Es wurde erwähnt, wie notwendig die Möglichkeit des Ansatzes, Erkenntnisgesichtspunkte eindeutig aus der zu erkennenden Wirklichkeit abzuleiten, einen Begriff von Geschichte voraussetzt, der sich – zur Praxis hin modifiziert – eng an den Hegels anlehnt. Allerdings: Wenn die Wirklichkeit in ihrer historisch vorfindbaren Gestalt eine solche ist, die erst durch richtiges praktisches Bewußtsein vermittelt zu dem wird, was sie bisher nur als Möglichkeit war, die also auf menschliche Praxis und damit praktisches Erkennen angelegt ist, dann können Normen des Handelns an den objektiven Möglichkeiten der jeweiligen Wirklichkeit ausgerichtet werden. Dann ist diese Wirklichkeit dem Verstehen keine äußerliche und fremde, sondern es gilt der Satz Hegels: „. . . es kann nur die Natur des Inhalts sein, welche sich im wissenschaftlichen Erkennen bewegt, indem zugleich diese eigene Reflexion des Inhalts es ist, welche seine Bestimmung selbst erst setzt und erzeugt[89]." Solchem Reden liegt als Voraussetzung die Gewißheit einer ursprünglichen Identität des Erkenntnisobjekts und -subjekts zugrunde, die in den Prämissen der Hegelschen Philosophie gesetzt ist. Wenn Geschichte die Tat ist, „wodurch der absolute Endzweck der Welt sich in ihr vollführt, der nur erst *an sich* seiende Geist sich zum Bewußtsein und Selbstbewußtsein und damit zur Offenbarung und Wirklichkeit seines an und für sich seienden Wesens bringt[90]", so kann sich Kritik in der Konfrontation der jeweiligen Wirklichkeit mit ihrem Anspruch erschöpfen, um den historischen Fortschritt zu gewährleisten. Weiterhin garantiert ein solcher Geschichtsbegriff im Prinzip die unproblematische Angemessenheit gegenwärtiger Kategorien für die Erforschung vergangener Verhältnisse, denn jene Kategorien entstammen einer Gegenwart, die die wahrere und entwickeltere Form der zu untersuchenden Vergangenheit ist. Die Identität von subjektivem und objektivem Geist, von menschlichem Bewußtsein und geschichtlicher Wirklichkeit, die auf der Stufe der Sittlichkeit offenbar wird, ist bei Hegel eine von Anfang an angelegte und (wenn auch nur an sich) vorhandene.

Dagegen muß gefragt werden, ob der Historische Materialist Marx, der die ursprüngliche, geschichtlich werdende Vernunft, Hegels Prämisse, streicht[91], sich damit nicht auch der Basis beraubt, das Verhältnis von Mensch und Geschichte in Hegelscher Weise als angelegte und lediglich zu verwirklichende Identität zu denken. Zwar ist aus der Marxschen Position einsichtig, daß geschichtliche Wirklichkeit weder dem menschlichen Verstehen fremd zu sein braucht noch ein „ungeheurer chaotischer Strom" im Sinne Max Webers ist, da sie immer auch von menschlicher Vernunft gestaltet und begrifflich vermittelt ist. Aber es ist nicht einzusehen, warum die jeweilige Stufe des Stoffwechselprozesses zwischen Mensch und Natur[92] immer auch ihren eigenen Zukunftsentwurf, ihre eigene Kritik im Sinne von Hegels objektiver Möglichkeit implizit derart in sich tragen soll, daß man bruchlos formulieren kann: „Gesellschaftlich wertvoll ist allemal das historisch möglich Gewordene"[93]. Das Material des geschichtlichen Vermittlungsprozesses ist ja für Marx nicht eine Natur, die als Idee in ihrem Anderssein beschrieben werden könnte[94] und deren implizite Wahrheit von Anfang an die Geschichte wäre. Genausowenig wie Natur bei Marx völlig in Geschichte aufgeht, genausowenig *fordert* sie ihre sinnvolle Bearbeitung durch historische Arbeit, sie stellt sie lediglich frei, ebenso wie ihre sinnlose Verwendung. So sehr jede historische Situation begrifflich vermittelt ist, so wenig läßt sich eigentlich von der Marxschen Position her argumentieren, daß jede historische Situation den Sinn ihrer Zukunft bereits hinreichend in sich trage. Ziel der Menschheit ist nur dann der Begriff ihrer bisherigen Entwicklung, wenn dieser Begriff als an sich seiende Vernunft schon immer auch der Entwicklung vorausging. Eben von dieser Prämisse geht aber die Marxsche Theorie nicht mehr aus[95]. Die für Marx subjektiv noch selbstverständliche Ableitbarkeit von Zielen des politischen Handelns aus der angemessenen Analyse der bisherigen Entwicklung stellt sich damit auch innerhalb des Marxschen Ansatzes als objektiv äußerst fragwürdig heraus.

Entsprechendes gilt für die Ableitbarkeit von Erkenntnisgesichtspunkten und -kategorien aus der zu erkennenden Sache selbst. Wie oben gezeigt[96], geschieht auch die Marxsche Geschichts- und Sozialanalyse aus einem spezifischen, historisch bedingten und praktisch bezogenen Horizont heraus. Am Beispiel seiner eigenen methodologischen Hinweise: Wenn Marx vom „Realen und Konkreten der wirklichen Voraussetzungen" auszugehen vorgibt und zum Ausgangspunkt seiner Forschung die „Bevölkerung" nimmt, um zu ihrer Gliederung (Klassen) und zu deren Grundelementen vorzustoßen[97], so verfügt er damit bereits über ein an dieser Stelle von ihm nicht weiter expliziertes Vorverständnis, um als Ausgangspunkt nicht etwa die Nation im Gegensatz zu anderen Nationen zu wählen, und über eine Theorie, die ihn befähigt, zu (ökonomisch definierten) Klassen, nicht aber z. B. zu religiösen oder ethnischen Gliederungseinheiten vorzustoßen. Dieses theoretische Vorverständnis gälte es aber zu problematisieren und in seiner relativen Angemessenheit an den Gegenstand zu begründen, wenn einmal die Hegelsche identitätsphilosophische Prämisse und der aus ihr ableitbare Anspruch auf Übereinstimmung von Seins- und Denkkategorien problematisch geworden sind. Daß jenes Vorverständnis, jene Kategorien und theoretischen Ansätze von der zu untersuchenden Wirklichkeit quasi aufgedrängt würden, daß man sich der Sache nur in der rechten Weise überlassen müsse, um sie angemessen zu erkennen, davon kann auch im richtig verstandenen Marxschen Ansatz keine Rede sein[98].

Wenn somit demonstriert werden kann, daß auch innerhalb eines recht verstandenen Marxschen Denkens *die zu untersuchende Sache* selbst kein völlig hinreichendes Kriterium, keine voll ausreichende Kontrollinstanz für die eindeutige Bestimmung der angemessenen Begriffe und Erkenntnisgesichtspunkte ist, wenn sich also zeigt, daß das von Weber vielleicht allzu dezisionistisch gelöste, aber immerhin klargestellte Problem der Angemessenheit von Begriff und Gegenstand nicht einfach durch Rückgriff auf Marx überholt werden kann, dann gilt ein Ähnliches in bezug auf *die Praxis* als zweite mögliche Kontrollinstanz wissenschaftlicher Begriffs-, Kategorien- und Theorienbildung erst recht. Sicherlich kann man mit Marx erweisen, daß wissenschaftliche Erkenntnis schon immer in einem vielfach vermittelten Praxisbezug steht und daraus Kriterien für ihr Vorgehen gewinnen kann und muß[99]. Doch: Wenn auch Forschung sich immer an Praxis wird orientieren müssen, so kann doch diese kein fixer, objektiver Maßstab, weder für die Bewertung der Normen noch für die Wahl der Erkenntnisgesichtspunkte, sein. Befindet sich doch der Mensch immer als konstitutives Moment dieser Praxis in ihrer Mitte, ähnlich wie das Erkennen selbst Moment des Prozesses ist, den es erkennen will. Als überschaubares Ganzes kann es sie nicht objektivieren. Insofern stellt sich auch und gerade für ein Denken, das sich als Teil der zu erkennenden Totalität versteht, das Problem des hermeneutischen Zirkels, das Marx noch nicht bewußt wurde[100]. Die Praxis verändert sich außerdem ständig selbst, u. a. durch den Fortgang der Forschung, deren Orientierungsbasis sie zugleich sein soll. Als historische ist sie nie definitiv und zudem immer verschieden auslegbar.

Wenn sich somit zeigt, daß auch innerhalb eines recht verstandenen Marxschen Denkens das Problem besteht, auf welche Weise Werte und Erkenntnisgesichtspunkte (bzw. -kategorien) kontrolliert werden können, weil weder die zu untersuchende geschichtliche Wirklichkeit noch die jeweilige historische Praxis des Forschers hinreichend eindeutiges Kriterium der Auswahl sind, so bedeutet das doch nicht, daß zu der oben skizzierten dezisionistischen Alternative zurückzukehren ist.

Vielmehr sollen die Reflexion der Erkenntnisgesichtspunkte (allerdings nicht ihre eindeutige Ableitbarkeit) aus der zu bestimmenden Sache und aus der jeweiligen gesellschaftlichen Praxis wie auch der Marxsche Anspruch, die einzelne historische Erscheinung nicht ohne einen Begriff vom Ganzen erkennen zu können, trotz seiner wohl prinzipiellen Uneinlösbarkeit festgehalten und diese Momente auf ihr Verhältnis zur Weberschen Theorie befragt werden.

Ziel einer Interpretation von Webers Wissenschaftslehre, die diesen Elementen der Marxschen Theorie näherkäme, müßte es sein, einerseits den Primat der Gesichtspunkte im Akt des erfahrungswissenschaftlichen Erkennens sowie die Unmöglichkeit festzuhalten, sie eindeutig aus Kriterien der Sache oder der gegenwärtigen Kultur abzuleiten. Andererseits müßten innerhalb der Weberschen Theorie Möglichkeiten der Kontrolle gefunden werden, die die Gesichtspunktwahl von dem Vorwurf befreien, bloßer dezisionistischer Akt zu sein.

Weber ist vorgeworfen worden, bei ihm erhalte die Wissenschaft einen

Gegenstand, der in der Wirklichkeit nicht existiere. Aufgrund der Strukturlosigkeit des heterogenen Kontinuums lasse sich Erkenntnis nicht mehr aus der Wirklichkeit, sondern nur noch methodisch rechtfertigen; Kultur sei lediglich „ein subjektiver Begriff" und Geschichte nur „unsere Zusammensetzung". Webers Wirklichkeit als „amorphes Geschiebe von verfilzten Erscheinungen" liefere keinerlei Kriterien zur Auswahl, Bewertung und Kontrolle der Gesichtspunkte, die Erkenntnis erst ermöglichen[101].

Diese Kritik – durch viele Aussagen Webers gestützt – bleibt bestehen, auch wenn oben gezeigt wurde, daß für Weber das „heterogene Kontinuum" nicht völlig unstrukturiert ist, denn diese „ontischen" Strukturen können nicht verhindern, daß die Wirklichkeit dem Analysierenden zunächst als „chaotischer Strom" erscheint. Trotzdem kann eine solch radikale Kritik, derzufolge Webers Methodologie als paradox erscheinen muß[102], eine Reihe von Momenten und Stellen innerhalb der Wissenschaftslehre nicht hinreichend erklären.

Weber weist zumindest implizit darauf hin, daß für ihn die Gesichtspunkte der Erkenntnis zwar nicht ableitbar, aber auch nicht völlig unbefragbar und unkontrollierbar sind. So gibt er der Hoffnung Ausdruck, daß auf einem fortgeschritteneren Stand der Forschung das „Maß der Kulturbedeutung des asketischen Protestantismus" für den modernen Kapitalismus bestimmt, also durchaus ein Urteil über das Gewicht eines Gesichtspunktes und Kausalstranges gegenüber anderen (etwa sozialökonomischen) gefällt werden könne[103].

Weber hält weiterhin die leitenden Wertideen der Gegenwart des Wissenschaftlers für ein Kriterium der Erkenntnisgesichtspunkte (WL, 259 f.). Ein „wissenschaftliche(r) Genius", so meint er, würde die Objekte seiner Forschung auf Werte beziehen, die „die ,Auffassung' einer ganzen Epoche" bestimmen (WL, 182). Weber deutet auch an, daß die Erkenntnisinteressen und -gesichtspunkte des Forschers durch die praktischen Bedürfnisse seiner Zeit vermittelt sind (WL, 148, 158, 165). Zwar kann in dieser von ihm eingeräumten gesellschaftlichen Verflochtenheit der Gesichtspunkte noch keine hinreichende Basis ihrer Kontrolle erblickt werden. Wenn nämlich als Erklärungsgrund und Entsprechungsmaßstab der Gesichtspunkt- und Begriffsbildung die praktischen Kulturprobleme eingeführt werden, so stellt sich damit die Frage nach der Möglichkeit der eindeutigen Einsicht in die praktischen Kulturprobleme. Hier wiederholt sich nun die Schwierigkeit, die darin besteht, daß nach dem Weberschen Ansatz die praktischen Kulturaufgaben, je nachdem von welchen Interessen, Werten und Gesichtspunkten der einzelne ausgeht, je anders erscheinen werden, wohingegen doch gerade die Gesichtspunkte an den praktischen Kulturaufgaben gemessen werden sollten.

Trotzdem begründen solche Gedankengänge eine Forderung, die Weber selbst nicht ausdrücklich stellt, die aber innerhalb der Wissenschaftslehre Platz hat, ja angelegt und geeignet ist, ihn dem so oft vorgebrachten Dezisionismusvorwurf zumindest teilweise zu entziehen: nämlich die Forderung, wissenschaftliche Gesichtspunkt- und Theorienbildung aus dem gesellschaftlichen Zusammenhang heraus zu reflektieren, dem die Forschung als Moment angehört[104]. Webers eigenes, immer festgehaltenes Postulat nach Klarheit und intellektueller Redlichkeit kann innerhalb seiner Lehre durchaus die Forderung an jeden Wissenschaftler hinreichend begründen, die (von Weber anerkannte) Verflochtenheit seiner Erkenntnisgesichtspunkte mit seiner gesellschaftlichen Situation (WL, 259 f.) zu reflektieren, sie nicht blind hinzunehmen, sondern sie permanenter Kritik, auch im Sinne von Ideologiekritik, auszusetzen.

Nicht nur die gesellschaftliche Wirklichkeit des Forschers, sondern auch der zu erkennende Gegenstand selbst bieten überdies innerhalb der Weberschen Theorie Möglichkeiten an, die subjektivistische Willkür zumindest einzuschränken: „Will ich aber den Begriff der ‚Sekte‘ genetisch, zum Beispiel in bezug auf gewisse wichtige Kulturbedeutungen, die der ‚Sektengeist‘ für die moderne Kultur gehabt hat, erfassen, so werden bestimmte Merkmale beider (von Kirche und Sekte, J. K.) *wesentlich,* weil sie in adäquater ursächlicher Beziehung zu jenen Wirkungen stehen“ (WL, 194). Während „Kulturbedeutung“ bei Weber zumeist den Grund des Interesses ausdrückt, aus dem sich der Wissenschaftler bestimmten historischen Objekten zuwendet, also einen methodischen Vollzug meint, dem gemäß ein „Ausschnitt der sinnlosen Unendlichkeit des Weltgeschehens“ mit „Bedeutung“ bedacht und somit „Kultur“ wird[105], bezeichnet „Kulturbedeutung“ hier den Zusammenhang, in dem vergangene Kultur auf moderne eingewirkt hat. Gehört „Kulturbedeutung“ dort zu den Begriffen, die wissenschaftliche Erkenntnis an subjektive Wertentscheidungen binden, so bezeichnet das Wort hier eine objektive Struktur[106]. Es scheint, daß für Weber im stillen Kultur nicht nur ein vom methodischen Bezug auf Werte und Gesichtspunkte des Wissenschaftlers geordneter Ausschnitt eines Chaos ist, sondern daß er doch etwas wie einen „materialen Kulturbegriff", eine Kultur auf der „ontischen" Ebene, kannte, deren Strukturen und Sinn nicht erst durch die Gesichtspunkte des Wissenschaftler konstituiert sind[107].

Wenn man diese „ontische" Wendung Webers nicht als Bruch und Scheitern seiner Theorie abtun will, die umgekehrt ohne eine solche Wendung sich kaum hinreichend gegen den Vorwurf des Dezisionismus wehren könnte, so stellt sich als Problem: Wie läßt sich die Freiheit der Gesichtspunktwahl, auf der Weber insistiert, mit der Annahme der Existenz einer „materialen" Kultur vereinbaren, die der wissenschaftlichen Untersuchung nicht wie ein ungeordneter, „amorpher" Allzusammenhang indifferent gegenüberstehen kann, sondern vom Analysierenden verlangt, die Sache, die „ontische" Struktur, die es zu erkennen gilt, möglichst angemessen zu rekonstruieren? Die „materiale Kultur" ist Teil einer Wirklichkeit, die Weber als „heterogenes Kontinuum" begreift, in der nur Partialerkenntnis möglich ist. Keinesfalls kann sie deshalb als eine solche gedacht werden, aus der die Erkenntnisgesichtspunkte *eindeutig* ableitbar sind. Dennoch stellt sie einen realen Zusammenhang dar, der die Gesichtspunkte, von denen die Wissenschaft ausgeht, rückläufig (wenn auch nicht total) daraufhin kontrolliert, ob sie den Strukturen Rechnung tragen, zu deren Erkenntnis sie gebildet werden. Wenn die Sache dem Forscher die Gesichtspunkte auch nicht aufzwingt, so ist sie doch bei deren Auswahl und Anwendung auch innerhalb der recht verstandenen Weberschen Wissenschaftslehre nicht unbeteiligt und verlangt, die Beziehung zwischen Gesichtspunkt und Stoff ständig mitzureflektieren. Sie schränkt damit die Willkür der Gesichtspunktwahl ein.

Wenn dies eine versteckte, selbstverständliche Prämisse der Weberschen Theorie ist, so steht doch fest, daß Weber sie nicht explizierte und so nicht gezwungen war, sie aus dem Zusammenhang seiner übrigen Begriffe zu begründen. Abgesehen von dem damaligen Stand der wissenschaftstheoretischen Diskussion, der Weber dazu veranlaßt haben mag, die Rolle der unableitbaren Wertgesichtspunkte in der Geisteswissenschaft gegen den Angriff der gesetzeswissenschaftlichen und historischen Schulen zu betonen[108], hätte eine solche Explikation in einer Theorie jener (materialen) Kultur bestehen müssen, die zu leisten Weber nicht bereit war. Ziel einer solchen Theorie hätte es sein müssen, die Spannung zwischen einem materialen Begriff von Kultur und der als „heterogenes Kontinuum" vorgestellten Wirklichkeit zu versöhnen. Möglicherweise hätte ein derartiges Beginnen zu unauflösbaren Widersprüchen beziehungsweise zu der Notwendigkeit geführt, die Vorstellung vom „heterogenen Kontinuum", die Weber bestenfalls durch Evidenzappelle stützt, zu überprüfen.

Übt somit auch für Weber die Sache selbst gegenüber der Anwendung der vorgängigen Gesichtspunkte eine Kontrollfunktion aus, deren weitere Explikation allerdings nicht ohne Modifikation der gesamten Theorie möglich sein dürfte, so stellt sich die Frage, *in welcher Weise* der Forschungsgegenstand bereits die Auswahl der Erkenntnisgesichtspunkte beeinflußt und dirigiert, an deren Primat im übrigen festzuhalten ist, also die Frage nach einem vorwissenschaftlichen Vorverständnis vom Gegenstand, das die Bildung der Kategorien lenkt.

„Alle historische ,Wertung' umschließt ein, um es so auszudrücken: ,kontemplatives' Moment, sie enthält nicht nur und nicht in erster Linie das unmittelbare Werurteil des ,stellungnehmenden Subjektes', sondern ihr wesentlicher Gehalt ist . . . ein ,Wissen' von *möglichen* ,Wertbeziehungen', setzt also die Fähigkeit voraus, den ,Standpunkt' dem Objekt gegenüber wenigstens theoretisch zu wechseln . . ." (WL, 260). Wenn auch der eigentlichen historischen Arbeit, nämlich der Suche nach den historischen Ursachen, ein Akt des Bezugs auf Werte vorausgeht, der allererst den Forschungsgegenstand unter bestimmten Interessengesichtspunkten und Wertideen konstituiert, so setzt dieser Konstitutionsakt immer schon ein „Wissen" um die verschiedenen Möglichkeiten voraus, den Gegenstand zu Werten in Beziehung zu setzen, „da es sich hier (das meint: bei diesem Konstitutionsakt, J. K.) lediglich um ein Prinzip der Auswahl des für die Begriffsbildung *Wesentlichen* durch Beziehung auf Werte handelt, die ,Objektivierung' und Analysis der Wirklichkeit also dabei gerade vorausgesetzt wird" (WL, 86). Deutlich spricht Weber hier aus, daß der wissenschaftlichen Gesichtspunkt- und Begriffsbildung bereits eine andere Form der Erkenntnis des Wirklichen vorausgegangen sein muß. „Objektivierung" und „Analysis"[109] nennt Weber dieses vorwissenschaftliche Vorverständnis, das die erfahrungswissenschaftliche Begriffsbildung ermöglicht und in ihrer Beliebigkeit einschränkt.

Wiederum scheint es, daß Weber ganz selbstverständlich ein in der Sache selbst liegendes, den Vorwurf des Dezisionismus weiter erschwerendes Regulativ der Gesichtspunktwahl und Kategorienbildung gekannt hat, dessen Explikation seine Theorie in Widersprüche verwikkelt hätte. Die Vorstellung vom „heterogenen Kontinuum" zwingt Weber dazu, im Erkenntnisprozeß isolierend zu abstrahieren. Dagegen müßte ein Vorverständnis, das dem Analysierenden ein Wissen um die verschiedenen möglichen Wertbeziehungen vermitteln will, eine gewisse Vorstellung vom Ganzen einschließen. Denn nur so kann es die Zufälligkeit der Gesichtspunktwahl ausschließen und – wenn auch nicht voll hinreichende – Voraussetzung für die Beurteilung des „Wesentlichen" im Sinne des „Wissenswerten" sein. Weber selbst sieht diese Notwendigkeit, wenn er eine „*funktionale* Betrachtung der ‚*Teile*' eines ‚*Ganzen*'" als notwendige „Vorfragestellung" zu „provisorischen Orientierungszwecken" anerkennt (WL, 515 u. 518). „Sie allein kann uns unter Umständen dasjenige soziale Handeln herausfinden helfen, dessen deutendes Verstehen für die Erklärung eines Zusammenhangs *wichtig* ist" und die jetzt erst beginnende Arbeit der verstehenden Soziologie ermöglichen (WL, 515). Damit stellt sich die Frage, ob eine Vorstellung vom Ganzen innerhalb einer Wirklichkeit, die als „heterogenes Kontinuum" und nicht als strukturierte Totalität gedacht wird, überhaupt sinnvoll und möglich ist. Auch hier wäre Weber bei einer weiteren Explikation seiner Theorie auf Schwierigkeiten gestoßen, die die Vorstellung vom „heterogenen Kontinuum" in Frage gestellt hätten.

f) Vorläufiges Ergebnis

Die Konfrontation mit Webers Theorie deckte Spannungen, dogmatische Tendenzen und Mängel innerhalb des Marxschen Denkens auf und zeigte, daß dieses die Problematik von jener keineswegs auflöst. Die Konfrontation mit der Position Marxens bedeutete umgekehrt für die Webersche Wissenschaftslehre Kritik und zugleich Anlaß, sie von einigen ihrer dezisionistischen Konsequenzen zu befreien, d. h., sie so zu interpretieren, daß sie sich weniger gegen die Rezeption einiger unaufgebbarer Momente der Marxschen Lehre sperrt. Dieser Vermittlungsversuch fand seine klarsten Grenzen in den Wirklichkeitsbegriffen der beiden Autoren, nämlich in den Resten einer Hegelschen Geschichtsspekulation bei Marx, im „heterogenen Kontinuum" bei Weber. Es wurde argumentiert, daß eine bei beiden Autoren jeweils angelegte, jedoch in jedem Fall zu neuen Aporien und Spannungen führende Revision ihrer Wirklichkeitsbegriffe bestimmten extremen, unannehmbaren Aspekten ihrer Wissenschaftstheorien den Boden entziehen würde, der Gefahr des erkenntnistheoretischen Dogmatismus bei jenem, des methodologischen Dezisionismus bei diesem.

Die Umrisse einer anzustrebenden, praktikablen wissenschaftstheoretischen Position, deren Ausarbeitung natürlich auf zahlreichen hier nicht berücksichtigten Beiträgen fußen könnte[110], hier aber nicht weiter betrieben werden kann, sind damit angedeutet: Sie wird daran festhalten, daß Erkenntnisgesichtspunkte, Fragestellungen, Kategorien, Erklärungsmodelle und Theorien dem Forscher eindeutig weder von der zu untersuchenden Sache noch von dem ihn umgreifenden Praxiszusammenhang vorgeschrieben werden; sie wird andererseits darauf insistieren, daß weder die Strukturen der zu erkennenden Sache noch der praktische Vermittlungszusammenhang, in dem sich die Forschung immer befindet, indifferent gegenüber Gesichtspunktwahl, Gegenstandsbestimmung, Fragestellung, Kategorien und Theorienbildung sind, daß also vom Forscher zu verlangen ist, seine theoretischen, begrifflichen und prozeduralen Entschlüsse ständig – und als Teil des Forschungsvorgangs selbst – in Kategorien der Sachangemessenheit und in Kategorien der (allerdings in Grenzen verschieden interpretierbaren) gesellschaftlichen Vernünftigkeit argumentativ zu legitimieren; sie wird insofern einen *Spielraum* für Diskussion und Pluralität der Forschungsansätze begründen und ihn zugleich durch Aufweis der Kontrollinstanzen – der Sache selbst, des Praxisbezugs und der rationalen, kritischen, offenen, möglichst herrschaftsfreien Kommunikation der Forscher – *begrenzen.* Nur so wird sie sich zugleich dem Vorwurf des autoritären Dogmatismus und dem Verdikt dezisionistischer Willkür entziehen können.

2. Objektivitätskriterien in der Geschichtswissenschaft[111]

Innerhalb einer so abgesteckten wissenschaftstheoretisch-methodologischen Position läßt sich die häufig diskutierte Frage nach Objektivität und Parteilichkeit historischer Untersuchungen und Darstellungen neu stellen und angemessen diskutieren. Dies sei im folgenden thesenartig versucht. Es geht um die Frage der Objektivität oder Parteilichkeit von komplexen, mehrstufigen geschichtswissenschaftlichen Argumenten, die in der Regel Elemente von Beschreibung, Erzählung, Erklärung, Deutung und Theorien in sich schließen. Als Beispiele stelle man sich einen Aufsatz über den Ausbruch des Ersten Weltkriegs und seine Ursachen vor oder eine Analyse der sozialgeschichtlichen Ursachen des Nationalsozialismus oder eine Antwort auf die Frage, warum spezielle Varianten des Marxismus zwischen 1870 und 1890 zur wichtigsten handlungsleitenden Orientierung in der deutschen Arbeiterbewegung wurden.

Jedenfalls in bezug auf geschichtswissenschaftliche Argumentationen solchen Komplexitätsgrades ist die in theoretischen Diskussionen vorherrschende[112] Dichotomie Objektivität versus Parteilichkeit kein begriffliches Raster, innerhalb dessen der praktisch arbeitende Historiker seine Erfahrungen reflektiert und sein Vorgehen begründet. Für die folgenden Bemerkungen sei davon ausgegangen, daß wohl die allermeisten Historiker bei der Beurteilung möglicher Argumentationsalternativen, die ihnen zur Verfügung zu stehen scheinen, oder bei der Beurteilung von Büchern, Aufsätzen, Vorträgen und Argumenten anderer Historiker selten nur die Frage stellen und beantworten, ob es sich dabei um „objektive" oder „parteiliche" Produkte handelt. Vielmehr werden die meisten Historiker (wenn sie, woraus ein guter Teil ihrer Arbeit besteht, Klärungen und Beurteilungen jener Art vorzunehmen haben) die Frage stellen und zu beantworten suchen, welche von mehreren historischen Argumentationsmöglichkeiten oder Argumentationen wohl die angemessenere sei. Statt dichotomisch zwischen objektiven und parteilichen Argumentationen zu unterscheiden, wird man in der Regel versuchen, zwischen zutreffenderen und weniger zutreffenden, plausibleren und weniger plausiblen, mehr und weniger hergebenden, brauchbareren und weniger brauchbaren, vielleicht auch zwischen wahreren und weniger wahren Argumentationen zu unterscheiden. Allerdings würden wohl die meisten Historiker die Meinung vertreten und dies in bestimmten Beurteilungssituationen auch praktisch zeigen, daß es Grenzen gibt, bei deren Überschreitung eine weniger angemessene Argumentation zur unangemessenen Argumentation wird, Grenzen, an denen das Abwägen von Argumentationen verschieden hoher Angemessenheit und Erklärungskraft übergehen muß in die Ablehnung unangemessener, falscher Argumentationen.

Ich schlage vor, von dieser Praxis der meisten Historiker einmal auszugehen und deshalb das in den theoretischen Diskussionen meist dominierende Denkmuster: Parteilichkeit versus Objektivität mit einem gradualistischen zu verknüpfen. Entsprechend werden die folgenden

Bemerkungen von der Denkfigur eines Spielraums ausgehen, innerhalb dessen eine Vielheit erlaubter, legitimer, „objektiver", mehr oder weniger angemessener Argumentationen über ein und denselben historischen Gegenstand möglich sind, und der zugleich durch Grenzen abgesteckt wird, die unangemessene, in einem schlechten Sinne „parteiliche" Argumentationen ausgrenzen[113]. Ausgehend von dieser Denkfigur läßt sich die Frage nach den Abgrenzungskriterien zwischen Objektivität und Parteilichkeit in zwei Fragen auflösen: 1. nach der Bestimmbarkeit der Grenzen dieses Spielraums, 2. nach der Beurteilbarkeit und Abwägbarkeit von Argumentationsalternativen innerhalb dieses Spielraums.

a) Die Grenzen des Spielraums

Zunächst sei nach möglichen Kriterien gefragt, mit deren Hilfe jene Linie zu bestimmen ist, die den Spielraum mehr oder weniger angemessener, aber legitimer Argumentationen von nicht angemessenen, illegitimen abgrenzt. Ich beginne mit drei Annahmen, die wenigstens ansatzweise in den vorhergehenden Abschnitten in Anlehnung und Kritik an Marx und Weber begründet wurden.

1. Jede historische Aussage oder Argumentation ist hinsichtlich ihres Gegenstandes selektiv, d. h. die Merkmale der Beschreibung, Erklärung und Deutung sind immer nur eine Auswahl, nie eine volle Abbildung der Merkmale des vorgegebenen, zu untersuchenden Gegenstandes. Aufgrund der selektiven Relation zwischen historischer Argumentation und historischem Gegenstand sind immer mehrere historische Argumentationen hinsichtlich ein und desselben Gegenstandes möglich.

2. Die meisten komplexen historischen Argumentationen sind in Entstehung und Resultat durch und durch von ihrem, wenn auch meist indirekten Bezug auf außerwissenschaftliche Gesichtspunkte und Faktoren mitgeprägt, die ihrerseits von der Auffassung abhängig sind, die der Forscher von seiner Gegenwart und der Art ihrer wahrscheinlichen und wünschenswerten Fortentwicklung hat. Geschichtswissenschaftliche Aussagen und Argumentationen sind von außerwissenschaftlichen Dimensionen – Praxis, Interessen und Wertungen – nicht unabhängig. Die Abhängigkeit geschichtswissenschaftlicher Argu-

mentationen von außerwissenschaftlichen Faktoren zeigt sich auf mindestens drei Ebenen des Forschungsvorgang:

a) bei der Auswahl des Themas, die von dem Erfahrungshintergrund des Forschenden, seinem Engagement und seiner Vorstellung vom Normalen (und damit vom Erklärungsbedürftigen) mitbestimmt wird;

b) bei der Auswahl der Begriffe und Erklärungsmuster und somit bei der Entscheidung darüber, welche Aspekte in der Beschreibung betont werden bzw. weniger belichtet bleiben und welche Kausalketten in der Erklärung verfolgt bzw. liegengelassen werden;

c) bei der Entscheidung darüber, was als akzeptable Antwort gilt, d. h., wann die ja im Prinzip immer wieder stellbare Frage nach dem Grund abgebrochen wird.

Aufgrund dieser engen, hier nicht weiterzuentfaltenden Verknüpfung von wissenschaftlicher Argumentation und außerwissenschaftlichem, vorwissenschaftlichem, teilweise praktischem Kontext ist die Genese wissenschaftlicher Aussagen mit ihrer Geltung auf das engste verknüpft[114].

3. Historisches Wissen wird für verschiedene außerwissenschaftliche, auch politische Zwecke benutzt. Der historische Erkenntniszusammenhang und seine Resultate determinieren das Ziel und den Zweck ihrer Verwendung und Verwertung nicht hinreichend.

Die Frage nach der Grenze des Spielraums läßt sich jetzt in drei Teilfragen aufspalten:

1. Unter welchen Bedingungen (Kriterien) wird aus der notwendigen, jeder wissenschaftlichen Erkenntnis immanenten Selektion erkenntnisverzerrende Einseitigkeit?

2. Unter welchen Bedingungen (Kriterien) wird aus dem unvermeidlichen, Erkenntnis überhaupt erst konstituierenden Bezug auf außerwissenschaftliche Gesichtspunkte und Interessen erkenntnisverstellende Parteilichkeit?

3. Unter welchen Bedingungen (Kriterien) wird aus der Verwertung historischen Wissens für heteronome politische Zwecke eine Instrumentalisierung, die die historische Erkenntnis und ihre Produktion behindert und verbiegt?

Die folgenden thesenhaften Antworten auf diese Fragen sind zweifellos unvollständig; sie stellen gewissermaßen einen Minimalkatalog von Kriterien dar, die im Prinzip die Abgrenzung angemessener Argumentationen von unangemessenen erlauben.

1. Die Grenze zwischen Selektion und Einseitigkeit wird überschritten,

a) wenn fachspezifische Überprüfungsregeln und Methoden verletzt werden; worin diese und deren Begründung bestehen, bliebe zu fragen;

b) wenn Regeln der formalen Logik verletzt werden;

c) wenn das Bewußtsein von der Selektivität der zu erzielenden Ergebnisse nicht für den Erkenntnisvorgang selbst konstitutiv geworden ist und etwa die Frage nach alternativen Selektionen und nach deren Zusammenhang mit der jeweils gewählten Selektion nicht geprüft und erwogen wurde;

d) wenn der selektive Charakter des erzielten Ergebnisses nicht wenigstens andeutungsweise gekennzeichnet wird; damit stellt sich das Problem, daß ein gewisses Vorverständnis vom Ganzen vorhanden sein muß, wenn der Partialcharakter eines Teils auch nur vage bestimmt werden soll.

2. Die Grenze zwischen Gesichtspunkt- und Interessenbezug – kurz: Engagement – wissenschaftlicher Erkenntnis einerseits und erkenntnisverstellender Parteilichkeit andererseits wird überschritten, wenn

a) das Engagement die volle Anwendung der fachspezifischen Überprüfungsregeln oder die Einhaltung der Regeln der formalen Logik verhindert;

b) wenn aufgrund von Besonderheiten des Ausgangsengagements, aufgrund institutioneller, politischer oder psychologischer Barrieren eine ggf. im Erkenntnisakt möglich werdende Kritik der Anfangsgesichtspunkte abgeblockt, deren Revision, Modifikation oder Ergänzung unmöglich gemacht wird;

c) wenn nicht die wissenschaftlichen und außerwissenschaftlichen (verfassungsmäßigen, politischen, sozialen, ökonomischen, sozialpsychologischen) Minimalbedingungen des Diskurses erfüllt sind, in dem das Ausgangs-Engagement und die damit verbundenen erkenntnisleitenden Einflußfaktoren mit konkurrierenden Engagements und Interessen konfrontiert werden können und tatsächlich konfrontiert werden;

d) wenn eine unmittelbare, nicht durch Reflexion und relative Distanz gebrochene, nicht durch Bezug auf andere, bereits verfügbare wissenschaftliche Ergebnisse vermittelte Beziehung zwischen Engagement und Forschungsvorgang besteht.

3. Die Grenze zwischen außerwissenschaftlicher Verwendung und Verwertung wissenschaftlicher Argumentationen und ihrer verzerrenden Instrumentalisierung wird überschritten,

a) *nicht* immer dann, wenn geschichtswissenschaftliche Erkenntnis statt zur Herausbildung und Formulierung politischer Zielsetzungen zu deren nachträglicher Rechtfertigung und Legitimation verwendet wird, *sondern*

b) wenn die Inhalte der historischen Aussagen in Widerspruch mit den politischen Zielsetzungen geraten und dieser Widerspruch zu Lasten der historischen Aussage gelöst wird; d. h. durch deren Veränderung in einer Weise, die den fachspezifischen Überprüfungs- und Argumentationsregeln oder aber den formal logischen Regeln widerspricht und

c) wenn historisches Wissen für Zwecke eingesetzt wird, deren Realisierung jene realen, d. h. auch: gesellschaftlichen und politischen Bedingungen aufheben würde, die die Geschichtswissenschaft (wie andere Wissenschaften auch) zu ihrer Verwirklichung braucht.

Durch solche Grenzziehungen wären einseitige, schlecht-parteiliche und instrumentalisierte Deutungen, Erklärungen und Theorien *im Prinzip* von angemessenen zu unterscheiden und auszugrenzen.

b) Abwägung innerhalb des Spielraums

Selbst wenn das gelänge und geschähe, blieben jedoch – sozusagen innerhalb des abgesteckten Spielraums – noch eine Mehrzahl konkurrierender Deutungen, Erklärungen und Theorien möglich und legitim. Wenn zwischen diesen nicht dezisionistisch oder etwa je nach Macht oder nach anderen wissenschaftsfremden Kriterien ausgewählt werden soll, muß die Frage nach Kriterien bzw. nach Kriterienebenen gestellt werden, im Hinblick auf die solche Wahl wenigstens tendenziell rational durchgeführt werden kann. Gefragt wird also nach Kriterien, die einen einigermaßen rationalen Diskurs des einzelnen Forschers mit sich selbst oder seiner jeweiligen Gruppe ermöglichen, wenn auch nicht gefordert und erwartet werden kann, daß die gesuchten Kriterien eindeutige Ableitungen und Beweise der Priorität bestimmter Argumentationen vor anderen erlauben.

1. Man wird in der Regel und ceteris paribus jener Erklärung den Vorrang geben, die andere Erklärungen in sich einbezieht, als Teil inkorporiert und „aufhebt". Die Beschäftigung mit der Problem- und der Problemlösungsgeschichte der eigenen Wissenschaft läßt sich von hier aus als wichtige Voraussetzung des Fortschritts der empirischen Forschung begründen.

2. Man wird in der Regel und ceteris paribus jene Erklärung bevorzugen, die mehr vom zu untersuchenden Gegenstand erschließt als andere.

3. Vor allem wird sich die Wahl eines bestimmten Erklärungsmusters im Hinblick auf die jeweiligen Erkenntnisziele begründen lassen, die ihrerseits, wie vorhin angedeutet, mit individuellem und kollektivem Gegenwartsverständnis und zugehörigen Zukunftsperspektiven vermittelt und damit mit jener Sphäre verknüpft sind, auf der analytische, normative und lebenspraktische Dimensionen ineinander übergehen. Diese Orientierung wissenschaftlicher Argumentationen an außerwissenschaftlichen Richtpunkten stellt keineswegs einen nicht weiter befragbaren und damit dezisionistischen Akt dar; vielmehr ist sie, unter Legitimationsdruck gestellt, ein ganzes Stück, wenn wohl auch nicht total, begründbar und argumentierbar. Damit hängt wechselseitig zusammen, daß solche Orientierung wissenschaftlicher Argumentation an außerwissenschaftlichen Richtpunkten keineswegs notwendig die Anpassung des Wissenschaftlers an Mehrheitsorientierungen zu sein braucht.

4. Man wird in der Regel und ceteris paribus jenen Deutungen, Erklärungen und Theorien den Vorzug geben, die bessere Chancen haben, einem Publikum mitgeteilt zu werden, denn die Mitteilung geschichtswissenschaftlicher Ergebnisse und Argumentationen ist notwendige Voraussetzung dafür, daß die Geschichtswissenschaft jene gesellschaftlichen Funktionen[115] erfüllen kann, die man ihr vernünftigerweise zumuten kann und muß, wenn man sie als gesellschaftliche Veranstaltung auf der Basis eines relativ großen Mitteleinsatzes (Massenfach!) rechtfertigen will.

5. Man wird in der Regel und ceteris paribus jene Erklärungsmuster und Theorien bevorzugen, die ihre eigene Entstehung mitreflektieren und einsichtig machen.

Die vorgetragenen Angemessenheitskriterien für historische Argumentationen sind zweifellos nicht vollständig; selbst wenn man sich auf sie einigen könnte, wäre ihre Anwendung im jeweils konkreten Fall kompliziert und wahrscheinlich nicht eindeutig. Doch dürften die hier vorgetragenen Bemerkungen ausreichen, die leicht in die Irre führende Dichotomie Objektivität versus Parteilichkeit durch ein auf der Denkfigur des Spielraums fußendes Modell zu ersetzen, innerhalb dessen gewisse Selbstauslegungs- und Überprüfungsprobleme der Historiker besser diskutiert werden können.

II

SOZIALGESCHICHTE: BEGRIFF – ENTWICKLUNG – PROBLEME[1]

1. Die Streitfragen und warum es sich lohnt, sie zu diskutieren

Einige der in den vorangehenden Abschnitten diskutierten geschichtswissenschaftlichen Grundsatzfragen sollen nunmehr mit Bezug auf die Sozialgeschichte wiederaufgenommen und präzisiert werden. Der Zusammenhang des Vorangehenden mit den nun zu behandelnden Problemen der Sozialgeschichte besteht in doppelter Weise: Einmal gelten die vorgetragenen Aussagen zum Verhältnis von Gegenstand, Begriff und Interesse wie zur Objektivitätsproblematik in der Geschichtswissenschaft im selben Maß für die Sozialgeschichte wie für andere historische Teildisziplinen und Zugriffe auch. Zum andern liegen einige der oben diskutierten Grundsatzfragen, teils implizit, teils explizit, hinter den traditionellen, in letzter Zeit wieder lebhafter werdenden Auseinandersetzungen der Historiker über das Verhältnis von „Sozialgeschichte" und „Politikgeschichte" sowie über den Platz und den Charakter der Sozialgeschichte in der Geschichtswissenschaft und im Spektrum der Sozialwissenschaften überhaupt. Allerdings spielen in diesen Auseinandersetzungen wie überhaupt in jeder Theorie oder Bestandsaufnahme von Sozialgeschichte sehr viele Momente mit, die über die oben diskutierten Grundsatzfragen hinausreichen und im folgenden ebenfalls thematisiert werden sollen.

In den erwähnten Auseinandersetzungen der Historiker geht es *erstens* um das relative Gewicht und die Arbeitsteilung zwischen „Politikgeschichte" und „Sozialgeschichte" bzw. „Sozial- und Wirtschaftsgeschichte", wobei diese als voneinander abgrenzbare Teildisziplinen der Gesamtdisziplin Geschichtswissenschaft begriffen werden[2]. Damit eng verknüpft, oft verwechselt, aber keineswegs identisch ist *zweitens* die ebenfalls zur Diskussion stehende Frage nach dem relativen Gewicht von „strukturgeschichtlichen" Ansätzen und solchen, die sich stärker mit Ereignissen, Personen und Entscheidungen beschäftigen;

diese Frage führt unmittelbar weiter zu der nach dem Verhältnis von „analytischen" und „hermeneutischen" Verfahren, wie es im sog. Positivismus-Streit der 60er Jahre für die Sozialwissenschaften insgesamt diskutiert wurde, sowie zur Frage der Theorieverwendung und -bildung in der Geschichtswissenschaft[3]. *Drittens* geht es um die Frage, ob „Sozialgeschichte" überhaupt (oder nur) als Teilbereich der Geschichtswissenschaft gefaßt werden soll oder ob sie nicht besser (oder auch) als eine oder gar die gegenwärtig einzig legitimierbare Form von Gesamtgeschichte, als auf die Totalität des historischen Prozesses gerichtete „Gesellschaftsgeschichte"[4] betrieben werden sollte, innerhalb der dann eine Reihe von interdependenten Teildisziplinen (Politikgeschichte, Sozialgeschichte im engeren Sinn, Wirtschaftsgeschichte, Ideengeschichte etc.) ihren Platz finden könnten; es liegt auf der Hand, daß damit die Frage nach dem Begriff von Geschichtswissenschaft überhaupt gestellt ist. Schließlich verbindet sich damit *viertens* die Frage nach dem Platz der Geschichtswissenschaft im System der Sozial- und Geisteswissenschaften und so nach Gegenstand, Fragestellungen und Methoden des Faches im Vergleich zu anderen Fächern: ob man die Geschichtswissenschaft insgesamt als „historische Sozialwissenschaft" bestimmen kann oder nicht, wird hierbei vor allem zum Streitpunkt[5].

Man mag manchmal das Gefühl haben, mit dem Streit um Begriffe aufhören und eher ungelöste Forschungsprobleme mit allen zur Verfügung stehenden Mitteln angehen zu sollen, ohne immer darüber nachzudenken, ob das nun „Sozialgeschichte" oder „Gesellschaftsgeschichte" oder „Strukturgeschichte" oder sonst eine Präfix-Geschichte sei. Kann man doch sicherlich die These begründen[6], daß in den letzten Jahren in der Bundesrepublik sehr viel mehr über Sozialgeschichte geredet als wirklich an Sozialgeschichte erarbeitet worden ist.

Viel spricht dafür, die methodologisch-epistemologische Nabelschau zurückzustellen und statt dessen die Forschungspraxis zu intensivieren; wie man weiß, verflüssigen sich manche prinzipielle Polarisierungen bei der Arbeit am konkreten Problem, und viele sozialgeschichtliche Problembereiche warten dringend auf Bearbeitung.

Doch läßt sich umgekehrt zeigen, daß schon die konkreten Problemstellungen selbst von vorgängigen theoretisch-begrifflichen Entscheidungen mitgeprägt werden; schon deshalb ist es nötig, sich diese Entscheidungen bewußt zu machen, sie zu begründen oder zu modifizieren. Das allgemeine Verständnis der eigenen Disziplin und Teildisziplin beeinflußt zweifellos die Auswahl der überhaupt in Betracht kommenden Methoden und Hilfsmittel, die zur Lösung der einmal gestellten Probleme herangezogen werden. Das wissenschaftliche Selbstverständnis ist überdies nicht ohne Bedeutung für die Herausbildung von Kontakten und Kooperationsverhältnissen zwischen Wissenschaftlern in Forschung und Lehre; es prägt deren institutionelle Regelungen (Fachbereichsgrenzen, wissenschaftliche Publikationsorgane, Zeitschriften, Mechanismen der Wissenschaftsförderung). Schließlich verweist die Schärfe und die Zähigkeit, mit der diese Kontroversen über Sozialgeschichte und Politikgschichte, über Strukturgeschichte und Ereignisgeschichte nun schon seit mehr als hundert Jahren – mit wechselnden Bezeichnungen und sich verschiebenden Akzenten – geführt werden, darauf, daß außer fachwissenschaftlichen Gesichtspunkten und Wissenschaftlerinteressen auch allgemeinere Fragen der angemessenen Wirklichkeitsdeutung und damit – mehr oder weniger vermittelt – jeweils praktische Gegenwartsfragen berührt werden. Zum Beispiel: Ob geschichtliche Wirklichkeit primär „vom Staate her" begriffen und dargestellt wird oder ob der Blickwinkel „von der Gesellschaft her" überwiegt, ist nicht nur eine fachwissenschaftliche Frage, ebenso wie der Materialismusvorwurf der Zunft gegen Buckle oder Lamprecht nicht nur fachwissenschaftliche Dimensionen hatte. Die Auseinandersetzung über geschichtswissenschaftliche Paradigmata steht in Wechselwirkung mit der außerwissenschaftlichen Diskussion über konkurrierende und praktisch relevante gesellschaftlich-politische Selbstauslegungen der Gegenwart.

Es hängt mit diesem Verhältnis zwischen Disziplineinteilung, Wissenschaftspraxis und gesellschaftlich-politischer Problematik, aber auch mit dem Weiterwirken wissenschaftsgeschichtlicher Traditionen unter sich ändernden Bedingungen zusammen, daß die hier zur Debatte stehenden Begriffe die ihnen zugrundeliegende Realität nur gebrochen reflektieren, häufig polemischen Charakter haben, manchmal die Fronten von gestern spiegeln, nicht selten einen utopischen Überschuß enthalten und durch bemerkenswerte Unschärfe gekennzeichnet sind[7]. Oft sind sie nicht ohne ihren Gegenbegriff oder das zu verstehen, wovon sie sich abzusetzen versuchen; durchweg erschließen sie sich erst aus dem Kontext der Wissenschaftsgeschichte und deren allgemeinen historischen Bedingungen. Sie schillern und schwimmen, sind voll von Assoziationen und Obertönen. 1969 schrieb Hans Rosenberg nicht ohne Ironie, „daß in den letzten Jahren die sogenannte Sozialgeschichte für viele ein nebuloser Sammelname für alles [geworden sei], was in der Geschichtswissenschaft der Bundesrepublik als wünschenswert und fortschrittlich angesehen wird"[8]. Umgekehrt scheint bei manchen ein ähnlich nebuloses Mißbehagen über das unbezweifelbare Vordringen der „Sozialgeschichte" zu bestehen, das aber bisher nur selten und wenn, dann unpräzise formuliert worden ist[9].

Unklare Schlüsselbegriffe mögen Formelkompromisse erleichtern; vielleicht hat diese Unklarheit zu dem in den späten 60er und frühen 70er Jahren einigermaßen bestehenden Konsensus darüber beigetragen, daß „Sozialgeschichte" und „Sozial- und Wirtschaftsgeschichte" zu fördern seien, um ihren traditionellen Rückstand aufzuholen. Umgekehrt muß solche Unklarheit aber zu Mißverständnissen führen und Kontroversen auch an Stellen erzeugen, wo sie bei präziserer Ausdrucksweise vermieden werden könnten. Vor allem aber ist die Schärfung des wissenschaftlichen Selbstverständnisses und der dazu erforderlichen Begriffe – trotz ihres historisch-politischen Charakters und ihrer Interessenbezogenheit – eine Forderung, die sich aus dem zentralen Grundsatz maximaler Klärung und Selbstaufklärung ergibt, welcher jedes wissenschaftliche Arbeiten zu leiten hat.

Die folgenden Bemerkungen versuchen, zur Klärung der Begriffe „Sozialgeschichte", „Strukturgeschichte", „Gesellschaftsgeschichte" und „historische Sozialwissenschaft" beizutragen sowie einige gegenwärtige Fronten und Probleme abzustecken. Mit Notwendigkeit und ähnlich den meisten anderen Versuchen dieser Art setzen sie problemgeschichtlich an, denn die heutigen Fronten sind *mutatis mutandis* noch die des 19. Jahrhunderts, wenn auch wohl zum Teil in der Auflösung begriffen.

2. Allgemeine Geschichte als Politikgeschichte und die Folgen: das wissenschaftsgeschichtliche Grundmuster

a) Die Hauptströmung im 19. und frühen 20. Jahrhundert

Es war ein gemeinsames, wenn auch in verschiedenen Ländern verschieden stark auftretendes Problem der europäischen Fach-Historien, daß sie sich im Laufe des 19. Jahrhunderts tendenziell, wenn auch mit vielen Ausnahmen und einigen Gegenbewegungen, auf die politische Geschichte der Staaten verengten. Im Mittelpunkt der Arbeit der meisten Universitäts-Historiker stand immer deutlicher der Staat; gesellschaft-, wirtschafts- und kulturgeschichtliche Aspekte wurden im Unterschied zu älteren Traditionen (Montesquieu, Voltaire, Schlözer, Möser, Gibbon) nur sehr begrenzt und dann primär in ihrer Beziehung zum staatlichen Leben behandelt. Diese Orientierung reflektierte zunächst die Erfahrung der fundamentalen soziopolitischen Modernisierungsvorgänge seit ca. dem 16. Jahrhundert, in denen zweifelsohne die „Staaten", die zunehmend an Bedeutung gewinnenden zentralen Staatsapparate mit monarchischer oder fürstlicher Spitze, eine hervorragende Rolle gespielt hatten. Diese Orientierung am Staat entsprach überdies nationalpolitisch-integrativen Funktionen der zunehmend professionalisierten und akademisierten, als Disziplin von anderen Disziplinen unabhängig werdenden und staatlich geförderten Geschichtswissenschaften in den sich bildenden oder sich kraftvoll entfaltenden Nationalstaaten des 19. Jahrhunderts.

In Preußen-Deutschland mit seiner Tradition absolutistischer Staatsbildung, bürokratischer Reformen und gescheiterter Revolutionen verband sich diese international verbreitete, wenn auch nicht ohne Ausnahmen und mit vielen Variationen auftretende geschichtswissenschaftliche Grundorientierung mit einer zunehmend ideologischen Hochschätzung des Staates als des übergeordneten und umfassenden „Allgemeinen", das die Aufmerksamkeit der meisten Historiker viel mehr fesselte als die nur „besonderen" gesellschaftlichen Bedürfnisse und Interessen, die materiellen Bedingungen, sozialen Gruppen, Lebensverhältnisse und nicht-staatlichen Sozialgebilde aller Art. Allerdings muß betont werden, daß diese sozialen Phänomene von dem Staatsbegriff, wie ihn trotz vieler Unterschiede im einzelnen Ranke, Droysen, Treitschke und andere Historiker jener Zeit vertraten, zwar nicht betont, aber auch noch nicht ausgeschlossen, sondern dem Anspruch nach einbezogen wurden, weil dieser Staatsbegriff sich noch an der aristotelischen, alteuropäischen Einheit von Staat und Gesellschaft, an der Idee einer „civitas sive res publica sive societas civilis" orientierte und die moderne Trennung von Staat und Gesellschaft, die sich seit dem späten 18. Jahrhundert realgeschichtlich partiell durchsetzte und für die liberale Theorie wie für ihre sozialistische Kritik konstitutiv wurde, noch nicht reflektierte. Es spiegelte also reale, wenn auch vergehende historische Erfahrungen in einem vor allem „von oben" und nicht primär „von der Gesellschaft her" modernisierenden Land, und es entsprach der zunächst liberalen, traditionskritischen und vorwärtsweisenden nationalpolitischen Funktion der zunehmend etablierten deutschen Fachhistoriker, wenn sie den umfassend gedachten Staat als Subjekt der Geschichte begriffen, staatliche Politik zum zentralen Mittelpunkt der Geschichtsschreibung erhoben und von diesem Ansatz her durchaus glaubten, das Ganze des geschichtlichen Prozesses, d. h. auch die relevanten nicht-staatlichen Dimensionen, in den Griff zu bekommen[10].

Die wissenschaftstheoretische und methodologische Grundrichtung, die die Geschichtswissenschaft des 19. Jahrhunderts zunehmend und besonders in Deutschland prägte, der Historismus, ging in diesen sozialen Bedingungen und Funktionen der sich entwickelnden Fach-Historie zweifellos nicht auf, sie korrespondierte mit diesen aber hervorragend und wäre ohne diese Korrespondenz sicherlich nicht so verbreitet und dominant gewesen. Die historistische Betonung des Individualitätsprinzips gehörte zum kategorialen Rahmen, innerhalb dessen einigermaßen konsistent begründet werden konnte, warum sich die deutsche politische Entwicklung von den sich naturrechtlich legitimierenden westeuropäischen Mustern, d. h. zunächst von der Revolution und später von der liberal-parlamentarischen Verfassung, unterscheiden konnte oder gar mußte. Das Interesse an der Entwicklung individueller Staaten ließ sich innerhalb dieses Rahmens sehr viel leichter realisieren als die Erforschung gesellschaftlicher Massen- und Kollektivphänomene. Der dem Historismus eigene idealistische Persönlichkeits- und Handlungsbegriff richtete das Augenmerk auf die Haltungen und Handlungen identifizierbarer Akteure sehr viel mehr als auf die „Verhältnisse" und „Zustände" *per se,* wenn diese auch in begrenztem Maße als Bedingungen und Folgen individueller Handlungen einbezogen werden konnten. Der sich seit Niebuhr und Ranke durchsetzenden historisch-kritischen Methode war die Vorliebe für literarisch-sprachliche Quellen und hermeneutisch-verstehende Auslegungen immanent; sie befähigte den so ausgebildeten Historiker weit besser zum Studium der überlieferten Motivationen, Haltungen und Handlungen als zur Erforschung überindividueller Strukturen und Prozesse; auch von der sich durchsetzenden Methode her lag damit für Historiker die Beschäftigung mit Bereichen nahe, in denen aus den Akten erarbeitet werden konnte, „wie aus den Geschäften Geschichte wird" (Droysen), nicht aber mit Bereichen, deren Entwicklung und Eigenart aus überlieferten Verhandlungen und Entscheidungen, „aus dem Standpunkt, aus dem Horizont, gleichsam aus der Seele" der Handelnden heraus nur sehr partiell oder gar nicht begriffen werden konnten[11]. Das politische Leben bot sich auch deshalb sehr viel mehr zur Erforschung an als das soziale und das wirtschaftliche.

Die besseren Produkte historistisch geprägter Geschichtsforschung waren zwar weit davon entfernt, sich in der bloßen Erzählung von Haupt- und Staatsaktionen, in der Deskription von Individuen, Ereignissen und Entscheidungen zu erschöpfen. Es genügt ein Blick in Treitschkes „Deutsche Geschichte im Neunzehnten Jahrhundert", um zu sehen, in welch hohem Maß soziale und wirtschaftliche Faktoren einbezogen werden konnten. Rankes „Große Mächte" und Zeittendenzen, Burckhardts weltgeschichtliche „Potenzen" und viele andere Beispiele weisen darauf hin, daß die hier gegebene Charakterisierung der älteren geschichtswissenschaftlichen Entwicklung stark verkürzt und der Komplexität und Vielfalt der Geschichtsschreibung wie einzelner ihrer Vertreter nicht voll gerecht wird. Doch ist es andererseits keine verzerrende oder unfaire Charakterisierung des Haupttrends, wenn man feststellt, daß in der historistisch geprägten Historie die Deskription weit vor der Erklärung und die verstehende Interpretation vor der systematischen Analyse rangierten; daß der vorherrschende individualisierende Zugang den systematischen Vergleich verbot. Die äußeren Beziehungen und inneren Tätigkeiten der Staaten, die Haltungen und Handlungen der Spitzenakteure, daneben die Institutionen, das Recht und die geistigen (auch religiösen) Strömungen hatten wie selbstverständlich den Vorrang vor sozialen und ökonomischen Faktoren; soweit diese überhaupt einbezogen wurden, geschah dies „im Rahmen der politischen Betrachtung"; sie interessierten primär als Voraussetzungen und Folgen staatlicher Tätigkeit, deren Stellenwert als Kern geschichtswissenschaftlicher Betrachtung unumstritten blieb[12].

Dieses im Ursprung alteuropäisch-vorindustrielle Paradigma historistischer Geschichtswissenschaft, die sich ja in der Tat in Deutschland noch vor der Industriellen Revolution und teilweise in bewußtem Gegensatz gegen die revolutionären Tendenzen in Westeuropa (und damit gegen die „Emanzipation der Gesellschaft vom Staat") etabliert hatte[13], entsprach, dies muß betont werden, in der ersten Hälfte des 19. Jahrhunderts noch weiterwirkenden kollektiven Erfahrungen in einem verspätet und nicht nach dem westeuropäischen Muster modernisierenden Land. Es besaß auch große wirklichkeitsaufschließende Kraft bei der selbstredend vorherrschenden Beschäftigung mit der Geschichte Europas vor der Revolutionsperiode und erlaubte auf diesem Feld große historiographische Leistungen. Es geriet aber, obwohl es einige moderne Momente (nationalistische z. B.) in sich aufnehmen konnte, zunehmend mit der sich auch im deutschen Gebiet allmählich durchsetzenden relativen Eigenständigkeit sozialer und ökonomischer Prozesse in Widerspruch. Vor allem auf der Durchsetzungsfähigkeit nicht-staatlicher Kräfte in den Revolutionen von 1789–1848, auf den durchschlagenden Veränderungen des kapitalistischen Industrialisierungsprozesses und auf den teils vorindustriell bedingten, teils durch den entstehenden Industriekapitalismus produzierten fundamentalen Klassen- und Gruppenkonflikten des zweiten Jahrhundertdrittels basierte die sich verbreiternde Erfahrung von der Existenz und Dynamik einer Sphäre zwischen Staat und Individuum, die bei Hegel, Marx, Mohl, Lorenz von Stein u. a. immer deutlicher als eigenständiges, widersprüchliches und Veränderung antreibendes, durch sozialökonomische Faktoren (Arbeit, Markt, Verkehr) konstituiertes System von Bedürfnissen, Interessen und Abhängigkeiten, als „bürgerliche Gesellschaft" in Absetzung zum Staat, aber in engster Verknüpfung mit dem Bereich der Ökonomie, begriffen wurde. Spätestens in den revolutionären 1840er Jahren setzte sich der Begriff der „Gesellschaft" auch in Deutschland breit durch, mit antistaatlicher Spitze und als Banner liberaler, demokratischer und auch schon sozialistischer Emanzipationsforderungen[14]. Im selben Jahrzehnt wurde das Schlagwort „soziale Frage" für die Not und die Herausforderung der Unterschichten, speziell des wachsenden Proletariats, populär; es dramatisierte eine ökonomisch bedingte, soziale Entwicklung von ungeheurer Dynamik, zu deren Kontrolle und Entschärfung sich der Staat zunehmend als unfähig zu erweisen schien. In eben diesen Jahren entstand, auf französischen Vorbildern fußend, auch in Deutschland der Begriff der „Gesellschaftswissenschaften", die sich von den traditionellen umfassenden „Staatswissenschaften" zu emanzipieren suchten. „Gesellschaft" bedeutete bald ein Doppeltes: zum einen jene „Differenz" (Hegel) zwischen Individuum (oder anfangs auch noch: Familie) und Staat, die diesem als Gegenspieler gegenübertrat und als neu entdeckte, bewußtgewordene Sphäre Gegenstand einer besonderen Wissenschaft, der Gesellschaftswissenschaft (neben der Staatswissenschaft) sein sollte. Zum andern aber veranlaßte die Überzeugung von der entscheidenden Wirkungsmächtigkeit und Prägekraft dieser sozialen bzw. sozialökonomischen Sphäre wichtige Vertreter der neuen Richtung – Marx und Lorenz v. Stein zum Beispiel –, von jener Differenz her die Totalität der historischen Entwicklung zu interpretieren und „Gesellschaft" als Synonym für Gesamtsystem zu verstehen; im Gegensatz und in Konkurrenz zum vorherrschenden geschichts- und staatswissenschaftlichen Paradigma wurde damit Geschichte als „soziale Bewegung", als Gesellschaftsgeschichte gefaßt, die alle anderen geschichtlichen Teilbereiche (wie den sozialen Bereich im engeren Sinn, den Staat, die Ideen und andere) in sich schlösse und präge[15].

Der alteuropäischen Lösung des Staat-Gesellschaft-Problems war damit der Boden entzogen. Versuche, trotzdem gesellschaftliche Prozesse als Teil einer umgreifend gedachten Staatsgeschichte zu fassen[16], mußten scheitern, je später, desto mehr, vor allem wenn sie sich auf die neueste Geschichte bezogen. Es gab – bei vielen Schattierungen im einzelnen – nur zwei prinzipielle Möglichkeiten für die Geschichtswissenschaft, mit dieser nun erstmals aufgebrochenen, im Zuge weiterer Industrialisierung, sich verschärfender sozialer Konflikte, zunehmender Massenmobilisierung und vieler anderer Umwälzungen intensiver werdenden Herausforderung fertigzuwerden: *entweder* sie überprüfte das Paradigma von der Maßgeblichkeit des Staates als des Subjekts jedenfalls der neueren Geschichte, modifizierte das vorherrschende Begriffsgerüst (so daß der Staat als ein, wenn auch sehr wichtiges, Teilsystem eines dann nicht mehr als Staat zu bestimmenden Gesamtsystems gedacht werden konnte) und bezog nichtstaatliche Wirklichkeitsbereiche resolut und gleichberechtigt in die Praxis von Forschung und Lehre ein; *oder* aber sie hielt am Staat als dem eigentlichen Gegenstand der Geschichte fest und ertrug die damit verbundene Einengung des eigenen Gegenstandes, aus dem sich immer deutlicher große Wirklichkeitsbereiche ausdifferenzierten (ggf. ohne diese Verengung zu erkennen oder einzugestehen). Die erste Alternative hätte bedeutet, von tiefverwurzelten Überzeugungen der „Staatsfreudigkeit"[17] oder auch „Staatsfrömmigkeit"[18] abzurücken und damit eine tiefgreifende wissenschaftliche, weltanschauliche und gesellschaftlich-politische Umorientierung zu vollziehen; dies hätte die intensive Ausweitung der Palette historischer Methoden und Verfahren mit sich gebracht.

Die Grundsätze der so frühzeitig im 19. Jahrhundert etablierten und international führenden deutschen Geschichtswissenschaft erwiesen sich jedoch – etwa im Unterschied zur jungen, ungefestigten amerikanischen – als verwurzelt genug und auch als hinreichend abgestützt durch ein sozialkonservatives politisches Klima, durch obrigkeitsstaatliche und anti-emanzipatorische Traditionen vieler Art, um diesem Wandel zu entgehen Die zweite Alternative setzte sich, aufs Ganze gesehen, durch. Dies bedeutete die Einleitung eines fundamentalen Verdrängungsprozesses, in dem die deutsche Geschichtswissenschaft, je später, desto mehr, an Kraft zur Analyse der neueren und neuesten Geschichte und damit auch zur Deutung der Gegenwart einbüßte; es bedeutete weitgehenden Verzicht auf die Analyse anonymer Kräfte und Kollektive bei Festhalten an einem idealistischen und zunehmend ideologischen Freiheits-, Handlungs- und Persönlichkeitsbegriff; es bedeutete Abwehr der neuen Strömungen in den westlichen Sozialwissenschaften und nicht zuletzt im Sozialismus; politisch bedeutete es – bei vielen Variationen im einzelnen – das Votum für obrigkeitsstaatliche, sozialkonservative Positionen, gegen die Kräfte der Revolution und Reform, die auf weitergehende Liberalisierung und Demokratisierung von Staat und Gesellschaft drängten[19].

Dieser Einengungs- und Verdrängungsprozeß verlief nicht gleichmäßig, nicht einlinig und nicht ohne Gegentendenzen in der Fachwissenschaft selbst. Auch unter Fach-Historikern gab es Versuche, ohne Aufgabe der überkommenen Perspektive möglichst viel vom wirtschaftlichen, gesellschaftlichen und kulturellen Leben der jeweils behandelten Zeit mitzuberücksichtigen; doch scheinen diese Versuche seit den 1890er Jahren eher rückläufig gewesen zu sein. Es gab einzelne herausragende Fachvertreter, die es verstanden, innerhalb des überkommenen, am Staat als Subjekt orientierten Paradigmas große Bereiche von Gesellschaft und Wirtschaft zu erfassen, wenn dies auch eher auf dem Feld der alteuropäischen Geschichte gelang[20]. In einigen wenigen Fällen bemühten sich auch Universitäts-Fachhistoriker um die Ansätze und Ergebnisse der systematischen Nachbarwissenschaften, um sie für die geschichtswissenschaftliche Erkenntnis nutzbar zu machen[21]. Auch muß betont werden, daß in der mittelalterlichen und in der alten Geschichte jene Verengung nicht in dem Maße stattfand wie in der neuen; in der Regional- und Stadtgeschichte war überdies eine so starke Konzentration auf den politischen Bereich schon aufgrund der Beschaffenheit des Gegenstands kaum möglich. Doch im großen und ganzen war die allgemeine deutsche Universitäts-Historie in immer deutlicherer Weise bis nach 1945 vor allem politische Geschichte mit geistes-, verfassungs- und rechtshistorischen Erweiterungen.

Es geht hier nicht darum, die Hauptstationen dieses fast hundertjährigen Verengungs- und Verdrängungsprozesses zu beschreiben; die Kritik Droysens an Buckles „Geschichte der Civilisation in England" in den frühen 1860er Jahren[22]; die Auseinandersetzung zwischen dem Kultur- und Wirtschaftshistoriker E. Gothein und dem Allgemein-, d. h. Politikhistoriker Dietrich Schäfer 1888–1891[23]; dann die offenbar entscheidende Weichenstellung des Lamprecht-Streits der 1890er Jahre[24]; den Ersten Weltkrieg und seinen Ausgang, der eine verstärkte Konzentration auf Politikgeschichte aus politischen Gründen (Kriegsschuldfrage!) und teilweise eine noch einmal verstärkte Abkehr von westlich-sozialwissenschaftlichen Strömungen brachte[25]; das Dritte Reich, während dessen Dauer die Entwicklung der systematischen Sozialwissenschaften zurückgeworfen wurde, Sozialgeschichte weiterhin leicht unter Materialismus-Verdacht geriet, aber andererseits das Interesse für nicht-staatliche Bereiche der „Volksgeschichte" gewachsen sein dürfte[26].

Noch kann hier im einzelnen dargelegt werden, wie gegen Ende des 19. Jahrhunderts auch in anderen Ländern Europas und Nordamerikas die etablierte Fachhistorie mit ähnlichen Herausforderungen zu tun hatte – mit Henri Berrs „Synthèse historique" in Frankreich und der „New History" von Turner, Becker und Beard in den USA (um nur zwei in diesem Zusammenhang besonders wichtige revisionistische Strömungen zu nennen). Es kann hier nicht des weiteren ausgeführt werden, daß diese Neuanstöße in den anderen Ländern z. T. sehr ähnlich wie in Deutschland abgedrängt wurden, z. T. aber – unter anderen gesellschaftlichen Bedingungen und ohne es immer mit einer so fest etablierten, so fest verwurzelten und so klar geprägten Fachhistorie zu tun zu haben – etwas flexiblere Reaktionen auslösten und etwas mehr Raum erhielten als die entsprechenden Anstöße in Deutschland; gerade an der in die allgemeine Geschichtswissenschaft eindringenden und diese verändernden „New History" in den USA und an der lange abgedrängten, aber doch schließlich in den 20er Jahren deutliche Wirkungen zeitigenden sozialgeschichtlich-sozialpsychologischen Richtung Berrs und einiger seiner französischen Zeitgenossen ließe sich das zeigen[27].

Hier sollte nur das sich durchhaltende Grundmuster herausgearbeitet und verständlich gemacht werden, das in Deutschland ähnlich wie in anderen Ländern, aber doch besonders ausgeprägt und scharf auftrat: eine als Folge frühzeitiger Ausprägung und besonderer gesellschaftlicher Bedingungen weitgehend auf Politikgeschichte eingeengte und individualisierend-hermeneutische Methoden bevorzugende Allgemeingeschichte, die sich bis auf wenige Ausnahmen und abgesehen von einzelnen Bereichen (z.B. der mittelalterlichen Landesgeschichte) gegen die Integration sozial- und wirtschaftsgeschichtlicher Dimensionen ebenso sperrte wie teilweise gegen die Einbeziehung der Erforschung von überindividuellen Strukturen und Prozessen überhaupt. Denn nur als *Reaktion* auf dieses mächtige Grundmuster, als Versuche, es entweder zu ergänzen oder zu korrigieren, sind „Sozialgeschichte", „Strukturgeschichte" und „Gesellschaftsgeschichte" zu verstehen, die sich, wenn auch zum großen Teil noch unter anderen Bezeichnungen, bereits vor dem Ersten Weltkrieg herausbildeten.

b) *Neuansätze vor 1914*

1. Weitgehend ausgeschlossen und verdrängt aus der allgemeinen Geschichte, entstand die Sozialgeschichte als Geschichte des Wirklichkeits- und Problembereichs „Soziales". Über sie schrieb der sozialwissenschaftlich orientierte Historiker und Zunft-Außenseiter Kurt Breysig 1896: „Gemeinhin hält man für ihr Objekt diejenigen Verbände der Menschen, die nicht vorwiegend politischer Natur sind – also der Familie, der Stände, der Klassen"[28]. Auch Lamprecht hielt Sozialgeschichte für die Geschichte eines Teilbereichs, die man nicht mit der Gesamtgeschichte verwechseln dürfe; er bezeichnete sie als Geschichte der sozialen Schichtung und der sozialen Formen[29]. Allerdings verband sich die Geschichte des Bereichs „Soziales" meistens mit der Geschichte des Bereichs „Wirtschaft" zur Wirtschafts- und Sozialgeschichte. Dies lag zum einen daran, daß die Wirtschaftsgeschichte ähnlich wie die Sozialgeschichte keinen Platz in der allgemeinen Geschichte gefunden hatte, aus z.T. ähnlichen, z.T. anderen Gründen; zum zweiten waren, wie oben skizziert, Wirtschaft und Gesellschaft schon in ihrer Entstehung als relativ eigenständige Problem- und Wirklichkeitsbereiche eng miteinander verknüpft, ja zunächst kaum ohne einander denkbar[30].

Wirtschafts- und Sozialgeschichte als Geschichte eines Teilbereichs im angedeuteten Sinn wurde zunächst vor allem in der älteren und der jüngeren *Historischen Schule der Nationalökonomie* getrieben und dort häufig mit Verwaltungs- und Verfassungsgeschichte verbunden. Wirtschafts- und Sozialgeschichte entwickelte sich hier außerhalb der Fachhistorie, teilweise in Kritik an dieser und gleichzeitig in dem gemäßigt sozialkritischen Zusammenhang des „Kathedersozialismus"[31]. – Ohne so enge Verbindung zur Wirtschaftsgeschichte, aber auch ohne Verknüpfung mit der allgemeinen Geschichte wurde Sozialgeschichte überdies unter dem Dach der ebenfalls ein Außenseiterdasein fristenden *Kulturgeschichte im engeren Sinn* betrieben. Neben geistes- und literaturgeschichtlichen Problemen behandelte diese Themen wie die Entwicklung der Werkzeuge und Genußmittel, der Brauchtümer und Alltagssitten bis hin zur Geschichte sozialer Klassen, meist in sehr narrativer, unsystematischer und oft auch quellenkritisch unvollkommener Form[32].

Als separates Randfach haftete der Sozialgeschichte wie der Wirtschafts- und Sozialgeschichte leicht ein oppositioneller Geruch an: wissenschaftlich als kritische Erinnerung an das von der allgemeinen Geschichte Verdrängte; politisch kennzeichnete sie, leicht einsichtig aus ihrem oben skizzierten Entstehungszusammenhang, nicht selten die Verbindung zu Gesellschaftskritik und „sozialer Frage", was sich auch in der bis weit ins 20. Jahrhundert hinein üblichen begrifflichen Gleichsetzung von Sozialgeschichte und Geschichte der Unterschichten bzw. der Arbeiterbewegung zeigte[33]. Sozialgeschichte wurde damit in doppelter Weise als „Oppositionswissenschaft" (Freyer) geprägt, deren Zurückweisung durch die etablierte Fachhistorie eben dadurch um so starrer und implikationsreicher wurde. Etwas von dieser polemisch-oppositionellen Färbung war auch der „Zeitschrift für Social- und Wirtschaftsgeschichte" bei ihrer Gründung (1893) eigen, der unmittelbaren Vorläuferin der „Vierteljahrschrift für Sozial- und Wirtschaftsgeschichte"; ein überraschend starker Einfluß marxistischer Anschauungen ist für die erste Redaktion nachzuweisen. Die weitere Entwicklung dieser Zeitschrift, wie die der sich als klar abgegrenztes Randfach – bald mit eigenen Lehrstühlen, meist in den wirtschafts- und sozialwissenschaftlichen Fakultäten – etablierenden Teildisziplin „Sozial- und Wirtschaftsgeschichte" überhaupt, ist jedoch ein deutliches Beispiel dafür, daß dem Fach eine oppositionelle Spitze keineswegs mit Notwendigkeit eigen ist[34].

2. Von der Sozialgeschichte als einer separaten, von ihrem speziellen Gegenstand her definierten Teildisziplin ist eine zweite Variante der sozialgeschichtlichen Korrektur und Ergänzung der dominierenden individualisierend-politischen Geschichtsschreibung zu unterscheiden. Diese Grundrichtung trat mit hohem Anspruch und geringem Erfolg, unter wechselnden Bezeichnungen und mit verschiedenen Inhalten, ebenfalls schon vor 1914 in Erscheinung. Es handelt sich um den Versuch, eine konkurrierende gesamtgeschichtliche Alternative vorzutragen, eine auf Totalität zielende Synthese, die den Zusammenhang einzelner Teilbereiche historischer Wirklichkeit diachron und synchron herstellen sollte, ohne die Politikgeschichte, wie üblich, zu privilegieren (aber auch: ohne sie auszuklammern) und ohne den Staat als Strukturierungskern zu benutzen.

Am häufigsten firmierten solche Versuche in den Jahrzehnten vor 1914 als *Kulturgeschichte im weiteren Sinn*. Als „Geschichte der Zivilisation" wurde sie im Rückgriff auf Voltaire definiert[35] oder, unter dem nachwirkenden Einfluß romantischen Gedankenguts, als „Entwicklungsgeschichte" eines „Volkes" und seiner „physischen und psychischen Organe", die dann die „eigentlichste und wesentlichste Grundlage der gesamten Geschichtswissenschaft" darstellen sollte[36]. Weil die Autonomie „des Volkslebens" von der Staatengeschichte zu oft in den Hintergrund gedrängt worden sei, müsse die Kulturgeschichte das Wechselverhältnis zwischen den einzelnen Kulturgebieten (Religion, Kirche, Sittlichkeit, Recht, Staatsverfassung, Kriegswesen, Politik, materielle Interessen, Kunst etc.) bestimmen, den Gesamtverlauf nach seinen Grundtendenzen („Gesetzmäßigkeiten") feststellen, Kausalerklärungen liefern und den Vergleich auf internationaler Ebene ermöglichen[37]. Eberhard Gothein, historisch ausgebildeter Inhaber eines Lehrstuhls für Nationalökonomie, wandte sich 1889 gegen den Monopolanspruch der Politikhistoriker mit dem Argument, die Kulturgeschichte müsse das innerliche Werden der Völker und der Ideen schildern und die großen politischen Gestaltungen als Niederschlag des allgemeinen Kulturlebens aufdecken[38]. Ernst Bernheim definierte in seinem vielgelesenen und mehrfach aufgelegten Handbuch die Kulturgeschichte im weiteren Sinn als „die Geschichte der Menschen in ihren Bethätigungen als sociale Wesen, zu allen Zeiten und an allen Orten, im einheitlichen Zusammenhang der Entwickelung"[39]. Zeitweise verwandte Karl Lamprecht „Kulturgeschichte" zur Umschreibung seiner synthetischen Geschichtsanalyse, die in den 1890er Jahren unter Betonung sozialpsychologischer Strukturen wirtschaftliche, soziale, politische, geistige und künstlerische Dimensionen zu integrieren versuchte und von der Historikerzunft mit großer Mehrheit und Intensität zurückgewiesen wurde[40]. 1910 schrieb Walter Goetz: „[. . .] wer eine Vorlesung über Kulturgeschichte des Mittelalters anzeigt, kann darauf rechnen, daß die Studenten darunter eine Zusammenfassung von politischer, wirtschaftlicher, geistiger Geschichte des Mittelalters verstehen"[41]. Und offenbar erfreuten sich diese kulturgeschichtlichen Synthesen, in denen häufig den sozialökonomischen und sozialpsychologischen Dimensionen ein hoher Stellenwert beigemessen wurde und die insofern gesellschaftsgeschichtlichen Synthesen ähnelten, vorübergehend in den 1890er Jahren größter Popularität, so daß – schon damals – die „Politikhistoriker" um ihre Vormacht zu fürchten und ihren Niedergang zu beklagen begannen[42]. In der Folgezeit ließ diese tiefe Herausforderung der allgemeinen politikgeschichtlich orientierten Historie durch die Kulturgeschichte wieder nach; diese wurde zunehmend nach der Jahrhundertwende durch kunst-, ideen- und geistesgeschichtliche Momente geprägt, zur Stil- und Geistesgeschichte umgebogen und so gewissermaßen domestiziert[43].

Bei anderen Autoren deutete sich um die Jahrhundertwende „Sozialgeschichte" als synthetischer Oberbegriff für die Integration der verschiedenen historischen Teilbereiche an. Bernheim wandte sich 1894 gegen die häufige Einengung der Geschichtswissenschaft auf Politikgeschichte und gegen die strikte Trennung zwischen Politikgeschichte, Kulturgeschichte im engeren Sinn und anderen historischen Teildisziplinen. „Gerade deshalb wollen wir ebenso wenig, wie wir die politische Geschichte als nebensächliches Anhängsel der Kulturgeschichte ansehen, letztere zu einem Nebenprodukt der ersteren herabdrücken lassen. Wir vermeiden solche Einseitigkeit durch den Ausdruck ‚social'; denn Politik wie Kultur sind gleichermaßen Produkte der menschlichen Vergesellschaftung. Treffend nennt daher A. E. Fr. Schäffle die Geschichte ‚Gesellschaftswissenschaft'; auch schon L. Wachler bezeichnet als Aufgabe der Geschichte, ‚die Entstehung und Gestaltung des gesellschaftlichen Zustandes des Menschengeschlechtes aus Geschehenem zu erklären'"[44]. Auch Breysig wandte sich in den späten 1890er Jahren gegen die Einengung der vorherrschenden Geschichtsschreibung auf Politikgeschichte, die in der Praxis der Historiker noch doktrinärer betrieben werde als in der theoretischen Diskussion[45]. Zugleich wandte er sich gegen eine als Geschichte der nicht-

politischen Verbände definierte, also restriktiv aufgefaßte Sozialgeschichte als Teildisziplin, denn den Staat, „das mächtigste sociale Gebilde", müsse man unbedingt einbeziehen, sowie gegen eine separate
„für sich dahinlebende Wirtschaftsgeschichte, weil die materiellen
Verhältnisse auf Bildung und Wachstum aller socialen Körper" aufs
stärkste einwirkten. Auch der „Geist der Zeiten", die Bräuche und
Sitten, Sprache und Glauben, Kunst und Wissenschaft seien einzube-
ziehen[46]. Die Integration dieser Bereiche erhoffte er sich von einer
„socialgeschichtlichen Forschung", von der „socialen Geschichte im
ausgedehntesten Sinne", die alles einbegreifen solle, was „die Gliederung der Gesellschaft" beeinflusse und woraus „auf das Verhalten des
socialen Atoms, des Individuums, zu den es ringsumgebenden Ge-
meinschaften" geschlossen werden könne[47]. Auch bei anderen Autoren erschien um diese Zeit „Sozialgeschichte" im Sinne gesellschafts-
geschichtlich-umfassender Gesamtinterpretation[48].
Bei diesen umfassend-kulturgeschichtlichen bzw. -sozialgeschichtli-
chen Ansätzen handelte es sich um bemerkenswerte Versuche, den
Zusammenhang[49] der historischen Teilbereiche zu analysieren und zu
einer integralen Synthese zu gelangen, dessen Strukturierungskern
nicht der Staat, sondern „die Kultur", „das Sociale" oder die „Gesellschaft" sein sollte, was immer darunter verstanden oder auch nur vage
angedeutet wurde. Alle diese Versuche scheiterten, zum Teil sicherlich an dem Widerstand der Zunft aus den oben analysierten Gründen;
zum Teil aber auch, weil sie zum anspruchsvollen Ziel meist nur un-
taugliche Mittel besaßen: Die von ihnen erstrebten Synthesen verletz-
ten allzu leicht die mittlerweile hochentwickelten handwerklichen
Standards der Geschichtswissenschaft (Genauigkeit, Quellenkritik
etc.), und sie verfügten, wie es scheint, über keine hinreichend scharfen Begriffe, Modelle und Theorien, um das gewaltige Werk einer gesamtgeschichtlichen Synthese, wenn auch nur auf eng begrenzte Epochen und einzelne Nationen oder Gesellschaften begrenzt, zu bewälti-
gen[50].
Sozialgeschichte im Sinne von übergreifender Gesellschaftsgeschichte, die im Unterschied zu der als Teilbereichsgeschichte verstandenen
Sozialgeschichte Gesamtgeschichte unter Betonung sozialer bzw.
sozialökonomischer Faktoren analysieren wollte, konzipierten auch
einige der frühen Sozialwissenschaftler – in inhaltlich stark voneinander abweichender Weise. Lorenz von Stein, beeinflußt durch die französischen Frühsozialisten, versuchte sich an einer Geschichte der so-

zialen Bewegungen und sozialen Konflikte, und zwar ohne Absehung vom staatlichen und kulturellen Bereich. Geschichte, so hat man gesagt, war für ihn „ausgefüllt durch den Kampf der Klassen, der noch ergänzt wird durch den Kampf der Gesellschaftsformen. Geschichte ist Gesellschaftsgeschichte, die alle anderen Kulturmomente in sich aufnimmt . . ."[51]. Auch im Werk von Marx und Engels nahm die Gesellschaftsgeschichte eine zentrale Stellung ein; sie stand hier in engster Verknüpfung mit Gegenwartsanalyse, Zukunftsprognose und Anleitung zum revolutionären Handeln.

Solche Konzeptionen stellten sich mit ihrer Verneinung der Ereignis-, Ideen-, Personen- und Politikorientierung der zeitgenössischen Historie, mit ihrem Anspruch, die mannigfaltige historische Wirklichkeit von sozialökonomischen kollektiven Kräften her zu integrieren, in scharfen, auch ideologiekritischen Gegensatz zur vorherrschenden Geschichtsschreibung. Deren national-integrative Funktion forderte ja die Betonung solcher Traditionen, welche die Nation und ihre Teile einten. Gesellschaftsgeschichtliche Konzeptionen wie die marxisitische, die die Konflikte und gegensätzlichen Erfahrungen sich bekämpfender Klassen ins Zentrum der Betrachtung rückten, erfüllten diese Funktion nicht nur nicht, sie wirkten ihr mit durchaus gesellschaftskritischer Absicht entgegen. Die etablierte Geschichtswissenschaft der zweiten Hälfte des 19. Jahrhunderts hatte es mit der Abweisung solcher Gegenpositionen um so leichter, als diese hinter den seit Niebuhr und Ranke kräftig fortentwickelten, verfeinerten historisch-kritischen Methoden und Richtigkeitskriterien zumeist hoffnungslos zurückblieben. Die direkten Einflüsse marxistischer Geschichtsauffassung auf die entstehende Sozialgeschichte und Sozial- und Wirtschaftsgeschichte blieben deshalb zunächst gering[52].

Inhaltlich andersartige und empirisch-methodisch gesichertere gesellschaftsgeschichtliche Ansätze finden sich bei den führenden Vertretern der Historischen Schule der Nationalökonomie, insbesondere bei Schmoller. Abseits der Fachhistorie, die – mit Ausnahmen wie Hintze – seinen Einfluß erst seit dem Zweiten Weltkrieg akzeptierte, betrieb Max Weber historisch-soziologische Studien, die – unter dem Eindruck von modernem Kapitalismus und Bürokratisierung – durch die Einsicht in die unaufhaltsam fortschreitende, die Freiheit und Dynamik der Einzelpersönlichkeit bedrohende Rationalisierung aller Gebiete des historisch-gesellschaftlichen Lebens im weitesten Sinne zusammengehalten wurden[53].

3. Die unter 1. skizzierten Ansätze einer die vorherrschende Politikgeschichte ergänzenden, als Geschichte eines Teilbereichs verstandenen Sozialgeschichte und die unter 2. behandelten Ansätze zu einer
mit dem politikgeschichtlichen Interpretationsmuster konkurrierenden gesellschaftsgeschichtlichen Synthese haben mehreres gemeinsam. Beide sind nur als Reaktion auf die vorherrschende Historiographie zu verstehen. Beide waren auf eine kleine Minderheit von Historikern und Sozialwissenschaftlern beschränkt. Beide kümmerten sich
primär um „Gesellschaft"; und zwar im ersten Fall um das Soziale als
„Differenz" zwischen Individuum und Staat, die seit Hegel in der einen oder anderen Weise als System von Interessen, Bedürfnissen und
Abhängigkeiten, geprägt und vermittelt durch sozialökonomische
Momente (Arbeit, Arbeitsteilung, Tauschbeziehungen, Besitz), bestimmt wurde; im anderen Fall um „Gesellschaft" als Gesamtsystem
mit jener Differenz als prägendem Kern – ganz parallel also zu dem
doppelten Begriff von Gesellschaft, wie er von den frühen Gesellschaftswissenschaften entwickelt wurde und seitdem in mannigfachen
Schattierungen besteht[54]. Sozialgeschichte im Sinne von 1. und Kul-
turgeschichte/Gesellschaftsgeschichte im Sinne von 2. glichen sich
überdies – und auch das wurde schon vor 1914, wenn auch mit anderen
Worten, herausgearbeitet – in ihrer Betonung von *Strukturen und
Prozessen,* im Unterschied zu einzelnen Ereignissen, Handlungen,
Personen und Entscheidungen; beide Varianten waren insofern einer
„strukturgeschichtlichen" Betrachtungsweise verpflichtet, wenn sie
sich auch im einen Fall auf Strukturen eines Teilgebiets geschichtlicher
Wirklichkeit, im anderen Fall zugleich auch auf die Strukturen des Zu-
sammenhangs der Teilgebiete geschichtlicher Wirklichkeit bezogen.
In der Sprache jener Zeit: „Nicht das *Geschehen* allein, nicht die
Schicksale der Völker, Staaten und Fürsten bilden mehr den Stoff unserer Geschichtsschreibung: längst hat diese und in immer steigendem
Maße gelernt, ihre Aufmerksamkeit von den Vorgängen auf die *Zustände* zu richten [. . .]"[55]. Nach Meinung der meisten Autoren konzen-
trierten sich die verschiedenen Spielarten von Kulturgeschichte und
Sozialgeschichte auf die „zuständlich-kollektiven" Aspekte der Geschichte, die Politikgeschichte betonte dagegen die „genial-individu-
ellen". Und im Lamprecht-Streit verschob sich die Debatte allmählich
von der Frage „Politikgeschichte" oder „Kulturgeschichte" auf die
Frage „Individualgeschichte" oder „Zustandsgeschichte", auf das
Verhältnis von „individualistischer und kollektivistischer Geschichts-

auffassung"[56]. Lamprechts Betonung der „Geschichte der Zustände, der materialen wie der geistigen" als der „Grundlage des historischen Verständnisses" vor den Ereignissen, Entscheidungen, einzelnen Personen und Handlungen wurde mindestens so stark angegriffen wie sein Plädoyer für die Behandlung sozialpsychologischer, sozialer, ökonomischer und anderer nichtstaatlicher Phänomene in seiner „Kulturgeschichte"; an seiner Betonung der „Zustände" setzte der Materialismus-Vorwurf der Zunft vor allem an. Offenbar widersprach eine solche strukturgeschichtliche Betrachtungsweise, die übrigens weder die, wenn auch langsame, Dynamik der Strukturen noch die Bedeutung von individuellen Handlungen noch den hohen Stellenwert des Staates leugnete und die Lamprecht methodisch zur typisierenden Begriffsbildung und zum systematischen Vergleich führte, dem unter Historikern vorherrschenden idealistischen Persönlichkeits- und Handlungsbegriff[57].

Es ist verständlich, doch keineswegs voll zutreffend, wenn damals und später die Auseinandersetzung zwischen den verschiedenen Spielarten von Kulturgeschichte und Sozialgeschichte einerseits, Politikgeschichte (bzw. einfach: Geschichte) andererseits mit der Kontroverse zwischen Individual- und Zustandsgeschichte (Ereignis- und Strukturgeschichte) in eins verschwamm. Auch die zeitgenössische und die spätere französische Kritik an der traditionellen Geschichtswissenschaft polemisierte gegen die „histoire événementielle" und die „histoire politique" in einem[58]. Dies folgte aus dem engen Zusammenhang zwischen politikgeschichtlicher Orientierung und individualisierend-hermeneutischer Methode in der dominierenden historiographischen Tradition sowie aus der unbestreitbaren Tatsache, daß in weiten Bereichen der ökonomischen und sozialen Entwicklung – in graduellem Unterschied zur politischen Entwicklung – die hermeneutisch auslegbaren Handlungen der einzelnen weniger hervortraten als die überindividuellen Strukturen und Prozesse.

Dennoch verdeckte diese Ineinssetzung von Zustandsgeschichte und Sozial-/Kulturgeschichte sowie von Individualgeschichte und allgemeiner (Politik)geschichte wichtige Differenzierungen – damals wie heute. Wie Bernheim zu Recht feststellte: „Nicht zutreffend ist es ferner, die Kulturgeschichte als die Geschichte des Zuständlichen im Unterschied von derjenigen der Ereignisse zu bezeichnen, erstens, weil das kein theoretisch stichhaltiger Unterschied ist [. . .], zweitens weil, auch wenn man den Unterschied in praxi macht, derselbe nicht durchgreifend ist: Auf dem Gebiete der Kultur kommen auch Ereignisse und Ketten von Ereignissen in Betracht, die Erfindungen, die Schicksale und Thaten bedeutender Künstler und anderer Kulturhelden, die oft maßgebend genug in die Entwicklung eingreifen; andererseits spielt [. . .] in aller Geschichte (also auch in der Politikgeschichte) das sogenannte Zuständliche eine Rolle"[59]. Die hier im Jahre 1894 kritisierte Ineinssetzung von Zustandsgeschichte und Kulturgeschichte spielte als Ineinssetzung von Strukturgeschichte und Sozialgeschichte auch noch in der westdeutschen Diskussion nach 1950 eine wichtige Rolle.

3. Ansätze zum Paradigmawechsel nach 1945

Die Entwicklung in der Bundesrepublik ist einerseits durch das Fortwirken des alten Grundmusters gekennzeichnet: durch eine vor allem politikgeschichtlich und individualisierend geprägte Allgemeingeschichte, durch Sozialgeschichte als von jener separierte, häufig mit Wirtschaftsgeschichte verbundene Teildisziplin sowie durch zögernde gesellschaftsgeschichtliche Alternativansätze, die mit der Teildisziplin Sozial- (und Wirtschafts)geschichte strukturgeschichtliche Verfahren und Sichtweisen teilen Zum anderen sind eine Reihe von tiefgreifenden Änderungen und neuen Faktoren wirksam geworden, die das alte Grundmuster zu modifizieren beginnen und vor allem den traditionell zu kurz gekommenen Bereichen der Strukturgeschichte und der Sozialgeschichte, z. T. auch im Sinn der Gesellschaftsgeschichte, zu einer rascheren Entwicklung verhelfen. Vier Ursachen dieser Veränderungen seien vor allem hervorgehoben:
Zum einen trug die Erfahrung der faschistischen Diktatur, eines zweiten Weltkriegs im Zeitraum einer Generation und schließlich des Zusammenbruchs zu einer tiefen Diskreditierung gewisser nationalstaatlicher und idealistischer Orientierungen bei, die im deutschen Bildungsbürgertum weit verbreitet gewesen waren und auch, wie gezeigt, die Arbeit deutscher Historiker lange geprägt, ihnen die Einsicht in die Wirkungsmächtigkeit und Dynamik von sozialökonomischen Veränderungen und gesellschaftlichen Massenphänomenen erschwert hatten. Diese Katastrophe deutscher Geschichte zerbrach gewissermaßen einige der Barrieren, die deutschen Historikern länger als etwa ihren

französischen oder amerikanischen Kollegen den Zugang zu wirt-
schafts- und sozialgeschichtlichen Themen und Interpretationsmu-
stern verstellt hatten[60]. Ein in der Bundesrepublik sehr allmählicher,
in der DDR durch Oktroi des Marxismus-Leninismus beschleunigter
und dogmatisierter Wandel des vorherrschenden Blickwinkels, aus
dem heraus historische Wirklichkeit begriffen und dargestellt wird,
war die Folge: Statt historische Synthesen oder Teil-Synthesen weiterhin primär um staatlich-politische Institutionen und Prozesse, um
Ideen oder gar große Personen zu zentrieren, wurde es nun allmählich
etwas leichter, Politik und Kultur „von der Gesellschaft her" zu sehen,
soziale und ökonomische Strukturen und Prozesse als Basis oder doch
als Voraussetzung von politischen und geistigen Veränderungen zu
begreifen und in ihrer Untersuchungswürdigkeit zu erkennen. Dieser
Paradigmawechsel, der dem beobachtbaren Vordringen struktur-, so-
zial- und gesellschaftsgeschichtlicher Ansätze vor allem zugrundelie-
gen dürfte, wirkte sich in der Bundesrepublik allerdings erst nach einer
längeren Inkubationszeit und nach einer längeren Phase geschichtswissenschaftlicher Rekonstruktion und Restauration in den 50er Jahren aus[61].
Zweitens: Diese Umakzentuierung des vorherrschenden Blickwinkels
wurde durch den nach 1950 auch in der Bundesrepublik beschleunig-
ten Aufstieg der systematischen Wissenschaften von der Gesellschaft
– Soziologie und Politikwissenschaft – zugleich reflektiert und be-
schleunigt. Einflüsse und Herausforderungen seitens der nach dem
Stillstand der NS-Jahre schnell an Bedeutung gewinnenden systematischen Sozialwissenschaften haben im letzten Jahrzehnt eine in ihrem
Selbstbewußtsein aus mannigfachen Gründen erschütterte Geschichtswissenschaft dazu veranlaßt, mehr als in früheren Jahren gesellschaftliche Strukturen und Prozesse als Bedingungen und Voraussetzungen politischer und kultureller Haltungen und Handlungen zu
berücksichtigen. Die systematischen Sozialwissenschaften boten zugleich Methoden, Begriffe, Modelle und Theorien an, die die Erforschung von überindividuellen Phänomenen, von Strukturen und Prozessen erleichterten, z. T. überhaupt erst ermöglichten. Allerdings war
jahrelang die Tendenz der systematischen Sozialwissenschaften zur
Enthistorisierung, zur Abwendung von der Geschichte und damit von
ihren eigenen Vorläufern unübersehbar. Das erschwerte den Historikern den Zugang zu ihnen und begrenzte den Nutzen, den deren Begriffe, Methoden und Ergebnisse für die historische Arbeit haben

konnten; andererseits verließen die systematischen Sozialwissenschaften damit weitgehend das Feld der historischen Soziologie und historischen Nationalökonomie, dessen große Traditionen fortzuführen damit den Historikern angetragen war. Jüngst sind Rehistorisierungstendenzen in den systematischen Sozialwissenschaften zu verzeichnen[62].

Drittens: Anders als nach 1918 reagierte die deutsche – jedenfalls die westdeutsche – Geschichtswissenschaft auf die Niederlage nicht mit Abschließung gegenüber dem Westen. Anders als in der Weimarer Zeit wurde die deutsche Historie zunehmend von französischen, englischen und amerikanischen Vorbildern beeinflußt, und auch dies trug zum Abbau traditioneller Reserven gegen die Untersuchung von Kollektivphänomenen und zum steigenden Interesse an Sozialgeschichte bei. Der Einfluß von Historikern, die im „Dritten Reich" hatten emigrieren müssen und jetzt zurückkehrten oder ihre neuen wissenschaftlichen Erfahrungen auf andere Weise zurückvermittelten, wirkte in ähnliche Richtung[63].

Viertens: Im reformfreundlichen, sozialkritischen Klima der späten 1960er und frühen 70er Jahre erreichten diese Veränderungstendenzen eine vorübergehende Zuspitzung. Zunehmende Teile des intellektuellen Publikums gewöhnten sich daran, gegenwärtige und geschichtliche Wirklichkeit primär mit Hilfe von Kategorien wie „Gesellschaft", „Interesse", „Herrschaft" und „Konflikt" zu begreifen. Vermittelt durch die „Frankfurter Schule", kam es auch in der Bundesrepublik zu einer gewissen Renaissance marxistisch orientierten Denkens. Traditionskritik und damit die Kritik an traditioneller Geschichtsschreibung hatten einige Jahre lang den Wind im Rücken. Die Forderung nach mehr Sozialgeschichte erhielt bei einer Minderheit von meist jüngeren Historikern, vor allem aber bei vielen Studenten, politische Obertöne, die sich teilweise aus dem Entstehungszusammenhang dieser Disziplinen erklären: waren sie doch, wie gezeigt, entweder als Geschichte des Teilbereichs „Gesellschaft" im Gegensatz zu vorwiegend konservativer Staatshistorie oder als sozialkritisch gewendete sozialökonomische Geschichtsinterpretation mit ideologiekritischer Potenz oder als Geschichte der „sozialen Frage", der Unterschichten bzw. der Arbeiterbewegung, entstanden. An solche Traditionen knüpfte der Ruf nach „mehr Sozialgeschichte", oft vage und nicht genügend vermittelt, an. Dieser Ruf war häufig Bestandteil eines Plädoyers für eine Geschichtswissenschaft, die ihre Pflicht zur politisch-gesellschaftlichen Pädagogik in emanzipatorischer Absicht und ihren „moralischen Beruf" zur praktisch relevanten Selbstaufklärung der gegenwärtigen Gesellschaft ernst nähme, ernster als bisher. Das Interesse an den nicht nur in Geschichtsbüchern Zukurzgekommenen, an den wenig eloquenten und deshalb weniger sprachliche Zeugnisse hinterlassenden Massen, am „kleinen Mann", am „underdog", nahm zu. Die z. T. tiefgreifenden Veränderungen in den Universitäten, vor allem die rasche Ausdehnung und damit Verjüngung der Historiker-„Zunft" trugen sicherlich dazu bei, daß diese Anstöße eine gewisse, wenn auch sehr begrenzt bleibende und in sich äußerst vielgestaltige Resonanz fanden[64].

Vor diesem Hintergrund tiefgreifender gesellschaftsgeschichtlicher Veränderungen, denen sicherlich auch weitere hier nicht behandelte Faktoren zugrunde lagen, knüpfte die Entwicklung der Struktur-, Sozial- und Gesellschaftsgeschichte modifizierend an die alte Disziplingeschichte an.

4. Strukturgeschichte – eine Betrachtungsweise

a) Bedeutung und Leistung

Unter dem Namen „Strukturgeschichte" wurde seit den frühen 1950er Jahren insbesondere von Werner Conze – durch modifizierenden Rückgriff auf Vorschläge Otto Brunners und unter Benutzung eines von Fernand Braudel in seinem 1949 erschienenen Mittelmeer-Buch gebrauchten Schlüsselbegriffs („histoire des structures") – eine Betrachtungsweise vorgeschlagen und begründet, die, mit Unterschieden im einzelnen, um die Jahrhundertwende in verschiedenen Spielarten der „Kulturgeschichte" und „Sozialgeschichte" (wie oben skizziert) als „Zustandsgeschichte" bereits aufgetreten war, von der Mehrheit der historistisch gesonnenen Historikerzunft damals scharf zurückgewiesen worden war und auch in der Zwischenkriegszeit keine größere Bedeutung in der allgemeinen deutschen Geschichtswissenschaft hatte gewinnen können[65]. Diesem heute durchaus eingebürgerten Begriff der „Strukturgeschichte" mangelt es, wie den meisten dieser Bezeichnungen, sehr an Klarheit und Präzision. Fest scheint zu stehen, daß er (a) eine geschichtswissenschaftliche Betrachtungsweise meint, die – *mutatis mutandis* und mit Variationen, die vom Gegen-

stand her nötig werden, aber bisher noch nicht expliziert worden sind –
auf alle Bereiche geschichtlicher Wirklichkeit angewandt werden
kann, also auf den Bereich des Sozialen wie auf den der Politik, auf die
ökonomische Entwicklung wie auf das Reich der Ideen etc. Für diese
Betrachtungsweise stehen (b) die „Verhältnisse" und „Zustände", die
überindividuellen Entwicklungen und Prozesse, weniger die einzelnen
Ereignisse und Personen im Vordergrund; sie lenkt den Blick eher auf
die Bedingungen, Spielräume und Möglichkeiten menschlichen Handelns in der Geschichte als auf individuelle Motive, Entscheidungen
und Handlungen selber; sie beleuchtet eher Kollektivphänomene als
Individualitäten; sie macht Wirklichkeitsbereiche und Phänomene
zum Gegenstand der Forschung, die eher durch Beschreibung und Erklärung als durch hermeneutisch-individualisierendes Sinnverstehen
zu erschließen sind; sie interessiert sich vor allem für die relativ dauerhaften, „harten", nur schwer veränderbaren Phänomene, für Wirklichkeitsschichten mit langsamer oder sehr langsamer Veränderungsgeschwindigkeit, nicht so sehr für Wirklichkeitsbereiche, die sich
schnell ändern und Wandlungsanstößen nur geringen Widerstand entgegenstellen. Schließlich (c) zielt diese Betrachtungsweise oft, wenn
auch nicht immer, auf die Erfassung übergreifender Zusammenhänge,
das soll heißen: auf den gesamtgeschichtlichen Prozeß in seinem syn-
chronen, wohl aber auch in seinem diachronen Zusammenhang.

Daß diese Betrachtungsweise überhaupt mit einem besonderen Namen belegt und als Präfix-Geschichte gefaßt, mit Vehemenz propagiert und nicht ohne Widerstände erst durchgesetzt werden mußte,
verweist auf den herrschenden Zustand der allgemeinen deutschen
Geschichtswissenschaft um 1950, gegen den jene Betrachtungsweise
Front machte. Nur weil der Hauptstrom der deutschen Geschichtswissenschaft mehr als hundert Jahre nach jenen entscheidenden, bald
aber verdrängten Herausforderungen einer sich vom Staat differenzierenden Gesellschaft und einer damit verbundenen gesellschaftswissenschaftlichen Sichtweise immer noch im Grundsatz dem oben skizzierten Muster entsprach, weil die dominierende Betrachtungsweise
und ihre traditionelle Politikorientierung weiterhin in primär hand-
lungs- und ereignis-, personen- und motivationsgeschichtlicher Weise
realisiert wurden, weil die deutschen Historiker – wie Gerhard Ritter
selbstkritisch 1949 ausführte – mit ihrer „einseitigen Pflege politischer
Historie im engeren Sinn und einer allzu sublimierten Geistesgeschichte nachgerade rückständig geworden" waren und „einer gewis-

71

sen Hilflosigkeit gegenüber den Erscheinungen des modernen Massenmenschentums und den komplizierten Problemen des modernen Wirtschaftslebens" nicht entbehrten[66], war die Forderung nach Beachtung der Strukturen keine Selbstverständlichkeit, hatte sie eine wirklich revisionistische Aufgabe, war sie etwas Besonderes und wurde sie noch lange – zum Teil bis heute – als „besondere", im Sinne von: spezielle Richtung im Unterschied zur allgemeinen Hauptrichtung, eben als Strukturgeschichte im Unterschied zur Geschichte im allgemeinen, empfunden. Weil die traditionelle und herrschende Geschichtswissenschaft die Aufgabe der Synthese in schlechtem Historismus und Positivismus zu kurz hatte kommen lassen, den Wald vor Bäumen und die Wirklichkeit vor Quellenkritik nebst Detailforschung kaum mehr sehen konnte[67], war die Forderung nach Synthese – und zwar nach einer, die nicht notwendig um das Staatliche herum gebaut werden sollte (aber konnte!) – ein wichtiger, notwendiger Neuansatz[68]. Die Betonung des Strukturgeschichtlichen eröffnete überdies die *Möglichkeit*, typisierende und generalisierende Begriffe mehr als bisher in die Geschichtswissenschaft einzufügen, den Vergleich als methodisches Hauptinstrument zu empfehlen und die Kooperation mit den stärker generalisierenden und stärker analytischen Sozialwissenschaften – erstmals in der deutschen historiographischen Tradition! – in breiter Front und nicht nur in Außenseiterstellung zu fordern[69], wenn sich auch die Realisierung dieser Möglichkeit als ein sehr langsamer und diffiziler Prozeß mit Rückschlägen herausgestellt hat. Daß sich das Plädoyer für Strukturgeschichte diesmal – im Unterschied zur Jahrhundertwende – einigermaßen durchsetzte, jedenfalls nicht abgedrängt wurde, lag an vielen Gründen, nicht zuletzt an der größeren Vorsicht und den geringeren Blößen, die den neuen Versuch im Unterschied zu dem Angriff der Kultur- und Sozialhistoriker um 1900 auszeichneten[70]. Es lag aber auch daran, daß die Zunft an ihrer Tradition zu zweifeln begonnen hatte; daß die bürgerlich-ideologischen und nationalpolitischen Funktionen der Historie nicht nur äußerlich nach Diktatur, Weltkrieg und Zusammenbruch diskreditiert waren; daß das Gefühl der weitgehenden Abhängigkeit des einzelnen von den „Verhältnissen" universal geworden zu sein schien; und daß endlich, man ist geneigt zu sagen: mit hundertjähriger Verspätung, die traditionell starke Neigung vieler historistischer Historiker zu einem idealistischen, anti-soziologischen, zunehmend wirklichkeitsentleerten und zunehmend ideologischen Freiheits- und Persönlichkeitsbegriff zurückging. Die Abwehrstellungen gegen die ohnehin nicht zu unbescheidenen Herausforderer hatten zu bröckeln angefangen, ehe deren Herausforderung noch begann[71].

Zweifellos bedeutet die strukturgeschichtliche Betrachtungsweise für die Geschichtswissenschaft einen Zuwachs an analytischer Kraft. Sie stellt eine notwendige, wenn auch keineswegs hinreichende Bedingung dafür dar, historische Wirklichkeit adäquat zu erfassen, die als Produkt von verstehbaren Entscheidungen und hermeneutisch auslegbaren Handlungen oder im Raster chronologischer Abfolge nur zu einem geringfügigen Teil erschlossen, weitgehend aber verfehlt, ja verzerrt wird. In der „Strukturgeschichte" schlug endlich die im Prinzip seit den industriellen und soziopolitischen Revolutionen des späten 18. und frühen 19. Jahrhunderts zur Verfügung stehende, lange verdrängte Erfahrung von der Geschichtsmächtigkeit überindividueller Kollektivphänomene im Unterschied zu individuellen Entscheidungen und Handlungen, Personen und Ereignissen auf die Geschichtswissenschaft durch[72].

b) Strukturgeschichte, Ereignisgeschichte und historische Sozialwissenschaft

Doch weist der strukturgeschichtliche Ansatz eine Reihe von Problemen, Grenzen und Schwächen auf, deren Beachtung um so dringender wird, je erfolgreicher er sich in der allgemeinen Geschichte und in einzelnen Teildisziplinen als Erweiterung, Ergänzung oder gar Revision geltend macht.

Eine scharfe Trennung von Strukturen und Nicht-Strukturen (Ereignissen, Entscheidungen und Handlungen)[72a] in der Geschichte ist sowohl theoretisch-begrifflich wie auch in der Praxis historischer Arbeit äußerst schwierig und problematisch. Mit Reinhart Koselleck kann man unter einem Ereignis den Zusammenhang von Begebenheiten verstehen, der von den Zeitgenossen als Sinneinheit innerhalb eines Rahmens chronologischer Abfolge von Vorher und Nachher erfahren und insofern auch vom Historiker in Kategorien chronologischer Abfolge „erzählt" werden kann; Ereignisse sind dadurch gekennzeichnet, daß sie den „chronologisch registrierbaren Erfahrungsraum der an einem Ereignis Beteiligten" nicht überschreiten, von bestimmbaren Subjekten (Personen) ausgelöst oder erlitten werden und von

Strukturen bedingt sind, ohne doch aus diesen voll ableitbar zu sein. Dann wird man unter Strukturen (nicht notwendig als Sinneinheiten erfahrbare) Zusammenhänge oder Vorgegebenheiten[73] verstehen, die „im Hinblick auf ihre Zeitlichkeit nicht in der strikten Abfolge von erfahrenen Ereignissen aufgehen" und über den zeitlichen Erfahrungsraum mitlebender Zeitgenossen hinausweisen; die deshalb auch nicht „erzählt" werden können, wenn konstitutiv für „erzählen" die Einbindung in einen kategorialen Rahmen des Vorher und Nachher ist; die überindividuell sind und sich nicht auf einzelne Personen, selten auf exakt bestimmbare Gruppen reduzieren lassen; die den Ereignissen „in anderer Weise vorausliegen als in einem chronologischen Sinne des Zuvor"; die in die Ereignisse eingehen (wenn auch nicht ganz) und deshalb auch zum Teil in Ereignissen als ihren Artikulationen faßbar sind[74].

Dann läßt sich folgern, daß es zum Begreifen von Ereignissen unabdingbar ist, auf die ihnen vorgegebenen und in sie eingehenden Strukturen zu rekurrieren, wenn auch daran festzuhalten ist, daß weder in der Erfahrung noch in der wissenschaftlichen Analyse die Ereignisse *voll* aus ihren strukturellen Bedingungen erklärbar, ableitbar sind; daß also eine von strukturellen Aspekten völlig absehende Ereignisgeschichte eine schlechte Abstraktion darstellen würde, wenn auch eine Analyse der Strukturen die Erzählung oder Beschreibung der Ereignisse nicht völlig obsolet macht, weil letztlich auch die vollkommenste Analyse von Strukturen nur zur Erkenntnis von *möglichen* Ereignissen und Handlungen führt[75]. Umgekehrt sind Strukturen zwar auch, aber nicht nur in auf sie hinweisenden Ereignissen faßbar, sondern auch in gewissermaßen nachgeordneten (aber nicht notwendig zeitlich nachgeordneten) Strukturen (etwa die Struktur des absolutistischen Staats in der Struktur der Militärverwaltung oder die Struktur des entstehenden Industriekapitalismus in der Struktur eines Industriezweiges). Insofern scheint eine verschiedene Strukturdimensionen miteinander verknüpfende Strukturgeschichte ohne ereignisgeschichtliche Momente eher möglich zu sein als eine Ereignisgeschichte, die von Strukturen ganz abstrahiert[76].

Problematisch erscheint jedoch eine Beschränkung auf die historische Analyse von Strukturen im Lichte eines anderen Arguments. Wenn man davon ausgeht, daß die Menschen ebensosehr die Umstände wie die Umstände die Menschen machen[77] und daß die geschichtlich-gesellschaftlichen Prozesse durch sinnorientierte Handlungen von Menschen vermittelt sind, wenn diese auch keineswegs immer ein volles Bewußtsein von jenen besitzen und deshalb der zu begreifende historische Zusammenhang nicht in dem aufgeht, „was die Menschen wechselseitig intendieren"[78], dann erkennt man, daß die Beschränkung auf die Untersuchung von Strukturen im oben umschriebenen Sinn in die Gefahr geriete, wichtige Aspekte der geschichtlichen Wirklichkeit zu übersehen. Man braucht nicht auszuschließen, daß Ursachen von Wandlungen als Elemente überindividueller Strukturen und Prozesse identifiziert werden können, um doch zu vermuten, daß mit der Vernachlässigung der Haltungen, Entscheidungen und Handlungen historischer Akteure wichtige Veränderungsfaktoren außerhalb der Untersuchung blieben und sich damit die Geschichtswissenschaft, wenn es ihr primär um die Erklärung des Wandels von Wirklichkeit in der Zeit geht, einen Bärendienst erwiese. Daß durch das Abblenden der Handlungen leicht auch der Veränderbarkeitsaspekt historischer Wirklichkeit aus dem Blick gerieten und die Vorstellung von einem quasi sachgesetzlichen, von Menschen bewußt nicht zu beeinflussenden Geschichtsprozeß entstehen könnte, mag hier nur als politisch wenig wünschenswerte Folge einer rein-strukturgeschichtlichen Betrachtungsweise angedeutet werden[79].

Schließlich dürfte es zu den Arbeitserfahrungen jedes empirisch arbeitenden Historikers gehören, daß er häufig ganz ohne Berücksichtigung von Ereignissen, Einzelhandlungen und Personen nicht auskommt und daß diese zwar meist weitgehend aus vorgegebenen, sich verändernden Strukturen erklärt, aber nicht aus diesen voll abgeleitet werden können, während sie umgekehrt zur Veränderung der Strukturen beitragen. Auch in betont strukturgeschichtlichen Analysen des Kaiserreichs werden, wenn sie nicht unzulässig verkürzen, der Person Bismarcks ein gewisses Gewicht und eine relative Eigenständigkeit nicht abgesprochen[80]. Jede zutreffende Erklärung des Nationalsozialismus wird auf die nicht auf seine strukturellen Bedingungen reduzierbare Person Hitlers zu sprechen kommen müssen[81]. Selbst bei der Beschreibung und Erklärung von ökonomischen, sozialen und sozialpsychologischen Strukturen und Prozessen mit äußerst langsamer Veränderungsgeschwindigkeit stößt man manchmal auf Ereignisse als Kausalfaktoren, wenn auch gleichzeitig solche Ereignisse in ihrer weitgehenden strukturellen Bedingtheit expliziert werden müssen[82]. Aus all diesen Gründen empfiehlt es sich, – das wurde schon häufig bemerkt und ist eigentlich kaum umstritten –, in der theoretischen

Diskussion wie in der praktischen empirischen Arbeit eine dichotomische Entgegensetzung von Struktur- und Ereignisgeschichte bzw. eine Ausklammerung einer der beiden zu vermeiden. Sofern, wie dies zunehmend geschieht, die Geschichtswissenschaft als „historische Sozialwissenschaft" bezeichnet und also „Geschichtswissenschaft" und „historische Sozialwissenschaft" programmatisch gleichgesetzt werden[83], stellt sich die Notwendigkeit, den Begriff „Sozialwissenschaft" so weit zu interpretieren, daß ereignis-, personen- und handlungsgeschichtliche Zugriffe nicht ausgeschlossen werden und daß eine gute Biographie oder ein betont narratives Werk innerhalb dieses Rahmens möglich bleiben. Diese Aussage ist nicht identisch mit der (üblichen und notwendigen) Forderung nach Verknüpfung theoretisch-analytischer und verstehend-hermeneutischer Verfahren in einer als historischer Sozialwissenschaft verstandenen Geschichtswissenschaft, sondern geht darüber hinaus. Finden sich doch viele historisch-sozialwissenschaftliche Werke – man denke z. B. an Habermas' „Strukturwandel der Öffentlichkeit" oder Lepsius' Aufsätze zur jüngeren deutschen Sozial- und Verfassungsgeschichte –, die zwar auf weite Strecken hermeneutisch, aber weder ereignis- noch biographisch-personengeschichtlich argumentieren. In der Tat dürften wohl die meisten Definitionen und vor allem das gängige Verständnis von „Sozialwissenschaften" diese in gewisser Spannung zur Ereignisbeschreibung und Biographie verorten[84]. Die Gleichsetzung der Geschichtswissenschaft mit historischer Sozialwissenschaft verlangt deshalb einen sehr gedehnten Begriff von „Sozialwissenschaft" und ist in der Gefahr von Mißverständnissen. Deshalb ist es besser, eine solche Gleichsetzung zu vermeiden – was natürlich ganz und gar nicht ausschließt, jene vielen Zugriffe und großen Bereiche der Geschichtswissenschaft für besonders lohnend und wichtig zu erachten, die sich als „historische Sozialwissenschaft" umschreiben lassen und bisher viel zu wenig gefördert worden sind.

Bei aller Notwendigkeit, struktur- und ereignisgeschichtliche Betrachtungsweisen zu verknüpfen, sollte allerdings zweierlei nicht vergessen werden: Zum einen scheint mir das Postulat höchstmöglicher Klarheit und das auch für Historiker zentrale Streben nach Erklärung (nicht nur Beschreibung oder Erzählung) dazu zu verpflichten, Ereignisse, Handlungen und Personen soweit irgend möglich strukturgeschichtlich zu erfassen, d. h. auf ihre strukturellen Determinanten hin zu befragen und damit den Spielraum von Möglichkeiten, den die verschiedenartigen Strukturen in ihrem Zusammenwirken (strukturelle Konstellation) begrenzen, so eng wie irgend möglich zu ziehen. Der Rest, der nicht hinwegexpliziert werden darf, mag erzählt oder beschrieben, als Eigenart der jeweiligen Person oder des jeweiligen Ereignisses „verstanden" oder in seiner Faktizität lediglich festgestellt wird. Mit diesem strukturgeschichtlich nicht zu fassenden Rest zu beginnen oder gar die Untersuchung um ihn zu zentrieren, wäre jedoch absurd[85]. – Zweitens mag bedacht werden, daß die Feststellung von Strukturen hinter, unter und in den Ereignissen in der Regel über die quellenkritische Arbeit hinaus zusätzliche analytische Anstrengungen vom Historiker fordert. Es ist schwieriger aber auch intellektuell spannender, die in Quellen erkennbaren Motivationen, Haltungen, Entscheidungen und Handlungen auch noch auf ihre strukturellen Bedingungen zu „hinterfragen", als dies nicht zu tun. Der strukturgeschichtliche Appell erscheint mir von daher wichtiger als der Appell, die Ereignisgeschichte nicht zu vergessen, zumal jedenfalls in der westdeutschen Geschichtsschreibung mit ihren alten und keineswegs wirkungslosen historistischen Traditionen eine strukturgeschichtliche Hypertrophie ohnehin keineswegs droht.

c) *Grenzen der Strukturgeschichte – gegen ihre Gleichsetzung mit Sozialgeschichte*

Um Mißverständnisse zu vermeiden und die möglichen Leistungen einer strukturgeschichtlichen Betrachtungsweise nicht zu überschätzen, ist es jedoch nötig, sich klar zu machen, daß es Strukturen in allen Wirklichkeitsbereichen gibt. Die Verfassungen und politischen Institutionen, die Herrschaftsformen und die politische Kultur eines Landes sind ebenso Strukturen wie die Gebräuche und Gewohnheiten, unbewußte Verhaltensformen und kollektive Mentalitäten, Religions- und Wertesysteme, Generationsabfolgen, eingeschliffene Freund-Feind-Konstellationen und sprachliche Differenzierungen schichten- oder regionenspezifischer Art. Zu den Strukturen zählen weiterhin geographisch-räumliche Vorgegebenheiten ebenso wie Produktivkräfte und Produktionsverhältnisse, Unternehmensorganisationen und Schulsysteme, stabile internationale Beziehungen und natürlich internationale Organisationen[86]. Diese Beispiele ließen sich vermehren.

Daraus folgt: Strukturgeschichte ist kein Monopol der Wirtschafts- und Sozialgeschichte (diese als Geschichte der wirtschaftlichen Entwicklung und des Sektors „Soziales" verstanden). Auch Bewußtseinsgeschichte und Politikgeschichte, natürlich Kirchen- und Verfassungsgeschichte, aber ebenfalls Religions- und Ideengeschichte wie die meisten anderen historischen Unterdisziplinen können und sollten unter Betonung struktureller Aspekte betrieben werden, wenn auch zweifellos das relative Gewicht von strukturellen und nicht-strukturellen Momenten in den einzelnen Wirklichkeitsbereichen verschieden ist und die Bedeutung von Ereignissen und Personen, einzelnen Entscheidungen und Handlungen etwa im Bereich der Politikgeschichte größer ist als zum Beispiel in der Wirtschaftsgeschichte. Das heißt: Es ist eine bedauerliche und primär historisch (aus der oben behandelten Koinzidenz von individual-, ereignis- bzw. handlungsgeschichtlichen *und* politikgeschichtlichen Momenten in der lange und teilweise bis heute dominierenden Richtung traditioneller Geschichtswissenschaft) zu erklärende Verwirrung der Diskussion, wenn Politikgeschichte mit Ereignis- und Handlungsgeschichte prinzipiell in eins gesetzt und als solche entweder von sozialgeschichtlich-strukturgeschichtlichen Richtungen angegriffen oder von Vertretern der Politikgeschichte verteidigt wird[87]. Im Unterschied zu starken Traditionen historistisch-individualisierender, einseitig ereignis- und handlungsorientierter Politikgeschichte gibt es ja auch seit langem durchaus zahlreiche Ansätze, Politikgeschichte unter Betonung struktureller Momente, mit analytischen Kategorien und unter Verwendung von Theorien, Begriffen und Methoden aus Politikwissenschaft und politischer Soziologie zu betreiben[88]. Dies gilt entsprechend für die Geistes- und Bewußtseinsgeschichte sowie für andere Teilbereiche der Geschichtswissenschaft[89]. Aus der Ubiquität der „Strukturen" folgt aber auch der höchst unspezifische und sehr formale Charakter von „Strukturgeschichte", die Unbestimmtheit dieses Begriffs. Im Grunde kann eine historisch-materialistische Synthese ebenso wie eine um politisch-staatliche Strukturen konzentrierte Nationalgeschichte wie eine institutionell orientierte kirchengeschichtliche Untersuchung, eine strukturell-funktional informierte Unternehmensgeschichte oder ein linguistisch interessiertes sprachhistorisches Werk das Epitheton „strukturgeschichtlich" in gleicher Weise beanspruchen – sofern nur die oben[90] genannten Bedingungen erfüllt sind. Die Entscheidung für die strukturgeschichtliche Betrachtungsweise (die ja überdies, wie gezeigt, nie absolut gesetzt werden darf) bedeutet deshalb noch recht wenig – die meisten interessanten Kontroversen und schwierigen Probleme stellen sich erst auf einer konkreteren Ebene: etwa dort, wo zwischen konkurrierenden gegenstandsbezogenen Theorien entschieden wird.

Nun wäre gegen diesen äußerst unspezifischen, inhaltsarmen und formalen Charakter von ‚Strukturgeschichte" wenig einzuwenden, träte diese Betrachtungsweise nicht häufig mit zwei Ansprüchen auf, die sie aufgrund ihres formalen Charakters nicht einlösen kann.

Zum einen beansprucht die Strukturgeschichte, im Gegenzug zu der weitgetriebenen Spezialisierung der historischen Wissenschaft und der damit einhergehenden Fragmentierung der geschichtlichen Wirklichkeit (etwa Aufteilung in Wirtschaft, Ideen, Staat, Verfassung etc. als Gegenstände der Wirtschafts-, der Ideen-, der Politik- und der Verfassungsgeschichte) eine integrale Geschichtsbetrachtung zu ermöglichen, das Bedürfnis nach einem Gesamtverständnis zu befriedigen und die gesamte historische Wirklichkeit einer Epoche unter bestimmten, eben strukturgeschichtlichen Aspekten in ihrem Zusammenhang und in ihrer langfristigen Veränderungstendenz zu erfassen[91]. Eben dazu ist aber der strukturgeschichtliche Ansatz *als solcher* nicht ausreichend gerüstet, weil er keine inhaltliche Theorie zur Verfügung hat, die die Auswahl der relevanten Faktoren ermöglichen, Hypothesen zur Interdependenz zwischen Wirtschaft, Politik und anderen Wirklichkeitsbereichen bereitstellen sowie die kausalen und funktionalen Beziehungen zwischen den einzelnen Momenten der zu untersuchenden historischen Wirklichkeit und die wichtigsten Veränderungskräfte hypothetisch und überprüfbar identifizieren würde. Die strukturgeschichtliche Betrachtungsweise läßt sich zwar mit solchen, eine geschichtswissenschaftliche Synthese allererst ermöglichenden Theorien (verschiedener inhaltlicher Ausfüllung) vereinbaren, selbst stellt sie jedoch keine solche Theorie dar und kann deshalb auch selbst keine solche Synthese bewerkstelligen. Entsprechende Versuche haben denn offenbar auch die Vermittlung der verschiedenen Wirklichkeitsbereiche nicht geleistet, sondern eher möglichst viele strukturgeschichtliche Aspekte additiv aneinandergereiht[92]. Strukturgeschichtliche Betrachtungsweisen als solche führen nicht zur angestrebten Synthese, wenn diese auch nicht ohne irgendeine Art strukturgeschichtlicher Betrachtungsweise möglich sein dürfte. Darauf bleibt unten bei der Diskussion gesellschaftsgeschichtlicher Syntheseversuche zurückzukommen.

Zum anderen ist die Strukturgeschichte in der Bundesrepublik mit „Sozialgeschichte" gleichgesetzt worden[93]. Dies geschah in bewußter Kritik an Sozialgeschichte bzw. Sozial- und Wirtschaftsgeschichte als eigenständiger Teildisziplin und separatem Fach. Aus der Einsicht, daß die Existenz der wissenschaftlichen Teildisziplinen Sozialgeschichte sowie Sozial- und Wirtschaftsgeschichte, wie oben ausgeführt, eine realgeschichtliche und begriffsgeschichtliche Ausdifferenzierung von Staat, Gesellschaft und Wirtschaft voraussetzt, eine Ausdifferenzierung, die ihrerseits ein Produkt der Umbruchperiode um 1800 darstellt, wurde gefolgert, daß ein solcher Begriff von Sozialgeschichte bzw. Sozial- und Wirtschaftsgeschichte der alteuropäischen Wirklichkeit mit ihrer engen Verschränkung ökonomischer, sozialer und politischer Momente nicht entspricht und, dennoch darauf angewandt, verzerrende Gewalt antut; es wurde hinzugefügt, daß selbst im 19. und frühen 20. Jahrhundert die Trennung der Bereiche Wirtschaft, Gesellschaft und Staat nicht vollkommen war, daß die relative Trennung erst recht im 20. Jahrhundert einer zunehmenden Verschränkung von ökonomischen, sozialen und politischen Momenten Platz macht und insofern auch im Hinblick auf die moderne Welt eine saubere Trennung von Sozialgeschichte bzw. Sozial- und Wirtschaftsgeschichte und Politikgeschichte (als Teildisziplinen verstanden) unmöglich sei. Sozialgeschichte könne also nicht als Geschichte des Sektors „Soziales", wohl aber als Strukturgeschichte verstanden werden, da für diesen Begriff die Vorstellung einer *Segmentierung von Wirklichkeit* nicht konstitutiv sei[94].

Zweifellos trifft diese Kritik an dem separaten Fach Sozialgeschichte bzw. Sozial- und Wirtschaftsgeschichte in mehreren Hinsichten zu. In der Tat lassen sich gesellschaftliche Prozesse und Strukturen im engeren Sinn nicht in rigider Absonderung vom Wirtschaftsbereich einerseits, vom staatlich-politischen Bereich andererseits erforschen; in der Tat ist es äußerst schwierig, wenn nicht unmöglich, Sozialgeschichte als Geschichte eines Wirklichkeitsbereichs klar abzugrenzen; der Grad der Verknüpfung und Differenzierung einzelner Wirklichkeitsbereiche ist tatsächlich ein historisch variables Phänomen; und wer empfände kein Mißbehagen über die Zerschneidung der vielgestaltigen Interdependenzen zwischen Wirtschaft, Gesellschaft und Staat, wenn er in Gesamtdarstellungen ein separates Kapitel „Wirtschafts- und Sozialgeschichte" findet, unverbunden mit der „allgemeinen",

d. h. immer noch primär politischen Geschichte, oder in rein additivem Verhältnis zu anderen Teilkapiteln[95].

Doch schüttet diese Kritik das Kind mit dem Bade aus und empfiehlt eine unzureichende Alternative. Denn zum einen darf die notwendige Beachtung der Gegenstandsangemessenheit von Begriffen und Paradigmata nicht zum Begriffs- und Paradigma-Historismus weitergetrieben werden; die Wahl der Begriffe und strukturierenden Blickwinkel, der Einteilungsraster und Theorien wird der Historiker nicht nur an der Sprache seiner Quellen, nicht nur am Bewußtsein und an den Realitäten der zu untersuchenden Zeit, sondern auch an der Sprache und am Bewußtsein seiner Gegenwart – für die er schließlich spricht und schreibt – orientieren. Die geringere oder gar mangelnde Differenzierung von Wirtschaft, Gesellschaft und Staat in Alteuropa verbietet nicht notwendig die Anwendung der Begriffe Wirtschaft, Gesellschaft und Staat auf jene Wirklichkeit, wenn nur diese Anwendung im Bewußtsein der historischen Distanz zwischen Begriff und Wirklichkeit erfolgt[96]. Die unleugbaren Wechselwirkungen zwischen Wirtschaft, Gesellschaft und Staat machen in der Tat übergreifende, begriffliche Instrumente, Theorien und Paradigmata zur Erfassung dieser historisch variablen Wechselwirkungen erforderlich, und sie warnen vor einer starren Abschottung der historischen Teildisziplinen gegeneinander; doch sie verbieten nicht die analytische Separierung dieser Bereiche im Einklang mit Sprache und Bewußtsein unserer Zeit, und sie verstellen nicht die Möglichkeit spezialisierender Schwerpunktbildung im Wissenschaftsbetrieb.

Vor allem aber geht es nicht an, aus den unbestreitbaren Problemen der Fächerabgrenzung und Begriffsbildung dadurch zu entfliehen, daß man, wie dies durch die Gleichsetzung von Sozialgeschichte mit Strukturgeschichte geschieht, sich völlig von einem materialen Begriff des Sozialen bzw. der Gesellschaft – entweder im Sinne jener oben (S. 65) als sozialökonomisch vermitteltes System von Bedürfnissen, Interessen, Abhängigkeiten und Konflikten gekennzeichneten „Differenz" zwischen Individuum und Staat oder im Sinne eines Gesamtsystems, in dem diese „Differenz", als Teilsystem gefaßt, von zentraler Bedeutung und Prägekraft ist – abwendet und damit im Grunde die Möglichkeit schafft, „Sozialgeschichte" ohne Gesellschaft (in irgendeinem materialen Sinn, nicht nur als formaler Strukturzusammenhang gedacht) zu betreiben[97]. „Hier wird nun wirklich eine Betrachtungsweise verabsolutiert, das Fach von seinem Gegenstand abgezogen und auf eine Methode reduziert"[98] – wobei diese „Methode" lediglich eine nicht sehr präzise, wenn auch unaufgebbare und hoffentlich zunehmend zur Selbstverständlichkeit werdende Betrachtungsweise darstellt.

Die Abstraktion der zur strukturgeschichtlichen Betrachtungsweise verdünnten Sozialgeschichte von wie auch immer gewählten inhaltlichen Bestimmungen von Gesellschaft[99] mag es ihr zwar erleichtert haben, sich – trotz des Weiterlebens starker Staats- und Politikorientierungen in der Historikerzunft und trotz weitverbreiteter antimaterialistisch und antimarxistisch gefärbter Reserven gegenüber der Betonung sozialökonomischer Dimensionen in der geschichtlichen Entwicklung – durchzusetzen[100]. Doch eindeutig ist, daß weder Sozialgeschichte als Geschichte der sozialen Strukturen und Prozesse im engeren Sinn noch Gesellschaftsgeschichte als sozialgeschichtlich orientierte Gesamtgeschichte in der Strukturgeschichte als Betrachtungsweise aufgehen.

5. Sozialgeschichte als Geschichte eines Teilbereichs

In der Tat hat auch die allmählich sich durchsetzende Strukturgeschichte keineswegs die Sozialgeschichte als Geschichte des Teilbereichs „Soziales" verdrängt. Sozialgeschichte in diesem engeren Sinn beschäftigt sich, so kann man mit Hilfe einer von mehreren ähnlichen Umschreibungen sagen, mit der Geschichte sozialer Strukturen, Prozesse und Handlungen, mit der Entwicklung der Klassen, Schichten und Gruppen, ihrer Bewegungen, Konflikte und Kooperationen[101]. Es geht ihr um so diverse Probleme wie Arbeiterschaft und Arbeiterbewegung, Unternehmens- und Arbeitsverhältnisse, Professionalisierungstendenzen und Berufsstruktur, Familie und Sozialisation, Bevölkerungsbewegungen und generatives Verhalten, Vereinswesen und Interessengruppen, Freizeitverhalten und Generationsproblematik, um kollektive Mentalitäten, Mobilität, Frauenemanzipation und vieles andere mehr. Sozialgeschichte in diesem Sinn war in der Regel mit Wirtschaftsgeschichte eng verknüpft und insofern häufig ein integriertes Moment des Faches Sozial- und Wirtschaftsgeschichte. Diese untersucht wirtschaftliche und soziale Strukturen, Prozesse und Handlungen in ihrem zeitlichen Zusammenhang und in ihrer Wechselwirkung mit anderen Bereichen (Politik, Kultur etc.)[102].

a) Zur Verwendung sozialwissenschaftlicher Theorien

Strukturgeschichtliche Betrachtungsweisen, vor allem auf die jeweils untersuchten Teilstrukturen bezogen, haben sich in den hier diskutierten Bereichen weitgehend eingebürgert, gewissermaßen als Selbstverständlichkeit, von der Natur der zu untersuchenden Gegenstände nahegelegt und ohne viel Diskussion. Dies eröffnete die Chance zur zunehmenden Anwendung von generalisierenden, typisierenden und quantifizierenden Methoden sowie zur modifizierenden Verwendung von Begriffen, Modellen und Theorien aus den systematischen Nachbarwissenschaften Ökonomie und Soziologie. Fortgeschrittene Methoden der Quantifizierung – keineswegs auf Sozialgeschichte bzw. Sozial- und Wirtschaftsgeschichte beschränkt und natürlich nur in Teilaspekten der Sozialgeschichte anwendbar – haben in allerletzter Zeit und später als im westlichen Ausland auch in der Bundesrepublik wichtige Förderung erhalten; die Gründung der „Arbeitsgemeinschaft für Quantifizierung und Methoden in der historisch-sozialwissenschaftlichen Forschung – QUANTUM" (1976) ist in diesem Zusammenhang bemerkenswert. Es ist zu hoffen und durch Reform der Geschichtsausbildung darauf hinzuwirken, daß fortgeschrittene statistische Techniken (natürlich unter Einbeziehung des Gebrauchs von EDV-Rechenanlagen) mehr und mehr zur Selbstverständlichkeit werden und dort (wohl meist als *Teilschritte* innerhalb umfassenderer und insgesamt i. d. R. nicht-quantitativer historischer Untersuchungen und Argumente) angewandt werden, wo sie zur Präzisierung und Analyse hilfreich sowie quellenmäßig möglich sind; Basis einer eigenen geschichtswissenschaftlichen oder sozialgeschichtlichen Richtung und Ausgangspunkt für Themen- und Problemdefinitionen sollte dagegen Quantifizierung als eine Methode bzw. Methodenart unter anderen nicht sein[103].

Die modifizierende und kritische Einbeziehung von Fragestellungen, Begriffen, Modellen und Theorien aus den systematischen Nachbarwissenschaften (besonders Soziologie) in die Sozialgeschichte hat hierzulande sicherlich nicht weniger Fortschritte gemacht als anderswo. Dies geschah und geschieht in vielfacher Weise; vereinfachend lassen sich drei Vorgehensweisen voneinander abgrenzen, die allerdings in den einzelnen Arbeiten durchaus gemeinsam auftreten und verknüpft werden können:

1. Eine große Zahl von historischen Studien bedient sich einzelner

Begriffe, Kategorien und Modelle aus den systematischen Nachbarwissenschaften und baut sie in einen historischen Argumentationszusammenhang ein. Begriffe wie „Klasse" oder „Status", Kategorien der Interessengruppen-Analyse oder der Bildungsökonomie werden auf diese Weise zu Teilen eines breiteren, argumentativen, beschreibenden und erklärenden Kontextes, der seinerseits nicht oder kaum durch explizite Theoriebildung geleitet ist. In dieser Art von sehr unterschiedlichen, meist unprätentiösen Studien dürfte in den letzten Jahren der deutlichste Fortschritt gemacht und der beste Nutzen aus dem gezogen worden sein, was die systematischen Sozialwissenschaften anzubieten haben[104].

2. Eine davon zu unterscheidende Art von Theorieanwendung findet sich in jenem Typ von Studien, der auf englisch als „social-scientific history" bezeichnet wird und vielleicht auf deutsch als exakte historisch-empirische Sozialforschung umschrieben werden kann[105]. Studien dieser Art tendieren dazu, historische Quelleninformationen, systematisch aufbereitet, mit möglichst expliziten Hypothesen zu konfrontieren, die ihrerseits häufig aus speziellen sozialwissenschaftlichen Theorien abgeleitet wurden. Sie streben nach begrenzten Generalisierungen durch Vergleich ähnlicher Fälle oder versuchen, solche Generalisierungen zur Erklärung bestimmter historischer Phänomene als Fälle allgemeiner Regeln heranzuziehen. Sie sind oft durch hohe Präzision, durch quantitative Methoden und durch technische Sprache gekennzeichnet und folgen, soweit wie möglich, den Regeln der analytischen Einheitswissenschaftslehre. Gegenüber dieser Art der Verwendung sozialwissenschaftlicher Theorien findet sich in der deutschen Sozialgeschichte (wie auch in der deutschen Wirtschaftsgeschichte) einige Zurückhaltung. Zum einen wirkt hier die traditionelle Theorieskepsis der deutschen Geschichtsforschung besonders deutlich nach; die Bestellung des Bodens, auf dem solche Arbeiten entstehen können, braucht längere Zeit, da die Erwerbung der nötigen Theorie- und Methodenkenntnisse (einschließlich Statistik) i. d. R. spezielle Unterrichtsprogramme und damit institutionelle Vorkehrungen voraussetzt, die nur langsam durch Wandel der Universitätsausbildung zu erreichen sind. Zum andern sind bestimmte Traditionen des deutschen historischen Denkens, die solchen „neopositivistischen" Studien entgegenstehen, auch von jenen Historikern akzeptiert und sogar neu betont worden, die sich in der Bundesrepublik in den letzten Jahren für theoretische Geschichte einsetzten und eine

Geschichtswissenschaft „jenseits des Historismus" anvisierten. Die Notwendigkeit hermeneutischer Methoden blieb unbestritten, und das Plädoyer, gesamtgeschichtliche Zusammenhänge nicht außer Acht zu lassen, war gerade bei den „Revisionisten" verschiedenster Prägung häufig. Für die Theorieorientierung der Geschichtswissenschaft und für ihre Weiterentwicklung in Richtung einer „historischen Sozialwissenschaft" wurde in den späten 60er und 70er Jahren kaum mit den Argumenten der Popper und Albert gestritten, sondern meist mit Argumenten, die der Positivismus-Kritik der Frankfurter Schule nahe standen. Dies verbesserte nicht gerade die Chancen der exakten historisch-empirischen Sozialforschung, die ja häufig ihre Gegenstände scharf isoliert, als „Fälle" untersucht und sie in manch anderer Hinsicht ähnlich behandelt wie die Natur- oder Verhaltenswissenschaften die ihren[106] Und wenn die allgemein-reformerischen Impulse der 60er und frühen 70er Jahre eine gewisse Hinwendung der Geschichtswissenschaft zur Theorie erleichterten, so behinderten sie doch wahrscheinlich die Konzentration der Engagierten auf die exakt--empirische Erforschung von historischen Teilproblemen, deren praktische Gegenwartsrelevanz häufig nur sehr vermittelt und indirekt ist; entsprechende Arbeiten erfordern insofern viel Askese. Die „linken" reformerischen Anstöße jener Jahre paßten insofern gut in die traditionelle Positivismus-Kritik des deutschen historischen Denkens.

Hier soll nun keineswegs bestritten werden, daß jenes Bestehen auf Analyse *und* Verstehen, jenes Festhalten an der Aufgabe der Geschichtswissenschaft, den historischen Kontext nicht allzu sehr zu fragmentieren, jenes Mißtrauen gegen die Reduzierung von historischen Phänomenen auf Fälle sozialwissenschaftlicher Allgemeinaussagen, jene Positivismus-Kritik der Historiker ihre Berechtigung besitzen und notwendig sind[107]. Das Problem ist nur: soweit man sehen und voraussehen kann, besteht in Deutschland kaum die Gefahr, daß die Sozial- und Wirtschaftsgeschichte in szientifischer Rigidität und positivistischer Selbstbegrenzung erstarrt; andererseits ist der mögliche Nutzen der exakten historisch-empirischen Sozialforschung auf dafür zugänglichen Teilgebieten hierzulande noch nicht hinreichend ausprobiert worden. Die notwendige Kritik an den Grenzen und Mängeln szientifisch verfahrender historischer Nationalökonomen und entsprechender historischer Sozialforschung sollte nicht die ohnehin große Anstrengung erfordernden Versuche erschweren, mit solchen Ansätzen zu präzisen und weiterführenden Teilergebnissen zu kommen, die ja dann in größere, weniger szientifische Argumentationszusammenhänge eingebaut werden können.

3. Ein dritter Weg zur Benutzung von systematisch-sozialwissenschaftlichen Ansätzen in der historischen Forschung, zur Verbindung von Theorie und Historie wird durch die vor allem von Max Weber entwickelte und beschriebene idealtypische Methode gewiesen; sie wurde in einigen Studien der letzten Jahre ausprobiert[108]. Idealtypisch verfahrende Historiker konstruieren zunächst ein Modell. Diese Konstruktion setzt zum einen bereits ein möglichst umfassendes und bei der Formulierung des Modells zu berücksichtigendes Vorverständnis von der zu untersuchenden Wirklichkeit voraus[109]. Zum andern orientiert sich diese Modell-Konstruktion an den leitenden Gesichtspunkten und Erkenntniszielen des Forschers, die – hierin wird man über Webers explizite Aussagen, aber kaum über den Sinn seiner Wissenschaftslehre hinausgehen müssen – vom Wissenschaftler soweit wie möglich nach Genesis und Folgen zu reflektieren, zu begründen und rational zu legitimieren, allerdings nie stringent abzuleiten oder zu „beweisen" sind. Schließlich kann sich der Historiker bei diesem Konstruktionsakt hilfsweise systematisch-sozialwissenschaftlicher Theorien bedienen, wird sie aber i.d.R. auf seinen konkreten Gegenstand und sein spezifisches Erkenntnisziel hin modifizieren. Das so formulierte Modell kann, aber muß nicht ein dynamisches sein, d.h. einen Wandlungsprozeß abbilden; es wird eine begrenzte Vielzahl von Wirklichkeitselementen identifizieren und die Beziehungen zwischen ihnen (Ursache, Wirkung, Entsprechung etc.) hypothetisch angeben.

Im weiteren Forschungsverlauf geht es dann vor allem darum, den Abstand zwischen Modell und Realität zu bestimmen und zu erklären; der i.d.R. besonders am Wandel interessierte Historiker wird sich vor allem dafür interessieren, ob der Abstand zwischen Wirklichkeit und Modell im Untersuchungszeitraum ab- oder zunimmt, das Modell die Wirklichkeit also im zunehmenden oder abnehmenden Maße trifft – und warum. Die Erklärung der Nicht-Übereinstimmung von Wirklichkeit und Modell[110] und die Erklärung der Veränderung dieses Abstands werden i.d.R. nicht hinreichend mit Begriffen des Modells selbst zu leisten sein, sondern von Fall zu Fall die Einführung weiterer Erklärungsmuster und Hypothesen – ggf. wiederum unter Benutzung (anderer) sozialwissenschaftlicher Theorien – erforderlich machen. Dies bezeichnet zweifellos eine Grenze der Erklärungs- und Strukturierungskraft des jeweils verwandten Modells und bringt ein eklektizistisches Moment in das Verfahren hinein; doch wird gerade dadurch dessen Flexibilität und Angemessenheit für historisches Arbeiten ermöglicht[111]. Das Resultat ist ein komplexer Argumentationszusammenhang, der vom anfangs aufgestellten Modell wie von einem inneren Gerippe getragen wird, aber nicht in diesem aufgeht. Von diesem Ergebnis her kann versucht werden, das ursprüngliche Modell so zu erweitern und zu modifizieren, daß sich sein Abstand zur Wirklichkeit verringert, um die Ergebnisse dieses Forschungsschritts für spätere nutzbar zu machen.

Idealtypische Theorieanwendung fußt auf der erkenntnistheoretischen Prämisse, daß es sich bei historisch-sozialwissenschaftlicher Erkenntnis weder um Widerspiegelung der Wirklichkeit noch um Substanzerkenntnis im marxistischen Sinn handelt, sondern um Partialerkentnis, die allerdings umfassender oder weniger umfassend, dem Gegenstand mehr oder weniger angemessen sein und den jeweiligen Erkenntniszielen besser oder schlechter entsprechen kann, also kritisierbar und verbesserungsfähig ist. Das idealtypische Verfahren geht davon aus, daß die zu erkennende Wirklichkeit (oder der Quellenbestand) die Kategorien, Modelle und Theorien, die ihre Erschließung ermöglichen sollen, nicht eindeutig vorschreibt, sondern dem Forscher einen allerdings begrenzten Spielraum läßt, innerhalb dessen er nach Maßgabe seiner Erkenntnisziele und unter Berücksichtigung des Kontextes der vorausgegangenen wissenschaftlichen Diskussion mögliche Modelle abwägt, um dann das angemessenste auszuwählen, zu begründen und zu realisieren. Die zu berücksichtigenden Angemessenheitskriterien für Begriffswahl und Modellkonstruktion ergeben sich daraus: Einmal ist es die in den Quellen zugängliche, zu untersuchende Sache selbst, die vom Modell eben auch mehr oder weniger verfehlt werden kann, nämlich dann, wenn dieses sich auf gedankliche Momente beschränkt, die in der zu untersuchenden Realität keine oder nur eine periphere Entsprechung (was nicht notwendig Übereinstimmung heißen muß) besitzen[112]. Zum andern sind es die argumentativ auszuweisenden leitenden Erkenntnisgesichtspunkte und -ziele, die letztlich auf historisch sich wandelnde, wissenschaftlich und außerwissenschaftlich bedingte Erkenntnis- und Verständigungsinteressen bezogen sind und damit auf eine Ebene, auf der analytische, normative und lebenspraktische Dimensionen ineinander übergehen. Zum dritten findet sich ein Angemessenheitskriterium in dem nomologischen

Wissen, das die Erfahrung, sowie in dem theoretischen und methodischen Wissen, das die Wissenschaft zur Lösung des jeweiligen Problems bereitstellt. Vor diesen drei Instanzen[113]: der zu untersuchenden Sache, den Erkenntniszielen und -interessen sowie den bisherigen Resultaten der Wissenschaft hat sich das gewählte Modell in einer hier nicht weiterzuverfolgenden Weise zu legitimieren[114].

Die idealtypische Methode der geschichtswissenschaftlichen Theorienanwendung scheint gleichweit entfernt von der Theorieskepsis traditioneller Historie und den strikten Regeln der „social-scientific history", deren Präzision sie denn auch nicht erreicht. Sie ermöglicht analytisches Vorgehen ohne Verzicht auf hermeneutische Verfahren. Sie gestattet, aus sozialwissenschaftlichen Theorien und Theoremen Nutzen zu ziehen, ohne diesen die Quellen im Sinne der analytischen Wissenschaftstheorie als Daten zu subsumieren oder umgekehrt die Bestandteile von Theorien zu einzelnen Versatzstücken eines ansonsten narrativen Zusammenhangs oder zur bloßen „Anregung" zu degradieren. Sie reizt zur expliziten Konstruktion von Hypothesen und Modellen, ohne dafür mit unhistorischer Isolation des jeweiligen Teilgegenstands und mit Fragmentierung des historischen Zusammenhangs zu bezahlen. Sie steuert überdies einen mittleren Weg zwischen theoretischem Dezisionismus und Dogmatismus, indem sie die Gesichtspunkt- und Erkenntnisinteressenabhängigkeit historischer Forschung und damit den Pluralismus von Modellen und theoretischen Zugriffen ebenso anerkennt wie – durch Insistieren auf Sachangemessenheit und rationaler Begründung der theoretisch-methodischen Entscheidung – begrenzt.

Generell scheint sich abzuzeichnen, daß die Orientierung an sozialwissenschaftlichen Theorien in der Sozialgeschichte zunimmt und das bisher weder die damit gegebenen Erkenntnischancen ausgeschöpft noch die damit gestellten methodologischen Probleme ausreichend erkannt und gelöst worden sind. (Wer kann schon präzis sagen und praktisch zeigen, was die immer wieder und zu Recht geforderte Verknüpfung von sozialwissenschaftlich-analytischen und verstehend-hermeneutischen Methoden im einzelnen bedeutet?) Eine gewisse Akzentverschiebung scheint sich anzudeuten: Lange bemühten sich primär Historiker um die Ergebnisse und Diskussionen in einigen systematischen Sozialwissenschaften und sahen sich in der Rolle des Borgenden, Nehmenden, Sichbedienenden; in der letzten Zeit wächst unter Soziologen, Ökonomen und Politikwissenschaftlern erneut das

Interesse an der Geschichte, während Historiker neues Selbstbewußtsein zu finden scheinen, das sich in kritischerem Verhalten gegenüber den Angeboten der systematischen Nachbarn, in Versuchen eigener Theoriebildung – hoffentlich aber nicht im erneuten Rückzug auf sich selbst – zeigt[115]. Bisher zeichnet sich keine wirkliche Verschmelzung zwischen sozialwissenschaftlich orientierter Sozialhistorie und historisch orientierter Soziologie oder gar Ökonomie ab; zumindest in der Behandlung der Quellen, im Verhältnis zur historischen Zeit und oft auch in der Dimension dessen, was als lohnende oder auch legitime Fragestellung fachintern akzeptiert wird, unterscheidet man sich weiterhin; die institutionellen Regelungen (Abgrenzung von Fachbereichen, wissenschaftlichen Gesellschaften etc.) spiegeln und verstärken das – trotz zunehmender Kontakte und trotz einzelner Arbeiten, die sowohl der einen wie der anderen Seite zuzurechnen sind[116].

b) Gegenwärtige Probleme und Entwicklungstendenzen

Neben und trotz der Hinwendung zu sozialwissenschaftlichen Theorien und Modellen wirken in der Sozialgeschichte wie in der Sozial- und Wirtschaftsgeschichte individualisierend-hermeneutische Traditionen ebenfalls weiter fort, so etwa in der produktionsstarken, aber in vieler Hinsicht zurückgebliebenen Firmen- und Unternehmensgeschichte; in der Bundesrepublik erhält sie gerade einen neuen Anstoß durch die Gründung der „Gesellschaft für Unternehmensgeschichte", deren weitere Entwicklung noch undeutlich ist und abzuwarten bleibt. Die Unternehmensgeschichte stellt, richtig betrieben, ein Feld dar, das hervorragend geeignet ist, das Zusammenspiel ökonomischer und sozialer Prozesse konkret zu studieren und einer allzu starken Isolierung der Wirtschaftsgeschichte von der Sozialgeschichte (und umgekehrt) entgegenzuwirken[117].

In ganz anderer Weise kommen jüngst hermeneutische Fragestellungen in der Sozialgeschichte erneut zu Ehren, nämlich in dem in Frankreich, England und den USA schon deutlich, jetzt sich aber auch bei uns verstärkt abzeichnenden Interesse an historisch-kulturanthropololologischen Fragestellungen. Insbesondere bei der historischen Erforschung der „Volkskultur" (popular culture), der Bedeutung von Festen, Bräuchen und Symbolen, ist dieser Trend deutlich geworden, und er verstärkt sich im Rahmen des zunehmenden Interesses am „Alltagsleben" der verschiedensten Bevölkerungsgruppen im Wandel der Zeit. Gerade dort, wo (wie in den USA) Sozialgeschichte vergleichsweise deutlich analytische Zugriffe bevorzugte und von unhistorisch-„positivistischer" Sozialwissenschaft beeinflußt war, wird die Neubetonung der Hermeneutik, das Interesse an „meaning", zu einem geradezu revisionistischen Programm; in einer noch so stark von historistischen Traditionen geprägten Situation wie der deutschen stellt sich das etwas anders dar. Die Zusammenarbeit von Sozialhistorikern und Kulturanthropologen hat im westlichen Ausland in den letzten Jahren große Fortschritte gemacht, und auch hierzulande wächst das lange allzu geringe Interesse der Sozialhistoriker an der Volkskunde. Auch hierbei sind nationale Unterschiede nicht zu übersehen: Offenbar hängt es mit den verschiedenen Wissenschaftstraditionen und auch mit verschiedenartigen politischen Rollen der Volkskunde bzw. Kulturanthropologie in den verschiedenen Ländern in den letzten Jahrzehnten zusammen, daß gerade „linke" Sozialhistoriker in Frankreich und England diese Nachbardisziplinen leichter und vorbehaltloser entdekken konnten als hierzulande. Zweifellos gibt es auch hier sehr viele neue oder doch unausgeschöpfte Möglichkeiten. Erstrebenswert und prinzipiell realisierbar ist es, die Untersuchung der „Kultur" und Symbole, der Feste und Gebräuche, des Lebensstils und der Tischsitten, der Trinkgewohnheiten und der Prozessionen nicht losgelöst und für sich zu betreiben (im Sinn einer antiquarischen Kulturgeschichte oder rein hermeneutisch), sondern gerade den Zusammenhang dieser Phänomene mit dem System der Interessen, Klassen und Gruppen sowie mit übergreifenden Wandlungsprozessen (wie Industrialisierung) zu studieren[118].

Die Industrialisierung als fundamentaler wirtschafts- und sozialhistorischer Wachstums- und Strukturwandlungsprozeß ist in den letzten zwei Jahrzehnten ein Kernbegriff für die deutsche Sozialgeschichte und Sozial- und Wirtschaftsgeschichte der Zeit seit dem späten 18. Jahrhundert geworden. Im Unterschied zu früher und im Unterschied zu anderen Ländern wie Frankreich haben hierzulande Probleme der modernen industriekapitalistischen Systeme die Interessen von Forschung und Lehre geprägt, gerade auch in der Sozialgeschichte[119]. Nicht zuletzt resultierte dies daraus, daß Geschichte auch als Vorgeschichte der Gegenwart, als historische Gegenwartsanalyse verstanden wurde[120], gerade von den sozialgeschichtlich Interessierten. Das hatte und hat übrigens mit Wachstumsbegeisterung und primärem Interesse an Wachstumsfaktoren meist recht wenig zu tun, vielmehr mit dem Interesse an sozialen Folgen und Problemen, Begleiterscheinungen und Konflikten, Errungenschaften und (sozialen) Kosten der Industrialisierung – im Unterschied zur Ausrichtung mancher „reiner" Wirtschaftshistoriker der 50er und 60er Jahre (deren Forschungen gleichwohl rezipiert wurden)[121]. Auch die traditionelle Verknüpfung von Wirtschaftsgeschichte und Sozialgeschichte, daneben (für manche) die Anstöße aus marxistischem Gedankengut erleichterten jene Orientierung am „Industrialisierungs-Paradigma", in der einen oder anderen Weise. – Zumindest eine gewisse Ausweitung dieses Interesses deutet sich derzeit an, wie sich etwa an der schnellen Karriere des Begriffs „Protoindustrialisierung" und an der zugehörigen Debatte zu zeigen scheint. Anstöße aus der Erforschung nicht-industrialisierter Gesellschaften der „Dritten Welt" und das politisch sehr ambivalente Interesse an Alternativen zur industrialisierten Lebensform westlichen und östlichen Zuschnitts mögen da eine Rolle spielen[122]. – Davon zu trennen ist der Anstoß, der aus der Neu-Betonung sozialgeschichtlicher Forschungsbereiche (etwa Sozialgeschichte der Familie) resultiert, in denen die Industrialisierung in der Tat nicht so eine scharfe Zäsur markierte wie in anderen Bereichen. – Schließlich hat sich durch Ausweitung, Spezialisierung und institutionelle Interessen in den letzten Jahren überhaupt eine gewisse Tendenz zur Ablösung der Sozialgeschichte von der Wirtschaftsgeschichte gezeigt, in England, Frankreich und den USA stärker als in Deutschland. Dies vergrößert die Chance zur Erforschung bisher vernachlässigter Teilbereiche geschichtlicher Wirklichkeit, enthält aber auch die Gefahr, daß wichtige ökonomisch-soziale Interdependenzen – so entscheidend vor allem im Industrialisierungszeitalter – zerschnitten oder übersehen werden[123].

„Sozialgeschichte in der Erweiterung" hieß kürzlich ein Bericht Werner Conzes über jüngere Literatur[124]. In der Tat beobachtet man eine vor wenigen Jahren noch unvorstellbare Ausweitung sozialgeschichtlicher Arbeit und Vervielfältigung sozialgeschichtlicher Forschungsthemen. In der Bundesrepublik erlebten „Sozialgeschichte" bzw. „Sozial- und Wirtschaftsgeschichte" in den letzten Jahrzehnten eine bemerkenswerte Expansion: Nach einer Zählung der Gesellschaft für Sozial- und Wirtschaftgeschichte waren sie im Sommer 1972 an 23 von insgesamt 38 Universitäten und Hochschulen „institutionell verankert". Meist handelt es sich dabei um Professuren für „Sozial- und

Wirtschaftsgeschichte" oder „Wirtschafts- und Sozialgeschichte";
doch gibt es mittlerweile auch mindestens drei Lehrstühle für Sozialgeschichte (in Bielefeld, Frankfurt und Hamburg). Sieben Lehrstühle
für Sozialgeschichte finden sich heute in Großbritannien, die alle seit
1967 entstanden, daneben viele für Wirtschaftsgeschichte, die zunehmend das „Sozial-" in der Selbstbezeichnung hinzufügen. Neben den
traditionellen Zeitschriften für Sozial- und Wirtschaftsgeschichte
wurden in den letzten Jahren einige neue (primär) sozialhistorische
Periodika gegründet, so das amerikanische „Journal of Social History" 1967, „Social History" und „History Workshop" in England
1976, „Geschichte und Gesellschaft" in der Bundesrepublik 1975.
Andere Zeitschriften entstanden, um sozialgeschichtliche Teilgebiete
zu fördern, so etwa „The Family in Historical Perspective" 1972, „Labor History" 1960 oder das „Journal of Urban History" 1975 (alle in
den USA). Sozialgeschichte – was immer die verschiedenen Zeitschriften, Lehrstühle, Teil-Fachbereiche, Kurse und Gesellschaften
(eine Gesellschaft für Sozialgeschichte wurde 1976 in England gegründet) darunter im einzelnen verstehen mögen – expandierte über-
all kräftig, im westlichen Ausland noch kräftiger als hierzulande[125].

Die Bevölkerungsgeschichte und Historische Demographie, die historische Familienforschung, die Stadt- und Urbanisierungsgeschichte,
die historische Erforschung von Schichtung und Mobilität sind nachgerade klassische Forschungsrichtungen geworden, wenn auch in
Deutschland weniger entwickelt als anderswo[126]. Die historische Bildungsforschung macht Fortschritte[127]. Die Geschichte der Arbeiterbewegung wird zunehmend durch die Geschichte der Arbeiterschaft
erweitert, das Interesse an dem Leben des „kleinen Mannes", der
nicht sehr eloquenten, deshalb schwer zu studierenden Unterschichten
überwog in den letzten Jahren international das Interesse an bürgerlichen Gruppen und an den Oberschichten; trotzdem bleibt in der Arbeitergeschichte das meiste noch zu tun, vor allem in Deutschland[128].

„Sozialer Protest" wurde in den letzten Jahren zum Gegenstand vergleichender historischer Forschung, obwohl der Begriff sehr Heterogenes umschließt und seine Nützlichkeit weiterhin umstritten
bleibt[129]. Die Erforschung sozialer Minderheiten erhielt national spezifische Anstöße, so die der Schwarzen in den USA; die historische
Analyse der „Judenfrage" und des Antisemitismus zeigt in Deutschland, welch hervorragender Zugang zu den verschiedensten sozialge-

schichtlichen Problemen (gerade auch der Bevölkerungsmehrheit) die Minderheitengeschichte sein kann[130]. Veränderungen im sozialen Bewußtsein der Gegenwart liegen auch dem gegenwärtigen Boom in der Sozialgeschichte der Frauen und der Frauenbewegung zugrunde, der in den letzten Jahren international, wenn auch nicht so stark in der Bundesrepublik zu beobachten ist. An diesem und anderen Beispielen zeigt sich eine gegenüber früher gewachsene, in den USA wohl am stärksten hervortretende Abhängigkeit der Forschungsthemenwahl von sozialen und politischen Strömungen der Gegenwart.

Die Vielzahl der Themen und Interessen im Bereich der Sozialgeschichte läßt sich kaum noch aufzählen und schwer nur ordnen: Jugend und Alter, Krankheit und Tod, Ernährungsgewohnheiten und der menschliche Körper überhaupt, Analphabetismus und Lesegewohnheiten, Kriminalität, Freizeitverhalten und Sport, Essensgewohnheiten und Tischsitten, Tierschutzvereine und das Verhältnis der Menschen zum Tier, Mentalitäten und Volkskunst, Bräuche und Volksreligionen, daneben weiterhin so „traditionelle" Themen wie einzelne soziale Gruppen, Gruppenkonflikte, Verteilungsprobleme, Arbeitsverhältnisse und ihre Veränderung. Viele dieser Themen können nur lokal- und regionalgeschichtlich betrieben werden[131].

Dieser Auffächerung der Interessen und Explosion der Themen liegen sicher sehr verschiedene Ursachen und Motive zugrunde: ein steigendes Interesse an den in der Tat lange vernachlässigten Bereichen zwischen Wirtschaft und Politik, in denen sich ein sehr großer Teil des Lebens der vielen abgespielt hat; die Lockerung älterer Paradigmata, die Aufweichung von „Schulen" und damit die Lockerung inner-professioneller Kontrollen: es ist offener und unklarer geworden, was als untersuchenswertes Thema gilt und was nicht; die hohen Prämien, die der gegenwärtige Wissenschaftsbetrieb auf Originalität per se setzt; die schnelle Vermehrung der geschichtswissenschaftlichen Forscher und Dissertationen im Zuge des Ausbaus der Universitäten, die sich nicht fortsetzen wird; die Verbilligung und Erleichterung des Zugangs zu Publikationsmitteln, und anderes mehr. Diese Entwicklung bietet große Chancen; sie vermehrt unser Wissen von Lebens- und Erfahrungsbereichen, die lange wenig bekannt oder ignoriert waren; neue Blickwinkel und Fragestellungen erschließen sich. Doch diese Entwicklung enthält auch eine Gefahr, die des sozialhistorischen Antiquarianismus. Gegenstände werden untersucht, weil sie noch nicht studiert worden sind. Der Verzicht auf Einordnung des jeweils untersuchten Gegenstands in größere, umfassendere Problemstellungen – von denen her seine Thematisierung zusätzlich begründet werden könnte – scheint manchmal der Preis zu sein, der für Vielfalt und Originalität der Themenwahl gezahlt wird. Ein gewisser Eindruck der Beliebigkeit entsteht[132].

Doch ist dies eher ein Problem der hoch diversifizierten und faszinierend vielfältigen Sozialgeschichte in Frankreich, USA oder England, kaum aber in Deutschland. In fast jedem der genannten sozialgeschichtlichen Themenbereiche ist die empirische sozialgeschichtliche Forschung in der Bundesrepublik (wohl auch in der DDR) weniger entwickelt als im westlichen Ausland. Angesichts dieses (allerdings abnehmenden) Rückstands sollte man hierzulande Themen wie Wohnverhalten, Krankheitsmuster, Sexualgewohnheiten oder die Professionalisierung einzelner Berufsgruppen – um relativ willkürlich einige wenig bearbeitete und vielleicht manchem „abgelegen" erscheinende Themen herauszugreifen – durchaus häufiger experimentierend angehen, auch wenn man sie nicht sofort in einen übergreifenden gesellschaftsgeschichtlichen Problemzusammenhang (dazu gleich mehr) einordnen und von daher begründen kann; allerdings bleibt dies letztere das Ziel. Dieser Rückstand, angesichts dessen eine als Teilbereichsgeschichte verstandene Sozialgeschichte gerade hierzulande noch viele Jahre lang eine Unzahl lohnender und notwendiger Aufgaben hat, auch wenn es nicht ganz leicht ist, ihre Abgrenzung gegenüber anderen historischen Teildisziplinen sauber zu definieren, steht in seltsamem Widerspruch zur programmatischen Diskussion, nach der man erwarten sollte – und offenbar manche Beobachter auch wirklich vermuten –, daß die Sozialgeschichte dabei sei, die Gesamtgeschichte zu usurpieren. Der Rückstand erklärt sich aus der jahrzehntelangen Zurückgebliebenheit dieser Disziplin in Deutschland, die nur schwer in wenigen Jahren aufzuholen ist; und aus der Tatsache, daß man häufig unter dem Namen „Sozialgeschichte" eigentlich Strukturgeschichte oder auch irgendeine Spielart von Gesellschaftsgeschichte trieb und damit Aufgaben löste, die nicht notwendig zur Auffüllung der Lücken in dem heterogenen sozialgeschichtlichen Bereich zwischen Wirtschaft und Staat beitrug, um dessen Erhellung sich die genannten sozialgeschichtlichen Ansätze vielfältig und jeweils sehr punktuell bemühen. Schließlich hängt die immer noch bestehende Unterbelichtung dieses Bereichs mit den vorherrschenden Erkenntniszielen gerade auch jener Historiker zusammen, die sich in den letzten Jahren für eine

Revision und Erweiterung der primär politikgeschichtlichen und historistischen Traditionen in der deutschen Geschichtswissenschaft eingesetzt haben[133].

Daß so heterogene Problem- und Gegenstandsbereiche weiterhin unter dem Etikett „Sozialgeschichte" zusammengefaßt werden und diese hierzulande in der Regel mit Wirtschaftsgeschichte als Sozial- und Wirtschaftsgeschichte zusammen betrieben wird[134], liegt nicht nur an einer inneren Zusammengehörigkeit dieser Probleme und Gegenstände. Mindestens ebenso wichtig ist die weiterwirkende wissenschaftsgeschichtliche Tradition. Wie gezeigt, wurden Wirtschaftsgeschichte und Sozialgeschichte gemeinsam aus dem Hauptstrom der allgemeinen Geschichte verdrängt und konstituierten sich nicht zuletzt deshalb gemeinsam als Ergänzungs- und Randfach mit eigener Bezeichnung und eigenen Institutionen. Mindestens zwei sich abzeichnende Veränderungstendenzen dürften in den nächsten Jahren darauf hindrängen, daß die Einheit des Faches Sozial- und Wirtschaftsgeschichte und selbst die Einheit der Teildisziplin Sozialgeschichte zunehmend in Frage gestellt werden:

Zum einen entfaltet die allmählich wachsende Theorieorientierung sozial- und wirtschaftsgeschichtlicher Arbeiten zentrifugale Tendenzen für das Fach, solange und weil jeweils in einzelne Teilbereiche des Faches Theorien einbezogen werden, die ihrerseits (wie zum Beispiel die nationalökonomische Wachstumstheorie, lerntheoretische Ansätze und Theorien der Macht) nur äußerst schwer miteinander zu vermitteln sind. Am Beispiel der theoretisch anspruchsvollsten Teilgebiete und vor allem an theoretisch fortgeschrittenen ausländischen Beispielen – so der nationalökonomisch orientierten „New Economic History" oder der historischen Demographie – läßt sich zeigen: Die Durchdringung von historischen Teilgebieten mit einzelnen spezialisierten und vom historischen Kontext weitgehend abstrahierenden sozialwissenschaftlichen Theorieansätzen fördert die Spezialisierung der einzelnen Richtungen des Faches bis hin zu dessen Desintegration[135]. Überhaupt dürfte die Ausweitung und Intensivierung des sozialgeschichtlichen Forschungsbereichs zu größerer Spezialisierung führen und in bezug auf Arbeitskontakte, institutionelle Regelungen (wie Zeitschriften und wissenschaftliche Vereinigungen), Problemstellungen und Wissen die Kohäsion der Sozialhistoriker zunehmend lockern.

Zum anderen sind sozialgeschichtliche Elemente, in den letzten Jahren verstärkt, in die allgemeine Geschichte eingedrungen. An der Analyse der Außenpolitik oder des politischen Herrschafts- und Verfassungssystems des Kaiserreichs ließe sich zum Beispiel zeigen, wie sozial- und vor allem auch wirtschaftsgeschichtliche Elemente (Bezugnahme auf Konjunkturen, Arbeitskonflikte, soziale Eliten etc.) mit deutlicher Betonung der Interessen- und der Interessengruppenanalyse in die allgemeine Geschichte eingegangen sind[136]. Es ist zu hoffen, daß sich dieser Prozeß weiter fortsetzt. Durch die stärkere Verwendung strukturgeschichtlicher Betrachtungsweisen in der allgemeinen Geschichte wird diese überdies der Sozialgeschichte ähnlicher, in der, wie gezeigt, strukturgeschichtliche Betrachtungsweisen seit jeher vorherrschen. In dem Maße, in dem sich die allgemeine Geschichte sozialgeschichtlich anreichert und strukturgeschichtlich ergänzt, also aus ihrer traditionellen politikgeschichtlichen und individualisierend-hermeneutischen Verengung befreit, entfällt aber der Hauptgrund für die Existenz einer sich als separates einheitliches Fach konstituierenden Sozialgeschichte bzw. Sozial- und Wirtschaftsgeschichte.

Damit wird natürlich nicht die Erwartung ausgedrückt, daß spezialisierte Forschungsbereiche und Forschungsrichtungen wie Sozialgeschichte der Familie, historische Demographie, Unternehmensgeschichte, Agrargeschichte, Geschichte der Arbeiterschaft und der Arbeiterbewegung etc. irgendwann obsolet werden oder innerhalb anderer Teilbereiche und Teilrichtungen aufgehen werden; ganz im Gegenteil. Zu erwarten ist lediglich, daß aus den angegebenen Gründen die Anlässe und Ursachen fortschreitend abnehmen, die dazu geführt haben, daß diese und andere Teilbereiche als Sozialgeschichte bzw. als Sozial- und Wirtschaftsgeschichte zusammengefaßt und so von der Geschichte ohne Präfix, der allgemeinen oder der „eigentlichen" Geschichte unterschieden und abgesetzt werden[137]. Allerdings wirken diesem Differenzierungs- und Diffusionsprozeß einmal existierende institutionelle Festlegungen und lebendige Wissenschaftstraditionen entgegen.

6. Sozialgeschichte als Geschichte ganzer Gesellschaften

a) Zum Begriff „Gesellschaftsgeschichte"

Je unschärfer die Konturen von Sozialgeschichte im eben diskutierten Sinn werden, je mehr sozialgeschichtliche Elemente in die traditionell eher politikgeschichtliche Allgemeingeschichte eindringen, desto dringender wird es – und hier ist die Kritik seitens des struktur-geschichtlichen Ansatzes aufzunehmen[138] –, den Zusammenhang zwischen Sozialgeschichte (bzw. ihren einzelnen Teilen und Speziali-sierungen) und anderen historischen Teildisziplinen (wie Politikge-schichte) im Rahmen der allgemeinen Geschichte zu klären. Damit ist die Frage nach einer übergreifenden, „gesamtgeschichtlichen" Inter-pretation gestellt, innerhalb der – jeweils für die untersuchte Epo-che[139] – die sich verändernden Wechselwirkungen und relativen Ge-wichte der einzelnen Wirklichkeitsbereiche Wirtschaft, Soziales, Staat, Kultur etc. analysiert und damit das Verhältnis der einzelnen hi-storischen Teildisziplinen in ihrer Spezialisierung und Kooperation geklärt werden können.

Die Wünschbarkeit und Notwendigkeit umgreifender Synthesen oder Syntheseansätzen dieser Art dürften kaum bestritten werden, wenn sie auch von manchem Kritiker gesellschaftsgeschichtlicher Ansätze nicht zureichend mitreflektiert werden[140]: Eine, wenn auch nur vorläufige, perspektivische und argumentativ modifizierbare Vorstellung vom Ganzen ist Voraussetzung der angemessenen Erfassung von Teilbe-reichen und Einzelproblemen; deren Analyse bleibt unvollkommen und in der Gefahr der Verzerrung, solange ihr gegenseitiger Zusam-menhang und ihr Stellenwert innerhalb des Gesamtsystems nicht be-stimmt werden können. Erst recht und ganz deutlich zeigt sich dieser Bedarf, wenn es um Gesamtdarstellungen geht. Gerade um zur Sinn-veränderung und Aufklärung ihrer Gegenwart beizutragen, muß die Geschichtswissenschaft im Unterschied zu den meisten systemati-schen Sozialwissenschaften an dem Ziel festhalten, den spannungsrei-chen und sich wandelnden Zusammenhang diverser Phänomene nach Ursachen, Erscheinungsformen und Folgen zu erforschen und Teilge-biete wie Teilprobleme nicht unter völliger Absehung vom Ganzen zu behandeln. Wollte sie sich ausschließlich auf die Untersuchung von Detailproblemen beschränken, dann würde das nicht nur deren Ana-lyse unzuträglich sein, sondern auch die Befriedigung des bestehenden und legitimen Bedürfnisses nach historischer, gegenwartsbezogener Gesamtinterpretation wissenschaftlich nicht kontrollierten Ideologien und Mythen überlassen.

Solche Synthesen lassen sich bekanntlich nicht durch bloße Addition von Informationen erreichen – auf deren Auswahl und Strukturierung kommt es vielmehr an. Sie lassen sich auch nicht durch strukturgeschichtliche Betrachtungsweise *per se* erzielen – vielmehr muß diese durch übergreifende, aber inhaltsbezogene Theorien über den kausalen, funktionalen und Entsprechungszusammenhang der untersuchten Wirklichkeitsmomente in synchroner wie diachroner Hinsicht aufgefüllt werden. Wenn die oben[141] angestellten Überlegungen zur Geschichtsmächtigkeit kollektiver, vor allem sozialökonomisch vermittelter gesellschaftlicher Strukturen und Prozesse sowie zum Paradigma-Wechsel im zeitgenössischen Bewußtsein, der allmählich auch auf die Geschichtswissenschaft durchschlägt, zutreffen, dann dürfen solche Synthesen auch nicht einzelne Ereignisse oder Ereignisfolgen, nicht große Persönlichkeiten und einzelne Handlungen, nicht Ideen und wohl auch nicht das Staatlich-Politische als Strukturierungskern benutzen; vielmehr scheint es nötig oder doch vorzuziehen, geschichtliche Wirklichkeit „von der Gesellschaft her" zu strukturieren und zu synthetisieren. Das soll heißen, daß die geschichtliche Wirklichkeit als ein in Teilsysteme differenziertes, sich wandelndes Gesamtsystem (= Gesellschaft im umfassenden Sinn) begriffen wird, in dem die Gesellschaft im engeren Sinn, also jenes Teilsystem von sozialökonomisch vermittelten Bedürfnissen, Interessen, Abhängigkeiten, Kooperationen und Konflikten, das seit Hegel als „Differenz" zwischen Individuum und Staat bestimmt wurde, eine maßgebliche und andere Teilsysteme vor allem prägende (wenn auch umgekehrt von diesen geprägte) Rolle spielt[142].

Gesucht wäre also eine – vor allem strukturgeschichtliche Betrachtungsweisen verwendende, doch keineswegs in diesen aufgehende – sozialgeschichtlich orientierte Interpretation der allgemeinen Geschichte, die häufig auch als „Sozialgeschichte" bezeichnet wird, für die hier aber der Begriff „Gesellschaftsgeschichte" vorgeschlagen wird[143]. Sozialgeschichte als sozialgeschichtliche Interpretation der allgemeinen Geschichte wird zunehmend auch in anderen Ländern von Sozialgeschichte als Geschichte eines Teilbereichs unterschieden. Feste Begriffe haben sich dafür noch nicht eingebürgert[144]. Gesellschaftsgeschichte in dem so skizzierten Sinn unterscheidet sich von den in der deutschen Geschichtswissenschaft lange vorherrschenden Traditionen, die, wenn überhaupt, Synthesen um den Mittelpunkt des Staatlich-Politischen, vielleicht auch um die Bewegungen der Ideen zentrierten. Sie kann jedoch auf meist vagen oder doch nicht ausgearbeiteten älteren gesellschaftsgeschichtlichen Ansätzen fußen, die, wie gezeigt[145], bereits vor dem Ersten Weltkrieg in den entstehenden Sozialwissenschaften und im Umkreis der Kulturgeschichte (im umfassenden Sinn verstanden) entwickelt wurden und – ohne viel Erfolg – die etablierte Fachhistorie herausforderten.

Auch gesellschaftsgeschichtliche Untersuchungen werden schon aus arbeitsökonomischen Gründen Arbeitsschwerpunkte bilden und perspektivisch auswählen müssen, doch sind sie dadurch gekennzeichnet, daß sie im Prinzip die verschiedensten Wirklichkeitsbereiche einbeziehen – von den materiellen Bedingungen, von den Bevölkerungsverhältnissen, vom wirtschaftlichen Wachstum und Wandel über die sozialen Klassen, Gruppen und Schichten, Allianzen, Proteste und Konflikte, Sozialisationsprozesse, Verhaltensmuster und kollektiven Mentalitäten bis hin zu den politischen Institutionen und Willensbildungsprozessen sowie den Veränderungen im Bereich der Kunst, Religion und Wissenschaft. Ihrem Grundansatz entsprechend versuchen sie, die untersuchten Phänomene, welchem Wirklichkeitsbereich im engeren Sinne sie auch zugehören mögen, mit sozialen bzw. sozialökonomischen Faktoren in Verbindung zu setzen, und zwar in einer Weise, die von deren hervorragender Wirkungsmächtigkeit innerhalb der Gesamtgeschichte ausgeht. Die Behauptung einseitiger Kausalbeziehungen zwischen sozialökonomischen Faktoren einerseits und politischen, kulturellen und anderen Faktoren andererseits ist nicht Bestandteil dieses Ansatzes, der vielmehr die in der historischen Realität vorherrschenden multikausalen Beziehungen, Interdependenzen und gegenseitigen Beeinflussungen zwischen den verschiedenen Faktoren und Dimensionen in wechselndem Maße in Rechnung stellen kann und muß.

b) Theorien in der Gesellschaftsgeschichte

Um der Gefahr zu entgehen, in der Fülle der Fakten zu ertrinken oder Einzelaspekte unkontrolliert zu addieren, bedürfen gesellschaftsgeschichtliche Ansätze, also historische Analysen (oder Rahmenskizzen) ganzer Gesellschaften oder ähnlich komplexer Systeme (wie z. B. Städte), in ganz besonderer Weise eines theoretischen Bezugsrahmens und Instrumentariums. Vor allem durch die Betonung des theoretischen Rahmens und seiner im folgenden aufgeführten Funktionen unterscheidet sich der hier vorgeschlagene Ansatz von den meisten Vorschlägen einer „histoire totale" oder „histoire à part entière", wie sie insbesondere aus dem französischen Bereich bekannt geworden sind[146]. Dieser theoretische Bezugsrahmen sollte folgende fünf Aufgaben erfüllen:

Erstens sollte er Kriterien zur Auswahl des Untersuchenswerten, zur Selektion der „wesentlichen" Quelleninformationen und damit zur Abgrenzung des Gegenstands bereitstellen und im Lichte von diskutierbaren Erkenntniszielen begründen. Diese pflegen auf weite Strecken rationalisierbar zu sein, ragen aber doch, wenn man sie nur lange genug unter Legitimationszwang stellt, in normativ, praktisch oder lebensweltlich vermittelte Dimensionen hinein, in denen Aussagen über die Vergangenheit mit Einschätzungen der Gegenwart und Stellungnahmen zur wünschenswerten Zukunft verschmelzen. *Zweitens* sollte ein solcher theoretischer Rahmen überprüfbare Hypothesen zur Verknüpfung der untersuchten Wirklichkeitsbereiche bereitstellen, und zwar zur Verknüpfung in synchroner wie in diachroner Hinsicht. Kausale und funktionale Beziehungen zwischen Handlungsbereichen und Teilsystemen, manchmal vielleicht auch nur Entsprechungen und Nicht-Entsprechungen, vor allem aber Determinanten des Wandels, treibende Kräfte sollten so in überprüfbarer Weise identifiziert werden, so daß die „Vermittlungen" zwischen Ökonomie, Sozialstruktur, Politik, Kultur und anderen begrifflich separierbaren Teilsystemen (oder Dimensionen) geleistet, die in Handbüchern traditionell häufige, bloß additive Aneinanderreihung von unverbundenen Sachkapiteln vermieden und das Hauptgeschäft des Historikers, die Erklärung des gesellschaftlichen Wandels in der Zeit, in Angriff genommen werden kann. *Drittens* sollte ein solcher Bezugsrahmen Hinweise zur angemessenen Periodisierung geben, die sowohl der zu untersuchenden Sache wie den verfolgten Erkenntniszielen entspricht. Dabei könnte zwischen den verschiedenen und sich zudem wandelnden Veränderungsgeschwindigkeiten verschiedener Wirklichkeitsbereiche unterschieden, ihre Beziehung zueinander thematisiert und damit die Aufmerksamkeit auch auf Fragen der „Gleichzeitigkeit des Ungleichzeitigen" gelenkt werden[147]. Wenn eine Theorie diese drei Funktionen erfüllt, dann kann sie im Prinzip auch *viertens* die begrifflichen Instrumente für synchrone und diachrone Vergleiche zwischen Gesellschaften bereitstellen[148]. Erlaubt sie dann doch, mit Hilfe bestimmter Schlüsselbegriffe, Identisches bzw. Ähnlichkeiten (wie z.B. gleiche Funktionsanforderungen in industrialisierenden Gesellschaften) zu identifizieren, auf deren Basis erst Unterschiede (z.B. funktional äquivalente, aber ansonsten verschiedene Institutionen oder aber verschiedene Startbedingungen ansonsten ähnlicher Industrialisierungsprozesse) sichtbar gemacht werden können[149]. *Fünftens* muß von solchen umfassenden Theorien gefordert werden, daß sie sich mit zusätzlichen, auf gesellschaftliche Teilprobleme gerichteten, spezielleren Theorien und Erklärungsmustern vereinbaren lassen, zu deren Anwendung hinführen oder diese doch wenigstens nicht erschweren.

Die Zahl der theoretischen Zugriffe, die die genannten Aufgaben wenigstens teilweise erfüllen und in den letzten Jahren in der Geschichtswissenschaft ausprobiert oder doch wenigstens diskutiert worden sind, ist gering[150]. Mit Hinblick auf die neuere deutsche Geschichte oder einzelne ihrer Abschnitte sind es vor allem folgende: Zum einen könnte ein historisch-materialistischer Ansatz, falls undogmatisch und flexibel verwandt, die meisten der genannten Funktionen in einer spezifischen Weise erfüllen. Er bietet Kriterien zur Selektion unter relevanten Gesichtspunkten – und blendet damit notwendig anderes aus, was unter anderen Erkenntniszielen mindestens ebenso interessant wäre. Er stellt ein Instrumentarium bereit, das sowohl die Verknüpfung wie auch die relative Autonomie einzelner Wirklichkeitsbereiche mit der Maßgabe einer gewissen Dominanz der sozialökonomischen Dimension begrifflich fassen und Faktoren des Wandels identifizieren läßt – wenn auch häufig nicht in hinreichend operationalisierbarer und damit überprüfbarer Form. Er bietet Kriterien zur Periodisierung und Grundlagen zum Vergleich. Wenn er flexibel genug angewendet wird, erlaubt er – wie vor allem polnische Historiker demonstriert haben – seine Anreicherung durch speziellere Theorieansätze, z.B. Theorien wirtschaftlichen Wachstums oder demographischen Wandels. Wie sich insbesondere an der ostdeutschen Industrialisierungsforschung der 60er Jahre oder an neueren Versuchen zur sozialhistorischen Erforschung sozialer Gruppen zeigen läßt, bietet der historisch-materialistische Rahmen einen wenn auch begrenzten Spielraum zur Kritik und Revision von wissenschaftlichen Teilergebnissen und zur Ausnutzung neuer empirischer Methoden[151].

Allerdings liegt auch hier einer der empfindlichsten Nachteile, den der historisch-materialistische Ansatz zumindest in seiner marxistisch-leninistischen Prägung wie andere etablierte und umfassende Theorien dieser Art für den Fortschritt der empirischen Erkenntnis besitzen kann. Wenn eine solche Theorie allzu akzeptiert und etabliert ist, dann bremst – statt fördert – sie das Interesse an neuen Fragen, die Neugier an Detailproblemen, das experimentelle Ausprobieren unkonventioneller Strategien und Methoden, denn im Lichte solch einer wohl-durchgesetzten Theorie scheinen die meisten Fragen einigermaßen gelöst. Um Frag-Würdigkeiten erneut in den Vordergrund treten zu lassen, bedarf es nicht zuletzt der kritischen Infragestellung etablierter Interpretationsmuster, entweder durch Konfrontation mit neuem empirischen Material oder durch innere Widersprüche oder durch die legitime Konkurrenz anderer Theorien. Gerade diese ist dann erschwert, wenn eine derartige Theorie voll etabliert oder gar politisch institutionalisiert ist, wie der Historische Materialismus in der DDR. Wie man an der langen und geradezu programmatischen Nichtachtung für die empirische Sozialforschung in einigen sozialistischen Ländern oder auch an den Ergebnissen der Vormärz-Analyse durch Historiker aus der DDR zeigen kann, hat sich Theorie hier manchmal erkenntnishemmend ausgewirkt[152]. Um diese Gefahr zu verringern, muß, so scheint es, die auch radikale Infragestellung von Theorien ermöglicht und die Konkurrenz zwischen verschiedenen theoretischen Ansätzen gefördert werden[153].

Ein zweites Problem von Theorieanwendung in der historischen Forschung läßt sich ebenfalls am Historischen Materialismus diskutieren, obwohl es weder auf diesen beschränkt ist noch anderswo eindeutig gelöst zu sein scheint. Ein Begriffssystem, das zunächst und vor allem als Instrument zur Analyse der bürgerlichen Gesellschaft auf industriekapitalistischer Grundlage und damit aus dem gesellschaftlichen Kontext des mittleren 19. Jahrhunderts entstand, wurde teilweise bereits bei Marx und Engels, endgültig dann bei Lenin und marxistisch-lenistischen Historikern der Gegenwart im Begriff der ökonomischen bzw. sozialökonomischen Gesellschaftsformation systematisiert und als Instrumentarium zur Untersuchung aller Weltgeschichte verstanden und benutzt[154]. Man braucht gar nicht neo-historistische Positionen zu vertreten und etwa zu fordern, daß die verwendeten Theorien soweit wie möglich der Zeit, deren Untersuchung sie dienen, selbst entnommen sein sollen[155], um doch zu fragen, wieweit Begriffe und

Begriffssysteme, die möglicherweise zentrale Strukturen und Prozesse einer industrialisierenden Gesellschaft treffen, dann, wenn man sie auf vorindustrielle und in vielen Hinsichten deutlich andersartige Gesellschaften anwendet, zwar nicht „falsch" und nutzlos werden, aber doch nur noch einen viel begrenzteren, vielleicht nur peripheren Teil jener andersartigen Wirklichkeit aufschließen können. Konkret gefragt: Ist nicht eine Theorie, die als Produkt eines industriekapitalistischen Jahrhunderts sozial-ökonomische Triebkräfte, Schichtungskriterien und Konfliktursachen zentral setzt und betont, notwendig in der Gefahr, zentrale Triebkräfte, Schichtungskriterien und Konfliktursachen zu verfehlen, wenn sie aufs 16. Jahrhundert und damit zur Erklärung von Konflikten angewandt wird, die großteils religiös bedingt waren und nicht in sozialökonomischen Konfliktlinien aufgingen[156]? Nähme die Erklärungskraft einer solchen Theorie nicht radikal ab, wenn sie ohne tiefgreifende Modifikationen zur Erschließung wenig entwickelter Gesellschaften benutzt würde, in denen sich – zum Beispiel – kaum ökonomische Unterschiede, wohl aber große Unterschiede in der politischen Machtverteilung finden[157]?

Hier soll nicht behauptet werden, daß die Anwendung von Theorien auf zu untersuchende Wirklichkeiten, die sich von der geschichtlichen Entstehungssituation jener Theorien stark unterscheiden, illegitim sei oder nutzlos sein müsse. Z. B. wenn es primär um die Überprüfung des Geltungsanspruchs bestimmter Theorien oder um weitgespannte historische Vergleiche geht, wird dies unumgänglich sein. Doch steht zu vermuten, daß im großen und ganzen die Aufschließungs- und Erklärungskraft von Theorien in dem Maße abnimmt und die Ergänzung durch zusätzliche Erklärungsmuster braucht, in dem der qualitative Unterschied zwischen Entstehungssituation und sozialem Substrat der Theorie einerseits und der zu untersuchenden Wirklichkeit andererseits wächst. Diese Korrelation dürfte im Fall konkreter, wirklichkeitshaltiger Theorien eher gegeben sein als bei höchst abstrakten, doch bezahlen diese für ihre größere Übertragbarkeit durch geringere Griffigkeit von Anfang an.

Ein zweiter umfassender Theorieansatz, der in den letzten Jahren zur Analyse deutscher Geschichte benutzt wurde, entzieht sich dieser Transfer-Problematik, indem er nur Geltung für einen kleineren historischen Abschnitt seit der Industrialisierung beansprucht. Zugleich bietet er für den von ihm bestrichenen Zeitraum ein sehr viel feineres und zugleich weniger leicht politisch instrumentalisierbares Begriffsraster an als der Historische Materialismus. Auf der Basis der Arbeiten älterer Ökonomen (Spiethoff, Kondratieff, Schumpeter) hat Hans Rosenbergs Studie „Große Depression und Bismarckzeit" einen begrifflichen Rahmen vorgeschlagen, der im Grundsatz jene Funktionen erfüllen kann, die oben skizziert wurden[158]. Der Ansatz, der mittlerweile von anderen Autoren aufgegriffen, weiter entwickelt und in verschiedenen Zusammenhängen benutzt wurde[159], ist mit einem flexibel angewandten historisch-materialistischen Ansatz nicht unvereinbar. Er versucht, Veränderungen im sozialen, politischen und kulturellen Bereich mit den „langen Wellen" der wirtschaftlichen Konjunktur derart in Beziehung zu setzen, daß diese sowohl als heuristisches Mittel zur Gliederung der Darstellung benutzt wie auch auf ihre Kausalbedeutung für nicht-ökonomische Veränderungen (der Interessenorganisationen, politischen Institutionen, Außen- und Innenpolitik, teilweise auch für Veränderungen der Klassenverhältnisse und der kollektiven Mentalitäten) untersucht werden. Mit Hilfe des Begriffs des „Organisierten Kapitalismus" wurde versucht, diesen Ansatz, der schwergewichtig am Zeitraum 1873 bis Mitte der 90er Jahre erprobt worden war, auf die vorwiegend durch Aufschwungsjahre gekennzeichnete Trendperiode von der Mitte der 90er Jahre bis zum Ersten Weltkrieg und zeitlich darüber hinaus auszudehnen[160].

Eine Reihe von Problemen sind dabei noch zu lösen: Selbst wenn die Existenz der „langen Wellen" akzeptiert wird – wozu nicht alle Wirtschaftswissenschaftler bereit sind[161] –, bleibt die Frage nach ihren Ursachen offenbar noch dunkel; die meisten Historiker ziehen es vor, ihren Verlauf und ihre Folgen zu erforschen. Überdies stellt es sich in der empirischen Forschung als äußerst schwierig heraus, die konkreten Vermittlungen und Wirkungszusammenhänge zwischen bestimmten ökonomischen Wandlungen und bestimmten sozialen Prozessen oder gar politischen Entscheidungen zu identifizieren und nachzuweisen; vielleicht stellt sich bei der Suche nach diesen Vermittlungsmechanismen heraus, daß kürzere Konjunkturumschwünge, die Juglars und Kitchins, wirksamer das Bewußtsein und die Handlungen der Zeitgenossen und insofern die sozialen und politischen Wandlungen beeinflußten als die „langen Wellen" von 20 bis 30 Jahren; dann sollten sie in diesem Begriffsapparat aber einen zentraleren Platz haben als zur Zeit. Schließlich ist darauf zu verweisen, daß das Konzept des „Organisierten Kapitalismus" noch nicht jene Trennschärfe erreicht hat, die nötig wäre, um die Unterschiede der Entwicklung bis 1914/18, der

Entwicklung in der Zwischenkriegszeit und dann in der unmittelbaren Vergangenheit seit dem Zweiten Weltkrieg zu beschreiben und zu erklären; und daß es häufig noch mehr ein heuristischer Rahmen und eine Auflistung wichtiger Variablen darstellt als schon eine durchgeformte gesamtgesellschaftlich-historische Theorie, wenn man von dieser erwartet, daß sie klare Aussagen über Ursachen- und Wirkungsverhältnisse in überprüfbarer Form enthält.

Je klarer diese Probleme gelöst werden, desto besser kann der Ansatz die plausible Verknüpfung ansonsten leicht disparat erscheinender Wirklichkeitsbereiche leisten, die Basis für komparative Studien entwickelter Industriegesellschaften abgeben, die Aufmerksamkeit auf bisher eher vernachlässigte Fragen lenken und die jüngere Vergangenheit in einer für die Theorie der Gegenwart relevanten Weise thematisieren.

Ein dritter gesellschaftsgeschichtlich realisierbarer Theorieansatz konzentriert sich um den Begriff der „Modernisierung"[162]. Explizit und implizit wurde er − in der Tradition von Marx, Max Weber und Veblen − zur Untersuchung des Deutschen Kaiserreichs verwandt. Die These von der Diskrepanz zwischen dessen ökonomischer Modernität und partieller soziopolitischer Rückständigkeit ist mittlerweile weitgehend akzeptiert; ihre Fruchtbarkeit als Fluchtpunkt für Einzeluntersuchungen dürfte noch längst nicht erschöpft sein[163]. Zum anderen dienen Modernisierungs-Theoreme zur Erforschung des Nationalsozialismus, der so als mitbedingt durch bestimmte Modernisierungsrückstände oder fortwirkende vormoderne Traditionen in einer ansonsten hoch entwickelten Gesellschaft interpretiert werden kann. Der Umriß einer sozialhistorischen Analyse des Nationalsozialismus als einer Form des Faschismus ist damit vorhanden, eine Deutung, die sich gleich deutlich absetzt von der traditionellen, mittlerweile übermäßig stark bestrittenen Interpretation des Dritten Reichs in Kategorien des Totalitarismus wie von der orthodox-marxistischen Deutung des Faschismus als der unter bestimmten Krisenbedingungen auftretenden Konsequenz des kapitalistischen Wirtschafts- und bürgerlichen Gesellschaftssystems per se[164].

Anknüpfend an die Hypothesen von Gerschenkron und Moore[165] könnte dieser Ansatz vielleicht die Basis für eine Synthese deutscher Geschichte vom Absolutismus bis zur Gegenwart in international vergleichender Perspektive abgeben. Solange die Frage nach den Ursachen und Folgen der nationalsozialistischen Diktatur im Zentrum des

Historiker-Interesses bleibt und gleichzeitig das Bedürfnis nach konsequent sozialgeschichtlichen Interpretationen aufrechterhalten wird, hat solch ein Ansatz den Vorteil, daß er ein zentrales Problem sozialgeschichtlich zu thematisieren und wenigstens halbwegs zu lösen gestattet, das bisher vor allem geistesgeschichtlich oder verfassungsbzw. parteigeschichtlich angegangen worden ist: nämlich die Frage nach bzw. die These von dem deutschen Sonderweg, die in Kategorien sozialer Strukturen und Prozesse, Klassenverhältnisse und Mobilitätsmuster, Verhaltensmuster und kollektiver Mentalitäten in diesem Rahmen thematisiert und geprüft werden kann, und zwar notwendig in vergleichender Perspektive.

Die Nachteile des Modernisierungs-Theorems sind andererseits nicht zu übersehen. Ein Hauptproblem liegt darin, daß es sehr viel leichter ist, über Kriterien von Modernität in der ökonomischen Sphäre Einigkeit zu erzielen als mit Bezug auf sozialen und politischen Wandel. Meist unbewußt haben sich viele Historiker und Sozialwissenschaftler an dem angloamerikanischen Muster einer relativ liberal-demokratischen Gesellschaftsform mit repräsentativem Regierungssystem orientiert und dieses als Maßstab von Modernität benutzt, wenn sie Spezifika der Entwicklung in Deutschland als vor-modern interpretierten. Selbst wenn man mit den implizierten politisch-normativen Urteilen sympathisiert, wird man der in solchem Vorgehen eingeschlossenen methodologischen Unsauberkeit kritisch gegenüberstehen. Anders formuliert: Wenn Historiker von den „Verwerfungen" der Wilhelminischen Gesellschaft sprechen, von der Diskrepanz zwischen ökonomischer Modernität und sozio-politischer Rückständigkeit, dann implizieren oder unterstellen sie, daß bestimmte soziale und politische Wandlungen liberal-demokratischer Art normalerweise die Industrialisierung begleiten (oder: eigentlich begleiten sollten?) und daß Deutschland insofern eine Abweichung vom zu erwartenden Normalen (oder: von der gewünschten Norm?) darstellte. Aber was ist die Basis dieser Unterstellung? Sicherlich wird man die Synchronisation zwischen Industrialisierung und liberaler Demokratisierung empirisch weder als notwendig noch als wahrscheinlich erweisen können. Wenn so der normative Gehalt solcher Ansätze, der sich schamhaft hinter dem analytisch klingenden Begriff der „Modernisierung" versteckt, aufgedeckt wird, dann braucht man dennoch nicht unbedingt die Absage an solche Theorien überhaupt daraus abzuleiten; vielleicht folgt daraus nur die Notwendigkeit, jene Orientierung am relativ liberal-demokratischen („westlichen") Entwicklungsmodell als Vergleichsmaßstab explizit zu machen und durch vergleichende Abwägung seiner Kosten und Chancen, Opfer und Fortschritte sowie unter Verweis auf bestimmte normative Fluchtpunkte, über die man sich dann allerdings klar werden muß, zu begründen. Wenn dies für den jeweiligen Autor und seine Bezugsgruppe im einigermaßen rationalen Diskurs gelingt – und daß es glingt, erscheint weder selbstverständlich noch unmöglich – dann könnte von dieser in normativ-praktische Dimensionen hineinragenden Basis her die Verwendbarkeit und Nützlichkeit vieler von Modernisierungs-Theoretikern entwickelter Begriffe, Kategorien und Modelle begründet werden[166].

Sicher gibt es weitere Möglichkeiten – neben Historischem Materialismus, Lang-Wellen-Ansatz und Modernisierungstheorie. So könnte man etwa versuchen, die Frage nach den Ursachen, Mechanismen, Erscheinungsformen und Folgen sozialer Ungleichheit in den Mittelpunkt eines gesellschaftsgeschichtlichen Ansatzes zu stellen und von daher ein Kategoriensystem zu entwickeln, das eine Vielzahl von Lebens- und Handlungsbereichen zu thematisieren, beschreiben, verknüpfen und analysieren erlaubt: von der physischen Reproduktion und den demographischen Veränderungen über Herrschafts- und Abhängigkeitsverhältnisse in Ökonomie und Arbeitswelt, über soziale und sozialpsychologische Strukturen und Prozesse der verschiedensten Art (Familienstruktur, Sozialisationsprozesse, Sprache, kollektive Mentalitäten, Freizeitverhalten, Vereinsleben etc.), über die (aktive und passive) Teilhabe an politischer Herrschaft und am politischen Prozeß bis hin zu künstlerischen, religiösen und wissenschaftlichen Entwicklungen. Eine große Zahl historischer Phänomene könnte so im Zusammenhang und im Wandel analysiert werden, und zwar immer unter dem Gesichtspunkt ihrer schichtenspezifischen Unterschiede und Ähnlichkeiten[167]. Jeder der aufgeführten theoretischen Zugriffe besitzt im Prinzip genügend Flexibilität, um in der konkreten historischen Analyse jeweils durch Elemente des anderen und durch zusätzliche Erklärungsmuster angereichert zu werden. Im Prinzip kann jeder von ihnen idealtypisch verwandt werden[168].

c) Aufgaben und Probleme

Selbst wenn die hier vertretenen Grundargumente – die Wünschbarkeit einer mit inhaltlich gefüllten Theorien arbeitenden historischen Synthese und die Überlegenheit eines gesellschaftsgeschichtlichen Rahmens vor einem politik-, ideen-, personen- oder ereignisorientierten Rahmen – überzeugen sollten, wären dadurch mehr Fragen gestellt als beantwortet, mehr Probleme aufgeworfen als gelöst. Was die definitorische Schärfe und die theoretische Begründung des hier vorgeschlagenen Begriffs von Gesellschaftsgeschichte angeht, bleibt noch manches offen. In bezug auf seine Realisierung mit Hilfe bestimmter sozialwissenschaftlich-historischer Theorien wie erst recht hinsichtlich der notwendigen empirischen Einlösung bleibt die meiste Arbeit noch zu tun. Zwei Desiderata, die innerhalb eines gesellschaftsgeschichtlichen Ansatzes besser zu lösen sind als außerhalb, seien abschließend genannt.

Die großen Lücken, die den Stand der sozialgeschichtlichen Forschung (im engeren Sinn) hierzulande kennzeichnen[169], wären innerhalb übergreifender gesellschaftsgeschichtlicher Ansätze zu verringern und zu schließen. Innerhalb dieser könnten die bisher teilweise vernachlässigten sozialen Strukturen und Prozesse im engeren Sinn (wie kollektive Mentalitäten, Verhaltensmuster, Familienstruktur, Sozialisationsprozesse, Mobilität, kollektive Proteste, Professionalisierung etc.) so thematisiert werden, daß sie nicht, wie bisher, hinter der Erforschung von Politik und Wirtschaft zurücktreten, aber doch zugleich so, daß ihre Bezüge zu Wirtschaft und Politik dennoch nicht abgeschnitten oder übersehen werden. Dadurch daß Sozialgeschichte (im engeren Sinn) als Teil und Moment eines gesellschaftsgeschichtlichen Interpretationszusammenhangs betrieben wird, sollte es gelingen, die Beschäftigung mit jenem noch zu wenig erforschten Zwischenbereich zwischen Wirtschaft und Politik – in intensiven Spezialuntersuchungen und schon aus Quellengründen häufig zunächst in lokal- und regionalgeschichtlicher Begrenzung – zu fördern, ohne sich doch auf eine zu Recht als ungenügend kritisierte „history of a people with the politics left out" (Trevelyan) zu verengen und ohne die Interdependenzen mit den wirtschaftlichen Prozessen aus den Augen zu verlieren. Die oben (S. 93) angesprochene Gefahr eines sozialhistorischen Antiquarianismus wäre so zu verringern.

Allerdings ist es notwendig, bei der Auswahl bzw. Konstruktion gesellschaftsgeschichtlicher Theorien darauf zu achten, daß sie in der Lage sind, jenen Bereich zwischen Wirtschaft und Politik (doch nicht losgelöst von Wirtschaft und Politik) ausführlich und angemessen zu thematisieren. Die bisher von deutschen Historikern vor allem benutzten gesellschaftsgeschichtlichen Ansätze haben dagegen viel eher die Aufmerksamkeit auf die politische Sphäre und die ökonomischen Entwicklungen sowie auf die vor allem durch Interessen vermittelten Interdependenzen zwischen Wirtschaft und Politik gelenkt als auf die sozialen Strukturen und Prozesse im engeren Sinn. Kategorien, Theorien und Fragestellungen müßten in stärkerem Maße entwickelt werden, die es erlauben und dazu hindrängen, diese Bereiche, innerhalb deren sich so viel vom Leben der vielen abspielte und entschied, zu erforschen, und zwar gewissermaßen in eigenem Recht; nicht nur als Voraussetzung politischer Veränderungen, wenn auch nicht unter Absehung von der politisch-staatlichen Dimension; und auch nicht als bloßes Anhängsel der wirtschaftlichen Entwicklung, wenn auch nicht ohne Einbeziehung der ökonomischen Dimension[170].

Zum anderen könnte das sehr schwierige Problem der Vermittlung zwischen ökonomischen, sozialen, politischen und kulturellen bzw. ideologischen Phänomenen – und d. h. auch: das Problem der Vermittlung zwischen den Gegenständen und Problemen einer sich zunehmend in relativ selbständige Teilrichtungen differenzierenden Sozialgeschichte (im engeren Sinn) bzw. Sozial- und Wirtschaftsgeschichte sowie den Gegenständen und Problemen einer ebenfalls zunehmend differenzierten Politikgeschichte – innerhalb eines gesellschaftsgeschichtlichen Gesamtansatzes bearbeitet werden[171]. Dabei ist sicherlich von der in der Regel bestehenden, historisch variablen und nach Art und Ausmaß empirisch erforschbaren relativen Autonomie und gegenseitigen Unableitbarkeit der einzelnen Teilsysteme (etwa des politischen gegenüber dem ökonomischen) ebenso auszugehen wie von der Existenz eines Gesamtzusammenhangs, der zwar nicht so dicht gewirkt ist, daß die Veränderung eines Moments notwendig die Veränderung aller anderen bewirkt, der aber integriert genug ist, daß die Untersuchung eines Teilbereichs nicht ohne perspektivische Einbeziehung wichtiger anderer möglich ist. Als Konsequenz der hier vorgetragenen Argumentation und im Rahmen des hier vorgeschlagenen Ansatzes wäre bei der Andeutung oder der Analyse dieses Gesamtzusammenhangs allerdings von dem – Begriffswahl und Blickwinkel lenkenden – Verdacht eines generellen, wenn auch in vielen

Teilbereichen nicht immer durchschlagenden Vorsprungs an Maßgeblichkeit der (im engeren Sinn) gesellschaftlichen Dimension[172] auszugehen. Dies bedeutet keineswegs, die bruchlose Ableitbarkeit von Außenpolitik aus Innenpolitik und von politischen Entscheidungsprozessen aus sozialökonomischen Partikularinteressen mächtiger Gruppen oder aus Systemerhaltungsinteressen zu behaupten; es bedeutet nicht, die Existenz von Entscheidungs-, Handlungs- und Ereignisspielräumen zu leugnen oder die Bedeutung und relativ eigenständige Wirkungsmächtigkeit von nicht voll in ihren sozialökonomischen Bedingungen aufgehenden Perzeptionsmustern, fortlebenden politischen Traditionen und Motivationen politischer Entscheidungträger zu verneinen. Wie die meist wechselseitigen Kausalbeziehungen im Einzelfall laufen, wie die einzelnen Faktoren zu gewichten sind, wie sich diese Gewichtung verändert und warum, das ist von der gesellschaftsgeschichtlichen Gesamtkonzeption her nicht vorauszusagen und im Einzelfall – schwierig genug und manchmal vielleicht unlösbar – empirisch zu erforschen.

Die gesellschaftsgeschichtliche Ausgangsposition, die hier vorgeschlagen wird, impliziert jedoch in der Tat, daß Schlüsselbegriffe wie Industrialisierung und sozialer Wandel durchaus hilfreich und zentral sein können, um langfristige Veränderungen im politischen System – auch in Inhalt, Methoden und Stil der internationalen Beziehungen – zu erklären und in allgemeinere Zusammenhänge zu rücken. Die Orientierung an einer gesellschaftsgeschichtlichen Grundkonzeption würde wohl beispielsweise dazu führen, die Dynamik des internationalen Mächtesystems vor 1914 im Horizont und in der Perspektive sozioökonomischer, soziopolitischer und soziokultureller Veränderungen zu begreifen, die sich im Innern der großen, miteinander streitenden und kooperierenden Nationalstaaten jener Zeit in typischer Weise abspielten, nicht aber umgekehrt die ökonomischen, sozialen und innerpolitischen Veränderungen auf dem Weg zum Organisierten Kapitalismus vom internationalen Mächtesystem her zu befragen[173]. Die Orientierung an einem gesellschaftsgeschichtlichen Grundansatz dürfte weniger die Lösung des anstehenden Einzelproblems, die Aufdeckung einzelner Wirkungszusammenhänge beeinflussen als vielmehr die Auswahl und Formulierung der Probleme, die Wahl der Begriffe und die Einordnung des gelösten Teilproblems in einen weitergespannten Horizont.

Es kann nicht darum gehen, daß die Teildisziplin Sozialgeschichte die

Teildisziplin Politikgeschichte „vereinnehme" oder umgekehrt; weder soll nur diese für jene noch nur jene für diese „Zubringer- oder Ergänzungsdienste" leisten[174]. Die relative Selbständigkeit der beiden Teildisziplinen folgt vor allem aus der relativen Autonomie der von ihnen jeweils untersuchten Teilphänomene innerhalb des gesellschaftlichen Gesamtsystems sowie aus der Spezialisierungsnotwendigkeit als Bedingung des Fortschritts heutiger Wissenschaft; sie folgt nicht aus einer grundsätzlichen Verschiedenartigkeit in Betrachtungsweise und Methoden, denn eine solche Verschiedenartigkeit besteht nicht. Die so lange vorherrschende Vernachlässigung des sozialen und ökonomischen Bereichs darf natürlich keinesfalls durch eine Vernachlässigung des staatlich-politischen Bereichs ersetzt werden; auch droht diese Gefahr hierzulande nicht.

Doch ist es mit der gegenseitigen Versicherung relativer Eigenständigkeit nicht getan. Das Problem der Vermittlung, der „Brücken", der Kooperation zwischen den Teildisziplinen und des Zusammenhangs ihrer Gegenstände stellt sich ja nicht nur theoretisch, sondern schon bei der Untersuchung relativ eng begrenzter Teilprobleme immer wieder neu. Wie – z. B. – die Konjunkturbewegung in zwei Jahrzehnten, die sich verändernden Verhaltensdispositionen in bestimmten Gruppen, bestimmte Interessen und Interessenorganisationen, die Wirksamkeit von Verfassungsinstitutionen und bestimmte politische Entscheidungen zusammenhängen, ist ein Problem, das sich quer durch die Gegenstandsbereiche von Wirtschaftsgeschichte, Sozialgeschichte und Politikgeschichte erstreckt. Erst recht gilt dies für jeden Versuch der Gesamtgeschichte eines Zeitraums. Die zum Teil weit fortgeschrittenen Ergebnisse der Teildisziplinen müssen dringend aufeinander bezogen werden. Daß für diese – nach Gegenstand, verwendeten Begriffen und Fragestellungen im einzelnen natürlich verschiedenartig ausfallenden – Vermittlungen übergreifende Perspektiven, Bezugsrahmen und Theorien nötig sind, dürfte unbestreitbar sein[175]. Daß solche Vermittlungen heute am ehesten innerhalb eines gesellschaftsgeschichtlichen Grundansatzes zu leisten sind, wie immer dieser noch im einzelnen bestimmt wird, ist die Hauptthese dieser Ausführungen, die hiermit zur Diskussion gestellt wird.

III

GESCHICHTE – WOZU?[1]

1. Historische und aktuelle Bedingungen der Frage und möglicher Antworten darauf

Mehrfach wurde in den vorausgehenden Überlegungen auf (wünschenswerte) Funktionen der Geschichtswissenschaft für die gegenwärtige Gesellschaft abgehoben, um Aussagen über theoretische und methodologische Eigenschaften der Geschichtswissenschaft mitzubegründen[2]. Mehrfach stieß die Argumentation der letzten Abschnitte auch darauf, daß wissenschaftliches Arbeiten praktische Voraussetzungen und Verwurzelungen hat, sei es als praktisch-gesellschaftliche Bedingung ihrer Möglichkeit, sei es als lebensweltlich vermittelte Bezugsbasis von erkenntnisleitenden Interessen und Gesichtspunkten[3]. Von diesem komplexen Theorie-Praxis-Verhältnis soll im folgenden nur ein Aspekt diskutiert werden, die häufig angeschnittene Frage nach den gesellschaftlichen Aufgaben und Funktionen der Geschichtswissenschaft.

Die Frage ist im letzten Jahrzehnt – häufig unter der bezeichnend defensiven Formulierung „Wozu *noch* Geschichte?" – angesichts besonderer Herausforderungen diskutiert worden, die eingangs bewußt gemacht werden müssen. Bis vor kurzem fühlte sich die bundesdeutsche Geschichtswissenschaft in der Defensive und z. T. hält dieses Gefühl weiter an. Die Warnungen vor einem fortschreitenden „Verlust der Geschichte" – so lautete der Titel eines Buches von Alfred Heuss schon 1959 –, die Klagen über den Rückgang historischen Bewußtseins und öffentlichen Interesses an der Geschichte nahmen in den 60er und frühen 70er Jahren zu. Zunächst ein primär akademisches Thema, um das sich eine Handvoll Historiker mit Neigung zum Theoretisieren bekümmerte, gewann diese Problematik doch bald eine Reihe sehr praktischer Komponenten, die sie ins Zentrum des Bewußtseins einer sich bedroht fühlenden Profession rücken ließ. Vor allem gab es die Tendenz mancher Kultusverwaltungen, den Anteil des

Faches Geschichte in den Stundenplänen des Sekundarschulunterrichts zugunsten des neuen Integrationsfaches „Sozialwissenschaften" (auch „Politik", „Gesellschaftslehre" oder anders genannt) radikal zu reduzieren oder aber die Geschichte (jedenfalls in den höheren Klassen) in diesem neuen Fach unter der Federführung systematischer Sozialwissenschaften aufgehen zu lassen. Zu Recht schlug eine Denkschrift des Verbandes der Historiker Deutschlands Alarm: „Eine erhebliche Unsicherheit ist eingetreten, die sich noch verstärken dürfte, wenn in größerem Umfang realisiert wird, daß der auf das Fach ‚Geschichte' entfallende Stundenanteil und damit der Bedarf an Geschichtslehrern sich auf die Dauer nicht nur prozentual verringern wird"[4]. Nicht zu Unrecht wurde gefürchtet, daß durch sich progressiv dünkende Kultur- und Unterrichtsbeamte die Geschichte auf die jüngste Geschichte verkürzt und gewissermaßen zur Magd der systematischen Sozialwissenschaften degradiert werden sollte. Rückblikkend erscheinen die umstrittenen „Hessischen Rahmenrichtlinien" und die sehr viel weniger prominenten Rahmenlehrpläne für die Gesamtschulen in Nordrhein-Westfalen 1972/73 als Höhepunkt dieser Tendenz[5]. Doch hat dieser anti-geschichtswissenschaftliche Wind aus den Ministerien bis heute nicht ganz aufgehört, geschweige denn sich gedreht.

Auch in der breiteren Öffentlichkeit hat die Geschichte einen Tiefpunkt ihrer Wertschätzung erlebt. Eindrucksvoll wirkt die öffentliche Klage eines erfolgreichen Industriemanagers über die Tatsache, daß wir an unseren Universitäten über etliche Hundertschaften von Historikern verfügen, die sich mit der Vergangenheit beschäftigen, aber nicht über einen einzigen Lehrstuhl für Futurologie[6]. Publikationsorgane wie „Der Spiegel" oder das Fernsehen berichten zwar über Ärzte- und über Soziologentage, sie überlassen aber der FAZ und dem Dritten Rundfunkprogramm die Berichterstattung über die Historiker- und Geschichtslehrertage. Nicht auf die Geschichte hofft das intellektuelle Publikum hierzulande vor allem, wenn es um die Formulierung des kollektiven Selbstverständnisses und um die Perspektiven künftiger Veränderung geht; die systematischen Sozialwissenschaften haben der Geschichtswissenschaft ihren früheren Rang als wissenschaftliches bzw. halbwissenschaftliches Orientierungsmittel der Gebildeten zum Teil abgelaufen. Wie Umfragen zeigen, ist unter Jugendlichen selbst das Wissen von unserer jüngsten Geschichte bestürzend gering[6a]. Die öffentliche Macht stützt sich nicht allzu sehr auf eine explizite Deutung der Geschichte, wenn sie Anforderungen an die Bürger stellt oder sich gegenüber Fragen der Bürger legitimiert.

Doch zeigen sich in den allerletzten Jahren deutliche Gegentendenzen. Historische Bücher – von „Götter, Gräber und Gelehrte" über Golo Manns „Wallenstein" bis zu Joachim Fests „Hitler" – haben Spitzenplätze auf unseren Bestseller-Listen erklommen und beweisen, daß Geschichte auch ohne das Vehikel direkt politischen Engagements auf weites Interesse stoßen kann. Viele Verlage haben sich in letzter Zeit ihre geschichtswissenschaftlichen Reihen zugelegt, sicherlich nicht ohne vorher den Markt und seine Aufnahmefähigkeit für entsprechende Literatur sorgfältig zu prüfen. Der gegenwärtige Bundespräsident hält Reden für die Einheit der Geschichte, die er seinen Kindern nicht vorenthalten sehen möchte; er eröffnete überdies den Mannheimer Historikertag 1976 – wann geschah dies schon einmal einem Politikwissenschaftler- oder Soziologentag! Gustav Heinemann hatte zwar ein kritischeres Verhältnis zur Universitätshistorie, doch er warb für die geschichtswissenschaftliche Aufarbeitung der seines Erachtens unterbelichteten liberal-demokratischen und revolutionären Stränge unserer Tradition; aufgeklärtes Geschichtsbewußtsein förderte er als Voraussetzung vernünftiger Praxis[7]. Das Römisch-Germanische Museum in Köln und 1977 die Stauffer-Ausstellung in Stuttgart waren und sind rasante Publikumserfolge. Und was ist die immer noch nicht abklingende Nostalgie-Welle, die sich ja nicht hinreichend aus ihrer kommerziellen Verwertbarkeit erklärt, anderes als eine gewisse Verliebtheit in alte Zeiten, ein oft naives, manchmal narzißtisch gepflegtes, begriffsloses und vorkritisches historisches Interesse? Übrigens muß es gar nicht immer mit Gegenwartsflucht verbunden sein, wie die Debatte um die „Lebensqualität" zeigt, die seit dem IG-Metall-Kongreß von 1972 den Kristallisationspunkt für entschiedene politische Forderungen mit historischer Tiefendimension abgibt. Selbst die Infragestellung von Geschichtsunterricht und Geschichtswissenschaft durch die Lehrplanmacher und Forschungspolitiker in den Ministerien scheint heute nicht mehr ganz so vehement wie noch vor zwei oder drei Jahren; allerdings reagieren auch in dieser Hinsicht die Bürokratien nur mit Verzögerung auf die sich wandelnden Zeitläufe, und die geschichtsskeptischen Impulse von gestern werden die Verordnungen von morgen noch eine Weile prägen; die nicht nur auf die Geschichtswissenschaft begrenzten Versuche, die Lehrerausbildungskapazitäten an den Hochschulen zu beschneiden, erschweren überdies die Situation erneut.

Es wäre zu früh, von einer deutlichen Tendenzwende zugunsten der Geschichtswissenschaft zu sprechen. Doch die Situation ist zumindest widersprüchlich, der Trend zum „Verlust der Geschichte" und zur Bedrängnis der Historiker sehr viel weniger eindeutig als man noch vor einigen Jahren denken mochte. Wie erklären sich diese Tendenzen und Gegentendenzen, und was folgt aus ihnen für die Funktionsbestimmung der Geschichtswissenschaft?

1. Als Folge einer fortschreitenden Beschleunigung der gesamtgesellschaftlichen Veränderungsprozesse ist es heute schwieriger als früher, individuelle und kollektive Selbstverortung durch historische Reflexion zu leisten und praktisches Orientierungswissen aus der Erkenntnis des Vergangenen 'zu gewinnen. Historia: magistra vitae – diese Denkfigur und gleichzeitig diese Nutzanwendung von Geschichte für die Gegenwart nahmen mit der Beschleunigung des geschichtlichen Wandels ab; sie traten zurück, je mehr die jeweilige Gegenwart neuartig, verschiedenartig von ihrer Vergangenheit erschien, deren Problemlösungen deshalb für die gegenwärtigen Probleme kaum noch als Modelle dienen können. Andererseits scheint gerade die Erfahrung allseitiger und schneller Veränderungen das Bedürfnis nach zusätzlichen Identifikationsmitteln zu verschärfen, die Suche nach Fluchtpunkten und Orientierungen zu erhöhen und damit u. a. auch das Interesse an Geschichte auf einer neuen Ebene zu beleben.

2. Historische Reflexion diente einstmals in größerem Maße Ideologen, Politikern und Herrschaftsgruppen dazu, die relative Fortschrittlichkeit der eigenen Zeit zu begründen und die eigenen Entscheidungen und Handlungen im Hinblick auf zukünftigen Fortschritt und zukünftige Generationen zu rechtfertigen. Der Verweis auf die antizipierte Kritik der Enkel, auf den historischen Fortschritt und auf die Geschichte als Richterin der eigenen Taten spielte in der Rhetorik klassenbewußter Bürger des 19. Jahrhunderts ebenso eine große Rolle wie im Selbstverständnis der entstehenden Arbeiterbewegung und anderer Gruppen. In dem Maße, in dem Fortschrittsbewußtsein zu Fortschrittszweifel und universalgeschichtlicher Perspektivelosigkeit sich wandelte, nahm dieser Gebrauch von Geschichte ab. Doch in dem Maße, in dem in den letzten Jahren grundsätzliche Alternativen und praktische Grundsatzfragen in einer breiteren Öffentlichkeit erneut zur Diskussion gestellt wurden und zu einer vergleichsweise starken

Politisierung des öffentlichen Bewußtseins führten, wurde eigentlich auch die Frage nach der Langzeitperspektive, nach dem Woher und Wohin der eigenen Gruppe und der eigenen Gesellschaft wieder akuter[8]. Eigentlich hätten die Intensivierung der Reformdiskussion und die grundsätzliche Politisierung in den späten 60er und frühen 70er Jahren zu einer Wiederbelebung des Interesses an Geschichte führen müssen. Daß dies nicht der Fall war, daß solche Erneuerung des historischen Interesses, wenn überhaupt, dann nur ganz zögernd und in allerjüngster Zeit sich abzeichnet, liegt z. T. an einem dritten Faktor, nämlich an einer Eigenart der hiesigen Geschichtswissenschaft selbst:

3. Der Aufstieg des historischen Bewußtseins und der historischen Wissenschaft im 19. Jahrhundert waren sehr eng an den Aufstieg und an die Entfaltung des Nationalstaats gebunden. Die historische Rückbesinnung auf die Vergangenheit der Nation hatte eine äußerst wirksame politisch-ideologische Funktion für die Bildung bzw. für die machtvolle Selbstdarstellung der Nationalstaaten. Diesem Zusammenhang verdankte die Geschichtswissenschaft einen guten Teil ihrer hohen Wertschätzung, ihre starke öffentliche Förderung, aber auch gewisse thematische Eigenarten und Schwächen: eine gewisse obrigkeitsstaatliche Orientierung, die intensive Orientierung auf Staat und Politik, eine gewisse Blindheit für soziale und ökonomische Prozesse, für kollektive Bewegungen und gesellschaftliche Konflikte. Diese ihre traditionelle Prägung hat die westdeutsche Geschichtswissenschaft auch noch nach 1945 lange beibehalten; innerhalb dieses Rahmens konnte sie in der Nachkriegszeit zur politisch-moralischen Aufarbeitung der jüngsten Vergangenheit beitragen. Doch wenig hatte sie beizutragen zu den neuen, meist gesellschaftswissenschaftlich geprägten Diskussionen um die Standortbestimmung der Gegenwart und um die vernünftige politische Praxis, wie sie seit der zweiten Hälfte der 60er Jahre zuerst an den Universitäten, dann in einer breiteren Öffentlichkeit geführt wurden. Nur allmählich und innerhalb deutlicher Grenzen hat sich die Geschichtswissenschaft in der Bundesrepublik in den letzten Jahren verwandelt: Wirtschaftsgeschichtliche und sozialgeschichtliche Gegenstände und Fragestellungen ergänzten zunehmend die alte staatsorientierte Geschichtsauffassung, die Einsicht in die Bedeutung gesellschaftlicher Wandlungen wurde ein wenig spürbarer in der neueren Geschichtsschreibung, und die Anwendung analytisch-sozialwissenschaftlicher Methoden neben den traditionelleren individualisierenden wurde häufig gefordert und manchmal realisiert. Darauf wurde

oben eingegangen. Worauf es jetzt ankommt, ist dies: So wie die nationalgeschichtliche, staatsorientierte und gesellschaftsblinde Tradition unserer Geschichtswissenschaft ihre Relevanz für die neu einsetzenden kollektiven Selbstverständigungsprozesse reduzierte, so trägt die zögernde und sicherlich sehr begrenzte innere Wandlung der Geschichtswissenschaft in den allerletzten Jahren umgekehrt dazu bei, daß sie allmählich für die Selbstverständigung des intellektuellen Publikums und für die Selbstverortung der Gegenwart wieder an Relevanz gewinnt.

4. Schließlich ein weiterer Faktor, der die sich wandelnde Bedeutung der Geschichtswissenschaft hierzulande miterklärt: Die Brüche in der deutschen Geschichte dieses Jahrhunderts, die Brüche in unserer national-staatlichen Tradition – zwei Weltkriege, eine faschistische Diktatur, ein Zusammenbruch, und das alles im Erlebnishorizont einer Generation – haben das Verhältnis dieser Gesellschaft zu ihrer Vergangenheit und damit die Geschichtswissenschaft stark verunsichert, stärker als in Ländern wie den USA oder der Schweiz mit ihren relativ intakten nationalen Traditionen. Eben diese Brüche erklären mit, warum der Funktionsverlust der Geschichte, der an sich ein internationales Phänomen darstellt, hierzulande besonders deutlich ausfiel. Die ehemals so zentrale gesellschaftliche und politische Funktion der Geschichtswissenschaft, die nationalpolitische Integrationsfunktion, war zutiefst diskreditiert, nicht mehr sonderlich gefragt, gewissermaßen obsolet geworden. Die Neigung, die unliebsame Last der eigenen Vergangenheit möglichst zu verdrängen, war in den ersten beiden Nachkriegsjahrzehnten weit verbreitet; meist unbewußt hat sie zur Abwertung der Historie beigetragen. Je mehr mit einer neuen Generation ein unbefangeneres Verhältnis zur Vergangenheit möglich wird, desto mehr verliert dieser Verdrängungsmechanismus an Wirkungskraft – wenn sich auch zur Zeit keine Rückkehr zur nationalpolitisch besetzten Geschichtsauffassung abzeichnet, jedenfalls nicht in der Bundesrepublik.

Auf andere Faktoren wäre hinzuweisen, so auf den rapiden Aufstieg der systematischen Sozialwissenschaften, doch möchte ich mich mit der Skizze dieser vier Bedingungen begnügen, die den sich verändernden Stellenwert der Geschichtswissenschaft in der Gegenwart miterklären, den Funktionsverlust von Geschichte und die feststellbaren zaghaften Gegentendenzen, die mittelfristig zu einer erneuten Aufwertung von Geschichte führen könnten.

Was bedeuteten und bedeuten diese Wandlungen des Stellenwerts der Geschichte für die Arbeit, die Diskussionen und das Selbstverständnis der Historiker? Auch dazu können hier nur einige kurze Anmerkungen gemacht, nicht aber kann hier eine Geschichte der bundesrepublikanischen Geschichtswissenschaft im Lichte ihrer sich verändernden gesellschaftlichen Bedeutung verfaßt werden.

Sicher hat die Infragestellung seiner Profession bei manchem Universitätshistoriker zu Verhärtungen geführt, zumal dann, wenn in den späten 60er und frühen 70er Jahren radikale studentische Kritik mit ihren manchmal sehr unwissenschaftlichen (um es gelinde auszudrükken) Ausdrucksformen den verbreiteten Zweifel am Bildungswert der Historie wirkungsvoll und hautnah dramatisierte. In der Tat sparte ja die Jugend- und Studentenbewegung an den Hochschulen die Geschichtswissenschaft und ihre Vertreter nicht aus. Die Frage nach dem Sinn des geschichtswissenschaftlichen Betriebes, nach der Relevanz seiner Ergebnisse, nach Grundlagen und Funktion des Geschichtsstudiums wurde häufiger und drängender gestellt als es manchen der Befragten lieb war; und die politische Kritik an den in der Tat meist nicht zur „linken Avantgarde" gehörenden Geschichtsprofessoren vermischte sich oft allzu schnell mit Kritik an den Eigenarten historischer Erkenntnis, ihrer Spezialisierung und ihrer in den Augen forscher Systematiker leicht betulich wirkenden Akribie. Unter den Angegriffenen wurde da aus manchem ehemaligen Liberalen schnell ein Neo-Konservativer, der noch lange die Schlachten von gestern schlagen mag, ohne die schnelle Veränderung der gegenwärtigen Konstellation genügend zu würdigen und die sich bildenden neuen Fronten angemessen zur Kenntnis zu nehmen.

Per saldo dürfte aber die Infragestellung der Geschichtswissenschaft in den 60er und frühen 70er Jahren auf diese eher anregend und fruchtbringend gewirkt haben. Als Reaktion auf die Herausforderung hat sich nämlich zum einen die Diskussion über Theorie und Methoden, über Nutzen und Nachteil der Geschichte unter Historikern stark belebt. Die Frage „Wozu noch Geschichte?" wurde früh auf hohem Niveau diskutiert und erreichte 1970 das Forum des Historikertags[9]. Theorie als Waffe der Selbstverteidigung gegen die Angriffe einer unfreundlichen Umwelt – das wurde selbst von der schweigenden Mehrheit der Zunft akzeptiert oder doch wenigstens toleriert, die ihre zweifellos weiter vorhandene Theorieskepsis lange kaum formulierte. In dieser ihr angesonnenen und sie teilweise stimulierenden Funktion ging die Theoriediskussion einer Minderheit von Historikern jedoch nie auf; sie brachte vielmehr beachtliche Ergebnisse und Perspektiven[10], die ohne jene die Selbstreflexion anspornenden Herausforderungen wohl kaum erarbeitet worden wären.

Auch in anderer Hinsicht bedeuteten Funktionsverlust und Verunsicherung neue Chancen. Erschütterten sie doch die Selbstsicherheit des Dominanzanspruchs mancher älteren „Schule" und eröffneten sie doch die Möglichkeit zu vielfältigem Experimentieren. Die Offenheit gegenüber den Anregungen aus den systematischen Sozialwissenschaften wuchs, und man wird nicht allzu fehl gehen in der Annahme, daß mehr Historiker zum Nutzen ihrer Arbeit mehr von Politologen und Soziologen modifizierend zur Kenntnis genommen haben als dies umgekehrt der Fall ist und der Fall sein könnte. Für eine Weile waren die herrschenden Paradigmen und ihre Verfechter verunsichert genug, um Neuansätzen der verschiedensten Art relativ viel Raum zu gewähren, vielleicht mehr als je seit rund 100 Jahren[11]. Der eine Weile lang wachsenden innerprofessionellen Toleranz entsprach eine weitgehende (nicht absolute) Freisetzung der bundesdeutschen Geschichtswissenschaft von außerwissenschaftlichen Zwängen, die wohl undenkbar war, als die deutschen Historiker sich noch im Mittelpunkt öffentlicher Inpflichtnahme – z. B. in der Auseinandersetzung um den zu gewinnenden Nationalstaat, im Dienste von dessen Selbstentfaltung und Rechtfertigung oder im Streit um die Frage der Schuld am Ersten Weltkrieg – befanden. Man muß sehen, daß der viel beklagte Funktionsverlust der Geschichtswissenschaft zugleich Entlastung und neue Chancen zur relativ freien, selbstkritischen Neubestimmung bedeutete.

Diese Situation besteht in den Grundlinien weiterhin. Doch zeigen sich in den letzten ein bis zwei Jahren einige undeutliche Tendenzen zur erneuten Verfestigung, zur Verkleinerung des Toleranz-Spielraums, zur Abnahme des Kredits, den man Neuansätzen zu gewähren bereit ist, zur Neubetonung von konservativen Positionen in Reaktion auf all die Bewegungsanstöße der letzten Zeit. Jetzt wird klar, daß nicht alle, die jahrelang nichts zur Theoriediskussion beitrugen, notwendig deshalb schwiegen, weil sie keine Einwände hatten; theorieskeptische und theoriefeindliche Stimmen melden sich wieder. Mißtrauen gegen Sozialgeschichte bzw. Sozial- und Wirtschaftsgeschichte scheint entweder wieder zu wachsen oder auch nur endlich wieder zur Formulierung zu kommen – ungerührt von der doch im internationa-

len Vergleich noch immer so bescheidenen *Realisierung* sozialgeschichtlicher Forschungen in der Bundesrepublik (im Unterschied zu
den häufigen und lauten programmatischen Diskussionen über die
Notwendigkeit von Sozialgeschichte). Und schließlich, besonders
wichtig in unserem Zusammenhang: Von der Frage nach der „Relevanz" von Geschichtswissenschaft distanzieren sich ironisierend selbst
einige von jenen, die sie weiterhin stellen[12]. Andere lehnen die Rele-
vanz-Diskussion als überflüssig ab oder geben ihr eine pointiert konservative Wendung[13]. Vermutlich besteht ein gewisser Zusammenhang zwischen dieser reaktiven Neubetonung konservativer Positionen und der vorher skizzierten allmählich entstehenden neuen Sicherheit und Selbstzufriedenheit der westdeutschen Historiker-Zunft sowie ihrer nachlassenden Herausforderung von außen.

Dies sind, wie gesagt, nur Akzentverschiebungen, und man braucht sie
nicht zu dramatisieren. Aber die dadurch entstehende Situation macht
es notwendig, bei der Reflexion über die gesellschaftlichen Funktionen und Aufgaben der Geschichtswissenschaft als Adressaten nicht
mehr so primär wie bisher die breitere Öffentlichkeit zu sehen sondern
zugleich stärker als bisher die eigene Profession. Sicher ist es weiterhin
angesichts geschichtsfeindlicher Strömungen in wichtigen Bereichen
von Gesellschaft und Politik nötig, auf die Leistungen hinzuweisen, die
die Geschichte – und nur diese – für eine liberal-demokratische Gesellschaftsordnung erbringen kann und muß. Doch wird es zugleich
wieder wichtiger, die Reflexion auf diese Funktionen den Historikern
selbst anzusinnen, zwecks Orientierung ihrer eigenen Arbeit und als
Voraussetzung dafür, daß jene Leistungen auch wirklich erbracht
werden.

Niemand wird ja ernstlich bestreiten können, daß die Geschichtswissenschaft immer auch eine gesellschaftliche Veranstaltung ist, daß sie
gesellschaftlicher Institutionen und Kosten, Arbeit und Verzichte zu
ihrer Verwirklichung bedarf; dies zeigt sich nicht nur im öffentlich zu
deckenden Bedarf an Forschungsmitteln und Lehrstühlen, sondern
auch in dem notfalls mit staatlichen Zwangsmitteln durchgesetzten
Ansinnen gegenüber Generationen von jungen Menschen, viele Stun-
den ihrer Zeit zum Studium der Geschichte zu verwenden, notwendigerweise auf Kosten anderer möglicher Studien und Tätigkeiten. Da
genügt es nicht, auf das eigene Schwergewicht der Geschichtswissenschaft zu verweisen. Ebensowenig reicht es aus, die Geschichtswissenschaft nur mit dem Hinweis auf antiquarische und ästhetische Interes-

sen, auf des Forschers Liebe zur Sache, auf historische Neugier oder die private Freude bei der Wahrheitsfindung legitimieren zu wollen – obwohl all dies zweifellos in sich berechtigt ist und für die allermeisten Historiker unaufgebbar sein dürfte. Als gesellschaftliche Einrichtung in der Konkurrenz um öffentliche Aufmerksamkeit, Interessen und Mittel muß sich die Geschichtswissenschaft die Frage nach ihren Leistungen und Funktionen, nach ihrer Bedeutung für die Gesellschaft und die einzelnen nicht nur gefallen lassen, sondern auch selbst stellen, da sie dadurch Kriterien entwickeln bzw. überprüfen kann, nach denen Prioritäten in Unterricht, Lehre und Forschung rational diskutiert und gesetzt werden können. Zu fragen ist also nach den gesellschaftlichen Funktionen, die eine richtig verstandene Geschichtswissenschaft wahrnimmt, bzw. unter bestimmten Bedingungen wahrnehmen kann und soll; zu fragen ist danach, was die Geschichte – und möglicherweise nur die Geschichte – konkret beitragen kann, wenn es darum geht, vernünftige Weisen des menschlichen Zusammenlebens zu entwerfen, zu erarbeiten oder auch zu bewahren, und was das für die Art, wie Geschichtswissenschaft betrieben werden sollte, bedeutet.

Die Frage nach den Funktionen von Geschichtswissenschaft und -unterricht, nach den Qualifikationen, die sie erzeugen sollen, hat eine politische, eine normative Dimension; die Antworten sind deshalb notwendig von politischen Überzeugungen mitbeeinflußt und somit in Grenzen kontrovers. Doch muß das Spektrum verschiedener und konkurrierender Antworten auf diese Frage begrenzt sein, wenn anders nicht die Grundprinzipien kritischer Wissenschaft und damit eines wissenschaftlich fundierten Geschichtsunterrichts verletzt werden sollen. Es ist nämlich zu bedenken, daß die historische Wissenschaft (wie andere Wissenschaften, insbesondere Geistes- und Sozialwissenschaften, auch) von ihren eigenen Strukturprinzipien und Funktionsvoraussetzungen her auf bestimmte reale gesellschaftliche und politische Bedingungen angewiesen ist, ohne die sie nicht verwirklicht werden kann. Zu den Prinzipien geschichtswissenschaftlichen Arbeitens gehören unbegrenzte und relativ autonome Diskussion, die Ablehnung von empirisch oder argumentativ nicht hinreichend begründeten Sätzen, die Bereitschaft zur (gegebenenfalls auch radikalen) Revision vorwissenschaftlicher Ausgangspunkte oder wissenschaftlicher Zwischenergebnisse angesichts neuer Evidenz oder überzeugender Argumente, die diskursive Pluralität von Ansätzen, Fragen, Theorien und Methoden – gehört kritische Rationalität in diesem hier nicht weiter zu entfaltenden Sinn[14]. Die auch nur tendenzielle Verwirklichung solcher Prinzipien verlangt aber ein Minimum an Liberalität und Herrschaftsfreiheit, an Rechtsstaatlichkeit und Aufgeklärtheit innerhalb der Gesellschaft, deren Teil und Veranstaltung die Wissenschaft ist. Leicht läßt sich zeigen, daß in politischen Systemen, in denen jenes schwer generell formulierbare Minimum nicht erfüllt war oder ist, in Diktaturen oder autoritären Systemen der verschiedenen Art, Geschichtswissenschaft als Geschichtswissenschaft aufgrund wissenschaftsfremder Pressionen und Instrumentalisierungen Schaden litt und leidet. Aus diesem Zusammenhang zwischen unaufgebbaren Strukturprinzipien der Geschichtswissenschaft einerseits und deren Funktionsvoraussetzungen in der gesellschaftlich-politischen Realität andererseits lassen sich, wenn auch nur in großer Allgemeinheit, Ziele und Normen bestimmen, die die Geschichtswissenschaft nur um den Preis ihrer eigenen Selbstaufgabe oder doch Beschädigung verletzen kann, die überdies zugleich mit den Forderungen unserer Verfassungsordnung übereinstimmen, z. T. sogar aus dieser abgeleitet werden können und die der Frage nach den wünschenswerten Funktionen der Geschichte als Richtschnur dienen können. Zu diesen Zielen gehören: das Interesse an maximaler individueller und kollektiver Freiheit, an Demokratisierung im Sinne des Abbaus aller überflüssigen Herrschaft innerhalb der verschiedensten gesellschaftlichen Beziehungen, an möglichst gewaltloser und rationaler Konfliktaustragung, die Sicherung der Menschen- und Bürgerrechte, eine einigermaßen mündige Öffentlichkeit, weitgehende Abwesenheit von Not, auch Toleranzbereitschaft und anderes mehr. Wenn sich für solche notwendig sehr allgemeine Zielsetzungen aus den skizzierten Gründen prinzipieller Konsensus herstellen läßt, so lassen sich zwar aus diesen Zielsetzungen konkrete Funktionen, Inhalte und Methoden von Geschichtswissenschaft und Geschichtsunterricht nicht bruchlos und stringent deduzieren. Wohl aber scheiden von solchen Zielsetzungen her einige denkbare Funktionen des Geschichtsunterrichts von vornherein aus: so etwa Erziehung zur emotionalen Identifikation mit Inhalten, die der historischen Kritik entzogen sind, Erziehung zur Unkritik und Argumentationsfeindlichkeit aller Art, Erziehung zu demagogischer Hetze usw. – Auch kann die Orientierung an solch allgemeinen Prinzipien die Formulierung der wünschenswerten Funktionen der Geschichtswissenschaft, wenn auch nicht eindeutig determinieren, so doch orientieren und leiten.

2. Gesellschaftliche Aufgaben und Funktionen
der Geschichtswissenschaft

Unter diesen Voraussetzungen ist die Frage nach den Funktionen, die die historische Erkenntnis in Geschichtswissenschaft und -unterricht für die Gesellschaft und die einzelnen wahrnehmen kann und soll, in siebenfacher Weise zu beantworten.

1. Historische Erkenntnis ist unabdingbar für das Verständnis, die Erklärung und damit für die richtige praktische Behandlung einzelner Gegenwartsphänomene, indem sie deren (historische) Ursachen und Entwicklung aufdeckt. Man denke nur an den modernen Antisemitismus, der ohne Kenntnis seiner weit zurückliegenden, zum Teil mittelalterlichen Entstehungsbedingungen und Ursachen Schülern und Erwachsenen nicht erklärt, damit aber auch schlecht in praktischer Aufklärung bekämpft werden kann. Oder: eine angemessene Einstellung gegenüber der Problematik der Existenz zweier deutscher Staaten dürfte ohne Einsicht in ihre Entstehungsbedingungen unmöglich sein. Natürlich führt historische Erkenntnis dieser Art nicht notwendig zu vernünftigem politischen Handeln, aber dieses setzt jene notwendig voraus. Historische Forschung und Lehre werden insofern ihre Fragestellung von Gegenwartsproblemen her beziehen und Vergangenes als Vorstufe des Gegenwärtigen untersuchen müssen. Um das Thematisierte gleichwohl konkret und als Bestandteil seiner Zeit, d. h. auch in zeitlicher Distanz aufzufassen, sind spezifisch historische Methoden und Fragestellungen nötig, die andere Sozialwissenschaften nicht so leicht anbieten.

2. Historische Wissenschaft kann an Gegenstandsbereichen, die zwar nicht allzu „entfernt" von der Gegenwart sind, um nicht zu unähnlich zu werden, die jedoch „entfernt" genug sind, um die bei der Beschäftigung mit Gegenwartsproblemen leicht auftretenden, Aufklärung erschwerenden Besetzungen und Sperren zu vermeiden, modellhaft Kategorien und Einsichten vermitteln, die der Erkenntnis und der Orientierung in der sozialen und politischen Gegenwart dienen können. Wer das durch Ineffizienz und Frustration erleichterte Umkippen partizipatorischer Rätedemokratie in autoritäre Herrschaft von neuen Eliten in der Sowjetunion nach 1917, den Zusammenhang zwischen ausbleibender Reform und sich verschärfenden Antagonismen in den einander bekriegenden Nationen 1914 bis 1918 oder den Mechanismus ideologischer Verschleierung partieller Interessen in der Agitation des

großagrarisch bestimmten Bundes der Landwirte im Wilhelminischen Deutschland begriffen hat, der wird auch manchen gegenwärtigen Erscheinungen weniger hilflos gegenüber stehen, ohne doch Kausalverbindungen oder Gleichsetzungen behaupten zu müssen. Einige zentrale Kategorien politischer Entscheidungsprozesse (wie Handlungsspielraum und seine Grenzen, Konflikte und Koalitionen, Kalkulierbarkeit und ihre Grenzen, Heterogonie der Zwecke und Nebenfolgen, Fernwirkungen usw.) können meist besser durch die Analyse zurückliegender Fälle gezeigt werden, schon weil die Materialien (wegen nachlassender Geheimhaltungsbarrieren) zugänglicher und die Zukunftsperspektive, die Wirkungen und der vielfältige zu berücksichtigende Zusammenhang historischer Entscheidungsprozesse eigentlich nur aus gewisser Distanz begriffen bzw. demonstriert werden können.

3. Trotz der am Anfang skizzierten Bedeutungsabnahme historischer Argumente in der Gegenwart spielt historische Erinnerung durchaus auch heute – wie in allen uns bekannten Kulturen – ihre Rolle bei der Legitimation und Stabilisierung bestehender sozialer und politischer Herrschaftsverhältnisse, bei der Rechtfertigung politischer Entscheidungen, bei der Abwehr von Kritik und bei der Begründung von Protest. Zum Teil wird sie auch ganz bewußt dazu eingesetzt.

Welche Bedeutung die öffentlich gepflegte Erinnerung an den amerikanischen Unabhängigkeitskrieg für den ideologischen Zusammenhalt, das Wir-Bewußtsein der Amerikaner hat, zeigte sich kürzlich bei den Feiern zum 200jährigen Jubiläum der USA. – Wer als Nicht-Schweizer einmal den 1. August in der Schweiz verbringt, hat Gelegenheit, wenigstens ein oberflächliches Gefühl dafür zu entwickeln, was eine sagenhaft überhöhte, siebenhundert Jahre alte, ziemlich ungebrochene Tradition zumindest für das keineswegs unwichtige feiertägliche Selbstverständnis eines Volkes bedeutet. – Auch privatwirtschaftliche Großunternehmen wissen um die Nützlichkeit stilisierter Historie für die ideologische Kohäsion ihrer Belegschaft und für ihre Image-Pflege in einer größeren Öffentlichkeit; nicht umsonst finanzieren sie Archive und Festschriften. – Ganz bewußt und mit großen finanziellen Anstrengungen bemüht sich die mexikanische Regierung um die Pflege präkolumbischer Traditionen, um den fatalen sozialpsychologischen Folgen mehrerer Jahrhunderte Kolonialherrschaft entgegenzuwirken. Die auffallend häufigen modernen historischen Wandmalereien an öffentlichen Gebäuden legen davon ebenso Zeugnis ab wie die glanzvolle Ausstattung des Anthropologischen

Museums in Mexiko-Stadt, die seltsam mit der Armut in den Vorstadtslums kontrastiert. – In all diesen Fällen dient die Geschichte als Instrument für außerwissenschaftliche – politische oder ökonomische – Zwecke, zur Integration, zur Erhaltung und Bestätigung von Macht, und in all diesen Fällen wird mit der historischen Wahrheit nicht gerade zimperlich umgegangen.

Wann immer historische Argumente, Mythen, halbbewußte und unaufgeklärte Erinnerungen und Erinnerungsfetzen bei der Rechtfertigung und Legitimierung bestehender Verhältnisse eine Rolle spielen und das dabei angesprochene kollektive Selbstverständnis der historischen Dimension nicht ganz entbehrt, hat die rationale, ideologiekritische Beschäftigung mit der Historie wie auch die Verbreitung ihrer Ergebnisse in Schule und Publizistik eine unersetzbare Funktion. Dieses kritische Geschäft des Historikers wird von Fall zu Fall sehr verschiedene Ergebnisse haben und keineswegs immer auf die schiere Destruktion der jeweiligen Traditionen hinarbeiten müssen. Doch nach ihrer rationalen, wissenschaftlichen Kontrolle wird er streben müssen. Denn allzuleicht wachsen sich manipulierte Traditionen in Mythen und Legenden aus, die von Interessenten in die Hand genommen werden, die Nonkonformisten bedrohen, vor Kritik immunisieren, das öffentliche Leben irrationalisieren und die Bürger indoktrinieren.

Praxisbezogene Aufklärung wird der Historiker allerdings auch durch die kritische Untersuchung historisch argumentierender Protestbewegungen leisten müssen, und zwar ebenfalls mit wechselnden Ergebnissen. Welche Rolle historische Mythen in politischen Protesten spielen können, läßt sich nicht nur an der „Dolchstoßlegende" und ihrer Verwendung in der rechtsgerichteten Kritik an der Weimarer Republik studieren, sondern auch an bundesrepublikanischen Protestgruppen der letzten Jahre: antiparlamentarische Kritik von rechts und links berief sich auf ein – letztlich verzerrtes – Modell des frühbürgerlichen Parlamentarismus, an dem die gegenwärtige Wirklichkeit gemessen und notwendig viel zu leicht befunden wurde. Der Slogan ‚Kapitalismus führt zum Faschismus", der historische Erfahrung sehr verkürzt und einseitig wiedergibt, findet in einigen Teilen der linken Rhetorik und Publizistik einprägsame und problematische Verwendung. All dies verlangt dringend nach historischer Kritik.

4. Sehr viel schwieriger zu fassen, aber äußerst wichtig sind die im folgenden zu diskutierenden Funktionen einer richtig verstandenen Ge-

schichtswissenschaft: Indem sie die soziale und politische Gegenwart in ihrem Gewordensein und damit in ihrer Wandlungsfähigkeit, d. h. aber in ihrer prinzipiellen Veränderbarkeit, zeigen, können sie dazu beitragen, eine Haltung zu erzeugen, die die massiv und sachzwangartig uns entgegentretende Wirklichkeit nicht in ihrer scheinbaren Notwendigkeit akzeptiert, sondern auf dem Hintergrund ihrer genutzten und versäumten, vergangenen und vielleicht noch bestehenden Möglichkeiten begreift. Diesem Zweck der „Verflüssigung" des Bildes von Wirklichkeit und dem Wissen um die Vielfalt menschlicher Existenzformen dient auch die Vermittlung der (sekundären) Erfahrung des frappierend Anderen: Dem eigenen primären Erfahrungsbereich verschlossene Weisen des menschlichen Lebens aus historisch weit zurückliegenden Zeiten und stark abweichenden sozio-kulturellen Umwelten wirken im Sinne eines Verfremdungseffektes. In diesem Zusammenhang gewinnt die historische Neugier, der im übrigen ihr immanenter Sinn keineswegs bestritten werden soll, einen zusätzlichen emanzipatorischen Stellenwert. Im Lichte historischer Alternativen gerät die gegenwärtige Wirklichkeit unter Legitimationszwang und gegebenenfalls in die Auseinandersetzung mit auf Veränderung drängender Kritik. Gerade jene historischen Disziplinen, die ihre Fragestellungen nicht unmittelbar aus Gegenwartsproblemen beziehen und die zeitlich und thematisch weit von der Gegenwart entfernte Phänomene behandeln (die Mediävistik, die Alte Geschichte, die Geschichte fremder Kulturen z. B.) haben hier eine wichtige und schwer ersetzbare Funktion. Durch Einführung in weit zurückliegende und andersartige Daseinsformen, Strukturen und Prozesse vermitteln sie überdies Einsicht in langfristig wirkende Veränderungen und tragen so zur Selbsterkenntnis der Gegenwart in einer Weise bei, die anderen Sozialwissenschaften weitgehend verschlossen ist.

5. Durch Konfrontation mit dem frappierend Anderen und durch Kausalerklärung gegenwärtiger Phänomene aus ihren historischen Ursachen – wie vielleicht auch durch weit zurückgreifende Einsicht in relativ dauerhafte soziale Strukturen als fortdauernde Bedingungen menschlichen Handelns – kann die Historie überdies in sehr indirekter Weise zur Orientierung von Individuen und Gruppen in ihrer Gegenwart beitragen. Dabei speist historische Bildung ein Reservoir von Wissen, Vorstellungen, Erfahrungen, Motivationen und Normen, ein nicht ausformuliertes, aber wichtiges individuelles und kollektives Vor- und Selbstverständnis, das Einstellungen und Handlungen zwar

indirekt orientiert, aber nicht im Hinblick auf spezifische Orientierungs- und Handlungsziele geplant und produziert sein kann. Hier zeigt es sich am deutlichsten, daß, von ihren praktischen Funktionen her, Geschichte nicht nur auf aktuelle Bedürfnisse hin instrumentalisiert und eingeengt werden darf. Selbstverständlich wäre die Forderung, den Verlauf der „ganzen Geschichte" zu lehren, illusionär. Auswahl ist nötig, und gerade im Schulunterricht ist Zeit knapp. Selbstverständlich gilt es, die praktischen Ziele der Gegenwart bei der notwendigen Auswahl historischer Inhalte gebührend zu berücksichtigen und deshalb auch – den unter 1., 2. und 3. aufgeführten Funktionsbestimmungen entsprechend – der neuen und neuesten Geschichte ein klares Übergewicht in den Lehr- und Unterrichtsplänen einzuräumen.

Dennoch bleibt zugleich an dem Ziel festzuhalten, eher das Verschüttete wiederzuentdecken als das Bekannte zu verschütten und damit an der möglichst breiten Offenhaltung des historischen Bewußtseins zu arbeiten. Denn dieses sollte sich gerade durch einen Überschuß über das unmittelbar Brauchbare, über die aktuellen Bedürfnisse auszeichnen, eben damit es seine sehr vermittelte Rolle als Kritik- und Revisionsinstanz gegenüber vorherrschenden Paradigmata des politischen und sozialen Handelns, aber auch des wissenschaftlichen Denkens spielen kann. In diesem Sinne gründet die vernünftige Brauchbarkeit historischer Bildung auch zu einem Teil in ihrer unmittelbaren Unbrauchbarkeit. Gerade darin liegt insofern ihre Relevanz.

6. Die methodische Erforschung und die gründliche Lehre der Geschichte müssen trotz der Tatsache, daß sie immer nur selektive Erkenntnis anstreben können, die Vielfalt der Bedingungszusammenhänge innerhalb der historischen Situation ernst nehmen und trotz notwendiger Anwendung typisierender und begrenzt generalisierender Methoden stärker als die systematischen Nachbarwissenschaften individuelle Konstellationen und Phänomene untersuchen. Deshalb, und darin liegt eine weitere mögliche Leistung der Geschichte, kann sie besser als die systematischen Sozialwissenschaften zu *konkretem* Denken erziehen.

Zweifellos liegen hier auch starke Gefahren, denn viel zu oft ist bei den Historikern das behutsame Verstehenwollen der bunten Vielfalt zur konservativen Bewegungslosigkeit, zum affirmativen Kritikverzicht erstarrt. Unhistorisches Denken folgt demgegenüber leicht der Versuchung „zur vorschnellen Formel, zur flinken Welterklärungstheorie, zur allzu schnellen Reduktion komplexer Realität"[15]. Dagegen kann lange Beschäftigung mit Geschichte der quasipubertären Neigung entgegenwirken, die Wirklichkeit lediglich unter Prinzipien und Totalentwürfen zu begreifen. Sie kann dazu verhelfen, generelle Einsichten mit dem konkreten Einzelnen und mit den konkreten Entscheidungssituationen zu vermitteln und einzusehen, daß diese sich oft durch schwer reduzierbare Ambivalenzen auszeichnen und konsequenter Differenzierung bedürfen, will man sie nicht als bloße Fälle mißverstehen.

Die historisch vermittelte Einsicht in die Mehrdeutigkeit der meisten Situationen (die oft erst in der Rückschau wirklich erkannt werden kann), in ihre Multikausalität und Interdependenz, in die Relativität von Perspektiven, in das Eigengewicht des Details und in die Widerstände komplexer Wirklichkeit kann vielleicht, ohne in eine zu Recht kritisierte ideologische Überspitzung des Individuellen zurückfallen, technokratische Entwürfe wie auch radikalen Protest vor Wirkungslosigkeit oder verletzender Rücksichtslosigkeit schützen. Daß jede auf Veränderung zielende Politik „ein starkes langsames Bohren von harten Brettern mit Leidenschaft und Augenmaß zugleich" ist (Max Weber), kann neben der eigenen praktischen Erfahrung wohl am besten die Historie einsichtig machen und damit die Gefahren utopisch-proportionenloser Totalkritik einerseits und der leicht daraus folgenden Resignation andererseits verringern.

7. Schließlich bleibt auf eine weitere Leistung der Historie zu verweisen, die allerdings allein nicht genügen würde, sie als umfangreiches Pflicht- und Massenfach zu rechtfertigen. Gemeint ist die Geschichte als „zwecklose" Freizeitbeschäftigung, als Gegenstand der Unterhaltung und des Vergnügens. In Gesellschaften, in denen es zunehmend und für viele zum Problem wird, wie Freizeit zivilisiert zu verbringen sei, sollte man diesen Aspekt der Beschäftigung mit Geschichte nicht gerade ins Zentrum stellen, aber auch nicht zu gering achten. Es gibt dümmere, schädlichere und unangenehmere Weisen, seine freie Zeit zu verbringen, als mit der Lektüre eines historischen Buches, selbst wenn man sonst nichts im Sinne der soeben genannten sechs Thesen daraus mitnähme.

Wie andere differenziertere Freuden, Genüsse und Unterhaltungen wird in der Regel auch das Vergnügen an der Historie erst gelernt werden müssen, bevor es als solches erfahren werden kann. Allerdings wäre zu fragen, was Historiker anders machen müßten, um Vergnüglicheres zu bieten, als es angesichts der (unaufgebbaren) Prinzipien von Wissenschaftlichkeit und Spezialisierung und angesichts der (begrüßenswerten) Tendenzen zur theoretisch informierten, begrifflich strengeren und methodisch diffizileren Darstellung in unserer Wissenschaft heute üblich ist.

3. Identitätsbildung und Kritik

Bewußt wurde darauf verzichtet, die Herstellung von Identität (eines Individuums, einer Gruppe oder einer Gesellschaft mit sich selbst) als eine weitere Funktion oder gar die Funktion der Geschichte zu bezeichnen, wie das mittlerweile häufiger geschieht[16]. Dies mag unproblematisch sein, wenn Identitätsfindung nicht als Gegensatz zu Kritik begriffen wird, wenn die identitätsstiftende Funktion von Geschichte nicht ihren kritischen Funktionen (die hier betont wurden) entgegengestellt wird, wenn vielmehr Selbst-Distanz wie auch Spannungen und Konflikte mit sich selbst und innerhalb seiner selbst als konstitutive Momente von Identität verstanden werden und diese prozessual, als ständig über jedes erreichte Stadium hinausdrängender Prozeß der Identifikation gedeutet wird, wie das sowohl in Hegels Philosophie wie in manchem psychoanalytischen Ansatz der Fall ist[17]. Wenn Identitätsstiftung so etwas heißt wie: reflektiertes Abwägen, Wahl und Distanz implizierendes, ständig Veränderungen sich anverwandelndes, dadurch sich wandelndes und dennoch konsistentes Eins-sein-mit-sich-selbst, gleich weit entfernt von der Unfähigkeit zur Kritik wie von der Unfähigkeit zur Solidarität, deutlich unterschieden von eindimensionaler Anpassung an jeden Wandel wie von starren Verdrängungen nicht verarbeitbarer Veränderungen, deutlich abgegrenzt von der Umwelt und zugleich vielfach auf sie bezogen – dann könnten wohl sämtliche eben aufgeführte Funktionen von Geschichtswissenschaft als Beiträge zur Identitätsfindung von Individuen, Gruppen und Gesellschaften im Medium der Wissenschaft gedeutet werden; doch gewönne man dadurch etwas an Aussagekraft?

Umgekehrt führt der Gebrauch des Wortes, wenn nicht definiert, sehr leicht zu Mißverständnissen oder affirmativen Konsequenzen. Gibt es doch – etwa beim Kleinkind – Arten von Identitätsbildung, die nichts oder wenig mit Reflexion und selbstkritischer Kontrolle, dafür aber viel mit Gewöhnung und Manipulation zu tun haben; dies ist notwendig und soll hier keineswegs kritisiert werden, nur den Grundprinzipien von Wissenschaft, also auch von Geschichtswissenschaft, widerspricht es zutiefst. Auch gibt es einen Wortsinn von „Identifikation", der Integration in das Vorgegebene (im Unterschied zu Kritik und Konflikt), der die Herstellung oder Annahme von Selbstverständlichkeiten etwa durch Einübung oder Nachahmung, nicht aber die möglichst kontrollierte, auf Gründen fußende Annahme von dann nicht mehr Selbstverständlichem meint[18]. Geschichte im Sinne von vor-wissenschaftlicher Tradition kann in der Tat ein Vehikel *solcher* Identitätsherstellung sein – wie sich an der Funktion von Legenden und Mythen oder auch am Gebrauch von Denkmälern zeigen ließe. Doch den (oben skizzierten) Prinzipien von wissenschaftlicher Geschichte, von Geschichtswissenschaft, widerspricht dieser Begriff von Identität diametral und man sollte auch nicht einmal mit spitzen Fingern sich darauf einlassen, Geschichtswissenschaft dafür in Anspruch zu nehmen. Man kann sich in der Tat oft des Eindrucks nicht erwehren, als ob das nunmehr wieder häufiger werdende Reden von der Identität stiftenden Funktion von Geschichte mit jenen anti-kritischen Tendenzen zusammenhinge, die oben (S. 119 f.) skizziert wurden.

Der hier geforderte emanzipatorische Praxisbezug der Geschichtswissenschaft kann selbstverständlich nur ein vermittelter sein. Unmittelbarer Praxisbezug würde seine Erfüllung in der Regel erschweren bzw. verhindern. Die direkte Umsetzung von historischer Erfahrung in Handlungsanweisungen unterschlüge die Ergebnisse des Historismus. Die Indienstnahme historisch-wissenschaftlicher Arbeit zur Vorbereitung direkter Aktionen wäre zudem Zeichen eines kurzgeschlossenen Theorie-Praxis-Verhältnisses, in dem die Wissenschaft sowohl inhaltlich wie institutionell schnell ihre – Kritik und Aufklärung im hier geforderten Sinne überhaupt erst ermöglichende – relative Selbständigkeit und Distanz zur sozialen und politischen Auseinandersetzung verlöre und zudem ihr Mandat überzöge. Den Praxisbezug der Geschichtswissenschaft im hier gemeinten Sinne fordern, heißt zugleich ihre Instrumentalisierung und politische Indienstnahme zurückweisen. Doch droht diese hierzulande zur Zeit auch kaum.

Zugleich grenzt sich der hier entwickelte Begriff einer praktisch engagierten Geschichtswissenschaft deutlich von Auffassungen ab, die Geschichte – im Sinne eines nicht hinreichenden l'art-pour-l'art-Standpunktes – nicht als das anzuerkennen bereit sind, was sie als etabliertes akademisches und Schulfach ja immer war und ist: eine gesellschaftliche Veranstaltung mit identifizierbaren gesellschaftlichen und politischen Funktionen. Vor diesem Zusammenhang die Augen zu schließen, heißt nicht: ihm entkommen. Diesen Praxisbezug von Geschichtswissenschaft als unwissenschaftliche „Politisierung" abzulehnen, ist nicht nur falsch, sondern auch gefährlich: leicht ließe sich nämlich zeigen, wie gerade in eine sich unpolitisch verstehende, ihren Praxisbezug leugnende und ignorierende Wissenschaft die „Politisierung" durch die Hintertür eintritt. Vielmehr ist es dringend erforderlich, das eigene Tun in Forschung und Lehre im Hinblick auf solche Funktionen zu reflektieren, zu gestalten und zu begründen, wenn von solch allgemeinen Funktionsbestimmungen aus auch keine spezifischen Forschungsprioritäten eindeutig und scharf abgeleitet werden können und sollen. Solch ein reflexiver und diskursiver Bezug der wissenschaftlichen Tätigkeit auf gesellschaftliche Funktionen widerspricht – solange er eine Sache des einzelnen, allerdings diskutierenden Wissenschaftlers ist – keineswegs dem verbürgten Prinzip der Freiheit von Forschung und Lehre. Vielmehr gehört er zutiefst zum Begriff von Wissenschaft dazu.

IV

SOZIALGESCHICHTE IN DER BUNDESREPUBLIK: ENTWICKLUNGEN SEIT MITTE DER 70ER JAHRE

Die vorangehenden Abhandlungen wurden zwischen 1966 und 1975 konzipiert[1]. Sie entstanden in einer Zeit, in der, wie Hans Rosenberg 1969 schrieb, die „Sozialgeschichte für viele ein nebuloser Sammelname für alles [war], was in der Geschichtswissenschaft der Bundesrepublik als wünschenswert und fortschrittlich angesehen" wurde[2]. In der Tat, die Forderung nach mehr Sozialgeschichte bündelte in den sechziger und frühen siebziger Jahren vielfältige Anstöße der Traditionskritik und zahlreiche Ansätze zur geschichtswissenschaftlichen Erneuerung. Sie war Teil der intellektuellen Aufbruchstimmung, die jene Jahre kennzeichnete. Jene emphatische Einfärbung und symbolische Kraft hat der Begriff „Sozialgeschichte" in der Zwischenzeit verloren[3]. Andererseits ist anzunehmen, daß er auch einiger jener schreckenden Beiklänge verlustig gegangen ist, die ihn für konservative Ohren einstmals verdächtig machten und noch 1978 Münchener Lehramtskandidaten um ihre Berufschancen fürchten ließen, wenn sie ihre einschlägigen „Scheine" mit dem Siegel eines „Seminars für Sozialgeschichte" ausgehändigt bekamen; sie hätten die Bezeichnung „Seminar für Kulturgeschichte" vorgezogen, um für sie nachteilige Assoziationen zu vermeiden. Die Sozialgeschichte als „Minenfeld für Lehrbeamte" − so brachte Wolfgang Zorn das öffentliche Image, wie er es sah, noch 1980 auf einen Begriff, den der bayrische Ministerpräsident Strauß auf die Zeitgeschichte angewandt hatte[4].

Wenn der Eindruck nicht trügt, ist in bezug auf die Sozialgeschichte die Zeit der überspannten Erwartungen und überängstlichen Abgrenzungsbedürfnisse erst einmal vorbei. Die scharfen Grundsatzdebatten um Stellung und Gestalt der Geschichtswissenschaft im System der Wissenschaften und Lehrfächer sowie im gesellschaftlich-politischen Feld überhaupt haben zweifellos nachgelassen. In stark abgeschwächter Form sind neue Kontroversen an die Stelle der alten getreten: die um „Alltagsgeschichte" zum Beispiel. Der Begriff „Sozialgeschichte" steht jedenfalls jetzt, Mitte der achtziger Jahre, nicht im Zentrum grundsätzlicher wissenschaftspolitisch-programmatisch-ideologischer Kontroversen, ohne daß man sagen könnte, daß das, was er im Verständnis dieses Büchleins meint – nämlich einerseits eine Teildisziplin der Geschichtswissenschaft, andererseits eine Sichtweise der Gesamtgeschichte – in der Geschichtsforschung und -schreibung der letzten Jahre zurückgetreten wäre. Ganz im Gegenteil. Der Begriff ist aus den Schlagzeilen heraus. Aber was er bezeichnet, floriert, wenn auch in sich ändernden Formen.

Oben wurden zwei Bedeutungen von „Sozialgeschichte" unterschieden. *Zum einen* soll Sozialgeschichte als „Sektorwissenschaft" verstanden werden, als Geschichte eines Sektors oder Teilbereichs der geschichtlichen Wirklichkeit, als geschichtswissenschaftliche Teildisziplin, die sich durch ihren besonderen Gegenstand, ihr spezifisches Untersuchungsfeld – nämlich die sozialen Strukturen, Prozesse und Handlungen – von anderen geschichtswissenschaftlichen Teildisziplinen (wie Politikgeschichte, Wirtschaftsgeschichte und Kulturgeschichte) unterscheidet, so unscharf diese Unterscheidung in der Praxis der Geschichtswissenschaft und in der von ihr untersuchten Realität auch oftmals ist. *Zum andern* bedeutet Sozialgeschichte so viel wie Geschichte ganzer Gesellschaften („Gesellschaftsgeschichte"), d. h. allgemeine Geschichte unter sozialgeschichtlichem Blickwinkel. „Strukturgeschichte", so wurde oben argumentiert, sollte nicht mit „Sozialgeschichte" verwechselt werden. Denn einerseits gibt es zu erforschende Strukturen auch in den Gegenstandsbereichen der anderen historischen Teildisziplinen (in der Wirtschaft, in der Verfassung, auch in der Kultur), und Strukturgeschichte ist mithin für Sozialgeschichte nicht spezifisch. Andererseits ist Sozialgeschichte immer auch mehr als Strukturgeschichte, denn sie untersucht auch soziale Erfahrungen und Handlungen[5].

Nun gibt es weiterhin auch andere Versuche der Umschreibung von „Sozialgeschichte"[6]. Bis zu einem gewissen Grad unterliegen Definitionen Kriterien der Zweckmäßigkeit, und es sind fast immer mehrere Definitionsentscheidungen denkbar. Auch ist die Vielfalt geschichtswissenschaftlicher Erscheinungsformen groß, und zweifellos hat sie im vergangenen Jahrzehnt weiter zugenommen. Sie entzieht sich einer einfachen Kategorisierung, und deshalb wird unten ausführlich auf Übergangs- und Mischungsformen verwiesen. Aber die Kritik hat m. E. keine tragfähigeren Alternativen vorgeschlagen[7]. Es erscheint deshalb richtig, an der Unterscheidung der zwei Bedeutungen von „Sozialgeschichte" im Grundsatz festzuhalten, wenn nunmehr versucht wird, einige Entwicklungen des letzten Jahrzehnts zu skizzieren.

1. Alte und neue Kategorien und Themen

Von der „Sozialgeschichte in der Erweiterung" sprach Werner Conze schon 1974[8]. Das trifft erst recht auf die Zeit seitdem zu. Vor allem die thematische, daneben auch die methodische Vielfalt und die schiere Quantität der sozialgeschichtlichen Veröffentlichungen haben zugenommen, fast alles geht, die Situation ist nur noch schwer überschaubar. Das Folgende ist kein Literaturbericht, sondern die Skizze der aus meiner Sicht wichtigsten Trends und Probleme. Das Schwergewicht liegt auf den Studien zur neueren Geschichte und auf der Geschichtswissenschaft der Bundesrepublik. Die Nennung von Titeln hat primär exemplarische Zwecke und ist höchst selektiv[9].

Ein besonderes Interesse für die breite Masse der Bevölkerung, die unteren Schichten, das „Volk" und schließlich für die Arbeiter zeichnet die Sozialgeschichte international aus. Das hängt mit ihrer Entstehung und Prägung als oppositionelle, revisionistische oder doch mindestens ergänzende Strömung innerhalb von Geschichtswissenschaften zusammen, die sich stärker für die Staaten und Staatenlenker, die großen Ideen und ihre Träger, die wichtigsten Institutionen und zentralen Prozesse interessierten als für das Fußvolk der Weltgeschichte. Auch in den letzten zehn Jahren und auch in der Bundesrepublik gehörten die unteren Schichten und insbesondere die Arbeiter zu den am besten erforschten sozialen Gruppierungen. Thematisch vollzog sich dabei eine typische Verschiebung, die auch in anderen Ländern zu beobachten war: neben die seit den 50er Jahren intensivierte, in den 60er Jahren starkes Interesse findende Geschichte der Arbeiterbewegung traten zunehmend die Erfassung der Arbeiterschaft als einer sozialen Gruppe (Zusammensetzung, soziale Lage, Arbeits- und Lebensverhältnisse) und schließlich – als Drittes – ein verstärktes Interesse an den subjektiven Erfahrungen und Haltungen, den Mentalitäten und der „Kultur" der Arbeiter[10]. Am stärksten wurde die Erforschung der gewerblich-städtischen Arbeiter vorangetrieben; doch über andere Fragen und Forschungsinteressen (Geschichte der Armut und Armenpolitik[11], Wanderungen, Protoindustrialisierung, Familienge-

schichte) wandte man sich auch anderen Arbeiter- und Unterschichtkategorien zu: dem unstetigen Subproletariat, den Heimarbeitern, den Dienstboten, noch am wenigsten den ländlichen Arbeitern[12]. Die Zahl der als interessant und untersuchungswert geltenden Dimensionen der Arbeiterexistenz hat zugenommen (Tätigkeit, Erfahrungen, Abhängigkeiten, Kooperation am Arbeitsplatz, Einkommen und Lebenshaltung, soziale Herkunft und Mobilität, Wanderungen, Kindheits- und Jugenderfahrungen, Sozialisation und Schulbildung, Heiratsverhalten und Familie, Wohnung und Konsum, Gesundheitsverhältnisse, Religion, Lektüre, Freizeit, Kommunikationsformen und -kreise, etc.). Das Bild wird komplexer. Die lange dominierende Kategorie des Interesses ist durch die der Erfahrung ergänzt und manchmal verdrängt worden. Es ist heute sichtbarer und bekannter als noch vor einigen Jahren, wie vielfältig und historisch variabel die Bedingungen waren, die das Bewußtsein und das Verhalten der Arbeiter prägten. Kurzschlüsse von der sozialen Lage auf Klassenbewußtsein und kollektives Verhalten sind seltener, Zusammenfassungen schwerer geworden. Die Arbeits- und Lebensverhältnisse, die Lagefaktoren und Erfahrungen werden immer häufiger aus Interesse an ihnen selbst studiert; nicht nur und nicht primär als Schritte zur Erkenntnis der sozialen, ökonomischen und kulturellen Bedingungen der Arbeiterbewegung, wie es früher häufiger der Fall war. Das Spiel mit den vielen Bällen – die Bearbeitung so zahlreicher Dimensionen, Faktoren und Momente nebst ihrer Wechselverhältnisse – ist i. d. R. nur mikrohistorisch möglich; neue empirische Erträge kamen deshalb vor allem aus Untersuchungen der Arbeiter einer Region, einer Stadt, eines Dorfes, eines Betriebs, besonders wenn es gelang, die „andere Seite" (die Bürger, die Verwaltung, die Unternehmer, Manager und Meister) mitzubehandeln[13]. Doch bleibt es ein erreichbares und auch manchmal erreichtes Ziel, die Rekonstruktion der Vielfalt mit einer Analyse des Wesentlichen zu verbinden und den untersuchten Einzelfall in größere Zusammenhänge einzubetten. Dazu braucht man Begriffe. „Klasse" und „Klassenbildung" haben sich in der Arbeitergeschichte als nützlich erwiesen, und ihre Nützlichkeit ist noch längst nicht ausgeschöpft[14].
Ähnliche Tendenzen zur Ausdifferenzierung und Komplexitätssteigerung, zur mikrohistorischen Zurechtschneidung und zur Intensivierung zeigen sich in der Erforschung anderer sozialer Gruppierungen, die aber durchweg schlechter erforscht sind als die Arbeiter: die

Handwerker und Angestellten, Adligen und Bauern, Wirtschaftsbürger, Beamten und Akademiker. Das Interesse an der Sozialgeschichte des Bürgertums nimmt derzeit zu. Wiederum gilt: Die Erträge sind um so größer, je mehr es gelingt, aus den Quellen erarbeitete Einzelergebnisse mit übergreifenden Fragestellungen, Begriffen und Hypothesen zu verknüpfen. Die neuerdings stark vorankommende Untersuchung akademisch qualifizierter Berufsgruppen unter professionalisierungsgeschichtlicher Fragestellung kann als Beispiel gelten[15].

Wie aus diesen Andeutungen hervorgeht, besteht ein guter Teil der sozialgeschichtlichen Literatur aus Veröffentlichungen über verschiedene Berufsgruppen, sozialökonomisch definierte Schichten und Gruppen, Stände und Klassen. Auch viele jener Studien, die sich mit berufsgruppen-, schichten- und klassenübergreifenden Themen beschäftigen, strukturieren ihr Material und ihre Gedankenführung teilweise nach Berufsgruppen, Schichten und Klassen. Sie beschäftigen sich mit den Beziehungen zwischen ihnen und fragen nach ihren Ähnlichkeiten und Unterschieden. Das gilt z. B. für einige der noch wenig zahlreichen Untersuchungen zur Geschichte der Beziehungen am Arbeitsplatz, für die immer zahlreicheren Beiträge zur Streikgeschichte[16] und – mit Einschränkung allerdings – für die recht intensive historische Erforschung sozialer Proteste und sozialer Bewegungen. Man wird sagen können, daß Forschungen dieses zuletzt genannten Typs an Aussagekraft gewinnen, je mehr es ihnen gelingt, zwischen Protesten und Aktionen verschiedener sozialökonomischer Gruppen zu trennen, statt sie unter der Etikette „sozialer Protest" zusammenzuwerfen[17]. Die Erforschung der bäuerlichen (und unterbäuerlichen) Revolten und Unruhen im Alten Reich hat in den letzten Jahren besondere Fortschritte gemacht, daneben auch (wenn auch wohl nicht in gleicher Dichte) die Erforschung der spätmittelalterlichen und frühneuzeitlichen Unruhen in den Städten. Die in früheren Jahrhunderten vorwiegend defensiven Ziele der Protestierenden, ihre Kommunikationsbeziehungen, Zielrichtungen und Gegner, ihre Mittel und symbolischen Formen, ihre Erfolge und Mißerfolge wurden studiert, die Häufigkeit der Proteste und ihre oft indirekten Wirkungen auf die herrschenden Gewalten und deren Politik wurden stark betont. Die differenzierte Analyse der Protestierenden unter dem Gesichtspunkt ihrer ständischen, schichten- und klassenmäßigen Zusammensetzungen bleibt zweifellos ein wichtiges Thema in Studien dieser Art[18]. Das Interesse an Ähnlichkeiten und Unterschieden, Abhängigkeiten und Wechselbeziehungen zwischen primär sozialökonomisch definierten Kategorien hat die schnell wachsende stadtgeschichtliche Forschung beeinflußt, die gleichwohl auch viele andere Fragestellungen kennt; es hat die historische Bildungsforschung nachhaltig geprägt; und es hat sich in den Fragestellungen, Einteilungsprinzipien und Methoden der mittlerweile abflauenden historischen Mobilitätsforschung niedergeschlagen; es prägt die wenigen übergreifenden Studien zur Geschichte der sozialen Ungleichheit und die programmatischen Ausführungen zum selben Thema[19].

Die Sozialgeschichte der Familie hat im letzten Jahrzehnt sehr große Fortschritte gemacht, sich dabei aus ihrer ursprünglich stärkeren Verbindung zur Historischen Demographie (Fragen nach der Familiengröße und Kritik an der alten Vorstellung von der angeblich früher dominierenden Großfamilie, Heiratsalter und Reproduktionsverhalten) etwas gelöst und eine Vielzahl neuer Fragestellungen erobert, besonders zur Stellung und Rolle verschiedener Familienmitglieder, zu den Beziehungen zwischen ihnen und zu den Funktionen der Familie im Bereich der Arbeit, der Geselligkeit, der Sozialisation und der Krisenverarbeitung. Trotz dieser Vielzahl von Untersuchungsdimensionen hat es sich als günstig erwiesen, scharf zwischen Familien verschiedener Klassen und Schichten zu unterscheiden und zwischen diesen zu vergleichen[20]. Und auch bei der Erschließung noch wenig beakkerter Forschungsfelder – z. B. in Studien zur Geschichte von Krankheit und Gesundheit, in Untersuchungen zur Alphabetisierung und in Arbeiten zur Entwicklung der Kriminalität – hat sich die entschiedene Differenzierung nach Schichten und Klassen bewährt[21]. Weniger üblich ist diese dagegen in der Historischen Demographie, die in den letzten Jahren eine rasante Entwicklung durchlief; doch auch hier erweisen sich konsequente Differenzierungen zwischen Schichten und Klassen bisweilen als fruchtbar[22].

Diese Strukturierung sozialgeschichtlicher Forschungen nach Kriterien sozialökonomischer Kategorien- und Gruppenbildung verschiedener Art ist nicht neu. Sie erlaubt und legt nahe, soziale Phänomene im Zusammenhang mit wirtschaftlichen Grundgegebenheiten und Veränderungen der jeweiligen Zeit zu sehen, denn Kategorien wie Beruf, soziale Schicht, Stand oder Klasse verknüpfen die Sozialstruktur und die sozialen Prozesse mit dem System der wirtschaftlichen Arbeitsteilung, den Produktionsverhältnissen und Produktivkräften. Aber ergänzende, alternative, jenem Denken in sozialökonomischen

Kategorien gegenüber manchmal kritische Sichtweisen haben sich in den letzten Jahren bemerkbar gemacht; sie haben begonnen, das sozialgeschichtliche Gesamtbild zu bereichern und zu komplizieren. Zum einen haben immer genauere Studien ans Licht gebracht (oder bestätigt), daß die Berufsposition, die sozialökonomische Schichtzugehörigkeit und Klassenlage, *allein genommen,* weder den Ort eines Individuums im System der sozialen Ungleichheit hinreichend beschreiben noch seine vermutlichen Einstellungen und Verhaltensweisen eindeutig „voraussagen" können. Die Erklärungskraft dieser Merkmale ist sehr groß, aber begrenzt[23].

Gleichzeitig wuchsen der Sinn und das Interesse für andere, nicht-sozialökonomische Kriterien sozialer Differenzierungen, Ungleichheiten, Spannungen und Konflikte. Sicher wird die Geschichte *ethnischer Gruppen,* Konflikte und Minderheiten hierzulande nie die Bedeutung erlangen, wie im ethnisch heterogenen Milieu der Vereinigten Staaten. Doch bietet die Geschichte der jüdischen Minderheit in Deutschland reiche sozialhistorische Einsichten, und auch zur polnischen Minderheit wurden neue Forschungen vorgelegt[24]. Die Bedeutung *konfessioneller* Unterschiede wird heute, z.B. bei der Erklärung des Wahlverhaltens oder sozialer Bewegungen, stärker gewürdigt als vor einem Jahrzehnt; die Sozialgeschichte der Religion, der Religiosität, auch der Volksfrömmigkeit ist in einem Aufschwung begriffen[24a]. Die Bedeutung *altersmäßiger* Differenzierungen wurde, wenn nicht neu entdeckt, so doch in der Forschung ernster genommen. Das Lebensalter und die jeweilige Phase im Lebenslauf entschieden zweifellos kräftig darüber mit, was der Beruf und die Klassenlage für die Lebenschancen, das Bewußtsein und das Verhalten der einzelnen wirklich bedeuteten. Die Forschung begann, klassenspezifische Erfahrungen und Lebensweisen nach Lebensphasen zu differenzieren. Die Herausbildung gesonderter Lebensphasen (Kindheit, Jugend, Erwachsensein, Alter) war selbst ein Ergebnis historischer Prozesse vor allem seit dem 18. Jahrhundert, die nunmehr verstärkt zum Thema wurden: die Entstehung der Kindheit, die Entstehung der Jugend, der Bedeutungswandel des Alters, der Tod und das Verhältnis der Menschen dazu. Lebenslaufforschung hat Auftrieb erhalten – von der Nacherzählung individueller Leben bis hin zur kollektivbiographischen Analyse. Generationenkonflikte und Jugendproteste werden jetzt häufiger untersucht, die letzteren vor allem im Zusammenhang der bürgerlichen und proletarischen Jugendbewegung seit dem späten 19. Jahrhundert.

Stärker als vor einem Jahrzehnt nimmt die Sozialgeschichte heute ernst, daß sich Menschen in bedeutsamer Weise nicht nur nach Klassen-, Schicht-, Standes- und Berufszugehörigkeit unterschieden, sondern u. a. nach dem Alter. Auch der Abfolge von Generationen und den generationsspezifischen Prägungen, die quer zu den Klassen und Schichten verlaufen und diese differenzieren, ist Aufmerksamkeit zugewendet worden[25].

Die Sozialgeschichte wird überdies verstärkt von der Erfahrung geprägt, daß sich die Menschen *nach Geschlecht* unterscheiden. Die Frauengeschichte gehört zu den wichtigsten Neuansätzen (nach Vorläufern natürlich) des letzten Jahrzehnts. Wie die Erfahrungen der Arbeiterbewegung und Impulse aus ihr die Erforschung von Arbeiterbewegung und Arbeiterschaft angetrieben haben und weiter antreiben, so bezieht – wenn auch in viel geringerem Maß – die neue Frauengeschichte einen Teil ihrer Energie aus der Frauenbewegung oder doch aus einigen ihrer Strömungen. Dahinter liegt die nunmehr stärker als Diskriminierung erfahrene und bekämpfte geschlechtsspezifische Ungleichverteilung vielfältiger Lebenschancen, von Benachteiligungen und Abhängigkeiten also, gegen die von verschiedenen Seiten und besonders aus feministischen Kreisen in sehr verschiedenartiger Weise angegangen und z. T. radikale, auch utopisch-alternative Kritik gesetzt wird. Damit und mit der tatsächlichen Außenseiterstellung von Frauen im Wissenschaftsbetrieb hängt kausal zusammen, daß die frauengeschichtliche Herausforderung an die Geschichtswissenschaft und besonders an die Sozialgeschichte bisweilen utopisch-überzogen auftritt und in Gegensatz zu den Grundprinzipien wissenschaftlichen Arbeitens gerät. Utopisch ist die Erwartung, daß man die Geschichte unter frauengeschichtlicher Perspektive radikal umschreiben könne und müsse: mit neuen Methoden und neuen Inhalten. So wichtig auch vorwissenschaftliche Erfahrungen und Interessen für die Art der geschichtswissenschaftlichen Problemdefinitionen sind, und so wichtig es auch schon deshalb wäre, mehr Historiker*innen* in der Geschichtsforschung, -schreibung und -lehre zu haben – wenig deutet darauf hin, daß eine solche Revision unseres Geschichtsbildes aus dieser Richtung zu erwarten ist. Und gerade wer die frauengeschichtlichen Neuansätze ernst nimmt und davon wünschenswerte Fortschritte für die Sozialgeschichte (und die Geschichtswissenschaft überhaupt) erwartet, wird ihre manchmal nicht fehlenden wissenschaftsfeindlichen, irrationalen Elemente entschieden kritisieren (auch wenn man den taktischen Nutzen spektakulärer Demonstrationen angesichts schwer zu verändernder Verhältnisse nicht schlechtweg verneinen kann). Zu jenen irrationalen Elementen gehört der bewußte Ausschluß von männlichen Historikern aus Veranstaltungen über Frauenthemen, sofern es sich um wissenschaftliche Veranstaltungen handelt, oder auch die Berufung auf spezifisch weibliche, über die Geschlechtsgrenze nicht kommunizierbare Zugänge im wissenschaftlichen Umgang mit vergangener Wirklichkeit. Die Beschäftigung mit Frauengeschichte unterliegt den gleichen wissenschaftlichen Rationalitäts- und Überprüfungskriterien wie andere Strömungen und Interessengebiete in der Geschichtswissenschaft auch; es sei denn, sie verzichtete auf den Anspruch, Geschichts*wissenschaft* zu sein[26].

In den meisten Fällen ist das aber gar nicht umstritten. Wichtiger ist, daß in der Tat das neue Interesse an Frauengeschichte neue Fragen und Themen in die Sozialgeschichte bringt, auf bisher wenig behandelte Dimensionen der historischen Realität aufmerksam macht und dann und wann zu enthüllen vermag, daß manche geschlechtsneutral erscheinende Argumentation, z. B. über „Arbeit" im 19. Jahrhundert, im stillen am empirischen Substrat der Arbeit von Männern orientiert ist, wie sich an der begrifflichen Nicht-Unterscheidung zwischen Arbeit und Männerarbeit und der Üblichkeit einer besonderen Benennung für Frauenarbeit ebenso verrät wie an der lange fehlenden Einbeziehung der nicht über Märkte vermittelten, hauptsächlich Frauen obliegenden Hausarbeit in zeitgenössisch-statistische und historisch-zurückblickende Bestandsaufnahmen[27]. Diese Erweiterung der Sozialgeschichte durch frauengeschichtliche Fragestellungen steht besonders in Deutschland noch sehr am Anfang[28]. Unglücklicherweise stoßen diese (wie andere) Neuansätze auf eine Situation, in der die Hochschulen nicht mehr wachsen, neue Stellen knapp sind und es Neuerungen viel schwerer haben, sich institutionell durchzusetzen, als vor anderthalb Jahrzehnten.

Nicht auf die Einrichtung eines neuen Spezialfachs „Frauengeschichte" kommt es an; mittel- und langfristig jedenfalls kann das nicht das Ziel sein. Denn einerseits kann man die Geschichte der Frauen ohne die der Männer nicht wirklich schreiben; man muß sie in die Geschichte der allgemeinen Strukturen und Prozesse einbetten. Andererseits kann die erstrebenswerte Differenzierung der allgemeinen Sozialgeschichte nur durch die stärkere *Einbeziehung* der frauen- oder besser: geschlechtergeschichtlichen Fragestellungen und Themen erreicht werden. Letztlich sollten die frauengeschichtlichen Anstöße der letzten Jahre die Konsequenz haben, daß in der Sozialgeschichte dem Unterschied zwischen Frauen und Männern und seiner sich wandelnden Bedeutung für Lebenschancen und Erfahrungen, soziale Beziehungen, Bewegungen und Konflikte, für Wirtschaft, Kultur und Politik stärker als bisher Aufmerksamkeit gewidmet wird – als einer wichtigen sozialen Differenzierungslinie neben und quer zu andern: von der Frauen- zur Geschlechtergeschichte als Bestandteil der allgemeinen Sozialgeschichte (in der doppelten Bedeutung dieses Worts)[29].

Konfessionelle Unterschiede, das Alter und die Geschlechtszugehörigkeit – das sind einige im letzten Jahrzehnt verstärkt berücksichtigte Dimensionen sozialer Ungleichheit neben und quer zu den sozialökonomischen Differenzierungen nach Berufsgruppe, Schicht, Stand oder Klasse. Die Kategorien zur Erfassung der sozialen Wirklichkeit haben sich verfeinert[30]. Die Koordinaten, mit denen man die soziale Realität „vermißt", wurden vielfältiger und – als Ensemble – schwerer zu handhaben. Es wird aber darauf ankommen, das relative Gewicht und das Zusammenspiel der verschiedenen Ungleichheitsdimensionen zu bestimmen, je nach Gesellschaft und Zeitraum vielleicht in verschiedener Weise.

So weit einige Bemerkungen, die sich vor allem auf Kontinuität und Wandlungen der Sozialgeschichte als Teilbereichsgeschichte („Sektorwissenschaft") beziehen. Aber eine reine, von anderen Teildisziplinen der Geschichtswissenschaft klar abgrenzbare Sozialgeschichte als „Sektorwissenschaft" hat sich in Deutschland (und überhaupt auf dem Kontinent) weniger klar etabliert als in England und den USA (was man nicht notwendigerweise als Nachteil werten muß)[31]. Bereits in den vorangehenden Ausführungen ist mehrfach angeklungen, daß die Sozialgeschichte häufig in Verbindungen auftritt: in Kombinationen mit der Geschichte anderer Teilbereiche, ohne daß man dies schon im oben definierten Sinn als Gesellschaftsgeschichte bezeichnen könnte. Im folgenden sollen drei solche Kombinationen kurz angesprochen werden: Sozial- und Wirtschaftsgeschichte, Sozial- und Politikgeschichte, Sozial- und Kulturgeschichte. Das Gewicht der Sozialgeschichte in solchen Kombinationen variiert. Ist es stark, wird man von wirtschaftsgeschichtlich bzw. politikgeschichtlich bzw. kulturgeschichtlich orientierter Sozialgeschichte sprechen. Am anderen Ende des Spektrums stehen Arbeiten wirtschaftshistorischer, politikhistorischer oder kulturhistorischer Natur mit nur leicht sozialgeschichtlicher

Einfärbung oder sozialgeschichtlichem Appendix. Es gibt viele Übergänge und Mischungsformen, deren Systematisierung schwierig, aber vielleicht auch nicht nötig ist.

2. Sozial- und Wirtschaftsgeschichte

Fest eingewurzelt und stabil ist die Kombination „Sozial- und Wirtschaftsgeschichte". Auch die Bezeichnung hält sich für die meisten zuständigen Universitätsseminare und -institute, im Titel einschlägiger Handbücher, Gesamtdarstellungen und Bibliographien, bei der Einteilung von Studien- und Prüfungsanforderungen. Weder die seit 1893/1903 erscheinende Vierteljahrschrift für Sozial- und Wirtschaftsgeschichte hat ihren Namen geändert noch die ebenso genannte Gesellschaft, wenn auch einer ihrer langjährigen Vorsitzenden seine zusammenfassende wirtschafts- und sozialgeschichtliche Darstellung 1977 lieber „Deutsche Wirtschaftsgeschichte" nannte, mit der Begründung, dies solle „den Leser von vornherein von ideologiebelasteten Spekulationen verschonen, die die traditionelle deutsche Kombination ‚Sozial- und Wirtschaftsgeschichte' nahelegt"[32]. Ähnlich ist es in anderen kontinentaleuropäischen Ländern, aber anders im anglo-amerikanischen Bereich. In der DDR zieht man die Bezeichnung „Wirtschaftsgeschichte" vor, aber was darunter realiter verstanden wird, entbehrt nicht der sozialgeschichtlichen Komponente[33].

Ein großer Teil der sozialgeschichtlichen Forschung geschieht bei uns – ertragreich im einzelnen, wenig spektakulär und ohne große Kontroversen – in enger Verbindung zur Wirtschaftsgeschichte. Das gilt vielleicht noch am wenigsten für die – im übrigen interessante und sozialgeschichtliche Ansätze (oft im Anschluß an Weber) verfolgende – Geschichte der Antike, aber auch dort verknüpfen sich sozial- und wirtschaftsgeschichtliche Fragen und Themen in vielen Bereichen, so in Studien zur Sklaverei, zur Stadt oder zum Handelswesen im griechischen und römischen Altertum[34]. Untersuchungen zur Grundherrschaft des Mittelalters schließen wirtschafts- und sozialgeschichtliche (z. T. auch verfassungsgeschichtliche) Aspekte ebenso ein, wie es die Forschungen über das Zunftwesen und einzelne Handwerke tun. Das gleiche gilt für Studien über Lebensunterhalt und Vermögensbildung, Arbeitsverhältnisse und Gewerbe in spätmittelalterlichen Reichsstädten sowie überhaupt für die fortschreitende Erforschung der mittelalterlichen Stadt, die auch im Hinblick auf die zunehmend rezipierten Thesen und Begriffe Max Webers an grundsätzlichem Interesse gewinnt[35]. Auch in den methodisch besonders bemerkenswerten sozialgeschichtlichen Forschungen zur Prosopographie (Kollektivbiographie) frühmittelalterlicher Klostergemeinschaften fehlt es nicht an wirtschaftsgeschichtlichen Aspekten[36].

Die frühneuzeitliche Gewerbe- und Agrargeschichte (Handwerk, Heimgewerbe, Manufakturen, Grund- und Gutsherrschaft), die Forschungen zum Bauernkrieg und zur Vorgeschichte der Französischen Revolution, aber auch die Literatur zur Wirtschafts- und Finanzpolitik der aufsteigenden Landesherrschaften bzw. Territorialstaaten enthalten zumeist sozial-, wirtschafts- und verfassungsgeschichtliche Dimensionen in enger Verknüpfung. Auch die bahnbrechenden primär wirtschaftsgeschichtlichen Arbeiten Abels über Strukturen und Krisen der spätmittelalterlichen und frühneuzeitlichen Landwirtschaft boten zugleich viele sozialgeschichtliche Einsichten. Natürlich müssen Studien über die Juden oder Hugenotten zur Zeit des Merkantilismus sowohl die wirtschaftliche Situation wie den sozialen Status der untersuchten Minderheit berücksichtigen. Die Debatte über „Protoindustrialisierung" ging zwar ursprünglich aus rein wirtschaftshistorischen Forschungen (F. Mendels) hervor. Aber die Aufmerksamkeit, die dieser Ansatz im letzten Jahrzehnt zeitweise fand, resultierte nicht zuletzt aus seiner Kraft (oder doch seinem Anspruch), wirtschaftsgeschichtliche (heimgewerbliche Produktion für überlokale Märkte), sozialgeschichtliche (u. a. Familie mit besonderer Struktur als Arbeitseinheit, ein besonderes Muster demographischer Reproduktion) und kulturgeschichtliche Dimensionen (besondere Mentalität, „plebejische Kultur") zu verknüpfen. Auch wenn die empirischen Überprüfungen der hieraus entstandenen Hypothesen oftmals zu negativen Ergebnissen zu führen scheinen (etwa was das Reproduktionsverhalten heimgewerblicher Familien angeht) und sich die empirischen Erträge bisher überhaupt sehr in Grenzen halten – dies war einer der interessantesten Neuansätze im letzten Jahrzehnt, und er integrierte Wirtschafts-, Sozial- und Kulturgeschichte[37].

Dieses enge Verhältnis von Sozial- und Wirtschaftsgeschichte beim Studium der „Vormoderne" kann nicht verwundern. Für die Wirklichkeit Alteuropas gilt, daß die Ausdifferenzierung eines separat zu analysierenden ökonomischen Teilsystems aus seinem gesamtgesellschaftlichen Kontext noch weniger weit fortgeschritten war als im 19.

und 20. Jahrhundert. Aber auch in den besonders zahlreichen Forschungen zur Geschichte der letzten zwei Jahrhunderte sind Wirtschaftsgeschichte und Sozialgeschichte oft sehr eng verknüpft. Das gilt – um ein paar Beispiele zu nennen – für den größten und besten Teil der Arbeitergeschichte wie auch für die Geschichte des Handwerks und der Handwerker[38]. Es gilt für die Unternehmer- und Unternehmensgeschichte, die sich – auch aufgrund der Initiativen der neuen Gesellschaft für Unternehmensgeschichte – im letzten Jahrzehnt intensiviert und positiv weiterentwickelt hat[39]. Auf die große Bedeutung des Industrialisierungskonzepts zur Strukturierung und Verknüpfung wirtschafts- *und* sozialhistorischer Forschungen wurde oben verwiesen. Dies gilt im Prinzip auch noch heute[40]. Allerdings hat sich bei der genaueren Behandlung sozialhistorischer Themen (z. B. Familie, Proletarisierung, Bildungssystem) ergeben, daß man den Einschnitt, den der Industrialisierungsbeginn im zweiten Drittel des 19. Jahrhunderts darstellt, auch nicht übertreiben darf[41]. Die Debatte über Protoindustrialisierung und den Property-Rights-Ansatz, die zunehmende Rezeption Max Webers, fortwirkende marxistische Anstöße, das vielfältige Interesse an Alternativen zur großbetrieblichen Fabrikproduktion und eine gewisse, sehr zu begrüßende Lockerung einiger in der Zeit des Kalten Krieges verfestigter Begriffstabus haben auch hierzulande zu einer Neubetonung des Kapitalismus-Begriffs geführt. Damit kommt die Bedeutung langfristiger Strukturveränderungen im Zusammenhang der Entstehung überlokaler und überregionaler Märkte in den Blick, Veränderungen, die längst vor Industrialisierungsbeginn im Gange waren und in der Industrialisierung lediglich gipfelten. Diese Verschiebung oder besser: Erweiterung des Blickwinkels relativiert die Bedeutung des Industrialisierungsprozesses ein wenig. Sie zeigt sich in der neuen Diskussion über die frühe Geschichte der Arbeiterschaft und die Anfänge der proletarischen Klassenbildung. Diese wird heute weniger eindeutig mit der Industrialisierung und der Durchsetzung des Fabriksystems in Verbindung gebracht als noch vor einigen Jahren[42]. Für den kapitalismushistorischen Ansatz (der übrigens keineswegs Allgemeingut geworden ist) gilt noch mehr als für den (weiterhin einflußreichen) industrialisierungshistorischen Ansatz, daß er wirtschafts- und sozialgeschichtliche Fragen, Themen und Forschungen verknüpft.
Zu den grundsätzlichen Ursachen der Verknüpfung von Wirtschafts- und Sozialgeschichte wurde oben[43] das Wichtigste angedeutet: die

enge Verflechtung ihrer Untersuchungsgegenstände im Objektbereich und die gemeinsame Tradition des Ausgegrenztwerdens; die Beharrungskraft einmal erfolgter institutioneller Weichenstellungen. Hinzugefügt werden sollte, daß die Nationalökonomisierung – oder allgemein: die Theoretisierung – der Wirtschaftsgeschichte gerade in der Bundesrepublik letztlich sehr begrenzt blieb (etwa verglichen mit den USA) und im letzten Jahrzehnt kaum weiter fortgeschritten ist; aber auch auf der Seite der Sozialgeschichte verlangsamte sich der Prozeß ihrer Durchdringung mit sozialwissenschaftlichen Theorien. Man wird das aus verschiedenen Gründen bedauern. Aber beides half mit, die Fortdauer der Kombination zwischen Wirtschafts- und Sozialgeschichte zu erleichtern, während eine rigorose Fortsetzung des Theoretisierungskurses beide wohl weiter auseinandergetrieben hätte[44]. Umgekehrt hat die Verknüpfung zwischen Sozialgeschichte und Wirtschaftsgeschichte dazu beigetragen, daß diese nie so eindeutig auf Wachstumsgeschichte verkürzt wurde wie die amerikanische und stärker als diese die institutionellen Faktoren sowie die sozialen Bedingungen und Folgen des wirtschaftlichen Wachstums im Blick behielt[45]. Für die Sozialgeschichte ist diese Teil-Verknüpfung mit Wirtschaftsgeschichte vor allem ein Vorteil. Sie bewahrt sie vor der leicht ideologisch werdenden Abstraktion von der Ökonomie, vor einer gerade heute sich manchmal andeutenden schöngeistigen Kulturalisierung. Zu wichtig war die Ökonomie, die Arbeit, der Kampf um die Beherrschung der Natur und um die Überwindung der jahrhundertealten Knappheit; zu grundlegend sind die ökonomischen Determinanten sozialer Strukturierungen und Konflikte, als daß sich die Sozialgeschichte leisten könnte, diese Dimension zu vernachlässigen[46]. Die Verbindung mit der Wirtschaftsgeschichte zwingt die Sozialgeschichte überdies zu methodischer Genauigkeit und Nüchternheit, und dies ist natürlich ein Vorteil. Aber andererseits wird die Sozialgeschichte innerhalb der Kombination „Sozial- und Wirtschaftsgeschichte" bzw. „Wirtschafts- und Sozialgeschichte" leicht erdrückt. Sie gerät da leicht zum Appendix[47]. Deshalb darf die Sozialgeschichte in der Kombination mit Wirtschaftsgeschichte nicht aufgehen, und sie tut es auch nicht. Heute noch weniger als vor zehn Jahren.

3. Politische Sozialgeschichte

Eine besondere Form der Verknüpfung von Sozial- und Politikgeschichte – die „politische Sozialgeschichte", wie man ungenau, aber
häufig sagt – stellte die wichtigste Entwicklung der 60er und frühen
70er Jahre dar. Sie war der wirkliche Hintergrund der erregten Grundsatzdebatten jener Jahre für und wider die Sozialgeschichte. Hier
schlug sich die damalige kritische Aufbruchstimmung am deutlichsten
nieder. Dies war der Ort, wo die Geschichtswissenschaft ihre kritische
Potenz am kraftvollsten entfaltete: als Kritik an herkömmlichen
Lehrmeinungen und damit an ihrer eigenen Tradition, zugleich als
Ideologiekritik mit dem Interesse an gesellschaftlich-politischer
Emanzipation.

Durch den Bezug politischer Entscheidungen, Prozesse und Strukturen auf sie bedingende oder doch beeinflussende soziale (und ökonomische) Interessen, Gruppen und Konflikte wurden herkömmliche,
primär politikgeschichtliche Sichtweisen relativiert. Geltungsansprü-
che vergangener Politik wurden mit ihren teils unbewußten, teils ver-
schwiegenen Geltungsbedingungen konfrontiert, sehr partikulare Interessen im anspruchsgemäß Allgemeinen entdeckt – Herrschafts-,
Traditions- und Ideologiekritik zugleich. Der Einfluß marxistischer
Gedankengänge war spürbar. Es ging um die sozialökonomischen Bedingungen und Funktionen der inneren und äußeren Politik wie um
die innenpolitischen Bedingungen und Funktionen der Außenpolitik.
Die ökonomischen Strukturen und Krisen, Interessen und Konflikte,
die Form und Organisation der Artikulierung von Interessen, die Bedingungen und Formen ihres Einflusses auf den politischen Entschei-
dungsprozeß sowie dessen klassen- und interessenmäßige Bedeutung
(cui bono?) – das waren zentrale Untersuchungsdimensionen dieser
sich damals als vielbeachtetes Minderheitenphänomen durchsetzenden „politischen Sozialgeschichte".

Ein allgemeines Interesse am Abbau überflüssiger Herrschaft und an
der Reduzierung sozialer Ungleichheit steckte dahinter, ebenso die
Überzeugung von der Möglichkeit menschlicher Emanzipation im
Verlauf vernünftig gestalteter Modernisierung. Spezieller, diese damals relativ junge Gruppierung von Historikern interessierte sich für
die großen Hindernisse, die der Durchsetzung von Freiheit und Demokratie gerade in Deutschland entgegengestanden hatten. Noch genauer, sie fragte nach den – eben auch langfristigen – Gründen für die

fundamentale Tatsache, daß Deutschland im Unterschied zu den großen Ländern des Westens faschistisch geworden war. Diese Erkenntnisziele reflektierten die kritischen, emanzipatorischen Grundstimmungen der Zeit, und sie motivierten die Forschung, meist in indirekter und wissenschaftlich produktiver Art und Weise.

Nur einige wenige thematische Schwerpunkte und Autoren seien genannt: Fritz Fischers und seiner Schüler Forschungen zum Ersten Weltkrieg und dessen Bedingungen stellten einen ersten Höhepunkt in Studien dieser Art dar. Hans-Ulrich Wehlers Veröffentlichung (und Einleitung) der Aufsätze von Eckart Kehr war von größter Bedeutung. Hans Rosenbergs Buch über „Große Depression und Bismarck-Zeit" hatte paradigmatische Wirkung. Die historische Verbandsforschung brachte reiche Ergebnisse, vor allem zum Kaiserreich. Der Imperialismus der damaligen Großmächte gehörte zu den bevorzugten Themen; man versuchte vor allem, ihn sozial, ökonomisch und innenpolitisch zu erklären. Überhaupt konzentrierte sich ein großer Teil dieser Forschung auf das Kaiserreich. Wehlers Kaiserreich-Buch von 1973 zog eine gewisse Bilanz und wurde zum zentralen Gegenstand grundsätzlicher Debatten über die ganze Richtung (die auf diesen wenigen Zeilen allerdings einheitlicher skizziert wird als sie war). Aber auch Forschungen zur Weimarer Republik und vor allem zum Aufstieg des Nationalsozialismus trug die „politische Sozialgeschichte" bei. Faschismustheoretische Ansätze wurden aufgenommen, die Grundlinien einer nicht-dogmatischen, sozial- und wirtschaftsgeschichtlichen Interpretation des Nationalsozialismus wurden entwikkelt[48].

Diese Forschungen waren und sind umstritten. Sie haben viel Aufmerksamkeit gefunden, auch international[49]. Vieles, was damals umkämpft war, findet sich heute in Gesamtdarstellungen und Schulbüchern wieder. Jene Forschungen haben unser Bild von der jüngeren deutschen Geschichte nachdrücklich verändert. Heute steht die „politische Sozialgeschichte" nicht mehr im Zentrum der Kontroversen. Es ist stiller um sie geworden. Was ist geschehen?

Zunächst ist zu betonen, daß Kombinationen zwischen Sozialgeschichte einerseits, Politikgeschichte (auch Verfassungs-, Verwaltungs- und Rechtsgeschichte) andererseits weiterhin stark florieren. Dabei werden ganz verschiedene Ansätze benutzt, und das relative Gewicht der Sozialgeschichte in dieser Kombination variiert: manchmal ist sie Leitplanke und steht ganz im Zentrum, manchmal tritt sie nur als dürftige Einbettung oder schmale Ergänzung einer ansonsten politik- oder verfassungsgeschichtlichen Themendurchführung auf. Einige Beispiele zur Illustration:

Das Verhältnis von Sozialstruktur und Politik bzw. Verfassung ist ein wichtiges Thema bei der Erforschung der römischen Kaiserzeit. Dabei spielt die prosopographische (kollektivbiographische) Analyse politisch aktiver Gruppen eine wichtige Rolle. Sie kann auch in bezug auf andere Perioden dazu dienen, etwas von den sozialen Grundlagen der Politik empirisch zu erfassen. – In engster Verbindung finden sich Sozial-, Rechts- und Verfassungsgeschichte in der spätmittelalterlichen Stände- und Stadtforschung. – Der Zusammenhang zwischen sozialen Bewegungen und Politik ist zentral für die Erforschung der frühneuzeitlichen Bauernunruhen (einschließlich der Bauernkriege des 16. Jahrhunderts). – Die klassenanalytische Einordnung des absolutistischen Fürstenstaats und seiner mehr oder weniger modernisierenden Auswirkungen auf die Sozialstruktur gehört zu den großen Themen der Geschichte des 17. und 18. Jahrhunderts. – Ertragreiche neuere Studien zu Reformen des frühen 19. Jahrhunderts liegen vor, die Wirtschaft, Gesellschaft und Politik aufeinander beziehen. Ebendies tut die neuere Revolutionsforschung auch. – Die Geschichte des Parlaments und der politischen Parteien in Deutschland schreitet stetig voran und bezieht sozialgeschichtliche Überlegungen teilweise mit ein. – Die Sozialgeschichte der Sozialpolitik macht deutliche Fortschritte[50].

Das gerade abgeschlossene Großprojekt zur Geschichte der Inflation 1914–1923 hat viele neue Einsichten zum Verhältnis von Sozialstruktur, Verfassung und politischen Entwicklungsprozessen vorgelegt. – Heinrich August Winklers neue Gesamtdarstellung von Arbeiterschaft, Arbeiterbewegung und Weimarer Republik setzt die Tradition der „politischen Sozialgeschichte" fort (und erweitert sie erfolgreich). – Wenn sich auch die Sicht allmählich verschiebt (von der Betonung der sehr unterschiedlichen Verantwortung verschiedener sozialer Klassen hin zu einer eher „volksparteilichen" Sicht der NSDAP auch schon vor 1933) und neben sozialökonomischen auch zunehmend konfessionelle, regionale und andere soziale Merkmale in die Untersuchung einbezogen werden – der Zusammenhang zwischen gesellschaftlicher Krise und Aufstieg des Nationalsozialismus bleibt eines der großen Themen der politischen Sozialgeschichte. Die Frage nach den sozialen Funktionsbedingungen und Folgen der nationalsozialistischen Diktatur steht weiterhin im Zentrum der Forschung, so sehr sich diese durch Aufnahme erfahrungs- und alltagsgeschichtlicher Dimensionen erweitert und verändert. – Vor allem ist (für die Weimarer Republik und das Kaiserreich) auf die historische Wahlforschung zu verweisen. In ihr geht es ja ganz zentral um das Verhältnis von Sozialstruktur und politischer Machtverteilung. Hier zeigen sich große Fortschritte, gerade was die Einsicht in die soziale Basis des Nationalsozialismus angeht[51].

Auch ist bemerkenswert, wie einige Rechtshistoriker die Entwicklung des Staats- wie des Privatrechts immer häufiger in ihren sozialgeschichtlichen Kontext stellen, den sie mit zunehmender Genauigkeit zur Kenntnis nehmen und rekonstruieren[52].

Die Art und Weise, in der Sozialgeschichte und Politikgeschichte miteinander verknüpft werden, wechselt. Das Spektrum reicht von der schieren Verschmelzung etwa in der Brunnerschen Mittelalter- und Frühneuzeitgeschichte bis hin zur analytischen Frage nach den Wechselbeziehungen zwischen sozialen Gruppen und politischen Entscheidungsprozessen, etwa in den besseren Studien zur Vorgeschichte der nationalsozialistischen „Machtergreifung"[53]. Einerseits ist die Frage nach den staatlich-politischen Beeinflussungen sozialer Strukturen und Prozesse, Gruppen und Mentalitäten geradezu zentral bei der Erforschung der häufig so stark vom Staat geprägten deutschen Sozialgeschichte[54]. Andererseits wird weiterhin nach den sozialen (und ökonomischen) Bedingungen, Einflüssen und Determinanten staatlicher Politik (wie auch nach deren Bedeutung für soziale und ökonomische Interessen) geforscht – oft ganz in der ideologiekritischen Tradition der politischen Sozialgeschichte der 60er Jahre[55]. „Why does social history ignore politics?", fragten neulich mit kritischem Stirnrunzeln zwei englische Historiker. Die deutsche Sozialgeschichte können sie dabei wohl kaum gemeint haben[55a].

Aber gegenüber den 60er und frühen 70er Jahren hat sich einiges geändert. Zunächst: Das intellektuelle Klima hat sich gewandelt. Zentrale Begriffe der damaligen Zeit – „Emanzipation", „Praxisbezug", „Relevanz" – spielen in der öffentlichen Diskussion kaum noch eine Rolle. Dafür liest man viel von „Sinnstiftung", „Identität" und auch „Heimat"[56]. Nicht das Sichreiben an „verkrusteten" Verhältnissen und das Streben nach ihrer Verflüssigung stehen hinter der Gesellschafts- und Zivilisationskritik heute, eher schon die Angst vor allzu rasanter, sich verselbständigender Veränderung. Mit dem grundsätzlichen Zukunftsoptimismus und dem Vernunftglauben der 60er Jahre ist die Neigung zu pointierter Traditionskritik schwächer geworden. Dazu kommt, daß die Erfahrung der nationalsozialistischen Diktatur nun weiter zurückliegt und sich als Flucht- und Bezugspunkt kritischer Interpretationen der neueren deutschen Geschichte weniger zwingend aufdrängt[57]. Kurz und gut, die traditionskritische Einfärbung der politischen Sozialgeschichte der 60er und frühen 70er Jahre ist verblaßt. Nicht, daß sie ins Gegenteil umgeschlagen wäre. Weder nationale Apologie noch die Ideologisierung des industriekapitalistischen Wirtschaftssystems zeichnet sich ab. Modernisierungs- und industrialisierungskritische Sichtweisen haben sogar an Boden gewonnen. Aber der vorherrschende Tenor ist moralisch distanzierter als früher, enthaltsamer gegenüber politischen Urteilen; die Historiker sind wieder verständnisvoller geworden. Selbst bei der Einordnung des Nationalsozialismus zeichnet sich das ab. Und die Anzeichen häufen sich, die auf eine freundlichere Bilanzierung des Kaiserreichs hindeuten, und darüber hinaus: Deutschlands im 19. Jahrhundert. Die darauf bezogenen Debatten sind sicher noch längst nicht beendet[58].

Zum andern: Sozialökonomischer Determinismus hat zwar auch in der politischen Sozialgeschichte der 60er und frühen 70er Jahre nie mehr als eine unwesentlich-marginale Rolle gespielt. Aber teils explizit, teils in der Begriffsbildung und Problemdefinition implizit, waren doch manche bereit, ökonomischen Faktoren eine gewisse Maßgeblichkeit im geschichtlichen Gesamtprozeß zuzugestehen, in partieller Anknüpfung an marxistische Traditionen, wenn auch fast durchweg in deutlicher Absetzung zum marxistisch-leninistischen Basis-Überbau-Schema. Als „pseudo-marxistisch" kritisierten das denn auch die strammen Vertreter des rechten Glaubens aus der DDR[59]. Die analytische Fruchtbarkeit historisch-materialistischer Ansätze, undogmatisch und mit Bereitschaft zur Selbstkritik verwendet, scheint mir auch heute weder überholt noch hinreichend ausgeschöpft zu sein[60].

Aber es ist merkwürdig und im Grunde bedauerlich, wie rasch in den letzten Jahren marxistische Begriffe, Titel und Argumente aus den zeitkritischen Debatten, aus den gängigen Taschenbuchreihen und den sozialwissenschaftlichen Lehrveranstaltungen verschwunden sind. Unter den Universitätshistorikern der Bundesrepublik waren konsequent marxistische Positionen auch in den 60er und frühen 70er Jahren nur äußerst schwach vertreten, viel schwächer als in England oder Frankreich. Darüber darf man sich von der damaligen aufgeregten Kritik am angeblich überhandnehmenden Neomarxismus in der Wissenschaft nicht täuschen lassen[61]; sie beweist nur den mangelnden Proportionssinn der Kritiker. Noch viel eindeutiger gilt das für heute. Dieser schnelle Niedergang marxistischer Interpretamente zumindest in der Bundesrepublik hat Gründe und Folgen, die hier nicht weiter verfolgt werden können; sie würden einen Essay lohnen, der sich auch mit den Moden im Kulturleben und dem geringen Tiefgang intellektueller Stimmungen beschäftigen müßte.

Hier soll nur betont werden, daß die Neigung zur sozialökonomischen Analyse von Gesellschaft und Politik mit der Attraktivität marxistischer Argumente deutlich zurückgegangen ist. Das Aufdecken sozialökonomischer Bedingungen und Funktionen von politischen Strukturen und kulturellen Strömungen reißt heute niemanden vom Stuhl. Die Ökonomie sei kein Zaubertrank, um historische Erfahrungen zu verstehen, meinte kürzlich Dieter Groh[62], und damit formulierte er zweifellos, was viele der heute an Erfahrung, Kultur und Lebenswelt interessierten Historiker denken. Die Einsicht wächst – und dies ist ein Fortschritt, der sich übrigens teilweise *im Rahmen* und ohne Sprengung historisch-materialistischer Ansätze vollzieht[63] –, daß eine Vielzahl von bedeutsamen Wirklichkeitsfaktoren in dem früher üblichen Kategoriensystem der kritischen „politischen Sozialgeschichte" nicht genügend berücksichtigt wurden. Ich nenne: Erfahrungen (neben Interessen), kulturelle Deutungsmuster (neben sozialen Strukturen), Familie und Verein (neben Unternehmen und Verbänden), um diesen Prozeß der sich abspielenden kategorialen Erweiterung beispielhaft anzudeuten. Die Zahl der zu spielenden Bälle nimmt zu, begriffliche Verstrebungen lockern sich, das entstehende Bild wird komplexer, reicher und – unübersichtlicher.

In diesem Zusammenhang ist auch die Überzeugung von der Eigenständigkeit der Politik gegenüber sozialökonomischen Strukturen und Prozessen deutlich gewachsen. Man fragt i. d. R. nach Wechselwirkungsverhältnissen zwischen Politik und Ökonomie; man unterstellt nur selten die Präponderanz der letzteren, wenn man natürlich auch einräumt, daß sich diese als Ergebnis empirischer Untersuchungen innerhalb eines bestimmten Zeitraums oder Problemzusammenhangs in vielen Fällen herausstellt. Eine ähnliche Lockerung hat sich in den Vorstellungen über das Verhältnis von Innen- und Außenpolitik vollzogen; die Denkfigur eines generellen „Primats der Innenpolitik" hat sehr an Wirkung verloren[64].

Man kann diese Entwicklungen im Interesse an einer undogmatischen historisch-materialistischen Sichtweise bedauern, zu der die hypothetische Grundannahme einer gewissen Präponderanz sozialökonomischer Faktoren gehört, und sei es auch nur in der Weise, daß dies die Situierung des Problems und die Formulierung von Erwartungen leitet (die im Zuge der empirischen Forschung für den jeweils untersuchten Bereich je nach Evidenz zu bestätigen oder zurückzuweisen sind). Man kann diese Entwicklung aber auch als einen Zuwachs an Flexibilität begrüßen, die der „politischen Sozialgeschichte" gerade bei der Untersuchung jener Gesellschaftssysteme zugute kommt, in denen besonders starke Entwicklungsschübe vom Staat und von der Politik herkamen (etwa zur Zeit der absolutistischen Staatsbildung des 18. Jahrhunderts oder in der neuesten Zeit).

4. Sozialgeschichte und Kultur

Die Verknüpfung der Sozialgeschichte mit der Wirtschaftsgeschichte ist alt, bewährt und in aller Regel nicht kontrovers. Die Verknüpfung der Sozialgeschichte mit der Politikgeschichte war – in einer spezifischen, ideologiekritischen Variante – die heiß debattierte Neuerung der 60er Jahre („politische Sozialgeschichte"); mittlerweile ist sie in ruhigeres Fahrwasser geraten und tritt in vielen verschiedenen Formen auf. In den Mittelpunkt des Interesses ist in den letzten Jahren die Verknüpfung der Sozialgeschichte mit einer bestimmten Form von Kulturgeschichte getreten. Dies soll jetzt etwas eingehender diskutiert werden, obwohl, quantitativ gesehen, der Ertrag dieser Richtung noch weit hinter dem der Sozial- und Wirtschaftsgeschichte und dem der Sozial- und Politikgeschichte zurückliegt. Immerhin handelt es sich hier um interessante Neuansätze, wenn auch um Minderheitsphänomene.

Mit der Forderung nach der kulturgeschichtlichen Ergänzung, Erweiterung bzw. Transformation der Sozialgeschichte werden oftmals weitreichende Erwartungen verbunden, vor allem auch die, auf diese Weise die alltäglichen Erfahrungen und Wahrnehmungen, Handlungen und Betroffenheiten der „kleinen Leute" besser rekonstruieren und Geschichte „von innen und unten" betreiben zu können. Nicht die stärkere Einbeziehung kulturgeschichtlicher Fragen als solche, wohl aber dieses Bündel daran geknüpfter Erwartungen ist kontrovers, wie sich vor allem in den Debatten um „Alltagsgeschichte" zeigt[65].

Sicherlich bedeutet „Kultur" in diesem Zusammenhang nicht (oder doch nicht allein) die Produktion, das Ergebnis und die Aneignung einer mit eigenen Institutionen und spezialisiertem Personal ausgestatteten, als Teilsystem ausdifferenzierten *Hochkultur* (Kunst, Literatur, Ideen, wohl auch Wissenschaft und Religion). Nicht daß die Sozialgeschichte der Kultur in diesem Sinne uninteressant wäre oder als bereits geleistet gelten könnte. Ganz im Gegenteil: Die sozialgeschichtliche Interpretation von Literatur und Kunst macht deutliche Fortschritte, vor allem aufgrund von Arbeiten sozialgeschichtlich orientierter Literatur-, Kunst- und Musikwissenschaftler[66]. Die Sozialgeschichte einiger kultureller Institutionen, vor allem der Universitäten, ist gut erforscht. Nur punktuell wird dagegen die Entstehung, Veränderung und Wirkung großer Ideen sozialgeschichtlich untersucht – so z. B. im Umkreis der Aufklärung. Dabei geht die Geschichte der Hochkultur in die Geschichte der Erfahrungen, Aneignungsformen und Lebensweisen bestimmter, primär bildungsbürgerlicher Schichten über. Rezeptionsgeschichtliche Studien – etwa zum Bürger als Leser, zum Musik-, Theater- oder Leseverein, aber etwa auch zur Badereise als Chance zur Bildung und Kommunikation – eröffnen den Zugang[67]. Trotzdem, in diesem Sinne allein ist „Kultur" nicht gemeint, wenn gegenwärtig die kulturgeschichtliche Ergänzung, Erweiterung oder Transformation der Sozialgeschichte gefordert und praktiziert wird.

Vielmehr scheint Kultur im Kontext solcher Forderungen und Neuansätze – ich rekonstruiere[68] unter Beachtung des Kriteriums der inneren Stimmigkeit und in der Absicht, die beim Gebrauch dieses Begriffs derzeit übliche Ausuferung zu vermeiden – ein System (ein „Gewebe" oder „Muster") von Zeichen zu meinen, das für eine größere Zahl von Menschen (eine Berufsgruppe, einen Stand, eine Klasse, eine Religionsgemeinschaft, ein Dorf, ein Volk, die Mitglieder einer Gesellschaft etc.) Wirklichkeit *sinnvoll deutet* und damit deren soziale Beziehungen (Kommunikation, Zusammengehörigkeit und Abgrenzung) ebenso erst ermöglicht wie deren Verhältnis zu sich selbst und zu ihrer Umgebung (einschließlich der Natur). Solche Deutungen enthalten Informationen über wahr und falsch, gut und böse (gerecht und ungerecht), schön und häßlich. Sie bestimmen darüber mit, in welchen Zusammenhängen die Menschen ihre Wirklichkeit wahrnehmen und einordnen, wie sie Tatbestände, Handlungen, Innovationen moralisch bewerten und zu welchen ästhetischen Einstellungen sie gelangen. Solche Deutungen prägen die sich nur langsam verändernden Mentalitäten, die Handlungsdispositionen, die Lebensweise der Menschen mit. Zum Ausdruck gebracht werden solche bedeutungsvollen, sinndeutenden Zeichensysteme durch eine Vielzahl von Phänomenen – durch solche, die, wie bestimmte Texte, Normenkataloge, Symbole, Kunstwerke, mündliche Überlieferungen, religiöse Akte, Rituale, Bräuche, Gesten etc., vornehmlich diesem Zweck dienen; zum Ausdruck gebracht werden sie aber auch in solchen Vollzügen und Produkten, die primär anderen Zwecken dienen (etwa der Befriedigung sonstiger Bedürfnisse, der Arbeit, der Machtausübung, der argumentativen Überzeugung, der Reproduktion). *Insofern* können viele andere Lebensäußerungen, Handlungen oder Produkte – ein handwerklicher Vollzug, eine parlamentarische Rede, ein Liebesverhältnis, eine Bestrafung, ein industrielles Produkt im Museum, eine Vereinssatzung – *zugleich auch* als Momente eines kulturellen Zusammenhangs interpretiert werden. „Kultur" in diesem Sinn verändert sich in der Zeit, aber sie unterliegt nicht dem schnellen Wandel; vielmehr besitzt sie genügend relative Konstanz und Eigengewichtigkeit, daß sie trotz des Wechsels der Individuen, deren Erfahrungen und Handlung sie mit steuert und durch deren Erfahrungen und Handlungen sie ausgedrückt und immer neu reproduziert wird, mit sich identisch bleibt und – etwa von Individuum zu Individuum, von Generation zu Generation – *tradiert* werden kann[69]. Zwei Implikationen dieser Umschreibung seien genannt, einige Folgerungen gezogen:

1. Zweifellos führte die Analyse der Kultur in diesem Sinn nah an die alltäglichen Wahrnehmungen, Erfahrungen, Aneignungen, Handlungen und Betroffenheiten der Zeitgenossen heran. Was die allmähliche Durchsetzung der Marktwirtschaft und dann der großbetrieblichen Produktion für die damit in Berührung kommenden Handwerksgesellen der 1840er Jahre bedeutete, wie diese Prozesse (oder strukturellen Veränderungen) von ihnen erfahren wurden, warum sie so und nicht anders dazu Stellung nahmen und sich so und nicht anders dazu verhielten – das entschlüsselt man erst, wenn man ihre Kultur im gerade definierten Sinn, ihre davon bestimmten Mentalitäten und gewöhnlichen Lebensweisen kennt und in die Argumentation einbezieht. Kultur in diesem Sinn färbt, prägt und steuert die Wahrnehmungen der Wirklichkeit, die Erfahrungen der Veränderungen, die daraus entstehenden Betroffenheiten und Aktivitäten (Verarbeitungs- und Aneignungsversuche, Zurückweisungen, Handlungen). – Aber: Während die einzelnen bedeutungsvollen und sinnmachenden „Zeichen", ein-

zelne kulturelle Ausdrücke also (eine Märchenerzählung, die demonstrative Entfaltung einer Fahne, eine Katzenmusik, eine Messe), von den einzelnen Zeitgenossen als bedeutungsvoll erfahren und als sinnvoll verstanden werden konnten und – falls wirksam – auch wurden, gilt das nicht notwendig für das „Gewebe" der Zeichen, also die Kultur, deren Teile jene einzelnen Zeichen oder Ausdrücke waren. Die zeitliche Erstreckung dieses „Gewebes" überstieg die zeitliche Erstreckung der Erfahrungen einzelner Menschen. Um den übergreifenden „Sinn" jenes Gewebes zu entschlüsseln (je nach Fragestellung des Forschers, versteht sich, in je verschiedener Weise, und deshalb soll man das Reden von ihrer „sozialen Logik" besser vermeiden) bedarf es mehr als der Rekonstruktion der Erfahrungen, in denen jener Sinn nur zum Teil und vielleicht nur verzerrt präsent war. Es bedarf vielmehr der Entschlüsselung einer kulturellen Struktur, die immer nur partiell in den Erfahrungen einzelner zu erfassen ist. „Kultur" und „Struktur" sind weder Gegensätze noch Begriffe in Spannung. Kulturgeschichte und Erfahrungsgeschichte sind nicht identisch[70]. Kulturgeschichte, richtig betrieben, hat zweifellos ihre erfahrungsgeschichtliche Komponente: sie führt eng an die Wahrnehmungen, Erfahrungen und Handlungen der Zeitgenossen heran. Darauf, so scheint es, beruht ihre gegenwärtige Attraktivität. Aber sie braucht auch strukturgeschichtliche Zugriffe und – in diesem Zusammenhang – natürlich auch Theorien. Sie führt nicht unbedingt zur Rekonstruktion von Alltagserfahrungen, und schon gar nicht „von innen". Man wird die Erfahrungen der Zeitgenossen sicher ohne Berücksichtigung ihrer kulturellen Deutungsmuster nicht rekonstruieren können, aber durch die hermeneutisch-verstehende Rekonstruktion ihrer Erfahrungen begreift man noch lange nicht ihre Kultur. Diese Differenz wird i. d. R. zuwenig beachtet und deshalb häufig Kultur- und Erfahrungsgeschichte – unter dem Stichwort „Alltagsgeschichte" – fälschlich synonym gefordert[71].

2. „Kultur" im oben umschriebenen Sinn meint nur im Ausnahmefall der primär für gebildete Bevölkerungsminderheiten gültigen und selbst bei diesen nicht die Totalität der für sie relevanten kulturellen Deutungen abdeckenden Hochkultur ein ausdifferenziertes Teilsystem der historischen Wirklichkeit mit darauf spezialisierten Institutionen und darauf spezialisiertem Personal (und sei es auch nur in dem Maße, in dem die Politik und die Wirtschaft in der neueren Geschichte ausdifferenzierte Teilsysteme darstellen). Vielmehr stellt Kultur im

hier gemeinten Sinn eine Dimension geschichtlicher Wirklichkeit dar, begrifflich abgrenzbar von Ökonomie, Politik und Sozialstruktur, aber mit ihnen realiter aufs engste verbunden und verwoben[72]. Deshalb, so scheint es, ist auch die Kultur im hier genannten Sinn nicht in ähnlicher Abgegrenztheit wie die Wirtschaft oder der Staat bzw. die Politik zum Untersuchungsfeld einer geschichtswissenschaftlichen Teildisziplin (à la Wirtschaftsgeschichte oder Politikgeschichte) geworden. Kultur im hier gemeinten Sinn wird herkömmlicherweise vor allem von der Volkskunde, der Ethnologie und der Kultur- bzw. Sozialanthropologie zum zentralen Thema gemacht; Anregungen und Anleihen aus diesen Fächern spielen in der gegenwärtigen kulturgeschichtlichen Erweiterung der Sozialgeschichte denn auch eine große Rolle[73]. In gewisser, sicher oft nicht ausreichender, oft nur dem common sense verpflichteter Weise ist sie immer auch in der Geschichtswissenschaft und besonders in der Sozialgeschichte mit behandelt worden, insoweit es in dieser ja immer auch um Handlungen, Haltungen, Einstellungen und Mentalitäten von Gruppen, Ständen, Klassen und Schichten ging[74]. Die bewußte, kontrollierte, methodisch phantasiereiche Thematisierung dieser Dimension macht derzeit Fortschritte. Theoretische Überlegungen und die Verwendung kulturentschlüsselnder Theorien aus der Kultursoziologie und den bereits genannten Nachbarwissenschaften werden sicher noch weiterführen[75]. – Aber die Entwicklung wird m. E. nicht auf eine separate Teildisziplin „Kulturgeschichte" hinauslaufen. Zu verwoben ist die Dimension der Kultur, der Deutungen, mit den anderen Dimensionen historischer Wirklichkeit, als daß eine separate Kulturgeschichte chancenreich sein könnte. Zu sehr auch bedarf im Grunde die Sozialgeschichte, wenn es ihr denn um die Analyse sozialer Strukturen, Prozesse und Handlungen gehen soll, der Einbeziehung jener handlungsleitenden, soziale Prozesse und Strukturen mit beeinflussenden kulturellen Dimension.

Dieser Prozeß ist im Gang. In dem Maß, in dem das Vertrauen in strikt sozialökonomische Gesellschaftstheorien und Interpretationsmuster ein wenig abnahm, wuchs das Interesse an der kulturellen Dimension[76]. Die Einflüsse der Ethnologie und der Volkskunde drängten in dieselbe Richtung. Mit einiger Verzögerung begann auch die deutsche Sozialgeschichte (oder besser: einige Teile von ihr), die Volkskunde zur Kenntnis zu nehmen, die sich längst sozialgeschichtlich-sozialwissenschaftlich reorientiert und viel zu bieten hatte[77]. Möglicherweise hängt es auch mit sehr grundsätzlichen Veränderungen der Wirklichkeit in den hochindustrialisierten (manche sagen: postindustriellen) Gesellschaften zusammen, daß die Kultur im skizzierten Sinn an Gewicht, Eigenständigkeit und vor allem Interesse gewinnt: Je weniger Gesellschaften, im Zuge der langfristigen Reduktion von Knappheit, der Abnahme der Arbeitszeit und der Veränderung von Werten, in ihrem Charakter als Wirtschafts- und Arbeitsgesellschaften aufgehen – und sicher tun dies die technisch-industriell hochentwickelten Gesellschaften, vor allem des Westens, heute weniger als im 19. Jahrhundert –, desto mehr Spielraum, Bedarf und vor allem Sensibilität entwickeln sich vielleicht für jene Dimension der geschichtlich-gesellschaftlichen Wirklichkeit, die hier als „Kultur" bezeichnet wird[78].

Allgemein läßt sich in großen Teilen der Sozialgeschichte, insbesondere außerhalb der traditionellen Verbindung von Wirtschafts- und Sozialgeschichte, ein ansteigendes Interesse für die Wahrnehmung, die Erfahrung, die Verarbeitung der Wirklichkeit durch die Zeitgenossen im Rahmen kultureller Deutungsmuster feststellen, eine wachsende Sensibilität für Bräuche, Feste und Symbole, überhaupt für die symbolisch-expressive (neben der instrumentell-zweckrationalen) Dimension des Handelns, der sozialen Beziehungen und der Institutionen; die Bereitschaft, im Grundsatz bekannten Untersuchungsgegenständen (etwa den Streiks) unter kulturgeschichtlicher Fragestellung neue Aspekte abzugewinnen; daneben die Neugier auf neue Themen (Geschichte der Gestik, der Gerüche, der Beleuchtung, der Moden, der Emotionen)[79]. Wie gesagt: weder ist das ganz neu, noch erwärmen sich alle Sozialhistoriker für diese Erweiterungen, doch der Trend ist unübersehbar und wird von den Verlagen gern unterstützt.

Als besonders fruchtbare Bereicherung wirkt sich dieser Trend dort aus, wo die intensive Einbettung in die Sozialgeschichte erhalten bleibt, d. h. die Erforschung der „Kultur" im hier gemeinten Sinn gruppen-, klassen- und schichtenspezifisch sowie unter Beachtung der Arbeitsverhältnisse und der Herrschaftsbeziehungen vor sich geht. Die Arbeit des Volkskundlers und Sozialhistorikers Rudolf Braun über „Industrialisierung und Volksleben" in einem ländlichen Gewerbegebiet bei Zürich ist so etwas wie ein Klassiker geworden, zu Recht. Die Diskussion über Protoindustrialisierung konnte viele seiner Anstöße aufnehmen und fortführen; die Frage nach der Kultur und der Lebensweise der heimgewerblichen Produzenten war und ist auf diesem Forschungsgebiet zentral[80]. Wenn es gelingt, marxistische Grundpositionen mit kulturgeschichtlichen Interessen zu verknüpfen und gleichzeitig sozialökonomischen Determinismus zu vermeiden, ist die Chance zur fruchtbaren Verbindung von Sozial- und Kulturgeschichte besonders groß. Verschiedene Arbeiten von Volkskundlern aus der DDR belegen das ebenso wie E. P. Thompsons ungemein einflußreiches Werk „The Making of the English Working Class", obwohl bei Thompson eine gewisse Unschärfe bei der Behandlung sozialökonomischer Strukturen und eine gewisse Neigung zur Hypostasierung von Kultur und Erfahrung nicht zu übersehen sind. Thompsons Werk erschien 1963, aber seine breiten Wirkungen entfaltete es erst in den 70er Jahren[81]. Die „Arbeiterkultur" wurde zum großen Thema von Debatten und Forschung erst im letzten Jahrzehnt: ein Beispiel für die großen Möglichkeiten klassen- und berufsgruppenspezifisch differenzierender Erfassung von Kultur, als Teil der Arbeiter-Sozialgeschichte betrieben, die sich damit veränderte[82]. Zunehmend hat die historische Protestforschung die kulturelle, expressive, symbolische Dimension von Tumulten, Aufläufen, Maschinenstürmen und Streiks wahrgenommen (und dabei kräftig von Thompson gezehrt); zunehmend hat sie den kulturellen Kontext ernst genommen, aus dem heraus Proteste entstanden[83]. Die einschlägigen Arbeiten wurden sowohl von kulturhistorisch interessierten Sozialhistorikern wie von sozialgeschichtlich orientierten Volkskundlern vorgelegt; diese disziplinäre Grenze hat sich sehr verflüssigt, wie sich auch bei der Behandlung anderer Themen zeigt[84].

In besonderer Weise transportiert die Sprache Deutungen der Wirklichkeit; ihre Untersuchung kann einen wichtigen Zugang zur Kulturgeschichte öffnen. Auch dabei gilt: die Ergebnisse sind um so besser, je mehr die Verknüpfung zur Sozialgeschichte gelingt. Dies zeigt sich an einem der großen Forschungsunternehmen der letzten Jahre, am „Historischen Lexikon zur politisch-sozialen Sprache in Deutschland" („Geschichtliche Grundbegriffe")[85]. Dessen Artikel sind um so gewichtiger, je mehr es gelingt, den Bedeutungswandel der ausgewählten Zentralbegriffe in ihrer Bedingtheit durch realhistorische Veränderungen und in ihrer Bedeutung für diese einsichtig zu machen. Gerade bei den über viele Jahrhunderte reichenden Artikeln gelingt das nicht immer. Aber im Prinzip hat die Sozialgeschichte der Begriffe ihre Fruchtbarkeit erwiesen, und sie paßt, obwohl älter, sehr gut zu den neuen kultur-, d. h. deutungshistorischen Interessen in der Sozialgeschichte.

Kontrovers beurteilt wird eine kategoriale Folge der neuen kulturhistorischen Akzentuierung: die Thematisierung des „Volkes" im Kontext von „Volkskultur". Nicht so sehr die ideologische Belastung des Volksbegriffs muß hierbei stören, die offenbar für Jüngere weniger ins Gewicht fällt und in der Tat nicht zur Tabuisierung des Wortes führen muß, solange sie bewußt bleibt und soweit es gelingt, sich von der entdifferenzierenden, innere Heterogenität verneinenden Bedeutungsebene zu distanzieren, die dem Begriff „Volk" anders als dem Begriff „Gesellschaft" so leicht eigen ist. Auch ist nicht zu bestreiten, daß es geschichtswissenschaftliche Fragestellungen gibt, in denen Zusammenfassungen wie „Volk", „kleine Leute" oder „untere Schichten" völlig unverzichtbar sind: herrschafts-, protest- und revolutionsgeschichtliche Fragestellungen z. B. Auch gab es in der Tat viele historische Situationen, in denen sich die „kleinen Leute" als solche, als „Volk" identifizierten und von „denen da oben" in sich wandelnder, verschiedenartiger Sprache abgrenzten, wie man umgekehrt „von oben" auf sie undifferenziert als „Volk" herunterblickte. Aber genau gefragt werden muß, ob und ggf. wann, inwiefern und trotz welcher Differenzierungen so etwas wie „Volkskultur" (im oben definierten Sinn von Kultur) bestand. Denn hinsichtlich der für sie relevanten Deutungsmuster, der kulturellen Ausdrucksformen und der dadurch gesteuerten Erfahrungen unterschieden sich eben auch schon vor 1800 Handwerksgesellen und Bauernknechte, Hausgesinde und Bettler, kleine Meister, Bauern und Vagabunden voneinander sehr[86]. Besonders problematisch wird das Reden von „Volkskultur", wenn es mit idyllisierend-zivilisationskritischen Beiklängen geschieht und die ganze neuere Geschichte als Kampf der einstmals vitalen, aber allmählich untergehenden „Volkskultur" gegen die zähmende Penetration der sich langfristig durchsetzenden – aber notgedrungenerweise einige Spielräume für volkstümlichen „Eigensinn" übriglassenden – Elitenkultur dargestellt wird[87]. Andererseits mag es gerade die kulturgeschichtlich erweiterte Frage nach der (immer unvollkommenen) Durchsetzung von Herrschaft, nach der „inneren Staatsbildung" und der „Sozialdisziplinierung" sein, unter der es legitim und notwendig ist, auf die der Herrschaft zunehmend unterworfenen Gruppen und Schichten gemeinsam zu blicken und sie gegebenenfalls auch als „Volk" zusammenzufassen[88]. Die Debatte ist hier nicht zu führen. Ihre Erwähnung soll nur andeuten, daß die kulturgeschichtlichen Akzente in der neueren Sozialgeschichte auch sehr fundamentale Fragen der Begriffsbildung und Gesamtinterpretation stellen. Das spricht für sie.

Insgesamt hat sich die kulturgeschichtliche Erweiterung der Sozialgeschichte bisher stärker in der Erforschung der unteren Schichten niedergeschlagen, auch vereinzelt in Studien zur Oberschicht[89]. Für die Geschichte des Kleinbürgertums und der bürgerlichen Mittelschichten wird sie zukünftig stärker zu realisieren sein, zumal ja die wichtigen systematischen Anregungen, die für eine kulturgeschichtlich akzentuierte Sozialgeschichte z. B. in den Schriften von Elias und Bourdieu vorliegen, im Grunde viel eher zum Studium der „besseren Kreise" einladen als zur Erforschung der Unterschichten[90].

5. Probleme der Gesellschaftsgeschichte

Immer mehr Themen gelten als untersuchenswert, immer mehr Momente und Dimensionen der Wirklichkeit finden das Interesse und die Aufmerksamkeit der Forscher, das Geschichtsbild der Sozialhistoriker ist bunter, komplexer, reicher und unübersichtlicher geworden. An der Fülle der Kenntnisse mangelt es nicht, an ihrer ordnenden Zusammenfassung schon eher. Das Bedürfnis nach sozialgeschichtlich orientierter Synthese wird allenthalben geäußert[91] und sicher auch schrittweise befriedigt[92]. Oben[93] wurde das Konzept der Gesellschaftsgeschichte skizziert, das solche Synthesen ermöglichen soll: theoretisch orientierte allgemeine Geschichte (einschließlich der Geschichte von Politik, Kultur und Wirtschaft) mit der Sozialgeschichte als Zentrum, während traditionell (und weiterhin vorherrschend) im Zentrum allgemeingeschichtlicher Gesamtdarstellungen die Politikgeschichte steht[94]. Dem ist hier nichts hinzuzufügen, als Programm und als Zielrichtung scheint mir die Gesellschaftsgeschichte weiterhin voll vertretbar[95].

Die Defizite und Probleme dieses Programms liegen nicht, wie manche Kritiker gemeint haben, darin, daß es einen Absolutheitsanspruch anmelde. Dies war und ist nicht der Fall, das widerspräche auch der oben[96] entwickelten, im Grund liberalen Vorstellung von den Prämissen und Prinzipien der Geschichtswissenschaft. Auch enthielt und enthält das Konzept keinen Ansatz zum sozialökonomischen Determinismus: Die Perspektive „von der Gesellschaft her" und die Betonung der hervorragenden Wirkungsmächtigkeit sozialökonomischer Faktoren innerhalb der Gesamtgeschichte sollen den Bezugsrahmen, die Ordnung der Gesamtdarstellung und die Art, in der das jeweilige

Problem gestellt und situiert wird, prägen, nicht aber Antworten auf die im Einzelfall sehr verschieden zu beantwortende Kausalfrage vorwegnehmen. Zweifellos kann Gesellschaftsgeschichte im hier vertretenen Sinn in sehr verschiedener Weise und von verschiedenen Grundüberzeugungen her durchgeführt werden. Sie setzt nicht den Glauben an den „letztinstanzlichen" Primat der Ökonomie voraus, schließt ihn aber auch nicht aus. Nein, eher schon kann man dem Konzept vorwerfen, daß es zu offen und unverbindlich sei[97]. Und vor allem: sein Anspruch ist hoch, und seine Einlösung ist schwierig.

Die neueren Gesamtdarstellungen zur jüngeren deutschen Geschichte haben Sozialhistorisches entschieden einbezogen, ein Zeichen des Fortschritts und des zunehmenden Stellenwerts der Sozialgeschichte insgesamt[98]. Aber als gesellschaftsgeschichtlich im oben gemeinten Sinne lassen sie sich schon deshalb i. d. R. nicht bezeichnen, weil sie auf die explizite Verwendung von auswählenden, strukturierenden und synthetisierenden Theorien i. d. R. verzichten und die Darstellung nicht um einen sozialgeschichtlichen Kern konzentrieren[99]. Andererseits gibt es neue gelungene gesellschaftsgeschichtliche Synthesen[100] und weiterhin gesellschaftsgeschichtliche Rahmenskizzen, in die dann speziellere Darstellungen eingebettet werden[101]. Das Interesse an den Ursachen, Folgen und Dimensionen sozialer Ungleichheit hat sich verfeinert und teilweise umakzentuiert; aber es kann weiterhin als Zentrum gesellschaftsgeschichtlicher Syntheseversuche dienen (s. oben S. 107). In der DDR dient die historisch-materialistische Theorie der Gesellschaftsformationen weiterhin als Gerüst für Synthesen und als Bezugsrahmen für Monographien[102]. Der oben diskutierte Langwellenansatz und das Theorem vom „organisierten Kapitalismus" sind als theoretische Grundlagen von Gesellschaftsgeschichte in den letzten Jahren nur wenig fortgesetzt worden[103]. Gegenüber der strukturierenden Kraft von Modernisierungstheorien hat die Skepsis weiter zugenommen, zuletzt auf dem Hintergrund wachsender Zweifel an der Modellhaftigkeit des Fortschritts westlicher Prägung. Es wäre vielleicht an der Zeit, eine Antikritik zu versuchen[104]. Ob sich die heute stark spürbare Fortschrittsskepsis und Aufklärungskritik zu gesellschaftsgeschichtlichen Zugriffen ummünzen lassen – die neuere Geschichte als Geschichte des Verlusts, der zunehmenden Disziplinierung, der „Kolonialisierung der Lebenswelt" durch Zweckrationalität und sich verselbständigende Systeme – ist zu bezweifeln; häufig geht sie ja mit Theorieskepsis und Irrationalismus Hand in Hand und beflügelt schon deshalb die theoretisch geleitete historische Synthese nicht. Aber Theorien der Sozialdisziplinierung – mit oder ohne Anlehnung an Foucault – könnten in diesem Zusammenhang wichtig werden und Syntheseversuche leiten[105]. Max Webers Kategorien, Modelle und Theorien – mit denen er die Entwicklungsgeschichte der okzidentalen Rationalisierung schrieb und – aus diesem Interesse – zu großen universalgeschichtlichen Vergleichen ausholte, scheinen an Bedeutung für jene wenigen Historiker zu gewinnen, die an einer theoretisch vermittelten Gesamtgeschichte mit sozialgeschichtlichem Schwerpunkt – also Gesellschaftsgeschichte – interessiert sind und sich in Webers komplexe Begriffswelt vorgearbeitet haben[106]. Webers ,,Säkulartheorien" (G. Roth) zeichnet der große Vorteil aus, daß sie die in den letzten Jahren so sehr an Interesse gewinnende Dimension der Kultur im Sinn handlungsbestimmender Deutungen, Mentalität beeinflussender Werte und lebensführungsrelevanter Weltbilder in die Analyse zu integrieren erlauben, und zwar in Verbindung mit der ökonomischen Dimension (etwa Durchsetzung des Kapitalismus), mit der Dimension politischer Herrschaft (etwa Entstehung des modernen Staats mit gesatzter Verfassung, Fachbeamtentum und Staatsbürgerrechten) und der Dimension der sozialen Ungleichheit (Stände, Klassen). Sie erlauben also die Einbeziehung der Kultur, ohne diese zu verabsolutieren und ohne – wie es manchmal in Aussicht genommen wird[107] – sie zum Strukturierungskern historischer Synthesen zu machen.

Sie sind überdies in der Lage, die neuzeitliche Gesellschaftsgeschichte auf die derzeit stark diskutierte, fundamentale Frage nach dem Ertrag, nach den Kosten und der Zukunft der ,,okzidentalen Rationalisierung", des Fortschritts westlicher Prägung, zu beziehen[108]. An der Debatte um das ,,Projekt der Moderne" haben sich Historiker bisher, wie es scheint, nur sehr wenig beteiligt. Doch sie dürfte die Fragestellungen der Historiker und vor allem ihre Synthesen über kurz oder lang stark prägen.

6. Historische Sozialwissenschaft und ,,Alltagsgeschichte"

Abschließend sei auf einige neuere Entwicklungen in der Debatte über methodische Probleme verwiesen, die sich sowohl auf die Sozialgeschichte als Teilbereichsdisziplin wie auf ihre Kombinationen mit

162

Wirtschaftsgeschichte, Politikgeschichte und Kulturgeschichte wie auch auf Gesellschaftsgeschichte beziehen, wenn auch in je verschiedenem Maße. Ich meine die Kritik an der „Strukturgeschichte" und insbesondere an der „Historischen Sozialwissenschaft", vor allem durch die „Alltagsgeschichte".

Zur Erinnerung: „Strukturgeschichte" meint eine geschichtswissenschaftliche Betrachtungsweise, für die die „Verhältnisse" und „Zustände", die überindividuellen Entwicklungen und Prozesse, weniger die einzelnen Ereignisse und Personen im Vordergrund stehen; sie lenkt den Blick eher auf die Bedingungen, Spielräume und Möglichkeiten menschlichen Handelns in der Geschichte als auf individuelle Motive, Entscheidungen und Handlungen selber; sie macht Wirklichkeitsbereiche und Einzelphänomene zum Gegenstand der Forschung, die eher durch Beschreibung und Erklärung als durch hermeneutisch-individualisierendes Sinnverstehen zu erschließen sind; sie interessiert sich vor allem für die relativ dauerhaften, nur schwer veränderbaren Phänomene, für Wirklichkeitsschichten mit langsamer Veränderungsgeschwindigkeit, nicht so sehr für Wirklichkeitsbereiche, die sich schnell ändern und Wandlungsanstößen nur geringen Widerstand entgegenstellen. Strukturgeschichtliche Betrachtungsweisen sind in der Sozialgeschichte wichtig, aber nicht auf diese beschränkt; sie spielen vielmehr auch in der Wirtschaftsgeschichte, der Politikgeschichte und sogar in der Kulturgeschichte ihre Rolle (und in weiteren Teilspezialisierungen, die man aufzählen könnte). Umgekehrt geht die Sozialgeschichte weder in ihrem Programm noch in ihrer Realität in Strukturgeschichte auf: sie kümmert sich vielmehr auch um Handlungen, Erfahrungen und ggf. auch um einzelne Ereignisse (wenn auch um die letzteren nur am Rande)[109].

Ganz ähnlich meint der Begriff „Historische Sozialwissenschaft" eine quer zur Einteilung in Teilbereichsdisziplinen liegende Betrachtungsweise, eine Form von Geschichtswissenschaft, die nicht primär Ereignisse, Personen, Intentionen und Handlungen erforscht, sondern vor allem Strukturen und Prozesse als Bedingungen und Folgen von Ereignissen, Entscheidungen und Handlungen, die den Entscheidenden und Handelnden nicht voll bewußt sind, von ihnen nicht ganz oder anders beabsichtigt wurden und die die Ereignisse zwar bestimmen, aber nicht in ihnen aufgehen. „Historische Sozialwissenschaft" ist darüber hinaus durch ihre theoretische Orientierung gekennzeichnet; zu verschiedenen Zwecken und in verschiedenen Formen spielen in ihr

Theorien verschiedener Herkunft eine Rolle, wobei es sich weiterhin empfiehlt, unter Theorien explizite und konsistente Begriffssysteme zu verstehen, die nicht aus den Quellen abgeleitet werden können, aber der Identifikation, Erschließung und Erklärung von historischen Untersuchungsgegenständen dienen[110]. Theorien und Methoden der systematischen Sozialwissenschaften finden in fachspezifischer Weise Verwendung, analytische Verfahren wiegen vor. Historische Sozialwissenschaft ist überdies durch ihre Neigung charakterisiert, auf ihre eigenen erkenntnistheoretisch-methodologischen Voraussetzungen zu reflektieren und damit sich selbst als Moment in einem lebensweltlich-wissenschaftlichen, praktisch-theoretischen Verknüpfungszusammenhang zu verstehen, zu dessen, auch praktisch relevanter, Aufklärung sie sich kritisch beitragen sieht. Mit diesem generellen Ziel der auf Vernunft setzenden, kritischen Aufklärung hängen herrschafts-, ideologie-, mythen- und traditionskritische Orientierungen zusammen, die allerdings von verschiedenen Historikern verschieden verstanden und konkretisiert werden – ein bewußt akzeptiertes, aber verschieden interpretiertes emanzipatorisches Engagement, das jedoch nur indirekt die wissenschaftliche Arbeit leitet, und das wissenschaftlichen Prinzipien keineswegs widerspricht, sondern in deren Konsequenz liegt. Die der Historischen Sozialwissenschaft angemessene Darstellungsweise ist die Argumentation, nicht die glatte Erzählung (aber i. d. R. auch nicht die Tabelle).[111] Zwar wird man aus der Sicht der Historischen Sozialwissenschaft nicht bestreiten, daß (hermeneutisch zu entschlüsselnde) Erfahrungen und Handlungen, Ereignisse und Personen auch in den Untersuchungsbereich der Historiker gehören. Aber man muß einräumen, daß die Frage, wie die Vermittlung der für die Historische Sozialwissenschaft zentralen Strukturen und Prozesse mit den gleichwohl wichtigen Erfahrungen und Handlungen geleistet werden soll, theoretisch und praktisch nicht voll gelöst ist.

Seit Werner Conze in den frühen 50er Jahren eine Lanze für die Strukturgeschichte brach[112], hat diese – ja ganz verschiedene Formen annehmende und mit sehr verschiedenen Inhalten verbindbare – Betrachtungsweise weite Verbreitung gefunden, wenn sie auch selten verabsolutiert wurde. Auch die Theorieorientierung in der deutschen Geschichtswissenschaft hat zugenommen, und die Historische Sozialwissenschaft hat an Boden gewonnen: mehr oder weniger ausgeprägt, in vielen Varianten und oft nur in Ansätzen. Insgesamt ist die Geschichtswissenschaft wahrscheinlich diskursiver und argumentativer geworden, als sie es vor 20 Jahren war: ein Fortschritt, zweifellos. Aber die Anhänger und Sympathisanten einer theoretisch orientierten Historischen Sozialwissenschaft haben sicherlich zu jedem Zeitpunkt der jüngeren Vergangenheit in der bundesrepublikanischen Geschichtsschreibung nur eine Minderheit dargestellt.[112a] Sie bildeten und bilden kein klar abgegrenztes Lager; die Prinzipien der Historischen Sozialwissenschaft werden von sehr wenigen zur Gänze und in gleicher Weise unterschrieben, von einigen zum Teil, in abgeschwächter Form und nebenbei, von vielen ein wenig. Dies muß man betonen, weil schlecht informierte Kritiker und oberflächliche Beobachter dazu neigen, den Einfluß und die Einheitlichkeit der historisch-sozialwissenschaftlich orientierten Historiker maßlos zu überschätzen. Sie übersehen außerdem oft, daß die Orientierung auf die Grundprinzipien der Historischen Sozialwissenschaft keineswegs notwendig die Anerkennung ganz bestimmter, konkreter Interpretationen – etwa des Kaiserreichs oder der 48er Revolution – impliziert. Historische Sozialwissenschaft – das meint ein theoretisch-methodologisches Konzept. Auf ihrem Boden sind inhaltlich verschiedene, auch konkurrierende Deutungen historischer Phänomene möglich und faktisch ja auch vorhanden. So gehört auch die Zustimmung zur These vom „deutschen Sonderweg", die überdies in verschiedenen Varianten auftritt und deren Diskussion stark in Fluß geraten ist (mit noch nicht klar absehbaren Ergebnissen), nicht zu den Merkmalen, die die Historische Sozialwissenschaft als solche definieren. Noch muß man einzelne Kategorien wie „Selbstausbeutung" (in der Debatte über Protoindustrialisierung) oder „Bonapartismus" (in Interpretationen des Kaiserreichs) für besonders nützlich halten, um gleichwohl von der Leistungsfähigkeit und Überlegenheit der Historischen Sozialwissenschaft überzeugt zu sein. Pauschalisierende Kommentatoren und Kritiker ganzer „Schulen" vermischen oft die Grundprinzipien der Historischen Sozialwissenschaft mit den ja durchaus unterschiedlichen und kontroversen Einzelinterpretationen einzelner ihrer Vertreter.[113]

Seit sie ihre Ansprüche und Änderungsvorschläge vorbrachte, sah sich die Historische Sozialwissenschaft deutlicher Kritik seitens stärker historistisch orientierter Historiker ausgesetzt: Sie verfehle die bunte Komplexität und konkrete Mehrdeutigkeit der Geschichte und verkürze sie auf Modelle und Theorien, die letztlich der Arbeit des Historikers nicht angemessen seien; sie produziere Thesengeschichte oder auch komplizierte, schwer lesbare „Gutachten zur Geschichte" (J.

Fest), statt elegant Geschichte zu erzählen; sie überschätze die Macht der Strukturen und Prozesse und unterschätze die Bedeutung der handelnden Personen (etwa Hitlers bei der Erklärung des Nationalsozialismus); Parteilichkeit und unhistorische Rechthaberei seien kennzeichnend für sie. Und manche erwarten von den Historikern nicht so sehr Traditions- und Ideologiekritik als vielmehr Beiträge zur Stärkung der kollektiven Identität, u. a. der nationalen[114].

Die dagegen zu stellenden Argumente sind bekannt: Es ist unmöglich, die Vergangenheit in ihrer ganzen Komplexität zu rekonstruieren. Auswahl ist nötig, und dann ist es intellektuell redlicher und wissenschaftlich ergiebiger, die Auswahl- und Interpretationsgesichtspunkte offenzulegen, auch wenn das den Fluß der Erzählung unterbricht. – Wenn man Modelle und Theorien in einer der Geschichtswissenschaft angemessenen Weise verwendet, erhöht das deren analytische Kraft; vieles läßt sich ohne Theorien gar nicht begreifen. – Die Erzählung als Darstellungsform hat ihren Platz und ihr Recht, aber vor allem hat sie ihre Grenzen: zentrale Dimensionen der Vergangenheit lassen sich nicht erzählen, sondern nur analysieren; will man den Leser oder Hörer nicht über die Prämissen, Grenzen und Eigenarten der ihm vorgetragenen Interpretationen im unklaren lassen, dann muß man argumentieren und darf nicht nur erzählen, unbeschadet der Tatsache, daß es auch dem argumentierenden Historiker in aller Regel um Wandel in der Zeit wie um Bezug auf Orientierungsbedürfnisse der Gegenwart geht. (In dieser Debatte kommt übrigens alles darauf an, was man unter „Erzählung" versteht.)[115] – Kein ernsthafter Historiker wird die große Macht Hitlers abstreiten, wohl aber die Frage nach den strukturellen Bedingungen für zentral halten, die es erlaubten, daß ein Mann so viel Macht erringen und ausüben konnte[116]. – Über die Unterscheidung zwischen verzerrender Parteilichkeit und wissenschaftsangemessenem Engagement wurde oben das Nötigste gesagt (S. 40–45). Engagement und Objektivität müssen sich nicht widersprechen. In aller Regel hat der aufklärerisch-emanzipatorische Impetus, der der Historischen Sozialwissenschaft in wechselnder Intensität und verschiedenen Ausprägungen eigen ist, erkenntnisfördernd und nicht erkenntnishemmend gewirkt. Der Vorwurf der schlechten Parteilichkeit geht ins Leere[117]. Die ihn im Namen historischer Objektivität erheben, haben übrigens oftmals kein geringeres moralisch-politisches Engagement, nur – vielleicht – ein inhaltlich anderes und vor allem: ein verstecktes, z. B. in der Erzählung verborgen. – Zur Beschäftigung mit der

Nation bedarf es keines erneut veränderten Paradigmas. An entsprechenden Studien fehlt es nicht ganz[118]; doch in der Tat, das Thema gewinnt an Aktualität und bedarf überhaupt der noch gründlicheren sozialgeschichtlichen Analyse. Diese sollte im Ergebnis die Aufklärung fördern und insofern auch Identität. Aber es gibt Varianten von nationaler, regionaler, lokaler, heimatlicher, ethnischer, auch klassenmäßiger und anderer Identität, die sich leichter durch Denkmalspflege oder Legenden absichern lassen als durch wissenschaftliche Geschichte. Die Infragestellung von Selbstverständlichkeiten gehört nun einmal zum kritischen Geschäft der Wissenschaft, und die Geschichtswissenschaft dürfte deshalb vor allem die Aufgabe haben, zur Befragung von Traditionen, zur Lockerung von Identitäten und damit hoffentlich zur Erweiterung von Freiheitsspielräumen beizutragen.

Die herkömmliche Kritik an der Historischen Sozialwissenschaft bleibt stark. Das intellektuelle Klima der Gegenwart ist ihr günstig. Aber sie hat keine neuen Argumente. (Am ehesten verspricht die Diskussion über „Erzählung" Neues zu bringen.) Im folgenden bleiben die eher herkömmlichen Varianten der Kritik beiseite. Viel interessanter, wenn auch schwächer, ist eine neue Variante der Kritik an der Historischen Sozialwissenschaft, mit der sich die Auseinandersetzung aufdrängt. Gemeint sind meist jüngere, politisch meist nicht konservative, sondern eher „linke" und praktisch-politisch engagierte Historiker, die Revisionen und Neuansätze fordern und praktizieren, für die sich das Kürzel „Alltagsgeschichte" eingebürgert hat. Es handelt sich um einen Trend, eine Stimmung, eine Strömung, die in sich ebenfalls keineswegs einheitlich ist. Und wiederum gilt: viele Historiker nehmen nur einzelne Aspekte davon in ihre Forderungen und Forschungen auf. Versucht man trotzdem zu charakterisieren, was „Alltagsgeschichte" meint, dann bietet sich folgende Zusammenfassung an:[119]

1. „Alltagsgeschichte" interessiert sich vor allem für bestimmte Wirklichkeitsbereiche im Wandel der Zeit, nämlich zum einen weniger für die großen Persönlichkeiten, herausgehobenen Wendepunkte, zentralen Ereignisse oder großen Ideen, vielmehr für wiederholbare, wiederholte, viele angehende, eben alltägliche Wirklichkeiten im Wandel der Zeit. Das allerdings ist nichts Besonderes. Dieses Interesse teilen die meisten Sozialhistoriker.

2. Spezifischer für die „alltagsgeschichtliche" Sichtweise ist, daß sich ihre Anhänger besonders für die Geschichte der Wahrnehmungen, Erfahrungen und Handlungen zu interessieren scheinen, für die sub-

jektive Seite der Geschichte, für die Betroffenheit durch Strukturen und Prozesse und die Verarbeitung von ihnen, weniger für die Strukturen und Prozesse selbst. Um ein Beispiel zu geben: Während sich die Sozialhistoriker bei der Erforschung der sozialen Mobilität früherer Zeiten im letzten Jahrzehnt vornehmlich für die meßbare Frequenz und die Muster von Aufstiegs- und Abstiegsprozessen in einzelnen Städten, ihre Ursachen und ihren Wandel über mehrere Jahrzehnte hinweg interessierten, bemühen sich „alltagshistorisch" interessierte Sozialhistoriker stärker darum herauszufinden, wie denn die Auf- und Absteiger diese ihre Veränderungen erfuhren und was diese Veränderungen für sie und andere bedeuteten.

3. Mit ihrer Betonung der Wahrnehmungs-, Erfahrungs- und Handlungsgeschichte finden sich alltagshistorische Forschungen häufig auf erfahrungs- und handlungsleitende Deutungsmuster und auf erfahrungs- und handlungsrelevante Lebensweisen verwiesen, auf die „Kultur" im oben (S. 153 f.) skizzierten Sinn und damit auf die Annäherung an die Volkskunde, die Ethnologie, die Kultur- und Sozialanthropologie.

4. Viele „Alltagshistoriker" hoffen, diese sie besonders interssierenden Wirklichkeitsbereiche gewissermaßen „von innen" zu rekonstruieren: nicht so sehr durch Aufschlüsselung mit Hilfe mitgebrachter Fragen, Begriffe und Theorien, wie es die Sozialgeschichte im Sinn der Historischen Sozialwissenschaft verlangt und teilweise praktiziert (wenn natürlich auch diese ihre Fragen, Begriffe und Theorien nicht frontal und starr mit den zu untersuchenden Quellen konfrontiert, sondern mit Hilfe von Vorverständnis und in Abarbeitung am Gegenstand modifiziert und anpaßt). Unter Berufung auf das Paradigma der teilnehmenden Feldforschung glauben manche Alltagshistoriker, den prinzipiellen Dualismus von Forscher und Forschungsgegenstand unterlaufen und die zu untersuchende Lebenswelt mit deren eigenen Theorien entschlüsseln zu können[120]. Bedingung erfolgreicher Einsicht ist dann nicht so sehr die reflektierte Verwendung von Methoden und Theorien – der „kalte Blick" des analysierenden Historikers mag sogar störend sein[121] –, sondern eine gewisse Affinität, ein spezifischer Kommunikationszusammenhang zwischen den Forschern und der zu erforschenden Wirklichkeit.

5. Wenn überhaupt, dann läßt sich so ein Programm nur bei der Untersuchung kleiner überschaubarer Räume, Gruppen und Konstellationen annähernd erfüllen. Von daher ist die mikrohistorische Ausrich-

tung der „Alltagsgeschichte" verständlich: ihre Konzentration auf einzelne Gemeinden, Dörfer, Familien, Lebensläufe.

6. Manchmal verbinden sich populistische Neigungen mit dieser Sichtweise. Nicht nur „von innen", sondern auch „von unten" will man die Wirklichkeit erfassen. Das besondere Interesse gilt den kleinen Leuten, Männern, Frauen und Kindern, in ihrer Betroffenheit durch die großen Veränderungen wie Industrialisierung, Staatsbildung oder Revolution, aber manchmal auch so, als wären sie die Subjekte ihrer Verhältnisse und die antreibenden Kräfte der historischen Entwicklung gewesen[122].

7. Die Sympathie mit den kleinen Leuten und das Interesse am kleinen, überschaubaren Raum sind oft mit einer zivilisations- und fortschrittskritischen Grundstimmung verknüpft. Die Modernisierung erscheint aus alltagsgeschichtlicher Perspektive vor allem als Verlust, alte Lebenswelten und -werte als Verlierer unter dem Ansturm von Kapitalismus und Bürokratie, Industrialisierung und Urbanisierung. Was Max Weber als kosten- *und* chancenreiche Rationalisierung analysierte, erscheint nun eher als „Kolonialisierung der Lebenswelt", wie Jürgen Habermas es genannt hat.

Zu dieser Kritik an der Historischen Sozialwissenschaft und den alltagsgeschichtlichen Alternativvorstellungen ist in aller Kürze[123] folgendes zu sagen:

1. Das Interesse der Alltagsgeschichte an den Wahrnehmungen und Erfahrungen, den Einstellungen und dem Handeln der Menschen, auch an der Frage, wie diese ihre unterschiedlichen Erfahrungen als sinnvoll „integrierten" oder als sinnlos nicht zu integrieren vermochten, kann zur Bereicherung der Geschichtswissenschaft und besonders der Sozialgeschichte führen, die diese subjektive Dimension, ihrem Anspruch nach, immer schon einbeziehen hätte sollen, dies sicherlich auch häufig getan hat, aber doch oft nur am Rande. Nicht immer besaß sie ganz zureichende methodische Möglichkeiten, diese wichtige „Innenseite" der vergangenen Wirklichkeit optimal mit der Analyse der Bedingungen jener „Innenseite", nämlich mit der Analyse der Strukturen und Prozesse, zu verknüpfen[124]. – Auch in der Rückschau erweist sich der Versuch als sinnvoll und dringlich, die starke, einengende Tradition des Historismus zu lockern, zu öffnen, zu modifizieren. Die Sozialgeschichte der letzten Jahrzehnte hat sich diese Aufgabe zu Recht gestellt, und das hieß vor allem: die so schwierige, traditionell vernachlässigte Analyse der Strukturen und Prozesse voranzu-

treiben und nicht so sehr die verstehende Rekonstruktion der Erfahrungen, Haltungen und Handlungen der seinerzeit lebenden Menschen; für diese hermeneutische Aufgabe war die Geschichtswissenschaft ja traditionell gut gerüstet, für jene analytische dagegen nicht. Die alltagshistorische Herausforderung von heute scheint zu beweisen, daß diese Korrektur des Historismus – in dieser Hinsicht – ein Stückweit gelungen ist. Sie versucht nämlich, einige Elemente jener historistischen Tradition – allerdings unter neuem Vorzeichen und auf die „kleinen Leute" gewendet – neu zu beleben, bewußt oder unbewußt. Sie insistiert auf der an sich nicht bestreitbaren Notwendigkeit, die vergangenen Erfahrungen, Haltungen und Handlungen der Menschen ernst zu nehmen und zu rekonstruieren. Der alltagshistorische Anstoß wirkt also darauf hin, eine manchmal etwas vernachlässigte, aber im Grunde in ihrer Wichtigkeit nicht bestrittene *Dimension innerhalb der Sozialgeschichte* stärker zu betonen. Dies kann durchaus zur Differenzierung und Umakzentuierung des Gesamtbildes eines historischen Phänomens und einer historischen Epoche führen, die bis dahin primär unter struktur- und prozeßgeschichtlichen Gesichtspunkten diskutiert und eingeordnet wurden. Das sich verändernde Gesamtbild der nationalsozialistischen Periode kann dafür als Beispiel dienen[125]. Die „Oral History" hat sich als neue, schwierige, hohe Anforderungen an die Fähigkeit zur Quellenkritik stellende Methode der Annäherung an die „Innenseite" der Geschichte der jüngsten Vergangenheit erwiesen[126]. Die Sichtweisen, die Begriffe, die Theorien der Kultur- und Sozialanthropologie können die Rekonstruktion jener „Innenseite" erleichtern. Ihre Einführung in die Sozialgeschichte gehört zu den wichtigen Fortschritten der letzten Jahre. Die erfahrungsgeschichtliche Anreicherung der Sozialgeschichte erhöht ihre Anschaulichkeit. Nicht zuletzt deshalb erschließt sie der Sozialgeschichte neue didaktische Möglichkeiten, z. B. bei Schülern – man denke nur an den Schülerwettbewerb des Bundespräsidenten – und bei nicht-professionellen Interessenten überhaupt (etwa in den „Geschichtswerkstätten"). All das ist im Prinzip nur zu begrüßen.

2. Andererseits steht es über jedem Zweifel fest, daß die Rekonstruktion der Erfahrungen allein nicht zur begreifenden Rekonstruktion der Geschichte führen kann. Denn die Bedingungen dafür, daß Erfahrungen und Wahrnehmungen so und nicht anders gemacht wurden, waren in aller Regel in den vergangenen Erfahrungen selbst nicht präsent; sie werden durch deren Nachvollzug denn auch nicht faßbar. Am

Beispiel: Es ist eine Sache, zu versuchen zu verstehen, was die Heiligenverehrung für die Mitglieder der frühchristlichen Gemeinden des 3. und 4. Jahrhunderts, für ihre Sinnerfahrung und Wirklichkeitssicht bedeutete. Aber um zu begreifen, warum Heiligenverehrung im 3. und 4. Jahrhundert begann, warum diese Praxis unter den ökonomischen, sozialen, politischen und kulturellen Bedingungen der späteren römischen Kaiserzeit möglich war und nahelag, was sie in bezug auf jene Gesellschaft und die langfristige Entwicklung „bedeutete" – dies ist eine andere Sache, und dazu reicht die, übrigens sehr schwierige, wohl nur annäherungsweise mögliche, Rekonstruktion des Sinns, den die Heiligenverehrung im Erfahrungshorizont der damaligen Gemeindemitglieder hatte, absolut nicht aus. Dazu bedarf es vielmehr ausgreifender struktur- und prozeßgeschichtlicher Überlegungen zur Geschichte von Wirtschaft, Gesellschaft, Politik und Kultur jener Zeit, einschließlich theoretischer Anstrengungen, die in Richtung einer Theorie des politischen Handelns in der antiken Gesellschaft gehen[127]. Theoretisch durchdrungene struktur- und prozeßgeschichtliche Zugriffe benötigt man im übrigen nicht nur zur historischen Analyse von ökonomischen und sozialen Phänomenen, sondern ebenso zum Begreifen der Entwicklung von Politik und Kultur. Auch Kulturgeschichte geht in Erfahrungsgeschichte nicht auf[128].

Strukturen und Prozesse sind mehr als Summen von Erfahrungen, sie sind oft nicht oder nur verzerrt in Erfahrungen präsent, wie umgekehrt Erfahrungen nicht vollständig von Strukturen und Prozessen determiniert sind. Zwischen beiden Wirklichkeitsdimensionen besteht keine Kongruenz, sondern ein Hiatus. Sozialgeschichte ohne Erfahrungsgeschichte wäre dann einseitig und unvollständig. Umgekehrt geht sie, als Struktur- und Prozeßgeschichte, in Erfahrungsgeschichte nicht auf, ist mehr als diese. Und schon gar nicht kann man erwarten, synthetische Darstellungen erfahrungs- oder handlungsgeschichtlich bewerkstelligen zu können. Das ist ausgeschlossen. Die Erkenntnis der historischen *Zusammenhänge* braucht primär struktur- und prozeßgeschichtliche Zugriffe. Der erfahrungsgeschichtliche Ansatz stellt keine Alternative zur bisherigen Sozialgeschichte dar, er kann aber zu deren innerer Umakzentuierung und Bereicherung beitragen. Und er kann dazu anregen, die theoretisch-methodische Debatte über die Vermittlung von Strukturen und Prozessen mit Erfahrungen und Handlungen wieder aufzunehmen[129].

3. Unglücklicherweise ist der an sich begrüßenswerte alltagsgeschicht-

liche Neuansatz oftmals tief in die anti-analytische Grundstimmung getaucht, die aus vielfachen Wurzeln entspringt, auch außerhalb der Alltagsgeschichte gepflegt wird und in den letzten Jahren stark an Boden gewonnen hat. Es paßt zu dieser dumpfen anti-analytischen Stimmung, daß sie sich über ihre eigenen Bestandteile nicht wirklich klarwerden kann. Mehreres ist auseinanderzuhalten:

Da wird etwa „begriffsbildende" und „quantifizierende historische Sozialwissenschaft" in eins geworfen und dagegen die Forderung nach einer „qualitativen Sozialgeschichte" gesetzt[130]. Diese fehlgehende Kritik übersieht, daß längst nicht alle begrifflich bewußte, theoretisch orientierte Sozialgeschichte (oder auch Wirtschaftsgeschichte bzw. Geschichtswissenschaft allgemein) quantifizierend ist. Die große Mehrheit der begrifflich expliziten, theoretisch orientierten Sozialgeschichte im Sinne Historischer Sozialwissenschaft *ist nicht* quantifizierend[131]. Diese Kritik übersieht außerdem, daß die Quantifizierung gerade in der Bundesrepublik nur sehr begrenzte Verbreitung erlangt hat und ihre Durchsetzung auch international an eine gewisse Grenze gelangt zu sein scheint. Die Zeit der ganz großen Hoffnungen auf die Quantifizierung in der Geschichtswissenschaft (die in der Bundesrepublik ohnehin kaum jemand geteilt hat), ist vorbei. Um Quantifizierung ist es stiller geworden. Dies ist nicht schlecht. Es mag dazu beitragen, daß einfache und komplexe quantifizierende Verfahren auf *den* Stufen des Untersuchungsprozesses und in *den* Bereichen der Forschung, auf die und in denen sie anwendbar sind, weiterhin und in Zukunft noch stärker zum Fortschritt der Sozialgeschichte (und der Geschichtswissenschaft überhaupt) beitragen. Die Möglichkeiten quantifizierender Forschung sind gerade in der Bundesrepublik noch längst nicht ausgeschöpft. Ihre Verwirklichung bleibt schwierig, mühsam und aufwendig. Entsprechende Förderung ist nötig. Die Zeitschrift „Historische Sozialforschung. Quantum Information" hat sich zur zentralen Plattform für quantifizierende Geschichtswissenschaft entwickelt[132].

Von dem Anti-Quantifizierungs-Ressentiment zu unterscheiden, aber ähnlich fehlgeleitet und irrational ist der Anspruch mancher Vertreter einer ethnologisch oder kulturanthropologisch orientierten Geschichtswissenschaft, nicht nur die „Innenseite" der historischen Wirklichkeit zu erforschen, sondern dies auch „von innen" zu tun, d. h.: nicht, wie oben (S. 83 ff., 99 ff.) vorgeschlagen und in der analytisch orientierten Geschichtswissenschaft praktiziert, mit Hilfe sorgsam und klar formulierter Fragen, Begriffe und Theorien, die der Forscher an die Quellen heranträgt, um diese zum Sprechen zu bringen und den in ihnen zugänglichen Untersuchungsgegenstand zu erforschen; sondern mit Hilfe einer sog. „eingeborenen Theorie der historischen Subjekte" (Medick), d. h. gewissermaßen aus dem Innern der zu erkennenden Wirklichkeit selbst heraus. Sie weisen die Verwendung analysierender Begriffe und gliedernder Kategorien als mechanistisch zurück. Das vergangene „Leben selbst" (Sabean) müsse man als ein Ganzes rekonstruieren, statt es in seine Teilbereiche wie Kultur, Ökonomie, Politik etc. zu zerlegen. Es gehe darum, die „soziale Logik" einer vergangenen Konstellation nachzuvollziehen – durch sympathisierend-teilnehmende Erkenntnis nach dem Vorbild ethnologischer Feldforschung. Nicht nach gliedernder Analyse, sondern nach „dichter Beschreibung" (C. Geertz) müsse man streben, die „von sich aus über sich hinaus zu den systematischen Problemen" führen werde[133].

Damit beschreiben diese Historiker nicht, was sie in ihren eigenen Forschungen wirklich tun. Sie verschleiern die Realität des Forschungsprozesses und fallen einer neo-historistischen Illusion zum Opfer. Sie verkennen, daß ein und derselbe Quellenbestand, ein und dieselbe Konstellation von historischen Beziehungen und Verhältnissen, ein und dieselbe historische Entwicklung in verschiedener Weise rekonstruiert werden kann – je nach Fragestellung, Erkenntnisinteresse und Kontext, in den man den Bericht von der Vergangenheit einordnet. Fragestellungen, Erkenntnisziele und Darstellungskontexte drängen sich aus den Quellen nicht eindeutig auf und werden von der zu untersuchenden Wirklichkeit nicht völlig diktiert, sondern der Historiker bringt sie – z. T. jedenfalls – mit, aus seiner Gegenwart, aus seinen Erfahrungen, aus seinen Diskussionen in der Wissenschaft und außerhalb. Jedes vergangene Ereignis, jede zu rekonstruierende Erfahrung, jeder zu untersuchende historische Vorgang standen und stehen in *mehreren* Beziehungen, hatten und haben mehrere Bedeutungen. Welche davon in der Untersuchung und in der Darstellung betont werden und welche nicht, hängt auch vom Forscher, seinen Fragestellungen, seinen Begriffen und Theorien ab. Es gibt nicht *die* soziale Logik einer vergangenen Konstellation, sondern mehrere (wenn auch nicht beliebig viele), je nach Fragestellung. Jede Beschreibung, und sei sie noch so dicht, ist bereits ein Produkt von Auswahl, Strukturierung und Verknüpfung unter den Gesichtspunkten des Forschers. Im Interesse der Klarheit und Kritisierbarkeit sollte man diese Gesichtspunkte möglichst explizit machen, statt sie zu leugnen. Und wer fordert, „das Leben selbst" zu erfassen, statt es zu analysieren, wer sich dagegen wendet, zwischen Dimensionen, Faktoren und Bereichen zu unterscheiden, befindet sich in einer holistischen Sackgasse. Als Wissenschaftler haben wir keinen ganzheitlich-intuitiven, direkten Weg zur vergangenen Wirklichkeit, wir müssen analysieren. Geschichte „von innen" ist eine Mystifikation.

Die Verkürzung der Geschichte auf Erfahrungsgeschichte im kleinen Raum; der oft geradezu programmatische Verzicht aufs Begreifen der Zusammenhänge, nämlich der historischen Strukturen und Prozesse; die Konzentration auf das Leben der Beherrschten ohne gründliche Analyse der Herrschenden und vor allem der Herrschaftsmechanismen; die neo-historistische Ablehnung analysierender Theorien und Begriffe mit dem irregehenden Anspruch, das vergangene Leben der kleinen Leute aus seinen eigenen Voraussetzungen her zu rekonstruieren – all das paßt gut in die gegenwärtig weit verbreitete Skepsis über moderne Wissenschaft und moderne Systeme und verbindet sich oftmals mit irrationaler Hochschätzung für vormoderne Lebenswelten, deren Härte, Enge und Not allzu leicht übersehen werden. Dies sind die Merkmale der alltagsgeschichtlichen Herausforderung, die es entschieden zurückzuweisen gilt. Andererseits enthält das alltagsgeschichtliche Insistieren auf der Notwendigkeit, die Dimension der Erfahrungen und Wahrnehmungen, der Verarbeitungen und Handlungen – die „Innenseite" vergangener Wirklichkeit – ernster zu nehmen und gründlicher zu erforschen als bisher, sehr produktive Anstöße, Neuansätze und Bereicherungen, die eine im Sinn der Historischen Sozialwissenschaft betriebene Geschichtswissenschaft aufnehmen muß und kann. Das Ziel ist die angemessene Verknüpfung von Struktur und Erfahrung, Prozeß und Handlung im Rahmen der Historischen Sozialwissenschaft. Daß diese Verknüpfung auch in der Sozialgeschichte nicht immer hinreichend gelungen ist, wird durch die alltagshistorische Kritik zum Bewußtsein gebracht.

7. Perspektiven

Die Sozialgeschichte, wie sie im Abschnitt II zunächst vorgestellt wurde, hatte zahlreiche, übrigens noch nicht hinreichend erforschte Wurzeln. Unübersehbar war sie von der Aufbruchsstimmung und den Reformansätzen der 60er und frühen 70er Jahre geprägt. Seitdem hat sich vieles geändert. Neue Altersgruppen haben sich zu Wort gemeldet, für die die Auseinandersetzung mit dem Nationalsozialismus, seinen Bedingungen und Ursachen schon aus lebensgeschichtlichen Gründen weniger zentral ist, sodaß dieser, für die vorangehende Historikergeneration teilweise zentrale, Fluchtpunkt erkenntnisleitender Interessen leichter hinter anderen zurücktreten kann. Die sozialökonomische Situation hat sich drastisch verschlechtert, auch und gerade für die jungen Historiker, die einen weitgehend verschlossenen Arbeitsmarkt vor sich sehen, ganz anders als die Promovenden und Habilitanden der späten 60er und frühen 70er Jahre. Die intellektuelle Großwetterlage hat sich gedreht. Die scharfen Proteste vor anderthalb Jahrzehnten sind nur auf dem Hintergrund einer damals vorherrschenden, letztlich zukunftsoptimistischen Grundstimmung verständlich: Die Belastungen und Fehlentwicklungen waren überkommen, und sie schienen durch Reform, Emanzipation und weitere, vernünftig gesteuerte Modernisierung korrigierbar, wenn auch nur in Konflikten. Dies gilt für das Krisenbewußtsein der Gegenwart nicht: Hochgespannte Erwartungen fühlen sich enttäuscht, die Grenzen der Planbarkeit gesellschaftlicher Verhältnisse sind viel präsenter, neue Krisenerfahrungen wurden gemacht, die Vernunft scheint vielen nicht nur noch nicht verwirklicht, sondern fragwürdig im Prinzip. Radikale Gesellschaftskritik ist in diffusere Fortschrittsskepsis übergegangen. Diese wie jene ist mit – allerdings deutlich verschiedenen und oftmals nicht ausformulierten – Geschichtsbildern aufs engste verknüpft. Es wäre ein bedrückender Hinweis auf eine elfenbeinerne Isoliertheit der Sozialgeschichte, hätte sie sich angesichts solch gravierender Veränderungen nicht ebenfalls gewandelt.

Einige dieser Wandlungen wurden auf den vorangehenden Seiten skizziert. Insgesamt befindet sich die Sozialgeschichte immer noch in der quantitativen, thematischen und kategorialen Erweiterung. Daß die Sozialgeschichte sich vor allem in Kombinationen (Sozial- und Wirtschaftsgeschichte, Sozial- und Politikgeschichte etc.) weiterbewegt, ist m. E. kein Nachteil. Die Fortschritte können sich sehen lassen.

Doch besteht kein Grund zur satten Selbstzufriedenheit. Viele Probleme sind offen, die wichtigsten wurden im voranstehenden Bericht angesprochen. Generell ist zu hoffen, daß es der Sozialgeschichte gelingt, sich mit breiten und zugleich präzisen Fragen stärker um die grundsätzlichen zivilisationsgeschichtlichen Probleme zu kümmern, die im Zentrum der heutigen Diskussion um Fortschritt und Postmoderne, Aufklärung und Mythos, Früchte und Kosten der westlichen Zivilisation und der Neuzeit stehen. Und weiterhin gibt es viele fast weiße Stellen auf der Landkarte auch nur der deutschen Sozialgeschichte, von den Beiträgen der hiesigen Geschichtswissenschaft zur Geschichte anderer Länder ganz zu schweigen. Die moderne Geschichte der meisten sozialen Gruppen – Adel, Bauern, Bürger – ist nur spärlich untersucht. Gute Dorfgeschichten sind weiterhin Mangelware. Daß die Geschichte des Verhältnisses und der sozialen Differenz zwischen Geschlechtsgruppen noch kaum als erforscht gelten kann, wurde bereits erwähnt. Die Sozialgeschichte der großen Ideen und Ideengebäude ist ein Desiderat, sieht man von Ausnahmen (z.B. Sozialgeschichte der Aufklärung) ab. Und obwohl die deutsche Sozialgeschichte die Politik sehr viel weniger draußen vor gelassen hat als die Sozialgeschichte in manchen anderen Ländern, fällt es doch sehr störend auf, daß große Themen der politischen Sozialgeschichte vernachlässigt wurden: So fehlt es an einer gründlichen, sozialgeschichtlichen Untersuchung des Liberalismus noch mehr als an sozialgeschichtlichen Studien über Konservatismus und Kirchen (die ebenfalls wenig recherchiert sind). Die Sozialgeschichte der deutschen Nation, der nationalen Bewegungen und des Nationalismus, der Herausbildung des Nationalstaats und seiner Wirkungen ist noch genauer zu erforschen und darzustellen. Der systematische interregionale und internationale Vergleich bleibt schwierig und selten, worunter auch die „Sonderweg"-Debatte leidet. Und es fehlt an sozialgeschichtlichen Synthesen, auch solchen mittlerer Reichweite[134]. So sucht man, trotz aller Fortschritte der Unternehmergeschichte im einzelnen, eine Sozialgeschichte der deutschen Unternehmer im 19. Jahrhundert vergebens. Die Liste ließe sich unschwer verlängern. Sehr viel bleibt zu tun.

ABKÜRZUNGEN

AfS	Archiv für Sozialgeschichte
CSSH	Comparative Studies in Society and History
GG	Geschichte und Gesellschaft
GWU	Geschichte in Wissenschaft und Unterricht
HSR/HSF	Historical Social Research/Historische Sozialforschung
HZ	Historische Zeitschrift
IWK	Internationale wissenschaftliche Korrespondenz zur Geschichte der deutschen Arbeiterbewegung
JIH	Journal of Interdisciplinary History
JMH	Journal of Modern History
JSH	Journal of Social History
MEW	Marx/Engels, Werke
NPL	Neue Politische Literatur
SH	Social History
VSWG	Vierteljahrschrift für Sozial- und Wirtschaftsgeschichte
WL	Wissenschaftslehre (Max Weber)
ZfG	Zeitschrift für Geschichtswissenschaft
ZHF	Zeitschrift für Historische Forschung

ANMERKUNGEN

Vorbemerkungen

[1] Der Vergleich des gegenwärtigen „Methodenstreits" mit dem Lamprecht-Streit bei K.-G. Faber in: History and Theory, Bd. 16, 1977, S. 51 f.

I. Geschichtswissenschaft zwischen Dogmatismus und Dezision

[1] S. 9–40 zuerst u. d. T.: Karl Marx und Max Weber. Ein methodologischer Vergleich, in: Zeitschrift für die gesamte Staatswissenschaft. Bd. 122, 1966, S. 328–57; wd. u. d. T.: Karl Marx und Max Weber im Vergleich. Sozialwissenschaften zwischen Dogmatismus und Dezisionismus, in: H.-U. Wehler (Hg.), Geschichte und Ökonomie, Köln 1973, S. 54–84; japan. Übersetzung in: Shisō 1976, Nr. 7, S. 20–38; Nr. 8, S. 98–117; zuletzt engl. in: R. J. Antonio u. R. M. Glassman (Hg.), A. Weber – Marx Dialogue, Lawrence 1984, S. 134–166.

[2] Vgl. z. B. I. S. Kon, Die Geschichtsphilosophie des 20. Jahrhunderts, Bd. 1, Berlin 1966[2], S. 136–57; B. Berthold u. a. (Hg.), Kritik der bürgerlichen Geschichtsschreibung, Köln 1971[2], S. 76–81; J. Kuczynski, Max Weber und die „Wertfreiheit" der Wissenschaft, in: ders., Studien zur Wissenschaft von den Gesellschaftswissenschaften, Berlin 1972, S. 189–200; H. Schleier, Theorie der Geschichte – Theorie der Geschichtswissenschaft. Zu neueren theoretisch-methodologischen Arbeiten der Geschichtsschreibung in der BRD, Berlin 1975, S. 72. – W. Lefèvre, Zum historischen Charakter und zur Funktion der Methode bürgerlicher Soziologie. Untersuchungen am Werk Max Webers, Frankfurt 1971, S. 6–23; M. v. Brentano, in: Der Spiegel, 26. Jg., Nr. 8 (14. 2. 1972) S. 36, 38: Kritik am „pluralistischen Wissenschaftsbegriff" unter Hinweis auf seine Herkunft von M. Weber und seine angeblich dezisionistischen Konsequenzen; Wissenschaft verenge sich dabei auf Methode und schließe jede Theorie aus, die einen inhaltlichen Wahrheitsanspruch stelle. H.-D. Kittsteiner, Theorie und Geschichte. Zur Konzeption der modernen westdeutschen Sozialgeschichte, in: Das Argument, Nr. 75 (= Kritik der bürgerlichen Geschichtswissenschaft II), Berlin 1972, S. 18–32.

[3] Hinsichtlich der im folgenden anhand Webers zu diskutierenden und zu differenzierenden Überzeugung, daß die Welt der Phänomene prinzipiell in verschiedenen Weisen konzeptualisiert werden kann.

[4] Als Beispiele solcher marxistischer Argumentationen: R. Tomberg, Was heißt bürgerliche Wissenschaft?, in: Das Argument, Nr. 66, 1971, S. 470-475; W. Eckermann u. H. Mohr, Einführung in das Studium der Geschichte, Berlin 1969[2], S. 33, 40 f., 47 ff., 69 ff.; E. Hahn, Soziale Wirklichkeit und soziologische Erkenntnis. Philosophisch-methodologische Aspekte der soziologischen Theorie, Berlin 1965. – Demgegenüber kritisch: H. Albert, Traktat über kriti-

sche Vernunft, Tübingen 1969², S. 7, 47–54 (1975³); H. Seiffert, Marxismus und bürgerliche Wissenschaft, München 1971, bes. S. 95–104.

[5] Und zwar systematisch. Nicht behandelt wird dagegen der historische Aspekt des Verhältnisses von Weber und Marx. Vgl. G. Roth, Das historische Verhältnis der Weberschen Soziologie zum Marxismus, in: Kölner Zeitschrift für Soziologie und Sozialpsychologie, Bd. 20, 1968, S. 429–447; wd. in: R. Bendix u. G. Roth, Scholarship and Partisanship: Essays on Max Weber, Berkeley 1971. – Überhaupt werden die historischen Bedingungen von Webers Wissenschaftslehre hier nicht diskutiert. Vgl. dazu u. a. A. N. Sharlin, Max Weber and the Origins of the Idea of Value-free Social Science, in: Archives européennes de sociologie, Bd. 15, 1974, S. 337–53; s. auch J. Kocka, Kontroversen über Max Weber, in: Neue Politische Literatur, Jg. 21, 1976, S. 281–301, bes. S. 299f. – Auch die „historischen Schichten" innerhalb der Werke von Marx und Weber werden hier vernachlässigt.

[6] Hier geht es nur um einen Vergleich der methodologisch-wissenschaftstheoretischen Grundpositionen der beiden Autoren und um deren Geschichtsauffassung, soweit diese damit verknüpft ist, nicht um viele andere Aspekte (Kapitalismusbegriff, Staatsverständnis etc.), die in einem umfassenden Vergleich der beiden behandelt zu werden pflegen. Unter den zahlreichen Marx-Weber-Vergleichen siehe z. B.: K. Löwith, Max Weber und Karl Marx, in: ders., Gesammelte Abhandlungen, Stuttgart 1960, S. 1–67; M. Lowy, Weber et Marx, in: L'homme et la Société, Nr. 20, 1971, S. 73–83; G. Hufnagel, Kritik als Beruf. Der kritische Gehalt im Werk Max Webers, Frankfurt 1971, S. 148–54; R. Aschcraft, Marx and Weber on Liberalism as Bourgeois Ideology, in: Comparative Studies in Society and History, Bd. 14, 1972, S. 130–68; C. Mayer, Die Marx-Interpretation von Max Weber, in: Soziale Welt, Bd. 25, 1974, S. 265–77; W. Mommsen, Max Weber. Gesellschaft, Politik und Geschichte, Frankfurt 1974, S. 144–81; V. M. Bader u. a., Einführung in die Gesellschaftstheorie. Gesellschaft, Wirtschaft und Staat bei Marx und Weber, 2 Bde., Frankfurt 1976.

[7] Diese kann hier nicht zur Gänze und in ihren vielen Schattierungen dargestellt werden. Vgl. dazu A. v. Schelting, Max Webers Wissenschaftslehre, Tübingen 1934; J. J. Schaaf, Geschichte und Begriff. Eine kritische Studie zur Geschichtsmethodologie von Ernst Troeltsch und Max Weber, Tübingen 1946; D. Henrich, Die Einheit der Wissenschaftslehre Max Webers, Tübingen 1952; F. H. Tenbruck, Die Genesis der Methodologie Max Webers, in: Kölner Zeitschrift für Soziologie und Sozialpsychologie, Bd. 11, 1959, S. 573–630; J. Janoska-Bendl, Methodologische Aspekte des Idealtypus. Max Weber und die Soziologie der Geschichte, Berlin 1965; G. Hufnagel, Kritik als Beruf. Der kritische Gehalt im Werk Max Webers, Frankfurt 1971 (mit ausführlichem Literaturverzeichnis); G. Dux, Gegenstand und Methode. Am Beispiel der Wissenschaftslehre Max Webers, in: ders. u. Th. Luckmann (Hg.). Sachlickeit. Festschr. zum 80. Geburtstag von H. Plessner, Opladen 1974, S. 187–221.

[8] Vgl. W. Mommsen, Universalgeschichtliches und politisches Denken bei Max Weber, in: HZ, Bd. 201, 1965, S. 557–612, wd. in: ders., Max Weber, S. 97–143; G. Abramowski, Das Geschichtsbild Max Webers. Universalge-

schichte am Leitfaden des okzidentalen Rationalisierungsprozesses, Stuttgart 1966.

[9] So schreibt etwa K. Braunreuther, Bemerkungen über Max Weber und die bürgerliche Soziologie, in: Wiss. Zeitschr. der Humboldt-Univ., Ges.- u. Sprachwiss. Reihe 1958/59, S. 115–123: „Antimarxist zu sein, das war Webers eigentlicher Beruf" (S. 116).

[10] M. Weber, Wirtschaft und Gesellschaft, Tübingen 1956[4] (1976[5]), S. 199–207, 212, 352.

[11] Aus M. Weber, Gesammelte Aufsätze zur Wissenschaftslehre, Tübingen 1968[3] (1973[4]) wird im Text zitiert: (WL . . .), jedoch mit den Seitenzahlen der 1. Aufl. von 1922, da die 2. und die 3. Aufl. am inneren Seitenrand die Seitenzahlen der 1. Aufl. in eckiger Klammer aufweisen (sofern diese von der 3. Aufl. unterschieden sind); so wird der Gebrauch aller Ausgaben ermöglicht.

[12] Vgl. M. Weber, Die protestantische Ethik und der Geist des Kapitalismus, in: ders., Gesammelte Aufsätze zur Religionssoziologie, Bd. 1, Tübingen 1920 (1972[6]), S. 38: Die Erkenntnis, daß in den USA der kapitalistische Geist vor der ökonomischen Entwicklung zum Kapitalismus vorhanden war, benutzt Weber zu einer Polemik gegen den „naiven" Historischen Materialismus. „In diesem Falle liegt also das Kausalverhältnis jedenfalls umgekehrt als vom ‚materialistischen' Standpunkt aus zu postulieren wäre. Aber die Jugend solcher Ideen ist überhaupt dornenvoller, als die Theoretiker des ‚Überbaues' annehmen, und ihre Entwicklung vollzieht sich nicht wie die einer Blume." Vgl. dazu ebd., S. 60.

[13] Allerdings muß angemerkt werden, daß Weber sich selbst darüber klar ist, daß diese Betrachtungsweise zur Erklärung des entwickelten („siegreichen") Kapitalismus nicht ausreicht (ebd., S. 37): „Er (der siegreiche Kapitalismus, J. K.) zwingt dem einzelnen, soweit er in den Zusammenhang des Marktes verflochten ist, die Normen seines wirtschaftlichen Handelns auf." Im entwickelten Kapitalismus (und diesen untersucht Marx im Kapital, J. K.) muß also der „Geist des Kapitalismus" weitgehend als Funktion der Verhältnisse begriffen werden, die er nach Weber einstmals mitgeschaffen hat und die mittlerweile zum sich selbst reproduzierenden System („Gehäuse") geworden sind. Jedoch geht diese Einsicht nicht in Webers methodologische Reflexionen ein. Vgl. auch ebd., S. 203 f.

[14] So etwa ebd., S. 37 f., 60, 83, 205 f. Weber, Wirtschaft und Gesellschaft, S. 228 u. 352.

[15] Dazu auch Janoska-Bendl, S. 89–114.

[16] K. Marx u. F. Engels, Die Deutsche Ideologie, in: Marx/Engels, Werke, Berlin 1957 ff. (im folgenden: MEW), Bd. 3, S. 27.

[17] Marx, Das Kapital, Bd. I, MEW, Bd. 23, S. 57.

[18] Im Vorwort von: Zur Kritik der politischen Ökonomie (1859) gibt Marx eine schematische Zusammenfassung seiner bisherigen Studien, die eine weitgehende Trennung von gesellschaftlichem Sein und Bewußtsein behauptet und so zu undialektischer Interpretation des Marxschen Werkes verführt. Marx, Zur Kritik der politischen Ökonomie, MEW, Bd. 13, 18 ff. Solche mechanistischen Ansätze bei Marx wurden von späteren Theoretikern wie Karl Kautsky

und Max Adler, zum Teil schon von Friedrich Engels, in anderer Weise im Stalinismus aufgenommen und betont. Mit vielen Belegen zeigt und begründet das A. Wellmer, Kritische Gesellschaftstheorie und Positivismus, Frankfurt 1971[3], S. 45–127.

[19] Gemeint ist der Materialismus, den Marx vorfand und kritisierte, unter anderm der Feuerbachs.

[20] Marx, Dritte These über Feuerbach, MEW, Bd. 3, S. 5 f.

[21] Marx u. Engels, Die Deutsche Ideologie, MEW, Bd. 3, S. 38.

[22] Ebd., S. 42.

[23] Vgl. Marx, Ökonomisch-philosophische Manuskripte aus dem Jahre 1844, MEW, Erg. Bd., 1. Teil, S. 579. „Weder die Natur –objektiv– noch die Natur subjektiv ist unmittelbar dem menschlichen Wesen adäquat vorhanden. Und wie alles Natürliche entstehn muß, so hat auch der Mensch seinen Entstehungsakt, die Geschichte . . . Die Geschichte ist die wahre Naturgeschichte des Menschen."

[24] Vgl. A. Schmidt, Der Begriff der Natur in der Lehre von Marx, Frankfurt 1962, S. 51 ff.

[25] Zum historischen Charakter des Marxschen Ansatzes generell mit weiteren Belegen: ders., Über Geschichte und Geschichtsschreibung in der materialistischen Dialektik, in: Folgen einer Theorie. Essays über „Das Kapital", Frankfurt 1967, S. 103–129; u. H. Fleischer, Marxismus und Geschichte, Frankfurt 1969.

[26] Marx an L. Kugelmann, 27. 6. 1870, MEW, Bd. 32, S. 685.

[27] Marx, Das Kapital, Bd. I, MEW, Bd. 23, S. 12.

[28] Ebd., Bd. III, MEW, Bd. 25, S. 267.

[29] Vgl. ebd., Bd. I, S. 89 u. 51: „. . . mit der blind zerstörenden Wirkung eines Naturgesetzes . . .", „. . . wie etwa das Gesetz der Schwere, wenn einem das Haus über dem Kopf zusammenpurzelt". Vgl. dazu R. Rosdolsky, Ein Neo-marxistisches Lehrbuch der politischen Ökonomie, in: Kyklos, Bd. 16, 1963, S. 631 f. – Weniger zutreffend: Ch. Helberger, Marxismus als Methode, Frankfurt 1974, S. 19 f., pass.

[30] Vgl. auch Schmidt, Über Geschichte, S. 128 f.

[31] Marx, Das Kapital, Bd. III, MEW, Bd. 25, S. 890 f.

[32] Marx, Ökonomisch-philosophische Manuskripte, MEW, Erg. Bd., 1. Teil, S. 538.

[33] Vgl. Marx, Das Kapital, Bd. III., MEW, Bd. 25, S. 829 u. Schmidt, Begriff, S. 57, 109, 115 ff.

[34] Marx an L. Kugelmann, 11. 7. 1868, MEW, Bd. 32, 553.

[35] Marx, Das Kapital, Bd. I, MEW, Bd. 23, S. 57.

[36] Als Beispiel nennt Marx die Notwendigkeit der Verteilung der gesellschaftlichen Arbeit als sich durchhaltendes Naturgesetz, den Tauschwert als seine Form in der kapitalistischen Gesellschaft. „Die Wissenschaft besteht eben darin, zu entwickeln, *wie* das Wertgesetz sich durchsetzt". (Marx an Kugelmann, 11. 7. 1968, MEW, Bd. 32, S. 553). Vgl. R. Rosdolsky, Der Gebrauchswert bei Karl Marx, in: Kyklos, Bd. 12. 1959, S. 31 ff.

[37] Vgl. auch: Marx an Engels, 9. 12. 1861, MEW, Bd. 30, S. 207: „Hegel hat nie die Subsumtion einer Masse von ‚Cases' under a general principle Dialektik ·genannt."

[38] Vgl. Henrich, Die Einheit, S. 14.

[39] Das Adjektiv „ontisch" soll sich hier auf die Wirklichkeit beziehen, wie sie der wissenschaftlichen Analyse – durch den wissenschaftlich-methodischen Bezug auf Werte und Gesichtspunkte noch nicht mitkonstituiert – vorgegeben ist. (Im Gegensatz dazu meint „historisches Individuum" bei Weber eine Einheit von Wirklichkeitsbestimmungen, bei deren Verknüpfung ein auf Werte und Interessengesichtspunkte beziehender Akt des Wissenschaftlers mitwirkt.) Genauso wie Weber erkenntnisphilosophischen Reflexionen über die dem Wissenschaftler erscheinende Wirklichkeit aus dem Wege ging, so wird hier „ontisch" in einem erkenntnistheoretisch unproblematischen Sinne gebraucht. (Vgl. Henrich, Die Einheit, S. 17 ff.)

[40] WL, S. 213 f. Vgl. weiterhin WL, S. 180: „,Kultur' ist ein vom Standpunkt des Menschen aus mit Sinn und Bedeutung bedachter endlicher Ausschnitt aus der sinnlosen Unendlichkeit des Weltgeschehens". WL, S. 177: „Die Zahl und Art der Ursachen, die irgendein individuelles Ereignis bestimmt haben, ist ja stets unendlich, und es gibt keinerlei in den Dingen selbst liegendes Merkmal, einen Teil von ihnen als allein in Betracht kommend auszusondern. Ein Chaos von ‚Existentialurteilen' . . . " WL, S. 184: „Endlos wälzt sich der Strom des unermeßlichen Geschehens der Ewigkeit entgegen." Die Zitate ließen sich vermehren.

[41] Tenbruck, S. 601; weiterhin z. B.: S. Landshut, Kritik der Soziologie (1929), in: ders., Kritik der Soziologie u. andere Schriften zur Politik, Neuwied 1969, S. 37 ff.; Hufnagel, S. 130–39, 211 f., 219, 221; ähnlich: Mommsen, Max Weber, S. 106, 226.

[42] Dieser von Weber selbst nicht gebrauchte Terminus Rickerts meint eine unübersehbare mannigfaltig-verschiedenartige Wirklichkeit, die in ihrer raumzeitlichen Bestimmtheit wie hinsichtlich ihrer quantitativen Eigenart durch eine für den analysierenden Verstand übergroße Anzahl von Merkmalen gekennzeichnet ist. Jeder konkrete Gegenstand steht in einem Allzusammenhang, seine Bedingtheiten sind ebenso komplex und prinzipiell unerschöpflich wie seine Eigenschaften. Vgl. Henrich, Die Einheit, S. 9 ff.

[43] Zwar konstituiert ein solcher Wertbezug eine allen handelnden Individuen gemeinsame Struktur. Doch bleibt diese rein formal, da über die Inhalte der als Bezugspunkt fungierenden Werte nichts Verbindliches oder Gesetzmäßiges ausgesagt werden kann. Somit konstituiert der Bezug auf Werte, der als spezifisch menschliche „Rationalität" zu begreifen ist, zwar eine Struktur im individuellen Bereich (die „Persönlichkeit"), er ist aber ungeeignet, eine überindividuelle Struktur im Sinne einer „materialen" Kultur zu begründen, da Inhalt dieser „Rationalität" eine unübersehbare Vielzahl von verschiedenen Kombinationen sein kann. Hieraus wird einsichtig, daß Objekte der verstehenden Soziologie „lediglich Abläufe und Zusammenhänge spezifischen Handelns einzelner Menschen" sind, „da diese allein für uns verständliche Träger von sinnhaft orientiertem Handeln sind" (WL., S. 514). Innerhalb der verstehenden

Soziologie kann es deshalb kaum einen (dialektischen oder funktionalen) Begriff vom Ganzen der Gesellschaft geben.

[44] Vgl. dagegen Tenbruck, S. 600. Zur Frage der Wirklichkeitsstruktur bei Weber vgl. die Modifikation dieser Interpretationsthese unten S. 34 ff.

[45] Gesichtspunkte sind gebunden an „Wertideen, die ihrerseits . . . nicht . . . aus dem empirischen Stoff als geltend begründbar sind" (WL, S. 213). „Was aber für uns Bedeutung hat, das ist natürlich durch keine ‚voraussetzungslose‘ Untersuchung des empirisch Gegebenen zu erschließen, sondern seine Feststellung ist Voraussetzung dafür, daß etwas Gegenstand der Untersuchung wird" (WL, S. 175 f.). Vgl. auch oben Anm. 40.

[46] Ähnlich verneint Weber die Ableitbarkeit von Normen des Handelns aus der Erkenntnis der Wirklichkeit, in der gehandelt werden soll (vgl. WL, S. 154 u. 475).

[47] Vgl. Henrich, Die Einheit. S. 19.

[48] Über weitere Instanzen, von denen aus auch innerhalb von Webers Gedankengebäude die Willkür der Begriffs- und Kategorienwahl eingeschränkt werden kann, vgl. unten S. 34 ff.

[49] Vgl. WL, S. 151 f. u. 469 ff.

[50] Marx, Erste These über Feuerbach, MEW, Bd. 3, S. 5.

[51] Marx, Zur Kritik der Hegelschen Rechtsphilosophie. Einleitung, MEW, Bd. 21, S. 378.

[52] Marx u. Engels, Die Deutsche Ideologie, MEW, Bd. 3, S. 44.

[53] Marx, Sechste These über Feuerbach, MEW, Bd. 3, S. 6.

[54] O. Morf, Geschichte und Dialektik in der politischen Ökonomie. Zum Verhältnis von Wirtschaftstheorie und Wirtschaftsgeschichte bei Karl Marx, Frankfurt 1970², S. 114.

[55] Marx, Das Kapital, Bd. III, MEW, Bd. 25, S. 219.

[56] Ebd., Bd. I, MEW, Bd. 23, S. 88.

[57] Marx, Einleitung zur Kritik der politischen Ökonomie, MEW, Bd. 13, S. 633. Vgl. auch Schmidt, Begriff, S. 66.

[58] Lenins Abbildtheorie wurde in diesem Sinne von marxistischer Seite kritisiert. Vgl. K. Korsch, Marxismus und Philosophie, Leipzig 1930. S. 25 ff.

[59] Vgl. Marx, „Randglossen zu Adolph Wagners ‚Lehrbuch der politischen Ökonomie‘", zit. bei Schmidt. Begriff, S. 93.

[60] K. Marx, Zweite These über Feuerbach, MEW, Bd. 3, S. 5. Vgl. Schmidt, Begriff, S. 101.

[61] Vgl. E. Bloch, Das Prinzip Hoffnung, Berlin 1960, Bd. 1, S. 214 ff.

[62] Marx, Zweite These über Feuerbach, MEW, Bd. 3, S. 5.

[63] Vgl. Schmidt, Begriff, S. 94; MEW, Bd. 3, S. 5.

[64] Vgl. G. Lukács, Die Zerstörung der Vernunft, Neuwied 1961, S. 521–537; differenzierter die marxistische Analyse von: Kon, Die Geschichtsphilosophie, Bd. 1, S. 136–157.

[65] Marx, Einleitung zur Kritik der politischen Ökonomie, MEW, Bd. 13, S. 631 ff.

[66] Ebd. Dazu Morf, S. 36 ff.; A. Schmidt, Geschichte u. Struktur. Fragen einer marxistischen Historik, München 1971, S. 41 ff.

[67] Morf, S. 128.

[68] Marx, Das Kapital, Bd. III, MEW, Bd. 25, S. 219.

[69] Ebd., Bd. III, S. 825: „. . . alle Wissenschaft wäre überflüssig, wenn die Erscheinungsform und das Wesen der Dinge unmittelbar zusammenfielen . . . "

[70] So formuliert Marx selbst den „Endzweck" seines Werkes (Das Kapital, Bd. I, MEW, Bd. 23, S. 15 f.).

[71] Vgl. Rosdolsky, Lehrbuch, S. 645 ff.

[72] Wie Anm. 68.

[73] Mit G. Lukács (Geschichte und Klassenbewußtsein. Studien über marxistische Dialektik [1923], Neuwied 1970, S. 255–355); H. Marcuse (Vernunft und Revolution [engl. 1941, 1952²], Neuwied 1962, S. 241 ff.); K. Bekker (Marx' Philosophische Entwicklung. Sein Verhältnis zu Hegel, Zürich 1940); S. Avineri (The Social and Political Thought of Karl Marx, Cambridge 1968, S. 3, pass.); Schmidt (Geschichte und Struktur, S. 47–51, pass.) u. v. a. ist an dem großen und fortwirkenden Einfluß der von ihm dann allerdings radikal transformierten Hegelschen Philosophie auf Marx festzuhalten. Nicht überzeugend die gegenteilige Position bei L. Althusser, Für Marx, Frankfurt 1968, S. 130–135, 142–145, pass.

[74] Weber, Protestantische Ethik, S. 134 ff. u. 192.

[75] Allerdings ist zu bedenken, daß Weber seine Studie als Vorarbeit bezeichnet und Ergänzung aufgrund anderer Gesichtspunkte von der zukünftigen Forschung erwartet (Ebd., S. 205 f.).

[76] Ebd., S. 52 f. – Vgl. zum Problem des Übergangs vom Verlag zur Manufaktur: J. Kocka, Unternehmer in der deutschen Industrialisierung, Göttingen 1975, S. 22 f.

[77] Marx, Einleitung zur Kritik der Politischen Ökonomie, MEW, Bd. 13, S. 634. – Zur Geschichte des Begriffs „Arbeit" vgl. W. Conzes Artikel in: O. Brunner u. a. (Hg.), Geschichtliche Grundbegriffe. Historisches Lexikon zur politisch-sozialen Sprache in Deutschland, Bd. 1, Stuttgart 1972, S. 154 ff.

[78] Diese Forderung deutet Marx nur an (ebd., S. 617 f.), sie kann aber aus dem Zusammenhang gefolgert werden. Weber stellt diese Forderung nicht, weil er die Gesichtspunkte völlig getrennt von der zu untersuchenden Wirklichkeit ansiedelt. Vgl. aber unten S. 35 f.

[79] Marx, Zur Kritik der politischen Ökonomie, MEW, Bd. 13, S. 636.

[80] Ebd.

[81] E. Bloch, Subjekt – Objekt. Erläuterungen zu Hegel, Berlin 1951, S. 221 ff.

[82] E. Troeltsch, Der Historismus und seine Probleme, 1. Buch (Neudruck der 1922 erschienenen Aufl.), Aalen 1961, S. 367.

[83] Marx an A. Ruge, Sept. 1943, in: Die Frühschriften, hg. v. S. Landshut, Stuttgart 1953, S. 169. Zur Möglichkeit dieser immanenten Kritik bei Marx im Zusammenhang mit dem hier nicht ausführlich zu thematisierenden Übergang von Hegel zu Marx, auch: Wellmer, S. 59–61, 78–92.

[84] Als moderne Vertreter dieses Denkens vgl. M. Horkheimer, Zum Begriff der Vernunft, in: Adorno/Horkheimer, Sociologica II, Frankfurt 1962 (bes. S. 204) u. W. Hofmann, Gesellschaftslehre als Ordnungsmacht. Die Werturteilsfrage heute, Berlin 1961, S. 29.

85 Vgl. H. Schelsky, Der Mensch in der wissenschaftlichen Zivilisation, Köln 1961, S. 25 u. passim.

86 So etwa im Umkreis marxistischen Denkens Hofmann, S. 32 f.: „Allgemeingültigkeit kommt solchen Auffassungen von Wert oder Unwert sozialer Sachverhalte zu, die einer gegebenen historischen Gesellschaft nach dem Stand aller ihrer Potenzen objektiv entspricht. Gesellschaftlich wertvoll ist allemal das historisch möglich Gewordene."

87 Diese sind kurz und prägnant aufgeführt in WL, S. 472 f.

88. In dieser Art als Dezisionist abgestempelt erscheint Weber, mit einigen Schattierungen und oft gegensätzlichen Wertungen, z. B. bei: Tenbruck, S. 600 ff.; Lukács, Zerstörung, S. 532 ff.; L. Strauss, Naturrecht und Geschichte, Stuttgart 1956, S. 107 ff.; J. Habermas, Technik und Wissenschaft als Ideologie, Frankfurt 1968, S. 121 f.; H. Marcuse, Kultur und Gesellschaft, Bd. 2, Frankfurt 1965, S. 107 ff. Vgl. weiterhin die Übersicht bei G. Roth, Political Critiques of Max Weber. Some Implications for Political Sociology, in: American Sociological Review, Bd. 30, 1965, S. 213–223; insgesamt vgl. U. Beck, Objektivität und Normativität. Die Theorie-Praxis-Debatte in der modernen deutschen und amerikanischen Soziologie, Reinbek 1974.

89 G. W. F. Hegel, Wissenschaft der Logik, Leipzig 1923, I. Teil, S. 6; Morf (S. 77) nimmt dieses Hegel-Zitat zu Recht für die Marxsche Methode in Anspruch. Zur weitgehenden Verwandtschaft von Marxens Methode mit Hegels Logik auch Schmidt, Geschichte und Struktur.

90 G. W. F. Hegel, Enzyklopädie der philosophischen Wissenschaften im Grundriß, Hamburg 1959⁶, S. 426 (§ 549).

91 Vgl. Marx u. Engels, die Deutsche Ideologie, MEW, Bd. 3, S. 13 ff.

92 Vgl. Marx, Das Kapital, Bd. I, MEW, Bd. 23, S. 57, u. a.

93 Siehe oben Anm. 86.

94 So Hegel, Enzyklopädie, S. 197 (§ 244).

95 Auch Wellmer arbeitet diese Hegelschen Reste einer spekulativen Geschichtslogik im Marxschen Denken, in dem sie gleichwohl keinen rechten Platz und keine rechte Begründung mehr haben, heraus und sieht in ihnen die Basis für die Neigung Marxens, zu unterstellen, daß die gesellschaftlich-historischen Widersprüche mit einer gewissen Notwendigkeit in einer fortschrittlich-revolutionären Weise aufgehoben würden (S. 56 ff., 64 f., 77, 93 f., 126 ff.). Diese Annahme habe sich „in einem fatalen Sinne als falsch erwiesen" (S. 128). – Vgl. auch M. Theunissen, Gesellschaft und Geschichte. Zur Kritik der kritischen Theorie, Berlin 1969, S. 30, 33–38. Er weist nach, daß die „Kritische Theorie", obwohl sie explizit der Hegelschen Prämisse (Ausgang von einer absoluten, aber geschichtlich werdenden Objektivität) abschwört, sich letztlich – etwa bei Habermas – so verhält, als ob sie auf jener identitätsphilosophischen Voraussetzung noch bauen könnte. Eben darin sieht Theunissen gewisse Tendenzen in der „Kritischen Theorie" zum intoleranten Dogmatismus und erkenntnistheoretisch-politischer Absolutheitsanspruch begründet.

96 Vgl. oben 27 f.

97 Marx, Einleitung zur Kritik der politischen Ökonomie, MEW, Bd. 13, S. 631 f.

⁹⁸ Auf einer langen hermeneutischen Diskussion fußend, macht J. Habermas die große Bedeutung des historisch wandelbaren (und auch innerhalb derselben Gesellschaft und Epoche heterogenen!) vorwissenschaftlichen Vorverständnisses für den wissenschaftlichen Erkenntnisakt klar, und zwar mit Wendung gegen einige Vertreter der neopositivistischen Wissenschaftslehre, die dies nicht genügend in Rechnung stellen (Analytische Wissenschaftstheorie und Dialektik. Ein Nachtrag zur Kontroverse zwischen Popper und Adorno, in: Zeugnisse. Th. W. Adorno zum 60. Geburtstag. Hg. v. M. Horkheimer, Frankfurt 1963, S. 473–501, bes. S. 476; wd. abgedr. in: Th. W. Adorno (Hg.), Der Positivismusstreit in der deutschen Soziologie (1969), Neuwied 1972, S. 155–191, u. in: Habermas, Zur Logik der Sozialwissenschaften, Frankfurt 1970², S. 9–38). Hier soll betont werden, daß eben diese Überlegung auch gegenüber marxistischen Ansätzen ins Feld geführt werden muß, soweit diese ihre eigene Historizität zu unterschlagen und die hermeneutische Erkenntnisproblematik zu überspringen geneigt sind. Vgl. auch Seiffert, S. 79–95.
⁹⁹ Vgl. oben S. 21 f.
¹⁰⁰ Theunissen (S. 34 f.) zeigt, daß auch die an Marx anknüpfende „Kritische Theorie" diesem Problem nicht gewachsen ist und daß in ihrem jener Grundsituation widersprechenden Anspruch auf Erkenntnis der Totalität die Möglichkeit des Dogmatismus gegenüber anderen Ansätzen begründet liegt.
¹⁰¹ So z. B. Tenbruck, S. 600, 602; ähnlich auch Landshut (oben Anm. 41); Lefèvre, S. 16 ff. u.v.a.
¹⁰² Schließlich ließe sich in einer so interpretierten Methodologie Webers kein hinreichender Grund finden, das Entstehen des britischen Kapitalismus nicht unter dem Gesichtspunkt des in England häufigen Nebels zu interpretieren. Dagegen muß bedacht werden, daß Weber nicht nur eine Wissenschaftslehre, sondern auch praktische Forschungsarbeiten vorgelegt hat, deren Ergebnisse auf dem Hintergrund einer derart paradoxen Methodologie kaum zu begreifen wären.
¹⁰³ Weber, Protestantische Ethik, S. 205 f.
¹⁰⁴ Tendenziell im Sinne von Habermas, Analytische Wissenschaftstheorie, S. 473 f.
¹⁰⁵ WL, 180. Vgl. – auch zum Folgenden – Henrich, Die Einheit, S. 74 ff.; ders., Diskussionsbeitrag, in: O. Stammer (Hg.), Max Weber und die Soziologie heute. Verhandlungen des 15. deutschen Soziologentages, Tübingen 1965, S. 81–87. – Diese Argumentation und Belege werden von neuerlichen und m.E. insofern fehlgehenden Versuche, Weber als erkenntnistheoretischen Dezisionisten abzustempeln, nicht akzeptiert, aber auch nicht widerlegt. Vgl. insbesondere Lefèvre, S. 16–29, bes. S. 20 f. u. 115 f. L. weist – wie viele andere vor ihm – auf Schwierigkeiten und Grenzen des Weberschen Ansatzes, z. T. zu Recht, hin. Was in dieser Untersuchung auffällt, ist das hohe Maß an gegen sich selbst unkritischer Sicherheit, mit der Webers Schwierigkeiten als prinzipiell zusammen mit der bürgerlichen Gesellschaft überwindbare suggeriert werden, ohne auch nur im mindesten zu zeigen, in welcher Weise dies wissenschaftstheoretisch und -praktisch zu leisten wäre. Einige Hinweise (S. 57, 60) auf die Lösbarkeit der wissenschaftstheoretischen Probleme durch Teilnahme am an-

tikapitalistischen „Kampf der Produzentenmassen um die Verfügung über ihre von ihnen produzierte Objektivität" bleiben reine Affirmation und legen zudem den Verdacht nahe, daß L. die „Insuffizienzen" des Weberschen Ansatzes in einer Weise überkommen möchte, die hinter die – zweifellos nicht ausreichenden, aber sicher auch nicht einfach abzuwerfenden, durch dialektisch-materialistische Theorie auch keineswegs überholten – kritizistischen Leistungen zurückfällt. In solchem Zusammenhang gewinnt der gängige Formalismus- und Willkürvorwurf gegen Webers Wissenschaftslehre eine antikritische Immunisierungsfunktion, zum Schutz von politisch-theoretischen Grundentscheidungen, die als solche nicht mehr kenntlich gemacht und schon gar nicht zur wissenschaftlichen Diskussion mit Revisionschance gestellt werden. – Auch Hufnagel (S. 139, Anm. 2, S. 211, 213, pass.) scheint an einer dezisionistischen Interpretation des Weberschen wissenschaftstheoretischen Ansatzes festhalten zu wollen. Dies ist um so erstaunlicher, als er Weber hinsichtlich seines Begriffs vom Verhältnis zwischen Erfahrungswissenschaft und Politik recht überzeugend (wenn auch im einzelnen zu weitgehend) vom Vorwurf des Dezisionismus befreit. Ähnlich auch: W. Schluchter (Wertfreiheit und Verantwortungsethik. Zum Verhältnis von Wissenschaft und Politik bei Max Weber, Tübingen 1971), der Weber an das pragmatistische Modell Habermas' heranrückt. Diese Autoren leisten tendenziell für Webers Begriff vom Verhältnis zwischen Erfahrungswissenschaften und Politik das, was dieser Aufsatz in bezug auf seinen Begriff vom Verhältnis zwischen Erkenntnisgegenstand und Erkenntnis versucht: eine Revision des gängigen Dezisionismusvorwurfs. – Vgl. dazu insgesamt auch: Kocka, Kontroversen, S. 283–292.

[106] „In entscheidender Weise verstärkt wurde endlich die Kulturbedeutung der unfreien Arbeit durch die Einbeziehung großer Binnenlandsflächen . . . " (Max Weber, Die sozialen Gründe des Untergangs der antiken Kultur, in: J. Winckelmann (Hg.), Max Weber. Soziologie, Weltgeschichtliche Analysen, Politik, Stuttgart, 1956², S. 8). Hier meint „Kulturbedeutung" die prägende Kraft, die von einem so bestimmten Kulturinhalt für die gesamte Kultur ausgeht, also ebenfalls einen objektiven Sachverhalt.

[107] Von einem „Minimum an Geschichtsphilosophie" bei Weber spricht auch Janoska-Bendl und bestimmt in diesem Zusammenhang den Charakter der Weberschen Idealtypen überzeugend als „konzeptualistisch", d.h. weder als Abbilder der Wirklichkeit noch als völlig autonome Denkgebilde (S. 33 f., pass.). – Die Versuche, eine „geschichtsphilosophische Grundkonzeption" Webers zu identifizieren – so vor allem Mommsen, Universalgeschichtliches Denken –, implizieren letztlich die Annahme, daß Weber so etwas wie dem wissenschaftlichen Erkennen vorgegebene Strukturen der historisch-sozialen Wirklichkeit im stillen vorausgesetzt habe. Mommsen übersieht jedoch diese Konsequenz seines Ansatzes und skizziert das Verhältnis von Realität und wissenschaftlicher Erkenntnis in einer Weise (Max Weber, 106, 226), wie sie sinnvoll nur von jenen behauptet werden kann, die gleichzeitig alle Ansätze zu einer Theorie der materialen Theorie der Kultur bei Weber leugnen. Entsprechend überbetont er den nominalistischen, den irrealen und wilkürlichen Charakter des Idealtypus bei Weber (ebd., S. 224–26).

[108] Vgl. Tenbruck, 590 ff. Der Zusammenhang von Webers methodologischer Position und seiner Stellung im Werturteilsstreit mit seiner Kritik an der wilhelminischen Bürokratie kann hier nicht diskutiert werden, obwohl sich daraus ebenfalls historische Ursachen für seine so pointierten wissenschaftstheoretischen Aussagen finden ließen. Wichtige Hinweise darauf bei: G. Schmidt, Deutscher Historismus und der Übergang zur parlamentarischen Demokratie. Untersuchungen zu den politischen Gedanken von Meinecke, Troeltsch, Max Weber, Lübeck 1964, S. 226–306; vgl. die oben in Anm. 5 genannten Titel.

[109] Andere Stellen beweisen, daß Weber auch sonst „Analysis" zur Bezeichnung einer nicht erfahrungswissenschaftlichen Annäherung an den Gegenstand benutzt. Vgl. etwa WL, S. 262 f.

[110] Insbesondere wäre einerseits an eine Anknüpfung einschlägiger Ansätze von Habermas zu denken. Vgl. als knappe Zwischenbilanz: J. Habermas, Einleitung zur Neuausgabe von: Theorie und Praxis. Sozialphilosophische Studien, Frankfurt 1971², S. 9–47; zuletzt: ders., Zur Rekonstruktion des Historischen Materialismus, Frankfurt 1976, Kap. I u. III, aber auch weiterhin die oben Anm. 95 u. 100 angedeutete Kritik an Habermas. Andererseits vor allem H. Albert. Sein auf Popper fußender „kritischer Rationalismus" wurde zweifellos von einem großen Teil der scharfen Positivismuskritik der 60er Jahre verfehlt, die Kluft zwischen „Kritischer Theorie" und „Kritischem Rationalismus" erschien deshalb vielleicht tiefer als sie es ist. Der Unterschied zwischen Albert und jenem Positivismus, auf dessen Schwächen die Kritik der „Frankfurter Schule" vor allem abzielt, wird u.a. klar bei Albert (wie oben Anm. 4), S. 6 f., 54, 59 f., 61 f., 75 f. Die Frage nach der möglichen Vermittlung von Momenten seiner zwischen Dogmatismus und Dezisionismus hindurchsteuernden wissenschaftstheoretischen Argumentation mit einzelnen Positionen der „Kritischen Theorie" wäre weiter zu treiben. – Vgl. auch Kosellecks Denkfigur vom „Vetorecht" der Quellen gegenüber Begriffs- und Theoriebildung, die dem hier vorgeschlagenen Bild vom „Spielraum" insofern entspricht, als dieser ebenfalls in einer Hinsicht von dem in den Quellen erscheinenden Untersuchungsgegenstand begrenzt wird (Standortbindung und Zeitlichkeit, in: R. Koselleck u.a. (Hg.), Objektivität und Parteilichkeit in der Geschichtswissenschaft, München 1977, S. 17–46, hier S. 45 f.); J. Rüsen, Für eine erneuerte Historik. Studien zur Theorie der Geschichtswissenschaft, Stuttgart 1976, bes. S. 38 ff.

[111] S. 40–47 erstmals u. d. T.: Angemessenheitskriterien historischer Argumente, in: R. Koselleck u. a. (Hg.), Objektivität und Parteilichkeit in der Geschichtswissenschaft, München 1977, S. 469–75; ich danke Verlag und Herausgebern für die Erlaubnis, diesen Beitrag schon jetzt wieder abdrucken zu können.

[112] So in dem in der letzten Anmerkung genannten Band, der die Beiträge einer Studiengruppe „Theorie der Geschichte" (1975 in der Werner-Reimers-Stiftung in Bad Homburg) enthält. (Der Arbeit dieser Studiengruppe verdanken die folgenden Überlegungen viele Anregungen.) Siehe auch ebd., S. 477–90 die von Ch. Landfried zusammengestellte Auswahlbibliographie zum Thema. – Weiterhin J. Rüsen (Hg.), Historische Objektivität, Göttingen 1975. – Dagegen benutzte Max Weber nicht zufällig relativierende Anführungsstri-

che, als er 1904 seinen wichtigen Aufsatz „Die ‚Objektivität' sozialwissenschaftlicher und sozialpolitischer Erkenntnis" schrieb (WL, 146–214).

[113] Die zunächst nur formale, aber unschwer inhaltlich auszufüllende Entsprechung dieser Denkfigur mit dem Modell eines liberal-demokratischen Verfassungssystems, das die Pluralität von Interessen und Meinungen als legitim und konstitutiv für sich anerkennt, gleichzeitig diese Pluralität aber begrenzt, sei hier nur angemerkt. Vgl. unten S. 121 f.

[114] Dies ist eine zentrale Einsicht, die man sowohl von Marx wie von Weber her begründen kann und für die m. E. der wissenschaftshistorische Befund ebenso spricht wie die Erfahrung der meisten Forscher. Diese Einsicht vernachlässigt Th. Nipperdey (Wozu noch Geschichte?, in: G.-K. Kaltenbrunner [Hg.], Die Zukunft der Vergangenheit, München 1975, S. 34–57, hier S. 56) und schießt deshalb mit seiner Polemik gegen „Parteilichkeit", „patentdemokratische" Geschichtsauffassung und „Relevantiner" weit übers Ziel hinaus. Dies ist auch der zentrale Einwand, den man gegen seine Kritik an H.-U. Wehlers Buch „Das deutsche Kaiserreich 1871–1918" (Göttingen 1973, 1975²) in: GG, Jg. 1, 1975, S. 539–60) erheben muß. – Auch W. Conze verkennt diese gerade von Weber so deutlich gemachte, unvermeidliche (wenn auch oft unerkannte oder verleugnete) Mitbedingtheit geschichtswissenschaftlicher Argumentation durch außerwissenschaftliche, lebensweltliche, normativ-praktisch durchsetzte (individuelle und kollektive) Erfahrungs- und Bewußtseinsinhalte, wenn er (AfS, Bd. 16, 1976, S. 622–26, hier S. 624) meine diesbezüglichen, sehr am Weber des Objektivitätsaufsatzes orientierten Ausführungen in GG, Jg. 1, 1975, S. 9–42 kritisiert und als „hinter Weber zurückgehend" mißversteht. Nicht die uneinlösbare Forderung nach rigider Trennung von Genese und Geltung wissenschaftlicher Aussagen, von lebensweltlichem Bezug und wissenschaftlicher Argumentation verhilft uns zu der notwendigen, für wissenschaftliche Aussagen in der Tat unverzichtbaren „Objektivität". Gerade die Werke von denen, die diese Forderung erheben und als Basis ihrer Kritik an angeblicher „Vermengung wissenschaftlicher Theorie- und Methodendiskussion mit einer bestimmten politischen Position und einer auf geschichtsphilosophischen Derivaten beruhenden Erziehungsabsicht" (Conze) verwenden, entkommen jenem Zusammenhang zwischen lebensweltlichen Bezügen und wissenschaftlicher Argumentation keineswegs; unschwer ließe sich das an ihren Schriften zeigen. Um Objektivität im recht verstandenen Sinn zu erreichen und unwissenschaftliche Politisierung zu vermeiden, kann eher die Beachtung der oben genannten Grundsätze helfen, deren Anerkennung auch den genannten Kritikern möglich sein sollte.

[115] Dazu unten S. 112 ff.

II. Sozialgeschichte

[1] S. 48–111 sind die erweiterte und überarbeitete Fassung eines Aufsatzes der u. d. T. „Sozialgeschichte-Strukturgeschichte-Gesellschaftsgeschichte" im AfS, Bd. 15, 1975, S. 1–42 erschien, unter Einbeziehung von Teilen aus: Theo-

rien in der Sozial- und Gesellschaftsgeschichte. Vorschläge zur historischen Schichtungsanalyse, in: GG, Jg. 1, 1975, S. 9–42, hier S. 13–34. Die Argumentation teilweise bereits in: Art. „Sozial- und Wirtschaftsgeschichte", in: Sowjetsystem und Demokratische Gesellschaft, Bd. 6, Freiburg 1972, Sp. 1–39; sowie: Theorieprobleme der Sozial- und Wirtschaftsgeschichte. Begriffe, Tendenzen und Funktionen in West und Ost, in: H.-U. Wehler (Hg.), Geschichte und Soziologie, Köln 1972, S. 305–30.

[2] Vgl. A. Hillgruber, Politische Geschichte in moderner Sicht, in: HZ, Bd. 216, 1973, S. 529–52; H.-U. Wehler, Moderne Politikgeschichte oder „Große Politik der Kabinette"?, in: GG, Bd. 1, 1975, S. 344–69; G. Schmidt, Wozu noch „Politische Geschichte"?, in: Aus Politik und Zeitgeschichte, B 17/75, 26. April 1975, S. 21–45; K. Hildebrand, Geschichte oder „Gesellschaftsgeschichte"?, in: HZ, Bd. 223, 1976, S. 328–57.

[3] Einführung zu „Struktur" in der Geschichte: K.-G. Faber, Theorie der Geschichtswissenschaft, München 1974[3], S. 100–108, 235–41; zum „Positivismusstreit": W. Schulze, Soziologie und Geschichtswissenschaft, München 1974, S. 114–30; zur Theorieproblematik: J. Kocka (Hg.), Theorien in der Praxis des Historikers (= Sonderh. 3 von GG), Göttingen 1977.

[4] Der Begriff „Gesellschaftsgeschichte" taucht neuerdings häufiger auf, bleibt jedoch noch recht unbestimmt oder vieldeutig. Vgl. K. Bosl, Der gesellschaftlich-anthropologische Aspekt und seine Bedeutung für einen erneuerten Bildungswert der Geschichte, in: Zeitschrift für Bayerische Landesgeschichte, Bd. 31, 1968, S. 1053; Vorwort zu GG, Bd. 1, 1975, S. 5; J. Kocka, Theorien in der Sozial- und Gesellschaftsgeschichte, in: ebd., S. 9–42; Wehler, Moderne Politikgeschichte, S. 365. Als „Gesellschaftsgeschichte" übersetzt werden können die Begriffe „social structural history" und „history of society" bei: P. Laslett, History and the Social Sciences, in: International Encyclopedia of the Social Sciences, Bd. 6, 1968, S. 434–40; E.J. Hobsbawm, From Social History to the History of Society, in: Historical Studies Today (= Daedalus, Bd. 100, No. 1), Winter 1971, S. 20–45, dt. in: H.-U. Wehler (Hg.), Geschichte und Soziologie, Köln 1972, S. 331–353; s. jetzt auch M. Perrot, The Strengths and Weaknesses of French Social History, in: JSH, Bd. 10, 1976, S. 166–77, hier S. 172, die mit Hobsbawm ebenfalls zwischen „social history" und „history of society" unterscheidet. – Vgl. auch J. Kocka, Art.: Sozial- und Wirtschaftsgeschichte, in: Sowjetsystem und Demokratische Gesellschaft. Eine vergleichende Enzyklopädie, hg. v. C. D. Kernig, Bd. 6, Freiburg/Basel/Wien 1972, Sp. 5–7 (den dort als „sozialökonomische Interpretation der allgemeinen Geschichte" bezeichneten Ansatz).

[5] Als historische Sozialwissenschaft faßte die Geschichtswissenschaft ziemlich früh: R. Vierhaus, Gedanken zum Studium der Geschichtswissenschaft (1969), in: W. Conze (Hg.), Theorie der Geschichtswissenschaft und Praxis des Geschichtsunterrichts, Stuttgart 1972, S. 30; dann W. J. Mommsen, Die Geschichtswissenschaft jenseits des Historismus, Düsseldorf 1971, S. 27 f. – Ausführlicher H.-U. Wehler, Einleitung zu: ders. (Hg.). Geschichte und Soziologie, S. 11–35, z. B. S. 21; wiederabgedruckt in ders., Geschichte als Historische Sozialwissenschaft, Frankfurt 1973; vgl. auch ders., Soziologie und Geschichte

aus der Sicht des Sozialhistorikers, in: P. C. Ludz (Hg.), Soziologie und Sozialgeschichte, Opladen 1973, S. 59–80; zuletzt ders., Modernisierungstheorie und
Geschichte, Göttingen 1975, S. 5, passim. – Eine einigermaßen präzise Bestimmung des Begriffs bieten: Schulze, S. 178 ff. und jetzt: R. Rürup, zur Einführung, in: ders. (Hg.), Historische Sozialwissenschaft, Göttingen 1977, S.
5–15. An diesen Ansätzen sollte und könnte die weitere Diskussion anknüpfen. W. Conze betont, daß die Geschichte im ganzen „in ihrem Begriff mehr als
‚historische Sozialwissenschaft'" sei (FAZ, 16. April 1975, S. 10). In den USA,
Frankreich und wohl auch in einigen osteuropäischen Ländern ist die Einordnung der Geschichtswissenschaft als eine historische Sozialwissenschaft seit
längerer Zeit geläufiger.

[6] Vgl. J. Kocka, Theoretical Approaches to the Social and Economic History
of Modern Germany: Some Recent Trends, Concepts and Problems in Western
and Eastern Germany, in: The Journal of Modern History, Bd. 47, 1975, S.
101–119.

[7] Allgemein zu dieser spannungsreichen Konvergenz zwischen politisch und
sozial relevanten Begriffen und der ihnen zugrundeliegenden Realität: R. Koselleck, Einleitung, in: O. Brunner/W. Conze/R. Koselleck (Hg.), Geschichtliche Grundbegriffe, Bd. 1, Stuttgart 1972, S. XIII–XVII, bes. S. XX–XXIV.

[8] H. Rosenberg, Probleme der deutschen Sozialgeschichte, Frankfurt 1969, S.
147.

[9] Zum Beispiel bei Hillgruber, S. 529–31.

[10] Vgl. W. Conze, Sozialgeschichte, in: H.-U. Wehler (Hg.), Moderne Deutsche Sozialgeschichte, Köln 1966 (1973⁴), S. 19–26, bes. S. 21–23; M. Riedel,
Der Staatsbegriff der deutschen Geschichtsschreibung des 19. Jahrhunderts,
in: Der Staat, Bd. 2, 1963, S. 41–63; W. Conze, Das Spannungsfeld von Staat
und Gesellschaft im Vormärz, in: ders. (Hg.), Staat und Gesellschaft im deutschen Vormärz 1815–1848, Stuttgart 1962 (1970²), S. 207–269; R. Vierhaus,
Ranke und die soziale Welt, Münster 1957. – Als beste vergleichende Skizze
der Entwicklung der Geschichtsschreibung in verschiedenen Ländern: F. Gilbert, European and American Historiography, in: J. Higham u. a., History,
Englewood Cliffs 1965, S. 316–87; jetzt auch: R. Schulin, Rückblick auf die
Entwicklung der Geschichtswissenschaft, in: E. Jäckel u. E. Weymar (Hg.), Die
Funktion der Geschichte in unserer Zeit, Stuttgart 1975, S. 11–25. – Ernst
Schulin verdanke ich überdies eine wichtige Kritik der ursprünglichen Fassung
dieses Abschnitts, vor allem dieser wissenschaftsgeschichtlichen Skizze.

[11] O. Hintze, Johann Gustav Droysen (1904), in: ders., Soziologie und Ge-
schichte (= Gesammelte Abhandlungen, Bd. 2), Göttingen 1964², S. 490. –
Zum Historismus: J. Rüsen, Für eine erneuerte Historik, in: F. Engel-Janosi
u. a. (Hg.), Denken über Geschichte, Wien 1974, S. 227–252, wd. in: Rüsen,
Für eine erneuerte Historik. Studien zur Theorie der Geschichtswissenschaft,
Stuttgart 1976, S. 17–44; G. G. Iggers, Deutsche Geschichtswissenschaft,
München 1971 (1973²); Th. Nipperdey, Historismus und Historismuskritik, in:
E. Jäckel/E. Weymar (Hg.), Die Funktion der Geschichte in unserer Zeit,
Stuttgart 1975, S. 82–95.

[12] Dieses Votum für die strikte Unterordnung wirtschafts-, sozial- und kultur-

geschichtlicher Fragen unter die politik- und staatsgeschichtlichen mit großer Deutlichkeit beim langjährigen Hauptherausgeber der wichtigsten wirtschafts- und sozialgeschichtlichen Zeitschrift Deutschlands, der VSWG, bei: G. v. Below, Die deutsche Geschichtsschreibung von den Befreiungskriegen bis zu unseren Tagen, München/Berlin (1916) 1924², S. 84, 118, 122–24.

¹³ Vgl. über den antirevolutionären Impetus der Geschichtswissenschaft in der ersten Hälfte des 19. Jahrhunderts G. Ritter, Gegenwärtige Lage und Zukunftsaufgaben deutscher Geschichtswissenschaft, in: HZ, Bd. 170, 1950, S. 4; H. Heimpel, Über Organisationsformen historischer Forschung in Deutschland, in: HZ, Bd. 189, 1959, S. 199f., 207; sowie die Rückschau Leopold von Rankes in seiner Ansprache zu seinem 90. Geburtstag (1885), in: Sämtliche Werke, hrsg. v. A. Dove u. T. Wiedemann, Bd. 52, Leipzig 1888, S. 595. Das schließt nicht aus, daß sich die Geschichtswissenschaft gegenüber anderen, etwa kirchlich-klerikalen, Traditionen durchaus kritisch verhielt, vgl. Schulin, Rückblicke, S. 21–25.

¹⁴ R. v. Mohl, Die Geschichte und Literatur der Staatswissenschaft, Bd. 1, Erlangen 1855, S. 70; K. Lamprecht, Die Entwicklungsstufen der deutschen Geschichtswissenschaft II, in: Zeitschrift für Kulturgeschichte, Bd. 6, 1898, S. 1–45, bes. S. 25 ff.

¹⁵ Vgl. G. W. F. Hegel, Grundlinien der Philosophie des Rechts (1821), Hamburg 1955⁴, S. 165–180 (§§ 189–208); Lorenz v. Stein, Geschichte der sozialen Bewegung in Frankreich von 1789 bis auf unsere Tage (1850), Bd. 1, München 1921², S. 25f., passim; K. Marx/F. Engels, Die deutsche Ideologie, und: Manifest der Kommunistischen Partei, in: Marx/Engels, Werke (MEW), Bd. 3, S. 17–70; Bd. 4, S. 462–493; J. Habermas, Strukturwandel der Öffentlichkeit, Neuwied (1962) 1965⁵, S. 11–156; E. Pankoke, Sociale Bewegung – Sociale Frage – Sociale Politik. Grundfragen der deutschen „Socialwissenschaft" im 19. Jahrhundert, Stuttgart 1970; M. Riedel, Art.: Gesellschaft, bürgerliche, in: J. Ritter (Hg.), Historisches Wörterbuch der Philosophie, Bd. 3, Darmstadt 1974, Sp. 466–73, bes. Sp. 471f.; ders., Bürgerliche Gesellschaft und Staat. Grundproblem und Struktur der Hegelschen Rechtsphilosophie, Neuwied/Berlin 1970; D. Blasius, Lorenz v. Stein, in: H.-U. Wehler (Hg.), Deutsche Historiker, Göttingen 1973, S. 25–38; F. Gilbert, From Political to Social History. Lorenz von Stein and the Revolution of 1848, in: ders., History. Choice and Commitment, Cambridge, Mass. 1977, S. 411–21 (ursprüngl. dt. in: Mitteilungen des Österreichischen Instituts für Geschichtsforschung, Bd. 50, 1936); E. Angermann, Robert v. Mohl, Neuwied 1962; U. Haltern, Bürgerliche Gesellschaft, Theorie und Geschichte I, in: NPL, Bd. 19, 1974, S. 472–88.

¹⁶ Zum Beispiel H. v. Treitschke, Die Gesellschaftswissenschaft, Leipzig 1859.

¹⁷ Begriff bei Ritter, Gegenwärtige Lage, S. 3.

¹⁸ Vgl. O. Hintze, Der Staat als Betrieb und die Verfassungsreform (1927), in: ders., Soziologie und Geschichte, S. 205: „Zu der Zeit, da wir Älteren jung waren und mit unserem Reich auch die Andacht zum Staat noch in der Blüte stand, wäre es fast als eine Blasphemie erschienen, die Majestät des Staates

durch den Vergleich mit einer wirtschaftlichen Unternehmung herabzuwürdigen".

[19] Vgl. Gilbert, Historiography; Schulze, Kap. I; Iggers; G. Oestreich, Die Fachhistorie und die Anfänge der sozialgeschichtlichen Forschung in Deutschland, in: HZ, Bd. 208, 1969, S. 320–363; Conze, Sozialgeschichte, S. 19–23; Riedel, Staatsbegriff.

[20] Vor allem Otto Hintze. Vgl. J. Kocka, Otto Hintze, in: Wehler, Deutsche Historiker, S. 275–298; und die Einleitung von F. Gilbert in: ders. (Hg.), The Historical Essays of Otto Hintze, New York 1975.

[21] So z.B. W. Abel, O. Hintze und E. Kehr in der Zwischenkriegszeit. Vgl. dazu H. Rosenberg, Vorbericht, in: ders., Die Weltwirtschaftskrise 1857 bis 1859, Göttingen 1974², S. V–XXV.

[22] Vgl. Schulze, S. 19–22.

[23] Vgl. Oestreich, S. 326–31.

[24] Vgl. ebda., S. 320–63; Iggers, S. 256–60; E. Engelberg, Zum Methodenstreit um Karl Lamprecht, in: J. Streisand (Hg.), Studien über die deutsche Geschichtswissenschaft, Bd. 2, Berlin 1969, S. 136–152.

[25] Vgl. Gilbert, Historiography, S. 359f.;

[26] Vgl. H. Aubin, Zum 50. Band der Vierteljahrschrift für Sozial- und Wirtschaftsgeschichte, in: VSWG, Bd. 50, 1963, S. 21; D. Hilger, Zum Begriff und Gegenstand der Sozialgeschichte, in: Buch und Bibliothek, Jg. 23, H. 1, Jan. 1971, S. 17–26, hier S. 19f.; H. Heiber, Walter Frank und sein Reichsinstitut für Geschichte des Neuen Deutschland, Stuttgart 1966.

[27] Vgl. dazu den Überblick bei Kocka, Art.: Sozial- und Wirtschaftsgeschichte, Sp. 8–21. Schulin, Rückblicke, S. 16–21 unterstreicht die Ähnlichkeit der Entwicklung in den verschiedenen Ländern, doch lassen auch die von ihm berichteten Einzelheiten deutliche Unterschiede in der historiographischen Entwicklung in Deutschland, Frankreich und USA erkennen, und zwar zumindest seit dem späten 19. Jahrhundert und nicht erst seit den frühen 1930er Jahren.

[28] K. Breysig, Die sociale Entwicklung der führenden Völker Europas ..., in: Jahrbuch für Gesetzgebung, Verwaltung und Volkswirtschaft, Bd. 20, 1896, S. 1091–1162, hier S. 1093; ausführlicher noch in: ders., Aufgaben und Maßstäbe einer allgemeinen Geschichtsschreibung, Berlin 1900, S. 10. Vgl. auch B. vom Brocke, Kurt Breysig. Geschichtswissenschaft zwischen Historismus und Soziologie, Lübeck/Hamburg 1971.

[29] Lamprecht, Die Entwicklungsstufen, S. 37–39.

[30] Der enge Zusammenhang zwischen der sozialen und ökonomischen Dimension ist deutlich in den ersten gesellschaftswissenschaftlichen Entwürfen (Hegel, Marx, v. Stein, Mohl u. a.) – vgl. oben Anm. 15 –, aber auch in frühen wirtschaftswissenschaftlichen Arbeiten; dazu: S. Landshut, Kritik der Soziologie, Neuwied 1969, S. 131–145, wiederabgedruckt in H.-U. Wehler (Hg.), Geschichte und Ökonomie, Köln 1973, S. 40–53. Landshut behandelt die Entstehung eines relativ eigenständigen Bereiches ,,Wirtschaft" als Voraussetzung der Möglichkeit von Wirtschaftswissenschaft und Wirtschaftsgeschichte, ähnlich (nur früher) wie dies oben für den Bereich ,,Gesellschaft" skizziert wurde.

[31] Vgl. D. Lindenlaub, Richtungskämpfe im Verein für Sozialpolitik,

1890–1914, Wiesbaden 1967; zu Schmoller und Sombart vgl. auch die Artikel von P. R. Anderson und B. vom Brocke in: Wehler, Deutsche Historiker, S. 147 ff. und 616 ff.; vgl. Oestreich, S. 334–44 zu sozial- und wirtschaftsgeschichtlichen Veranstaltungen in deutschen Universitäten während der 1880er und 1890er Jahre, die überwiegend, was häufig beim Verweis auf diesen wichtigen Aufsatz übersehen wird, von historisch arbeitenden Wirtschafts- und Sozialwissenschaftlern, kaum aber von Fachhistorikern abgehalten wurden.

[32] Als Vertreter wären zu nennen: G. Freytag, W. H. Riehl, G. Steinhausen. Vgl. zur Kulturgeschichte im engeren Sinn: E. Bernheim, Lehrbuch der Historischen Methode, Leipzig 1894², S. 42, 47–52: Kulturgeschichte als „Specialität" bearbeitet „die nicht-politischen Bethätigungen der Menschen als sociale Wesen" (S. 47); eine Übersicht über frühere Vertreter bei F. Jodl, Die Culturgeschichtsschreibung, ihre Entwicklung und ihre Probleme, Halle 1878; zur späteren Entwicklung: W. Goetz, Geschichte und Kulturgeschichte, in: Archiv für Kulturgeschichte, Bd. 8, 1910, S. 4–19. Vgl. auch Th. Nipperdey, Die anthropologische Dimension in der Geschichtswissenschaft, in: G. Schulz (Hg.), Geschichte heute, Göttingen 1973, S. 233–235.

[33] So noch im Ursprung des Namens und im Inhalt des Jahrbuchs „Archiv für Sozialgeschichte" (1961 ff.), obwohl diese Beschränkung allmählich gelockert zu werden scheint; auch im „Internationaal Instituut voor Sociale Geschiedenis" (Amsterdam) und der „International Review of Social History".

[34] Zur Zeitschrift: Aubin, bes. S. 10 ff. (über marxistische Traditionen); weiterhin: W. Köllmann, Zur Situation des Faches Sozial- und Wirtschaftsgeschichte in Deutschland, in: K.-H. Manegold (Hg.), Wissenschaft, Wirtschaft und Technik. Festschrift für Wilhelm Treue, München 1969, S. 136–146.

[35] Jodl, S. 3 f.

[36] Zeitschrift für deutsche Kulturgeschichte, Bd. 1, 1856, S. I (Prospectus); vgl. auch J. Falke, Die deutsche Kulturgeschichte, in: ebd., S. 5–30.

[37] Jodl, S. 108.

[38] E. Gothein, Die Aufgaben der Kulturgeschichte, Leipzig 1889; Oestreich, S. 328.

[39] Bernheim, S. 42.

[40] K. Lamprecht, Was ist Kulturgeschichte?, in: Deutsche Zeitschrift für Geschichtswissenschaft, N. F., Bd. 1, 1896/97, S. 75–145; Oestreich, S. 346–63.

[41] W. Goetz, Geschichte und Kulturgeschichte, in: Archiv für Kulturgeschichte, Bd. 8, 1910, S. 4–19, Zit. S. 7.

[42] Vgl. K. Lamprecht, Alte und neue Richtungen in der Geschichtswissenschaft, Berlin 1896, S. 1 f.; vgl. auch Bernheim (1894), S. 50: „Diese neuerdings beliebte Überschätzung der Kulturgeschichte zu Ungunsten der politischen ist im Grunde eine unklare Abschwächung der sozialistisch-naturwissenschaftlichen Geschichtsauffassung, welche die Einzelereignisse, weil sie sich statistischer Berechnung nicht unterziehen lassen, für wissenschaftliche Betrachtung für unwert hält und die Massenvorgänge für den einzig würdigen Gegenstand der Wissenschaft erklärt".

[43] Nicht ohne bestimmenden Einfluß von Goetz, der Nachfolger Lamprechts in der Leitung des von diesem gegründeten „Instituts für Kultur- und Univer-

salgeschichte" in Leipzig wurde; die neue Betonung der Geistes- und Stilge-
schichte als Kern der Kulturgeschichte deutlich in: Archiv für Kulturgeschichte, Bd. 12, 1916, S. 273–83, bes. S. 274 f. – Der marxistisch beeinflußte L. M.
Hartmann warf 1904 (VSWG, Bd. 2, S. 166 ff.) auch Lamprecht vor, er habe
seine ursprünglich sozialökonomisch orientierte Geschichte zunehmend und zu
sehr psychologisiert. – Geistes- und kunstgeschichtliche Momente herrschten
in den kulturgeschichtlichen Synthesen Jacob Burckhardts vor, die nach der
Jahrhundertwende und dann wieder nach dem Ersten Weltkrieg zunehmend
beachtet wurden. Vgl. J. Rüsen, Jacob Burckhardt, in: Wehler, Deutsche Historiker, S. 241–262; W. Hardtwig, Geschichtsschreibung zwischen Alteuropa
und moderner Welt. Jacob Burckhardt in seiner Zeit, Göttingen 1974.

[44] Bernheim, S. 12 f. – Die genannten Zitate nach A. E. F. Schäffle, Bau und
Leben des socialen Körpers, Bd. 4, Tübingen 1881², S. 500; sowie L. Wachler,
Lehrbuch der Geschichte, Breslau 1836⁶, S. 1. – Vorher (S. 5) definiert Bernheim: „Die Geschichte ist die Wissenschaft von der Entwickelung der Menschen in ihrer Bethätigung als sociale Wesen".

[45] Vgl. Breysig, Über Entwicklungsgeschichte, in: Deutsche Zeitschrift für
Geschichtswissenschaft, N. F., Jg. 1, 1896/97, S. 161–74, 193–211, bes. S.
162 ff. Vielen Historikern sei „nur wohl bei der Arbeit der Kabinette oder im
Lärm der Schlachten. Sie betrachten die Geschichte mit den Augen eines Di-
plomaten".

[46] Ebd., S. 170; ders., Die sociale Entwicklung. S. 1093 f.

[47] Ders., Über Entwicklungsgeschichte, S. 171, 173; ders., Die sociale Entwicklung, S. 1094.

[48] So in L. M. Hartmanns Besprechung von Lamprechts „Deutsche Geschichte" (2. Erg.-Bd., 1. Hälfte) in: VSWG, Bd. 2, 1904, S. 166–76, hier S. 167, wo
den früheren Arbeiten Lamprechts attestiert wird, sie hätten, durch Aufdek-
kung der „wirtschaftsgeschichtlichen Zusammenhänge" und ihres Einflusses
„auf die Gesamtentwicklung, einer künftigen socialgeschichtlichen Auffassung" den Weg gebahnt.

[49] Noch 1951 bedeutete „Kulturgeschichte" für Gerhard Ritter eine geschichtswissenschaftliche Richtung, der es primär auf die Zusammenhänge und
die Wechselwirkung der einzelnen Wirklichkeitsbereiche ankomme (Zum Begriff Kulturgeschichte, in: HZ, Bd. 171, 1951, S. 293–302).

[50] Vgl. auch Bernheims (S. 43–47) entsprechende Kritik an der Kulturgeschichte im weiteren Sinn und der in ihr herrschenden „Begriffsverwirrung".

[51] So H. Nitzschke, Die Geschichtsphilosophie Lorenz v. Steins, München
1932, S. 80.

[52] Vgl. aber oben zum Einfluß marxistischer Tradition auf die Vorläuferin der
VSWG; zu weiteren Auswirkungen: Kocka, Art.: Sozial- und Wirtschaftsgeschichte, Sp. 11.

[53] Vgl. W. J. Mommsen, Max Weber, in: Wehler, Deutsche Historiker, S.
299–324; überarb. u. d. T.: Soziologische Geschichte und historische Soziologie, in: ders., Max Weber, Gesellschaft, Politik und Geschichte, Frankfurt
1974, S. 182–207.

[54] Vgl. oben S. 55 f.; P. Kaupp, Art. Gesellschaft, in: Ritter, Historisches Wör-

terbuch der Philosophie, Bd. 3, Sp. 462–65; N. Luhmann, Art. Gesellschaft, in: Sowjetsystem und Demokratische Gesellschaft, Bd. 2, 1968, Sp. 962–63.

⁵⁵ Jodl (1878), S. 1 (Heraushebungen von mir).

⁵⁶ K. Lamprecht, Das Arbeitsgebiet geschichtlicher Forschung, in: Die Zukunft, 1896, nach Schulze, S. 24; O. Hintze, Über individualistische und kollektivistische Geschichtsauffassung (1897), in: ders., Soziologie und Geschichte, S. 315–22 (wichtige Mittelposition zwischen Lamprecht und seinen Kritikern).

⁵⁷ Vgl. Oestreich, S. 349–59; Iggers, S. 256–60.

⁵⁸ Vgl. H. Berr, Sur notre programme, in: Revue de synthèse historique, Bd. 1, 1900, S. 1–8.

⁵⁹ Bernheim, S. 48. Ebd., S. 10 expliziert Bernheim das dialektische Verhältnis von „Zuständen" und „Bethätigungen", die seines Erachtens beide Gegenstand der historischen Analyse sein müßten, und begründet so, warum dies „kein theoretisch stichhaltiger Unterschied" und jedenfalls keine ausschließende Dichotomie sein könne.

⁶⁰ Vgl. dazu die selbstkritischen Bemerkungen von Gerhard Ritter auf dem ersten deutschen Nachkriegs-Historikertag 1949 (Gegenwärtige Lage, a. a. O., S. 1–22).

⁶¹ Vgl. Schulin, Rückblicke, S. 14–16 mit interessanten Bemerkungen zum politisch-moralischen Sinn dieser Rückbesinnung und Restauration der westdeutschen Geschichtswissenschaft nach 1945; s. auch Schulze, S. 96.

⁶² Vgl. auch die Aufsätze in S. M. Lipset/R. Hofstadter (Hg.), Sociology and History, New York/London 1968; Wehler, Geschichte und Soziologie; Ludz, Soziologie und Sozialgeschichte; sowie Schulze; Rürup, S. 8 f.

⁶³ Dazu vgl. Kocka, Theoretical Approaches, S. 104.

⁶⁴ Vgl. E. Kehr, Der Primat der Innenpolitik, hg. von H.-U. Wehler, Berlin 1965 (1970²), bes. Wehlers Vorwort, S. 21–29; ders., Einleitung, in: ders., Moderne deutsche Sozialgeschichte, S. 9–16; ders., Geschichte als Historische Sozialwissenschaft; W. J. Mommsen, Die Geschichtswissenschaft jenseits des Historismus; R. Koselleck, Wozu noch Geschichte?, in: HZ, Bd. 212, 1971, S. 1–14; D. Groh, Strukturgeschichte als „totale" Geschichte, in: VSWG, Bd. 58, 1971, S. 289–322; ders., Kritische Geschichtswissenschaft in emanzipatorischer Absicht, Stuttgart 1973; J. Kocka, Zu einigen sozialen Funktionen der Geschichtswissenschaft, in: P. Böhning (Hg.), Geschichte und Sozialwissenschaften, Göttingen 1972, S. 12–27; I. Geiss u. R. Tamchina (Hg.), Ansichten einer künftigen Geschichtswissenschaft, München 1974. Vgl. auch zu einigen US-amerikanischen Parallelen: J. Modell, Die „Neue Sozialgeschichte" in Amerika, in: GG, Bd. 1, 1975, S. 155–70, bes. 170. – Die Betonung des „quantitativen Sprungs" und der damit gegebenen „Generationenverlagerung" nicht ohne kritische Akzente zuletzt etwas überbetont bei W. Conze, Die deutsche Geschichtswissenschaft seit 1945, in: Geschichte/Politik und ihre Didaktik. Beiträge und Nachrichten für die Unterrichtspraxis, Jg. 5, 1977, H. 1/2, S. 11–23, bes. S. 20; demn. ausführlicher in der HZ.

⁶⁵ „Struktur" bereits bei O. Brunner, Zum Problem der deutschen Sozial- und Wirtschaftsgeschichte, in: Zeitschrift für Nationalökonomie, Bd. 7, 1936, S.

671–85, hier S. 677; vgl. zur Verwendung dieses dort schon ansatzweise entwickelten Begriffs: ders., Land und Herrschaft (1939), Wien 1943³ (1965⁵), bes. S. 124–50, 507 ff.; dann wieder grundsätzlich und programmatisch unter Verwendung des Strukturbegriffs: Sozialgeschichtliche Forschungsaufgaben, in: Anzeiger der phil.-hist. Klasse der Österreichischen Akademie der Wissenschaften, Jg. 1948, S. 335–362. – Auf diesen Aufsatz verweist W. Conze in seiner sehr positiven Besprechung von F. Braudel, La Méditerranée et le monde méditerranéen à l'époque de Philippe II, Paris 1949 (1966²), in: HZ, Bd. 172, 1951, S. 358–62; dann ausführlicher: Conze, Die Stellung der Sozialgeschichte in Forschung und Unterricht, in: GWU, Bd. 3, 1952, S. 648–57, bes. S. 654–57; ders., Die Strukturgeschichte des technisch-industriellen Zeitalters als Aufgabe für Forschung und Unterricht, Köln/Opladen 1957; ders., Art.: Sozialgeschichte, in: Religion in Geschichte und Gegenwart, Bd. 6, Tübingen 1962³, Sp. 169–76; ders., Was ist Sozialgeschichte? in: Deuxième conférence internationale d'histoire économique. Aix-en-Provence 1962, Paris/La Haye 1965, S. 819–23; ders., Sozialgeschichte, in: Wehler, Moderne deutsche Sozialgeschichte, S. 19–26; ders., Social History, in: Journal of Social History, Bd. 1, 1967, S. 7–16. – Zustimmend zu Conze wiederum: O. Brunner, Land und Herrschaft, 1959⁴, S. 164; ders., Das Problem einer europäischen Sozialgeschichte (1953), in: ders., Neue Wege der Verfassungs- und Sozialgeschichte, Göttingen 1968², S. 80–102; dort auch (S. 103–127) der grundlegende Aufsatz: Das ,ganze Haus' und die alteuropäische ,Ökonomik' (1950). Zu Conze und Brunner vgl. Hilger; sowie Schulze, S. 98–102; kritisch über Brunner: D. V. Nicholas, New Paths of Social History and Old Paths of Historical Romanticism, in: Journal of Social History, Bd. 3, 1969/70, S. 277 ff.; H. Medick, Naturzustand und Naturgeschichte der bürgerlichen Gesellschaft, Göttingen 1973, S. 16 ff.; vgl. auch F. Braudel, Sur une conception de l'histoire sociale (1959), in: ders., Ecrits sur l'histoire, Paris 1969, S. 175–191; Groh, Strukturgeschichte, S. 301 f. (Anm. 44).

⁶⁶ Ritter, Zum gegenwärtigen Stand, S. 9.

⁶⁷ Auch hier als unverdächtiger Zeuge: Ritter, ebd., S. 5 f.

⁶⁸ Deshalb halte ich das Urteil von H.-U. Wehler (Die Sozialgeschichte zwischen Wirtschaftsgeschichte und Politikgeschichte, in: Sozialgeschichte und Strukturgeschichte in der Schule, Bonn 1975, S. 13–26, hier S. 18) für nicht voll zutreffend und allzu ablehnend.

⁶⁹ Neben den zitierten Schriften von Conze vgl. vor allem Th. Schieder, Der Typus in der Geschichtswissenschaft, in: Studium Generale, Bd. 5, 1952, S. 228–234; ders., Geschichte als Wissenschaft. Eine Einführung, München 1965; ders., Unterschiede zwischen historischer und sozialwissenschaftlicher Methode, in: Wehler, Geschichte und Soziologie, S. 283–304; H. Mommsen, Sozialgeschichte (1961), in: Wehler, Moderne deutsche Sozialgeschichte, S. 27–34; H. Freyer, Soziologie und Geschichtswissenschaft, in: GWU, Bd. 3, 1952, S. 14 ff.

⁷⁰ Bei Brunner, Conze, Schieder u.a. verband sich das Eintreten für die größere Betonung strukturgeschichtlicher Betrachtungsweisen nicht – wie bei Lamprecht – mit umstrittenen Thesen zu einer *inhaltlichen* (etwa sozialpsycho-

logischen oder sozialökonomischen) Reinterpretation der Geschichte. Bekanntlich hat auch Lamprecht durch methodische Unsauberkeiten und frühe Übergeneralisierungen der Kritik die Arbeit sehr erleichtert – sehr im Unterschied zu den deutschen Proponenten strukturgeschichtlicher Betrachtungsweisen nach 1945.

[71] Wiederum ist der selbstkritische, zu gemäßigten Neuansätzen bereite Eröffnungsvortrag Ritters vor dem Historikertag 1949 ein höchst aufschlußreicher Beleg (Gegenwärtige Lage). Daß diese chancenreiche Unsicherheit bald wieder einem gesicherteren Konservatismus gewichen zu sein scheint, mag typisch für den neuen Konservatismus der 50er Jahre gewesen sein, der die hier skizzierten Entwicklungen verlangsamte.

[72] Vgl. Th. Schieder, Strukturen und Persönlichkeiten in der Geschichte, in: ders., Geschichte als Wissenschaft, S. 149–86, bes. S. 156 ff.; H. Mommsen, Sozialgeschichte, S. 31.

[72a] Hier werden also „Ereignis", „Entscheidung"und „Handlung" als Gegen- oder Komplementärbegriffe zu „Struktur" verstanden. Dagegen erscheint es wenig sinnvoll, in der Geschichtswissenschaft „Prozeß" als Gegenbegriff zu „Struktur" zu sehen, da Strukturen in der Geschichtswissenschaft in der Regel keineswegs außerzeitliche Größen oder absolute Konstanten sind, sondern sich, wenn auch relativ langsam, verändern und insofern prozessualen Charakter haben. Dies folgt vor allem aus dem gewöhnlich in der Geschichtswissenschaft zentralen Erkenntnisziel, nämlich: Wirklichkeit in ihrem Wandel in der Zeit zu erkennen. Es ist unbestreitbar, daß von Nicht-Historikern „Struktur" im Sinne von konstanten, sich nicht verändernden Strukturen – also im Gegensatz von Prozeß – verstanden wird. Vgl. z. B. M. Foucault, Les mots et les choses (1967), dt. u. d. T.: Die Ordnung der Dinge. Eine Archäologie der Humanwissenschaften, Frankfurt 1972; G. Schiwy, Der französische Strukturalismus. Mode, Methode, Ideologie, Reinbek b. Hamburg 1969, S. 80 ff.; R. Bastide (Hg.), Sens et usages du terme structure dans les sciences humaines et sociales, Den Haag/Paris 1972, bes. S. 117–135; Groh, Strukturgeschichte, S. 293–97 (als Kritik und mit weiterer Literatur). In diesem Aufsatz wird jedenfalls nur ein prozessualer Strukturbegriff diskutiert, Struktur also nicht als Gegenbegriff zu Prozeß verstanden, Struktur und Prozeß vielmehr gemeinsam gegenüber Ereignis, Entscheidung und Handlung abgegrenzt. Vgl. auch K.-E. Born, Der Strukturbegriff in der Geschichtswissenschaft, in: H. von Einem u. a., Der Strukturbegriff in den Geisteswissenschaften (= Ak. d. Wiss. u. d. Lit., Abh. d. geistes- u. sozialwiss. Kl., Jg. 1973, Nr. 2), Mainz/Wiesbaden 1973, S. 17-30; Schulze, S. 228–36; E. Pitz, Geschichtliche Strukturen, in: HZ, Bd. 198, 1964, S. 265–305; und vor allem: Schieder, Strukturen und Persönlichkeiten.

[73] Vorgegeben dem Ereignis, der Entscheidung, der Handlung.

[74] Vgl. R. Koselleck, Darstellung, Ereignis und Struktur, in: Schulz, S. 307–317.

[75] Allerdings läßt Koselleck allzu sehr die Verknüpfung, das Zusammenspiel, die Konstellation verschiedener Strukturen und Strukturdimensionen außer acht; damit wird die Frage vernachlässigt, ob nicht durch Analyse der jeweiligen Struktur-Konstellation jener Möglichkeitsspielraum weiter eingeengt

(wenn auch wohl nicht aufgehoben) werden kann, insofern nämlich der von einer Strukturdimension gelassene Möglichkeitsspielraum durch Verknüpfung mit einer gleichzeitig wirksamen anderen Struktur beschnitten und der so kleiner gewordene Spielraum durch eine dritte Struktur weiter eingeengt wird etc.

[76] Koselleck meint zwar, daß „Strukturen nur greifbar [sind] im Medium von Ereignissen, in denen sich Strukturen artikulieren, die durch sie hindurchscheinen" (S. 311). Doch macht das Folgende klar, daß er hier den Begriff „Ereignis" leicht verschiebt, daß er jetzt unter „Ereignis" auch Strukturen versteht, die hinsichtlich ihrer Darstellungsfunktion Ereignissen gleichen, „zum Ereignis werden". – Dieser wichtige Aufsatz bleibt in seinen Aussagen darüber, ob „Strukturen" nur beschrieben oder auch erklärt werden können, was ggf. die Erklärung von Strukturen heißen könnte und welchen Stellenwert dabei etwa die Bestimmung von Kausalbeziehungen hätte, m. E. noch zu unscharf.

[77] Vgl. Marx/Engels, Die deutsche Ideologie, S. 38.

[78] J. Habermas, Zur Logik der Sozialwissenschaften. Materialien, Frankfurt 1970, S. 116.

[79] Ausführlicher bei Groh, bes. S. 289–297, 314–322. Groh wirft Braudel vor, er vertrete teilweise einen fast statischen Strukturbegriff (z. B. S. 318). In den strukturgeschichtlichen Ansätzen, wie sie – meist sehr unvollkommen expliziert – hierzulande propagiert und teilweise realisiert werden, scheint Struktur nicht als derart statisch und antiprozessual aufgefaßt zu werden. Die Grundlinie der Kritik Grohs würde jedoch auch auf eine verabsolutierte Strukturgeschichte mit prozessual gefaßtem Strukturbegriff zutreffen. – Daß sich mit der Forderung, neben Strukturen auch Haltungen, Entscheidungen und Handlungen zu berücksichtigen, die Forderung nach Verknüpfung von analytischen und hermeneutischen Methoden eng verbindet, sei hier nur angemerkt. Vgl. Kocka, Theorieprobleme der Sozial- und Wirtschaftsgeschichte, in: Wehler, Geschichte und Soziologie, S. 318 f.

[80] Sehr deutlich bei H.-U. Wehler, Bismarck und der Imperialismus, Köln/Berlin 1969 u. ö; jetzt besonders bei: F. Stern, Gold and Iron. Bismarck, Bleichröder and the Building of the German Empire, New York 1977.

[81] Wie umgekehrt jede Biographie die strukturellen Bedingungen ihres Helden intensiv einbeziehen muß, um so die Person, um die es geht, so weit wie möglich zu erklären. Vgl. Wehler, Geschichte als Historische Sozialwissenschaft, S. 86–88 mit Hinweisen auf gelungene Beispiele.

[82] Vgl. E. Le Roy Ladurie, Evénement et longue durée dans l'histoire sociale: l'exemple chouan, in: Communications, no. 18, 1972, nach J. Jullard, La politique, in: J. Le Goff/P. Nora (Hg.), Faire de l'histoire, Paris 1974, Bd. 2, S. 229–250, hier S. 240; vgl. auch P. Veyne, L'histoire conceptualisante, ebd., Bd. 1, S. 62–92, bes. S. 62–69; und P. Nora, Le retour de l'événement, in: ebd., Bd. 1, S. 210–228. Dieser dreibändige Sammelband über neuere Richtungen und Probleme in der französischen Geschichtsschreibung vermittelt den Eindruck, als ob die zeitweise geradezu wütende Ablehnung ereignisgeschichtlicher Elemente durch wichtige Richtungen in der französischen Geschichtswissenschaft einer abwägenderen Haltung Platz macht.

[83] Vgl. oben S. 49 Anm. 5; bes. Wehler, Geschichte als Historische Sozialwissenschaft; Rüsen, Für eine erneuerte Historik, S. 6.
[84] Vgl. M. R. Lepsius, Bemerkungen zum Verhältnis von Geschichtswissenschaft und Soziologie, in: W. Conze (Hg.), Theorie der Geschichtswissenschaft und Praxis des Geschichtsunterrichts, Stuttgart 1972, S. 55–68, hier S. 60 ff.
[85] Entsprechend problematisch ist jeder Versuch, den Nationalsozialismus primär als „Hitlerismus" zu verstehen. Dazu tendiert neuerdings und in gewisser Abkehr von früheren eignen Positionen K. Hildebrand. Siehe seine entsprechenden Ausführungen zusammen mit der überzeugenden Kritik daran von Hans Mommsen, in: M. Bosch (Hg.), Die Persönlichkeit in der Geschichte. Tagung vom 19.–21. März 1976. Loccumer Protokolle (Vorabdruck), [Loccum 1976], S. 65–86; demn. zus. mit weiteren Beiträgen zum Problem in: M. Bosch (Hg.), Persönlichkeit und Struktur in der Geschichte, Düsseldorf 1977.
[86] Vgl. dazu auch Schieder, Strukturen, S. 165 f.; Koselleck, Darstellung, S. 309; Groh, S. 317.
[87] Zur frühen Kritik Bernheims an dieser Gleichsetzung vgl. oben S. 66 f. Die französischen Strukturhistoriker wandten sich meist zugleich gegen die „histoire événementielle", die „histoire historisante" und die „histoire diplomatique". Vgl. schon H. Berr, Les rapports de l'histoire et des sciences sociales d'après M. Seignobos, in: Revue de synthese historique, Bd. 4, 1902, S. 293–302; hier S. 297 f.; L. Febvre, Combats pour l'histoire, Paris 1953, S. 61 f., 114–118; B. Barret-Kriegel, Histoire et politique ou l'histoire, science des effets, in: Annales ESC, Bd. 28, 1973, II, S. 1437–1462. – In der Rubrik der „livres reçus" der „Annales ESC" bestand 1963 eine Unterteilung „histoire politique et historisante"! – Vgl. auch J. Le Goff, Is Politics Still the Backbone of History?, in: Historical Studies Today (= Daedalus, Bd. 100, No. 1), Winter 1971, S. 1–19. – Die begriffliche Ineinssetzung von „Strukturgeschichte" und „Sozialgeschichte" (dazu weiter unten) erleichterte angesichts der Mehrdeutigkeit von „Sozialgeschichte" – der Begriff in seiner engeren Form setzt ja betont von „Politikgeschichte" ab – die Entgegensetzung von „Strukturgeschichte" und „Politikgeschichte". Ganz explizit und problematisch wird diese Entgegensetzung bei Brunner, Das Problem einer europäischen Sozialgeschichte (1953), in: ders., Neue Wege, S. 80, 82. Sodann auch Conze, Art.: Sozialgeschichte (1962), a. a. O., Sp. 171. – Zuletzt schwingt die Absetzung der Politikgeschichte von der Strukturgeschichte mit bei A. Hillgruber, Politische Geschichte, a. a. O., S. 533 (politisch sei die Politikgeschichte deshalb, weil sie das Moment der Entscheidungen gegenüber der Vorstellung vom Prozeßcharakter der Geschichte betone) und S. 534 (Unterscheidung der „politischen Geschichte" von der „Sozial- und Strukturgeschichte"); die von Hillgruber vorgetragenen methodischen Empfehlungen und Forderungen beziehen jedoch strukturgeschichtliche Elemente deutlich in die Politikgeschichte ein, wie auch seine empirischen Arbeiten zweifellos strukturgeschichtlich orientiert sind. – Kritisch zur Gleichsetzung von Ereignis- und Politikgeschichte auch Faber, S. 233, 236 f., 238 f.
[88] Vgl. vor allem Julliard, S. 229–250; vgl. auch F. Braudel, La longue durée (1958), in: ders., Ecrits sur l'histoire, S. 46; vgl. auch Hillgruber, S. 536–545;

Wehler, Moderne Politikgeschichte, S. 364–69; Schmidt, Wozu noch „Politische Geschichte"?; S. H. Beer, Political Science and History, in: M. Richter (Hg.), Essays in Theory and History, Cambridge 1970, S. 41-73; H. Mommsen, Zum Verhältnis von Politischer Wissenschaft und Geschichtswissenschaft in Deutschland, in: Vierteljahrshefte für Zeitgeschichte, Bd. 10, 1962, S. 341–372. – Hier ist nicht der Ort, empirische politikgeschichtliche Untersuchungen heranzuziehen, doch zweifellos wiegt (auch in der Bundesrepublik) in diesen meist eine strukturgeschichtliche Betrachtungsweise vor.

[89] Vgl. F. Gilbert, Intellectual History, in: Historical Studies, S. 80–97; vgl. auch J. Le Goff, Les mentalités, in: ders./Nora, Bd. 3, S. 76–94; D. Julia, La religion – Histoire religieuse, in: ebd., Bd. 2, S. 137–67.

[90] Vgl. S. 70 f.

[91] Vgl. bereits Brunner, Zum Problem (1936), S. 676 ff., 684; dann zum Programm der französischen Strukturhistoriker für eine „histoire à part entiére" von H. Berr bis F. Braudel die Übersicht bei Schulze, S. 66–83. – H. Proesler, Hauptprobleme der Sozialgeschichte, Erlangen 1951, S. 13; Brunner, Das Fach „Geschichte" und die historischen Wissenschaften, in: ders., Neue Wege, S. 18 f., passim; Conze, Sozialgeschichte, in: Wehler, Moderne deutsche Sozialgeschichte, S. 24; und schon Conze, Die Stellung, S. 655 f.; vgl. auch Hilger, S. 20 f.

[92] Dies läßt sich vor allem am Werk von F. Braudel zeigen. Braudel, der den strukturgeschichtlichen Ansatz Conzes stark beeinflußte, hat versucht, die Welt des Mittelmeers im 16. Jahrhundert in umgreifender Weise als Totalität zu erfassen, dabei die den Ereignissen und Handlungen unterliegenden und vorgegebenen Formationen (geographische Umwelt, ökonomische Konjunkturen, langsame soziale Veränderungen etc.) zu betonen, die verschiedenen Wirklichkeitsebenen in ihrem Zusammenhang zu begreifen und dabei die verschiedenen Bewegungsrhythmen und Veränderungsgeschwindigkeiten der einzelnen Wirklichkeitsschichten zu identifizieren und zueinander in Beziehung zu setzen. Vgl. Braudel, La Méditerranée, Paris 1949 (1966²). Man hat kritisiert, daß die verschiedenen Wirklichkeitsebenen letztlich additiv nebeneinander behandelt werden, eine wirkliche Synthese nicht erreicht wird und vor allem auch die Vermittlung von Strukturen und Ereignissen nicht gelingt; J. H. Hexter, Fernand Brandel and the „Monde Braudelien", in: Journal of Modern History, Bd. 44, 1972, S. 480–539, bes. 530 ff.; Groh, S. 315 f. Vgl. auch Braudel, Civilisation matérielle et capitalisme (XVe–XVIIIe siècle), Bd. 1, Paris 1967.

[93] Besonders deutlich bei Conze, Die Stellung, S. 657; sowie Brunner, Neue Wege, S. 82: „Ich sehe in der Sozialgeschichte eine Betrachtungsweise, bei der der innere Bau, die Struktur der menschlichen Verbände im Vordergrund steht, während die politische Geschichte das politische Handeln, die Selbstbehauptung zum Gegenstand hat." Ähnlich S. 80; S. 19 die Gleichsetzung mit „Strukturgeschichte". Diese Gleichsetzung findet sich, offenbar meist recht wenig überlegt, immer wieder, so zum Beispiel bei Mommsen, Sozialgeschichte, S. 33; Nipperdey, S. 241.

[94] Diese Argumentation vor allem in den bereits genannten Schriften von O. Brunner und W. Conze.

[95] „Sandwich-Methode" oder „Schubladen-Historie" ist dieses Vorgehen kritisch genannt worden. Vgl. z. B. immer noch die Gliederung von Bruno Gebhardt, Handbuch der deutschen Geschichte, Bd. 3, Stuttgart 1973⁹.

[96] Vgl. Kocka, Theorieprobleme der Sozial- und Wirtschaftsgeschichte, S. 306 f.; Schulze, S. 99 f. – Kritik am Begriffshistorismus, der im frühen Stadium der Entwicklung von Brunners Konzeption besonders deutlich hervortritt (Zum Problem, S. 674, Anm. 2, 679, 680, 682; mit gewissen Einschränkungen, aber im Prinzip ähnlich: Neue Wege, S. 65, 102): H. Mitteis, Land und Herrschaft. Bemerkungen zu dem gleichnamigen Buch Otto Brunners, in: HZ, Bd. 163, 1941, S. 255–81, 471–89, bes. S. 274; F. Hartung, Zur Entwicklung der Verfassungsgeschichtsschreibung in Deutschland, in: ders., Staatsbildende Kräfte der Neuzeit, Berlin 1961, S. 467; W. Mager in: J. Kocka (Hg.), Theorien in der Praxis des Historikers (= Sonderheft 3 von GG), Göttingen 1977, S. 75 ff.

[97] Conze schreibt zwar: „Der Begriff Sozialgeschichte bedeutet Geschichte der Gesellschaft, genauer der sozialen Strukturen, Abläufe, Bewegungen". Doch bestimmt er Gesellschaft als Gegenstand der von ihm vorgeschlagenen Sozialgeschichte zunächst nur negativ, nämlich in Absetzung zu historischen Gesellschaftsbegriffen, die das von ihm kritisierte Trennungsdenken spiegeln; positiv sind die Bestimmungen des von ihm akzeptierten Gesellschaftsbegriffs, soweit ich sehe, identisch mit den Bestimmungen von Struktur im Sinne der oben (S. 70 f.) umschriebenen strukturgeschichtlichen Betrachtungsweise. Vgl. bes. Art.: Sozialgeschichte, a. a. O., S. 169–72. Wie wenig „Strukturgeschichte" mit einer Betonung des Sozialen, der Gesellschaft in einem materialen Sinne zu tun zu haben braucht, zeigt sich auch daran, daß Conze zugleich mit seinem Plädoyer für Strukturgeschichte vor der „Distanz zur Politik, dem Gegenstand der Geschichte im eigentlichen und hergebrachten Sinne", warnte (Die Stellung, a. a. O., S. 649). Und Brunner meinte, der „eigentümliche Gegenstand", um den es dem Historiker zentral gehe, sei „das ‚Politische', das Wort in einem sehr weiten Sinn gefaßt, um die Selbstbehauptung von Menschen und menschlichen Verbänden und deren innere Ordnung" (Der Historiker und die Geschichte von Verfassung und Recht, in: HZ, Bd. 209, 1969, S. 3).

[98] Köllmann, Zur Situation des Faches Sozial- und Wirtschaftsgeschichte in Deutschland, S. 136.

[99] Entsprechende Tendenzen zur Formalisierung des Begriffs von Gesellschaft im Sinne eines Systems von Wechselwirkungen oder eines Beziehungssystems oder eines Interaktionssystems schlechthin finden sich in der Soziologie seit den 20er Jahren (Simmel, Vierkandt, L. v. Wiese). Vgl. T. Geiger, Art.: Gesellschaft, in: A. Vierkandt (Hg.), Handwörterbuch der Soziologie (1931), Neudruck Stuttgart 1959, S. 209; H. Klages, Geschichte der Soziologie, München 1969, S. 120 ff.

[100] Vgl. auch Wehler, Einleitung, in: ders., Moderne deutsche Sozialgeschichte, S. 13. – Es mag bedacht werden, daß es möglich war, die Grundzüge dieses strukturgeschichtlichen Ansatzes in den späten 30er Jahren zu entwickeln und

zu vertreten. Brunners „Zum Problem der Sozial- und Wirtschaftsgeschichte" und „Land und Herrschaft" erschienen 1936 und 1939, als die Beschäftigung mit Sozial- und Wirtschaftsgeschichte, sicher erst recht mit der sozialökonomischen Dimension in der allgemeinen Geschichte, leicht „als bedenkliche Hinneigung zum Marxismus" erschien (Aubin, a. a. O., S. 21). Vgl. auch W. Zorn, Das Fach Wirtschafts- und Sozialgeschichte im letzten halben Jahrhundert, in: Wirtschaftliche und soziale Strukturen im säkularen Wandel. Festschrift für W. Abel, Bd. 1, Hannover 1974, S. 11–22, hier S. 18 ff.

101 Ähnlich E. Kehr, Neuere deutsche Geschichtsschreibung, in: ders., Der Primat der Innenpolitik, Berlin 1965, S. 257; A. J. C. Rüter, Introduction, in: International Review of Social History, Bd. 1, 1956, S. 4; Wehler, Einleitung, in: ders., Moderne deutsche Sozialgeschichte, S. 13 f.

102 So in Anlehnung an: Gesellschaft für Sozial- und Wirtschaftsgeschichte, Denkschrift zur Lage und zu den Aufgaben der Sozial- und Wirtschaftsgeschichte an den wissenschaftlichen Hochschulen der Bundesrepublik Deutschland (vervielfältigt 1973), S. 4; Köllmann, S. 143 und viele andere ähnliche Definitionen.

103 Dazu ausführlicher J. Kocka, Quantifizierung in der Geschichtswissenschaft, in: Quantitative Methoden in der historisch-sozialwissenschaftlichen Forschung (= Historisch-Sozialwissenschaftliche Forschungen, Bd. 3, hg. v. H. Best u. a.), Stuttgart 1977, S. 4–10. Vgl. auch K. H. Jarausch (Hg.), Quantifizierung in der Geschichtswissenschaft. Probleme und Möglichkeiten, Düsseldorf 1976; als Rezension verschiedener Einführungswerke: G. Hohorst, Historische Sozialstatistik und statistische Methoden in der Geschichtswissenschaft, in: GG, Jg. 3, 1977, S. 109–124.

104 Einige sehr gelungene Beispiele unter vielen: R. Braun, Industrialisierung und Volksleben, Erlenbach-Zürich 1960; ders., Sozialer und kultureller Wandel in einem ländlichen Industriegebiet (Zürcher Oberland) unter Einwirkung des Maschinen- und Fabrikwesens im 19. und 20. Jahrhundert, Erlenbach-Zürich 1965; W. Fischer, Wirtschaft und Gesellschaft im Zeitalter der Industrialisierung, Göttingen 1972; K. Tenfelde, Sozialgeschichte der Bergarbeiterschaft an der Ruhr im 19. Jahrhundert (1815–1889), Bonn 1977.

105 Vgl. D. S. Landes u. C. Tilly (Hg.), History as Social Science, Englewood Cliffs 1971, S. 71 ff.; W. Fischer, Sozialgeschichte und Wirtschaftsgeschichte. Abgrenzungen und Zusammenhänge, in: Ludz, Soziologie, S. 132–52; G. Shapiro, Prospects for a Scientific Social History: 1976, in: JSH, Bd. 10, 1976, S. 196–204; sowie die Reihe „Historisch-Sozialwissenschaftliche Forschungen" (Stuttgart 1976 ff.), die von QUANTUM herausgegeben wird (s. oben Anm. 103).

106 Vgl. als Übersichten über solche Arbeiten in England und USA: Research in Economic and Social History, London 1971, S. 19–69, bes. 27 ff.; P. Swierenga, Computers and Comparative History, in: Journal of Interdisciplinary History, Bd. 5, 1974, S. 267–86. Vgl. K. J. Gantzel u. a. (Hg.), Konflikt – Eskalation – Krise. Sozialwissenschaftliche Studien zum Ausbruch des Ersten Weltkrieges, Düsseldorf 1972, bes. S. 157 ff., 245 ff., 357 ff. als Beispiele von Histo-

riker-Kritiken an allzu „positivistischen" sozialwissenschaftlichen Analysen der Situation bei Ausbruch des Ersten Weltkriegs.

[107] Vgl. etwa Wehlers Kritik an der damaligen „New Economic History" in: ders. (Hg.), Geschichte und Ökonomie, S. 20–23; auch die Warnung vor den „academic technicians" und den Kosten der „social-scientific history" bei: E. J. Hobsbawm, Labor History and Ideology, in: JSH, Bd. 7, 1974, S. 377 ff.; vgl. auch Kocka, Theorieprobleme, S. 318–20.

[108] Die deutlichste Definition in: M. Weber, Gesammelte Aufsätze zur Wissenschaftslehre, Tübingen 1968³ (1973⁴), S. 191: Der Idealtypus „wird gewonnen durch einseitige *Steigerung eines* oder *einiger* Gesichtspunkte und durch Zusammenschluß einer Fülle von diffus und diskret, hier mehr, dort weniger, stellenweise gar nicht, vorhandener *Einzel*erscheinungen, die sich jenen einseitig herausgehobenen Gesichtspunkten fügen, zu einem in sich einheitlichen *Gedanken*bilde. In seiner begrifflichen Reinheit ist dieses Gedankenbild nirgends in der Wirklichkeit empirisch vorfindbar, es ist eine *Utopie,* und für die *historische* Arbeit erwächst die Aufgabe, in jedem *einzelnen Falle* festzustellen, wie nahe oder wie fern die Wirklichkeit jenem Idealbilde steht . . . ". Mit weiteren Belegen zu den variierenden Bedeutungen von „Idealtypus" bei Weber: W. Mommsen, „Verstehen" und „Idealtypus". Zur Methodologie einer historischen Sozialwissenschaft, in: ders., Max Weber. Gesellschaft, Politik und Geschichte, Frankfurt 1974, S. 208–232; daneben vor allem J. Janoska-Bendl, Methodologische Aspekte des Idealtypus. Max Weber und die Soziologie der Geschichte, Berlin 1965. – Anwendungen: J. Kocka, Klassengesellschaft im Krieg. Deutsche Sozialgeschichte 1914–1918, Göttingen 1973 (mit Diskussion des Verfahrens S. 1–6, 138–74); ders., Unternehmensverwaltung und Angestelltenschaft am Beispiel Siemens 1847–1914, Stuttgart 1969; J. von Kruedener, Die Rolle des Hofes im Absolutismus, Stuttgart 1973. Partiell und implizit findet sich das idealtypische Verfahren wohl in vielen historischen Studien mit Orientierung an einzelnen sozialwissenschaftlichen Theorien.

[109] Dies ist auch von Weber so gemeint worden. – Es erscheint deshalb nicht richtig, den Idealtyp, wie es oft geschieht, als eindeutig „nominalistisch" einzustufen. Man sollte ihn deshalb auch Hintzes „Realtypen" nicht strikt entgegensetzen, wie dies zuletzt wieder von Schulze, S. 233–35 u. Mommsen, „Verstehen", S. 224–26 getan wird. Vgl. auch die zutreffende Einordnung bei Th. Schieder, Unterschiede zwischen historischer und sozialwissenschaftlicher Methode, in: Wehler, Geschichte und Soziologie, S. 283–304, bes. 292 f. Wollte man die Begriffe „nominalistisch" und „realistisch" zur Einordnung des Weberschen Idealtypus benutzen, dann wäre dieser *zwischen* diesen beiden Ebenen zu lokalisieren. – Vgl. auch oben S. 34 ff.

[110] In der Tat wird die Frage nach Ursachen gerade dann einsetzen, wenn die Wirklichkeit und das Modell nicht übereinstimmen, wenn also die vom Modell abgeleiteten Erwartungen nicht zutreffen bzw. das insofern Unerwartete, also Erklärungsbedürftige eintritt. Dies allerdings scheint eine Eigenart vieler historischer (und alltäglicher) Erklärungen zu sein, was auf den engen Zusammenhang zwischen dem teils wissenschaftlich geschulten, teils vorwissenschaftlich bedingten Erwartungshorizont des Forschers und seines Publikums einer-

seits und historischen Erklärungen und ihrer Akzeptierung andererseits hinweist. Vgl. auch P. C. Ludz u. D. Rönsch, Theoretische Probleme empirischer Geschichtsforschung, in: Ludz, Soziologie, S. 166 f.

[111] Dieser Eklektizismus wird neuerdings von Positionen her kritisiert, die glauben, ihn nicht nötig zu haben, dies aber bisher nicht bewiesen haben. Vgl. Groh, Kritische Geschichtswissenschaft, S. 16 f.; V. Rittner, Zur Krise der westdeutschen Historiographie, in: I. Geiss u. a., Ansichten einer künftigen Geschichtswissenschaft, München 1974, Bd. 1, S. 70–73; H.-D. Kittsteiner, Theorie und Geschichte, in: Kritik der bürgerlichen Geschichtswissenschaft (= Das Argument, Nr. 75), Berlin 1972, S. 18–32; H. Schleier, Der traditionelle Historismus und die Strukturgeschichte, in: ebda., S. 56–76, bes. S. 66 ff.; ders., Theorie der Geschichte – Theorie der Geschichtswissenschaft. Zu neueren theoretisch-methodologischen Arbeiten der Geschichtsschreibung in der BRD, Berlin 1975, S. 48 ff. – Vgl. dagegen das Plädoyer für „offene theoretische Systeme", die den „Einschluß neuer Variablen und den Ausschluß oder die Modifikation alter" sowie „Eklektizismus" gestatten, bei dem historisch arbeitenden Soziologen G. Lenski (Macht und Privileg. Eine Theorie der sozialen Schichtung, Frankfurt 1973, S. 572. 578).

[112] Vgl. Ludz u. Rönsch, S. 160 f.

[113] Hinzuzufügen wäre, daß das Modell Kriterien der inneren Konsistenz und Logik entsprechen muß.

[114] Vgl. auch oben S. 46 f.

[115] Vgl. zu einzelnen hier nicht angeschnittenen Problemen und Problemlösungen bei der Bildung und Verwendung von Theorien in der Geschichtswissenschaft jetzt die Diskussionen in: J. Kocka (Hg.), Theorien in der Praxis des Historikers.

[116] Vgl. zu Übereinstimmungen und Unterschieden zwischen Geschichtswissenschaft und Soziologie zutreffend: Wehler, Geschichte als Historische Sozialwissenschaft, S. 9–28.

[117] Vgl. H. Jaeger, Business History in Germany, in: Business History Review, Bd. 48, 1974, S. 28–48; J. Kocka, Unternehmer in der deutschen Industrialisierung, Göttingen 1975, S. 5–12; zur genannten Gesellschaft jetzt: Tradition, Jg. 21, 1976/77, H. 4 (ab Jg. 22, 1977/78, u. d. T.: Zeitschrift für Unternehmensgeschichte).

[118] Vgl. als frühe gelungene Beispiele die Untersuchungen von R. Braun oben Anm. 104 und die Arbeiten von E. P. Thompson (unten Anm. 128); einflußreich: C. Geertz, The Interpretation of Cultures, London 1973; programmatisch: Th. Nipperdey, Die anthropologische Diskussion in der Geschichtswissenschaft, in: G. Schulz (Hg.), Geschichte heute, Göttingen 1973, S. 225–55; zuletzt: W. Lepenies, Probleme einer Historischen Anthropologie, in: Rürup, Historische Sozialwissenschaft, S. 126–59; W. Schieder (Hg.), Religion und Gesellschaft im 19. Jahrhundert (= GG, Jg. 3, 1977, H. 3), bes. die Einleitung des Hg. („Religionsgeschichte als Sozialgeschichte").

[119] Vgl. Conze, Strukturgeschichte des technisch-industriellen Zeitalters (1957); W. Fischer, Ökonomische und soziologische Aspekte der frühen Industrialisierung (1968), in: ders., Wirtschaft und Gesellschaft, S. 15–27; H.-U.

Wehler, Probleme der modernen deutschen Wirtschaftsgeschichte (1970), in: ders., Krisenherde des Kaiserreichs 1871–1918, Göttingen 1970, S. 313–24, 408–30; O. Büsch, Industrialisierung und Geschichtswissenschaft, Berlin 1969; W. Zorn, Ein Jahrhundert deutscher Industrialisierungsgeschichte, in: Blätter f. dt. Landesgeschichte, Bd. 108, 1972, S. 122–36.

[120] Zu den sozialen Funktionen von Geschichtswissenschaft unten S. 112 ff.

[121] Vgl. R. H. Tilly, Das Wachstumsparadigma und die europäische Industrialisierungsgeschichte, in: GG, Jg. 3, 1977, S. 93–108; H. Kisch, Die Textilgewerbe in Schlesien und im Rheinland, Postskriptum 1977, in: P. Kriedte u. a., Industrialisierung vor der Industrialisierung, Göttingen 1977, S. 374 ff.

[122] Vgl. F. Mendels, Proto-Industrialization: The First Phase of the Industrial Process, in: Journal of Economic History, Bd. 32, 1972, S. 241–61; H. Medick, The proto-industrial family economy: the structural function of household and family during the transition from peasant society to industrial capitalism, in: Social History, Bd. 1, 1976, S. 291–315; ders., Zur strukturellen Funktion von Haushalt und Familie im Übergang von der traditionellen Agrargesellschaft zum industriellen Kapitalismus: die proto-industrielle Familienwirtschaft, in: W. Conze (Hg.), Sozialgeschichte der Familie in der Neuzeit Europas, Stuttgart 1976, S. 254–82; und jetzt vor allem die Beiträge von Kriedte, Medick, Schlumbohm, Mendels und Kisch in: Kriedte u. a., Industrialisierung (s. letzte Anm.).

[123] Vgl. M. Perrot, The Strengths and Weaknesses of French Social History, in: JSH, Bd. 10, 1976, S. 166–77, hier S. 171 zur „Emanzipation" der Sozialgeschichte von der Wirtschaftsgeschichte in den letzten Jahren; wie stark „modernisierende" Veränderungen der Familienstruktur schon Resultat vorindustrieller Wandlungen waren, zeigen z. B. M. Mitterauer, Vorindustrielle Familienformen. Zur Funktionsentlastung des „ganzen Hauses" im 17. und 18. Jahrhundert, in: F. Engel-Janosi (Hg.), Fürst, Bürger, Mensch. Untersuchungen zu politischen und soziokulturellen Wandlungsprozessen im vorrevolutionären Europa, München 1975, S. 123–85, bes. S. 148 ff.; und K. Hausen, Die Polarisierung der „Geschlechtscharaktere", in: Conze, Sozialgeschichte der Familie, S. 363–93.

[124] Neue Politische Literatur, Jg. 19, 1974, S. 501–08.

[125] Gute Überblicke über die jüngste Entwicklung in Großbritannien, der Bundesrepublik, Frankreich und den USA von H. Perkin, H. Kaelble, M. Perrot und E. H. Pleck in: JSH, Bd. 10, S. 129–95 (S. 129 zur Zahl der englischen Lehrstühle). Als grober Überblick über die Entwicklung in verschiedenen Ländern seit dem späten 19. Jahrhundert: Kocka, Art. „Sozial- und Wirtschaftsgeschichte", Sp. 8–26; s. auch W. Zorn, Einführung in die Wirtschafts- und Sozialgeschichte des Mittelalters und der Neuzeit, München 1972; als wichtige Auswahlbibliographie, thematisch geordnet, vgl. jetzt: H.-U. Wehler, Bibliographie zur modernen deutschen Sozialgeschichte (18.–20. Jahrhundert), Göttingen 1976 (mit Hinweisen auf wichtige Studien zur ausländischen Sozialgeschichte und einem Verzeichnis einschlägiger Zeitschriften); sowie ders., Bibliographie zur modernen deutschen Wirtschaftsgeschichte (18.–20. Jahrhundert), Göttingen 1976.

[126] Vgl. Hobsbawm, From Social History to the History of Society (oben Anm. 4); die Einführungen und Überblicke betreffend „Bevölkerungsgeschichte und Historische Demographie" und „Historische Familienforschung" von A. E. Imhof und K. Hausen, in: Rürup, Historische Sozialwissenschaft, S. 16–95; H.–U. Wehler (Hg.), Historische Familienforschung und Demographie (= GG, Jg. 1, 1975, H. 2/3); Conze, Sozialgeschichte der Familie; M. Mitterauer u. R. Sieder, Vom Patriarchat zur Partnerschaft. Zum Strukturwandel der Familie, München 1977; J. Kocka (Hg.), Soziale Schichtung und Mobilität in Deutschland im 19. und 20. Jahrhundert (= GG, Jg. 1, 1975, H. 1), darin S. 155–70 ein Bericht von J. Modell zur amerikanischen Forschung auf diesem Gebiet; Kaelble, Social Stratification in Germany in the 19th and 20th Centuries: A Survey of Research since 1945, in: JSH, Bd. 10, 1976, S. 144–65; Informationen zur modernen Städtegeschichte, hg. v. Kommunalwiss. Zentrum Berlin, Berlin 1970 ff.

[127] Vgl. P. Lundgreen, Historische Bildungsforschung, in: Rürup, Historische Sozialwissenschaft, S. 96–125.

[128] Als gelungene Beispiele gelten: E. P. Thompson, The Making of the English Working Class, London 1963; E. J. Hobsbawm, Labouring Men. Studies in the History of Labour, London 1964; J. W. Scott, The Glassworkers of Carmaux, Cambridge, Mass. 1974; H. Zwahr, Zur Konstituierung des Proletariats als Klasse. Strukturuntersuchungen über das Leipziger Proletariat während der Industriellen Revolution, in: H. Bartel u. E. Engelberg (Hg.), Die großpreußisch-militaristische Reichsgründung, Bd. 1, Berlin 1971, S. 501–51; H. G. Gutman, Work, Culture and Society in Industrializing America, New York 1976; für Deutschland trotz aller notwendigen Kritik unverzichtbar: J. Kuczynski, Die Geschichte der Lage der Arbeiter unter dem Kapitalismus, Bd. 1 ff., Berlin 1961 ff. (Vorstellung und Kritik dieses Werkes in: AfS, Bd. 14, 1974, S. 471–542); jüngere Werke zur Geschichte der deutschen Arbeiterschaft: AfS, Bd. 16, 1976; Tenfelde (wie oben Anm. 104); H. Schomerus, Ausbildung und Aufstiegsmöglichkeiten württembergischer Metallarbeiter 1850 bis 1914 am Beispiel der Maschinenfabrik Eßlingen, in: U. Engelhardt u. a. (Hg.), Soziale Bewegung und politische Verfassung, Stuttgart 1976, S. 372–93; P. N. Stearns, Lives of Labour, London 1975; programmatisch: D. Groh, Basisprozesse und Organisationsproblem, in: Engelhardt u. a., Soziale Bewegung, S. 415–31; im übrigen die Titel bei Wehler, Bibliographie Sozialgeschichte, S. 126–34; sowie der Überblick bei Kaelble, Social Stratification. – Vgl. auch E. H. Pleck, Two Worlds in One: Work and Family, in: JSH, Bd. 10, 1976, S. 178–95 (Literaturbericht).

[129] Vgl. Ch. u. L. u. R. Tilly, The Rebellious Century 1830–1930, Cambridge, Mass. 1975; sowie die Diskussionen in: R. H. Tilly (Hg.), Sozialer Protest (= GG, Jg. 3, 1977, H. 2); sowie ebd., H. 3, S. 418–21.

[130] Vgl. z. B. H. G. Gutman, The Black Family in Slavery and Freedom, 1750–1925, New York 1976; R. Rürup, Emanzipation und Antisemitismus. Studien zur „Judenfrage" der bürgerlichen Gesellschaft, Göttingen 1975; s. verschiedene Beiträge in W. E. Mosse (Hg.), Juden im Wilhelminischen Reich 1890–1914, Tübingen 1976.

[131] S. vor allem die Überblicksdarstellungen der jüngeren sozialgeschichtlichen Literatur in England und Frankreich von H. Perkin u. M. Perrot in: JSH, Bd. 10, 1976, S. 129–43, 166–77; sowie: J. le Goff u. P. Nora (Hg.), Faire de l'histoire, 3 Bde, Paris 1974.

[132] In diese Richtung zielen auch die Fragen bei P. N. Stearns, Coming of Age, in: JSH, Bd. 10, 1976, S. 246–55.

[133] Dazu Kocka, Theoretical Approaches, S. 112 f.

[134] Dies spiegelt sich nicht nur in der Bezeichnung der Lehrstühle und Lehrveranstaltungen, sondern auch in der Zusammensetzung der betreffenden wissenschaftlichen Gesellschaften, wissenschaftlichen Zeitschriften und Einführungswerke.

[135] Zur „New Economic History" vgl. aus der breiten Literatur: H. D. Woodman, Economic History and Economic Theory, in: Journal of Interdisciplinary History, Bd. 3, 1972, S. 323–50; sowie T. Sarrazin, Ökonomie und Logik der historischen Erklärung. Zur Wissenschaftslogik der New Economic History, Bonn-Bad Godesberg 1974. – Man vgl. einmal die auffällige Auseinanderentwicklung des „Journal of Economic History" und „Journal of Social History".

[136] Man denke an die Arbeiten von F. Fischer, G. A. Ritter, H. Böhme, H.-J. Puhle, H.-U. Wehler, W. J. Mommsen, D. Stegmann, P.-C. Witt, V. Berghahn u. a.

[137] In den Vereinigten Staaten, deren allgemeine Geschichtsschreibung seit der Jahrhundertwende sehr viel deutlicher als die europäische durch sozialgeschichtliche Momente erweitert, ja geprägt worden ist, hat sich die Sozialgeschichte bzw. die Sozial- und Wirtschaftsgeschichte denn auch nicht so deutlich wie auf dem europäischen Kontinent als separates Fach konstituiert. In den Geschichtswissenschaften, die von einem institutionell abgesicherten historisch-materialistischen Grundansatz her beanspruchen, Sozial- und Wirtschaftsgeschichte weitestgehend in die allgemeine Geschichte integriert zu haben, besteht wenig Grund und Anlaß, an einer einheitlichen Disziplin „Sozialgeschichte" festzuhalten (wohl aber an einer relativ separaten Wirtschaftsgeschichte). Vgl. Kocka, Art. Sozial- und Wirtschaftsgeschichte, Sp. 13–16; ders., Zur jüngeren marxistischen Sozialgeschichte, in: Ludz, Soziologie und Sozialgeschichte, S. 491–514, bes. S. 491–497. – In einigen neueren Sammelwerken über Neuansätze in der Geschichtswissenschaft werden einzelne spezielle Forschungsbereiche (wie Familiengeschichte, Geschichte der Mentalitäten, weiterhin auch Wirtschaftsgeschichte etc.) aufgeführt und diskutiert, aber offenbar wird immer öfter wenig Sinn darin gesehen, einzelne Teile unter dem Sammelbegriff „Sozialgeschichte" noch zusammenzufassen. Vgl. insbes. Le Goff/Nora, Faire de l'histoire; sowie: M. Ballard, New Movements in the Study and Teaching of History, London 1970. – Sehr viel eindeutiger ist die Kohäsion und Abgrenzung der Teildisziplin „Wirtschaftsgeschichte", einerseits aufgrund der klareren analytischen Separierbarkeit der Dimension oder des Bereiches „Wirtschaft", andererseits aufgrund der einigenden und prägenden Wirkung der in sich relativ (im Vergleich zur Soziologie) einheitlichen wirtschaftswissenschaftlichen Theorie und Begriffsbildung, welche zunehmend angewandt werden.

[138] Vgl. oben S. 80.

[139] Diese Beschränkung unterscheidet die hier gestellte Frage deutlich von der Frage nach einem universalgeschichtlichen oder allgemein-entwicklungsgeschichtlichen Entwurf. Vgl. E. Schulin, Einleitung, in: ders. (Hg.), Universalgeschichte, Köln 1974, S. 11–65.

[140] Vgl. unten Anm. 175.

[141] Vgl. S. 55, 67 f.

[142] Damit wird an einen Gesellschaftsbegriff angeknüpft, der sich mit der Entstehung von Realität und Begriff der „bürgerlichen Gesellschaft" im späten 18. und im 19. Jahrhundert herausbildete; die Anknüpfung geschieht allerdings in einer relativ formalen, d. h. mehrere verschiedene Auffüllungen erlaubenden Weise. Die Implikationen dieses Entschlusses sind hier nicht auszudiskutieren. Für die Möglichkeit des Anknüpfens an solch einen Gesellschaftsbegriff wäre anzuführen, daß dessen Herausbildung reale Strukturen und Prozesse zugrundelagen, die trotz vieler Änderungen im einzelnen auch noch unsere gegenwärtigen Erfahrungen prägen. Nicht umsonst wird als Beginn der „modernen Welt" von vielen jene Umbruchzeit der politischen und industriellen Revolutionen im späten 18. und frühen 19. Jahrhundert begriffen, deren Ergebnisse die Entwicklung seitdem grundlegend bestimmen und in der die Zentralbegriffe der historisch-politischen Sprache (die ja Bewußtsein und Selbstauslegungsweisen reflektiert) weitgehend die Bedeutung erhielten, welche sie auch noch heute besitzen. – Der hier aufgenommene Gesellschaftsbegriff vindiziert ein gewisses Plus an Prägekraft und Wirkungsmächtigkeit jenem gesellschaftlichen Teilsystem, in dem menschliche Arbeit, zunehmend arbeitsteilig organisiert, und die Reproduktion der jeweiligen Bevölkerung vor allem stattfinden, in dem Bedürfnisse, deren Veränderung und partielle Befriedigung, Interessen und Interessenkonflikte vor allem zu verorten sind, das durch ökonomische Faktoren geprägt ist, aber in diesen nicht aufgeht. Dies bleibt unscharf, und „beweisen" läßt sich eine solche Prioritätssetzung sicher nicht, wohl aber argumentativ untermauern. Mit anthropologischen Argumenten müßte es möglich sein, jene Dimension menschlicher Wirklichkeit, in der der „Stoffwechsel" der Gesellschaft mit der Natur als Voraussetzung und Basis aller weiteren gesellschaftlichen Differenzierung und Entwicklung stattfindet, hervorzuheben. Historisch gesehen, reflektiert eine solche begriffliche Entscheidung eine zentrale kollektive Erfahrung seit Beginn der „modernen Welt", auf die man in vielfältiger Weise in der geschichtswissenschaftlichen Arbeit immer wieder stößt und die auch noch heutiges Bewußtsein prägt. Methodologisch-theoretisch müßte in unbeschränkter Diskussion gezeigt und in empirischer Arbeit demonstriert werden, daß ein solcher Ansatz mehr an Synthetisierungs- und Erklärungskraft erschließt als andere. – Wichtig erscheint mir überdies, daß die Bestimmungen höchst formalisierter, von den hier gemeinten Inhalten losgelöster Gesellschaftsbegriffe (Gesellschaft als Wechselwirkungssystem oder als System zur Reduktion von Komplexität mit bestimmten formalen Eigenarten, etwa: Unterteilung in Teilsysteme, verschiedenen Typen von Differenzierung, Interdependenzen und Koordinierungsbedürfnissen) nicht inkompatibel sind mit einem hier vorgezogenen, stärker inhaltlich bestimmten Gesellschaftsbe-

griff. – Daß dieser Begriff von Gesellschaft in einem engen Entstehungs- und Wirkungszusammenhang mit realgeschichtlichen Veränderungen seit dem 18. Jahrhundert steht, wurde gezeigt. Ob daraus folgt, daß er als Analyse leitendes Paradigma für Untersuchungen der „modernen Welt" größere Angemessenheit besitzt als für die Untersuchung Alteuropas oder anderer weit zurückliegender, realgeschichtlich deutlich unterschiedener Epochen, mag hier unentschieden bleiben.

[143] Vgl. oben Anm. 4 (S. 145).

[144] „History of society" (Gesellschaftsgeschichte) unterscheidet Hobsbawm von „social history" (s. oben in Anm. 4); vgl. M. Perrot in JSH, Bd. 10, 1976, S. 172 u. Anm. 9 auf S. 175 mit Zustimmung zu Hobsbawms Unterscheidung und Hinweis auf A. Soboul, G. Duby, P. Goubert u. P. Villar; im selben Heft, S. 246: P. N. Stearns („Social history is increasingly seen by its practioners as a total historical approach.").

[145] Vgl. oben S. 61 ff.

[146] Das Fehlen von scharf greifenden und gleichzeitig umfassenden Theorien scheint, wenn ich richtig sehe, der gravierendste Mangel der stark beachteten Versuche einer „integralen Geschichtsschreibung" oder „histoire à part entière" zu sein, wie sie insbesondere in der französischen Geschichtswissenschaft in der Nachfolge von Henri Berr, Marc Bloch und Lucien Febvre unternommen worden sind. Vgl. P. Léon, L'école française et l'histoire économique globale, in: Schweizerische Zeitschrift für Geschichte, Bd. 20, 1970. S. 49–70, bes. S. 50–57, 69 f.; K. E. Born, Neue Wege der Wirtschafts- und Sozialgeschichte in Frankreich: Die Historikergruppe der „Annales", in: Saeculum, Bd. 15, 1964, S. 298–309, bes. S. 299–302, 306 f.; J. Glénisson, L'historiographie française contemporaine: tendances et réalisations, in: Comité Français des Sciences Historiques, La recherche historique en France de 1940 à 1965, Paris 1965, S. IX – LXIV, bes. LVI – LXII; M. Wüstemeyer, Die „Annales". Grundsätze und Methoden ihrer „neuen Geschichtswissenschaft", in: VSWG, Bd. 54, 1967, S. 1–45, bes. S. 4–9, 24–31 (zu L. Febvre und F. Braudel); ders., Sozialgeschichte und Soziologie als soziologische Geschichte, in: Ludz, Soziologie und Sozialgeschichte, S. 566–583; Groh, a. a. O., bes. S. 310, 317; Schulze, S. 70–77; G. G. Iggers, Die „Annales" und ihre Kritiker, in: HZ, Bd. 219, 1974, S. 578–608, bes. S. 589, 604 f. Vgl. auch J. M. Romein, Über integrale Geschichtsschreibung, in: Schweizer Beiträge zur allgemeinen Geschichte, Bd. 16, 1958, S. 207–226; als Aufruf zur Synthese ohne theoretische Mittel, sie anzugehen. Diese fehlen auch bei Stearns (Anm. S. 144).

[147] Hier wären vor allem die wichtigen Anstöße aufzugreifen, die von Braudel und Koselleck hinsichtlich einer „Theorie historischer Zeiten" gegeben wurden, wenn diese selbst auch m. E. ähnliche Grenzen besitzt, wie sie oben (S. 79) für die strukturgeschichtliche Betrachtungsweise insgesamt nachgewiesen wurden. Eine Theorie im hier geforderten Sinne stellt die sich entwickelnde Theorie historischer Zeiten nicht dar, sie bleibt vielmehr auf einer formaleren Ebene, auf der die Frage nach Kausal- und Funktionsbeziehungen, nach „treibenden Kräften" usw. nicht diskutiert oder doch nur peripher ist. Vgl. Braudel, La longue durée (dt. in Wehler, Geschichte und Soziologie, S. 189–215); Ko-

selleck, Geschichte, Geschichten und formale Zeitstrukturen, in: ders., W.-D. Stempel (Hg.), Geschichte – Ereignis und Erzählung, München 1973, S. 211–22; Koselleck, Einleitung, sowie Art. „Fortschritt" u. „Geschichte" in: Brunner/Conze/Koselleck (Hg.), Geschichtliche Grundbegriffe, Bd. 1 u. 2. Vgl. auch M. R. Lepsius, Bemerkungen zum Verhältnis von Geschichtswissenschaft und Soziologie, in: W. Conze, Theorie der Geschichtswissenschaft und Praxis des Geschichtsunterrichts, S. 60; Faber, S. 227–35.

[148] Vgl. S. L. Thrupp, Diachronic Methods in Comparative Politics, in: R. T. Holt/J. E. Turner (Hg.), The Methodology of Comparative Research, New York 1970, S. 343–358.

[149] Vgl. als Beispiel für ein solches Vorgehen: A. Gerschenkron, Economic Backwardness in Historical Perspective, New York 1965², S. 5–30; ders., Wirtschaftliche Rückständigkeit in historischer Perspektive, in: R. Braun u.a. (Hg.), Industrielle Revolution, Köln 1972, S. 59–78.

[150] Ohne Explikation ihres theoretischen Skeletts finden sich allerdings wichtige Arbeiten mit deutlichen gesellschaftsgeschichtlichen Tendenzen vielerorts: vgl. z.B. W. Zorn, Wirtschafts- und sozialgeschichtliche Zusammenhänge der deutschen Reichsgründungszeit 1850–1879, (1963); und K. E. Born, Der soziale und wirtschaftliche Strukturwandel Deutschlands am Ende des 19. Jahrhunderts (1963), beide in: Wehler, Moderne deutsche Sozialgeschichte, S. 254–270, 271–284; E. Weis, Gesellschaftsstrukturen und Gesellschaftsentwicklung in der frühen Neuzeit, in: K. Bosl u. E. Weis, Die Gesellschaft in Deutschland I. Von der fränkischen Zeit bis 1848, München 1976, S. 131–287.

[151] Vgl. die Aufsätze von E. Engelberg, W. Küttler u. G. Losek, H.-P. Jaeck u. H. Zwahr in: E. Engelberg (Hg.), Probleme der marxistischen Geschichtswissenschaft. Beiträge zu ihrer Theorie und Methode, Berlin (Lizenzausg. Köln) 1972. – J. Topolski, Développement des études historiques en Pologne 1945–1968; in: La Pologne au XIIIe Congrès International des Sciences Historiques à Moscou, Bd. 1, hg. v. A. Wyczanski, Varsovie 1970, S. 7–75. – Vgl. zur Wirtschaftsgeschichte der Industriellen Revolution die Arbeiten von H. Mottek und seinen Schülern mit gewisser Revision an älteren Thesen ostdeutscher Historiker (Angaben bei Kocka, Marxistische Sozialgeschichte, in: Ludz, Soziologie, S. 498, 509).

[152] Vgl. P. C. Ludz, Soziologie und empirische Sozialforschung in der DDR, in: ders. (Hg.), Studien und Materialien zur Soziologie der DDR, Köln 1964, S. 327–418; R. Ahlberg, Entwicklungsprobleme der empirischen Sozialforschung in der UdSSR, Berlin 1968. – J. Kocka, Preußischer Staat und Modernisierung im Vormärz: Marxistisch-leninistische Interpretationen und ihre Probleme, in: H.-U. Wehler (Hg.), Sozialgeschichte heute. Fs. f. H. Rosenberg, Göttingen 1974, S. 211–227; A. Dorpalen, Die Revolution von 1848 in der Geschichtsschreibung der DDR, in: HZ, Bd. 210, 1970, S. 324–68.

[153] Daß dies bestimmte liberal-demokratische Sicherungen in Gesellschaft und Staat voraussetzt, braucht hier nicht weiter ausgeführt zu werden. Dazu unten S. 121f.

[154] Vgl. MEW, Bd. 13, S. 8 ff.; Bd. 27, S. 452; Bd. 13, S. 12; W. I. Lenin, Werke, Bd. 1, Berlin 1968⁵, S. 131, 137; Eckermann u. Mohr, S. 29–55.

[155] Nicht ohne Einschränkungen hat O. Brunner diese Position vertreten (Land und Herrschaft, Wien 1965⁵, S. 119, 163). Vgl. auch ders., Neue Wege, S. 64–79, 103 ff.; sowie oben Anm. 96. – Wie Brunner selbst andeutet, ist eine solche methodologische Option in der Gefahr, Ergebnisse hervorzubringen, die innerhalb des Diskussionsstandes, der Fragestellungen und Erkenntnisziele der Gegenwart, für die ja schließlich geforscht und geschrieben wird, nicht bedeutsam, im Extremfall nicht verständlich sind. Sie verzichtet auch allzu leicht auf die Erkenntnischancen, die in der Anwendung neuer, quellenferner Begriffe und Theorien liegen können, indem sie Zugänge zu einer Zeit eröffnen, die diese selbst nicht kannte und vielleicht nicht kennen konnte. Dazu jetzt in: Kocka, Theorien in der Praxis des Historikers, S. 81 ff., 182 f.

[156] Vgl. R. Wohlfeil (Hg.), Reformation oder frühbürgerliche Revolution?, Köln 1972; Th. Nipperdey, Die Reformation als Problem der marxistischen Geschichtswissenschaft, in: D. Geyer (Hg.), Wissenschaft in kommunistischen Ländern, Tübingen 1967, S. 228–58.

[157] Vgl. die Ergebnisse bei M. Gluckmann, Custom and Conflict in Africa, Glencoe 1955, S. 34 f. – Eine ähnliche Kritik ließe sich erst recht an dem Versuch üben, Begriffe und Theoreme der neoklassischen Wirtschaftstheorie für einen Aufriß der Entwicklung der „westlichen Welt" seit dem hohen Mittelalter zu benutzen. So D. C. North u. R. P. Thomas, The Rise of the Western World. A New Economic History, London 1973.

[158] H. Rosenberg, Große Depression und Bismarckzeit (1967), Frankfurt 1976²; vgl. auch den „Vorbericht" von H. Rosenberg zur Neuauflage seiner Studie: Die Weltwirtschaftskrise 1857–1859, Göttingen 1974, S. V–XXV zur Genesis dieses Ansatzes und bes. S. XIII-XIV zur Benennung der Periode (besser „Große Deflation" statt „Große Depression").

[159] Vgl. H.-U. Wehler, Bismarck und der Imperialismus, Köln 1972³; ders., Probleme der modernen deutschen Wirtschaftsgeschichte (wie oben Anm. 119); J. Kocka, Unternehmensverwaltung und Angestelltenschaft am Beispiel Siemens 1847–1914, Stuttgart 1969; H. A. Winkler, Mittelstand, Demokratie und Nationalsozialismus. Die politische Entwicklung von Handwerk und Kleinhandel in der Weimarer Republik, Köln 1972, S. 44 ff.; H. Matis, Österreichs Wirtschaft 1868–1913. Konjunkturelle Dynamik und gesellschaftlicher Wandel im Zeitalter Franz Josephs I, Berlin 1972.

[160] Vgl. H. A. Winkler (Hg.), Organisierter Kapitalismus, Voraussetzungen und Anfänge, Göttingen 1974, S. 19–35 zur Umschreibung des Begriffs mit Literaturangaben; hier auch einige Anwendungsbeispiele. Vgl. auch H. Kaelble u. H. Volkmann, Konjunktur und Streik während des Übergangs zum Organisierten Kapitalismus, in: Zs. f. Wirtschafts- und Sozialwissenschaften, Bd. 42, 1972, S. 513–44. Zur Diskussion um den Begriff vor allem die Kritik von Feldman und Sellin in: Winkler, Organisierter Kapitalismus, S. 150–153, 84 f.; dazu dann Kocka, S. 29 f. (Anm. 4) und 32–34 (Anm. 21); weiter die Diskussion in H. Mommsen u. a. (Hg.), Industrielles System und politische Entwicklung in der Weimarer Republik, Düsseldorf 1974, S. 958 f., 962 f., 964, 979 f.

981 ff. – Vgl. auch die Benutzung des Begriffs „Organisierter Kapitalismus" für den internationalen Vergleich bei: H.-J. Puhle, Politische Agrarbewegungen in kapitalistischen Industriegesellschaften. Deutschland, USA und Frankreich im 20. Jahrhundert, Göttingen 1975; J. Kocka, Angestellte zwischen Faschismus und Demokratie. Zur politischen Sozialgeschichte der Angestellten: USA 1890–1940 im internationalen Vergleich, Göttingen 1977.

[161] Z. B. S. B. Saul, The Myth of the Great Depression 1873–1896, London 1969; K. Borcharct, Wirtschaftliches Wachstum und Wechsellagen 1800 bis 1914, in: Aubin u. Zorn (Hg.), Handbuch der deutschen Wirtschafts- und Sozialgeschichte, Bd. 2, S. 198–275, S. 208 f.

[162] Darstellung und Kritik der Theorieansätze bei H.-U. Wehler, Modernisierungstheorie und Geschichte, Göttingen 1975 (mit Literatur).

[163] M. Weber, Gesammelte Politische Schriften, Tübingen 1958², S. 1–25; Th. Veblen, Imperial Germany and the Industrial Revolution (1915), Ann Arbor 1966; R. Dahrendorf, Gesellschaft und Demokratie in Deutschland, München 1971²; G. A. Ritter, Einleitung zu ders. (Hg.), Historisches Lesebuch 2. 1871–1914, Frankfurt 1967; H.-U. Wehler, Das Deutsche Kaiserreich 1871-1918, Göttingen 1973; G. A. Ritter u. J. Kocka, Deutsche Sozialgeschichte. Dokumente und Skizzen, Bd. 2: 1870–1914, München 1974, S. 62–70.

[164] Auf der anderen Seite kann und soll eine solche sozialgeschichtliche Faschismus-Interpretation die Ergebnisse des Totalitarismus-Ansatzes ebenso aufnehmen wie sie den Zusammenhang zwischen der Krise des kapitalistisch-bürgerlichen Systems und dem aufsteigenden Faschismus einbeziehen und einordnen wird. – Vgl. W. Sauer, Das Problem des deutschen Nationalstaats, in: Politische Vierteljahresschrift, Bd. 3 (1962), S. 159–86, wd. in: Wehler, Moderne deutsche Sozialgeschichte, S. 407–36; ders., National Socialism: Totalitarianism or Facsism?, in: American Historical Review, Bd. 73, 1967/68, S. 404–24; H. A. Winkler, Extremismus der Mitte?, in: Vierteljahrshefte f. Zeitgeschichte, Bd. 20, 1972, S. 175–191; ders., Mittelstand; H.-J. Puhle, Von der Agrarkrise zum Präfaschismus, Wiesbaden 1972; J. Kocka, Zur Problematik der Angestellten 1914–33; in: Mommsen, Industrielles System, S. 792–810; Kocka, Angestellte zwischen Faschismus und Demokratie; H. A. Turner, Faschismus und Kapitalismus in Deutschland, Göttingen 1972; H. Matzerath u. H. Volkmann, Modernisierungstheorie und Nationalsozialismus, in: Kocka, Theorien in der Praxis des Historikers, S. 86–116 (mit Diskussion).

[165] Gerschenkron, Economic Backwardness; B. Moore, Jr., Social Origins of Dictatorship and Democracy, Boston 1966 (dt. 1969).

[166] Dazu und zu weiteren reparablen Schwächen der Modernisierungs-Theoreme sowie zu ihrem gravierendsten Nachteil, Ursachen des Wandels i. d. R. nur schwer identifizieren zu können, vgl. Wehler, Modernisierungstheorie; und D. C. Tipps, Modernization Theory and the Study of National Societies: A Critical Perspective, in: Comparative Studies in Society and History, Bd. 15, 1973, S. 199–226; P. Flora, Modernisierungsforschung. Zur empirischen Analyse der gesellschaftlichen Entwicklung, Opladen 1974.

[167] Dazu die vorläufigen Bemerkungen bei Kocka, Theorien in der Sozial- und

Gesellschaftsgeschichte. Vorschläge zur historischen Schichtungsanalyse, in: GG, Jg. 1, 1975, S. 32–34. – Auch der Protoindustrialisierungs-Ansatz, wie er insbesondere von Medick vorgeschlagen wird, enthält wichtige Elemente einer gesellschaftsgeschichtlichen Theorie. Vgl. oben Anm. 121 u. 122.

[168] Zur idealtypischen Verwendung von Theorien vgl. oben S. 86 ff.

[169] Vgl. oben S. 89 ff.

[170] Innerhalb der genannten gesellschaftsgeschichtlichen Theorieansätze wäre es durchaus möglich, jenen vielgestaltigen Bereich zwischen Ökonomie und Politik zu thematisieren; insbesondere träfe das für einen Ansatz zu, der die Frage nach Ursachen, Erscheinungsformen und Folgen sozialer Ungleichheit als Zentrum hätte. Es gehört zu den Vorzügen des Protoindustrialisierungs-Ansatzes, daß er ökonomische, demographische, familienstrukturelle, sozialpsychologische und soziopolitische Faktoren (die letzteren bisher nur in Ansätzen) zu thematisieren und zu verknüpfen erlaubt.

[171] Um diese Vermittlungsproblematik geht es in den Vorschlägen bei Hillgruber, S. 532–46, bes. S. 544; sowie in der Kritik und den Vorschlägen bei Wehler, Moderne Politikgeschichte, S. 364–69; und bei Schmidt, S. 30 ff., 43 ff.

[172] Vgl. oben S. 55 f.

[173] Dies nimmt Bezug auf die gegenteiligen Aussagen bei Hillgruber, S. 534 und 546.

[174] Begriffe bei Schmidt, S. 34.

[175] Manche Kritik an dem hier vorgeschlagenen Ansatz reflektiert diese Notwendigkeit nicht zureichend mit, allerdings auch ohne sie mit Gründen zu bestreiten. Das gilt auch für die anregende und faire Kritik K.-G. Fabers in: History and Theory, Bd. 16, 1977, S. 51–66, bes. S. 56–61: Faber stellt sich bei seiner Kritik nicht der Tatsache, daß sich die Notwendigkeit der Vermittlung verschiedener Gegenstandsbereiche und Spezialergebnisse spätestens beim Versuch der Gesamtdarstellung, in Wahrheit aber schon für die Spezialstudie selbst ergibt; und daß die – doch wohl auch von ihm nicht für überflüssig gehaltene – Einordnung und damit erst angemessene Erfassung des jeweiligen Untersuchungsgegenstandes und Teilergebnisses einen wenn auch perspektivischen Begriff vom Ganzen benötigt, der natürlich nicht der offenen Diskussion (und d. h. auch: der Konfrontation und dem Wettbewerb mit Alternativen, die hoffentlich bald einmal angeboten werden) entzogen sein darf und der argumentativ modifizierbar und revidierbar sein muß. Dazu im Prinzip meine Ausführungen oben S. 44 f. und außerdem S. 97 f. – Vielmehr unterstellt er, daß solch ein Vorgriff aufs Ganze nicht nur unmöglich sondern im Prinzip illegitim und vor allem unnötig sei. Damit verkennt er die Logik wichtiger und unaufgebbarer Schritte historischen Arbeitens und verzichtet darauf, den dennoch in vielen geschichtswissenschaftlichen Arbeiten (wenn sie der schlecht-isolierenden Behandlung ihres Gegenstands und der Gefahr fragmentarisierender Wirklichkeitsrekonstruktion entgehen wollen) stattfindenden, wenn auch i. d. R. implizit und unkontrollierbar ablaufenden Vorgriff aufs Ganze vor das Forum rationaler Diskussion und Kritik zu ziehen. Faber stellt sich damit nicht dem Problem, das den von ihm kritisierten Überlegungen als Raison d'être und Antrieb dient, ohne es als Scheinproblem zu erweisen oder

gar anderweitig zu lösen. He begs the question. – Erst recht gilt das für die vergleichsweise unergiebige Kritik K. Hildebrands an Wehlers Überlegungen zum
Verhältnis von Sozial- und Politikgeschichte innerhalb eines übergreifenden
gesellschaftsgeschichtlichen Zusammenhangs (HZ, Bd. 223, 1976, S. 328–57).
Irritierend wirkt an Hildebrands Kritik nicht nur, daß sie sich aufwendig gegen
einen Angriff auf die Politikgeschichte bzw. auf die Geschichte der internationalen Beziehungen wehrt, den es gar nicht gibt; sondern vor allem der – wie gerade Hildebrand wissen müßte – nicht stichhaltige Dogmatismusvorwurf gegen
Wehler. Vgl. demn. Wehler, Kritik und kritische Antikritik, in HZ.

III. Geschichte – Wozu?

[1] Die folgenden Thesen sind eine leicht überarbeitete Fassung von Bemerkungen, die ich in den letzten Jahren mehrfach vorgetragen habe, zuletzt u. d. T.
„Gesellschaftliche Funktionen der Geschichtswissenschaft" in: W. Oelmüller
(Hg.), Wozu noch Geschichte?, München 1977, S. 11–33. Eine erste Fassung
entstand im April 1969 in einer Diskussion des Heidelberger Arbeitskreises für
moderne Sozialgeschichte – vgl. W. Conze (Hg.), Theorie der Geschichtswissenschaft und Praxis des Geschichtsunterrichts, Stuttgart 1972, S. 69 ff. Dieser
Diskussion verdanke ich viele Anregungen ebenso wie verschiedenen Erörte-
rungen der folgenden Zeit, insbesondere: W. Mommsen, Die Geschichtswissenschaft jenseits des Historismus, Düsseldorf 1971; einer Tagung des Zen-
trums für interdisziplinäre Forschung der Universität Bielefeld 1971 – siehe P.
Böhning (Hg.), Geschichte und Sozialwissenschaften. Ihr Verhältnis im Lehr-
angebot der Universität und der Schule (= 6. Sonderheft der Neuen Sammlung), Göttingen 1972; dann: Th. Nipperdey, Über Relevanz (1972), in: ders.,
Gesellschaft, Kultur, Theorie. Gesammelte Aufsätze zur neueren Geschichte,
Göttingen 1976, S. 12–32; sowie den Diskussionen in einer von Jeismann geleiteten Arbeitsgruppe des Historikerverbandes 1973/74 – siehe: Funktion
und Didaktik der Geschichte. Begründung und Beispiel eines Lehrplans für
den Geschichtsunterricht, in: J. Rohlfes u. K.-E. Jeismann (Hg.), Geschichtsunterricht. Inhalte und Ziele. Arbeitsergebnisse zweier Kommissionen (= Bei-
heft zur Zs. GWU), Stuttgart 1974, S. 106–193, bes. 113–123.
[2] Vgl. oben S. 97 f., 46.
[3] Vgl. oben S. 42 f., 86, 106 f., 21 f., 35 f., 39 f.
[4] Geschichtswissenschaft und Geschichtsunterricht. Lage–Analyse–Folgerungen–Empfehlungen. Stellungnahme des Verbandes der Historiker
Deutschlands im Zusammenwirken mit dem Verband der Geschichtslehrer
Deutschlands, in: GWU, Jg. 23, 1972, S. 1–13, hier S. 4.
[5] Vgl. Karl-Ernst Jeismann u. Erich Kosthorst, Geschichte und Gesellschaftslehre. Die Stellung der Geschichte in den Rahmenrichtlinien für die Sekundar-
stufe I in Hessen und den Rahmenlehrplänen für die Gesamtschulen in Nordrhein-Westfalen – Eine Kritik, in: ebd., Jg. 24, 1973, S. 261–288; H. Hoff-
mann, Der Geschichtsunterricht in den Hessischen Rahmenrichtlinien, in:

ebd., Jg. 28, 1977, S. 17–35. E. Maek-Gérard u. a. Zur Rolle der Geschichte in der Gesellschaftslehre: Das Beispiel der hessischen Rahmenrichtlinien, Stuttgart 1974.

[6] Nach Hermann Lübbe, Der kulturelle und wissenschaftstheoretische Ort der Geschichtswissenschaft, in: R. Simon-Schaefer u. W. Ch. Zimmerli (Hg.), Wissenschaftstheorie der Geisteswissenschaften. Konzeptionen, Vorschläge, Entwürfe, Hamburg 1975, S. 132–140, hier S. 153.

[6a] Vgl. zuletzt „Bei Hitler war alles in Ordnung" in: Die Zeit, Nr. 18, 22. 4. 1977, S. 12.

[7] Vgl. G. W. Heinemann, Präsidiale Reden, Frankfurt 1975, S. 125–74.

[8] Vgl. Wolfgang J. Mommsen, Die Geschichtswissenschaft in der modernen Industriegesellschaft, in: Vierteljahrshefte für Zeitgeschichte, Bd. 22, 1974, S. 1–17.

[9] Vgl. R. Koselleck, Wozu noch Historie?, in: HZ, Bd. 212, 1971, S. 1–18.

[10] Als Überblick über die Diskussion vgl. K.-G. Faber, Theorie der Geschichtswissenschaft, München 1974³, bes. S. 221–48; als jüngeres Beispiel: R. Koselleck, W. J. Mommsen u. J. Rüsen (Hg.), Objektivität und Parteilichkeit in der Geschichtswissenschaft, München 1977 (Referate von Tagungen eines 1973 gegründeten Arbeitskreises „Theorie der Geschichte").

[11] Vgl. einmal die Beurteilung der bundesdeutschen Neuzeit-Geschichtsschreibung durch den amerikanischen Historiker G. G. Iggers in seinem neuen Buch: New Directions in European Historiography, Middletown/Conn. 1975, S. 80–122 (demn. dt. bei dtv) im Vergleich zur Beurteilung in: ders., Deutsche Geschichtswissenschaft. Eine Kritik der traditionellen Geschichtsauffassung von Herder bis zur Gegenwart, München 1971 (dt. Übers. v.: The German Conception of History, 1968).

[12] So Th. Nipperdey, Wozu noch Geschichte?, in: G.-K. Kaltenbrunner (Hg.), Die Zukunft der Vergangenheit. Lebendige Geschichte – klagende Historiker, München 1975, S. 34–57, hier S. 37. – Vgl. auch den konservativen Tenor der neuesten „Erklärung des Verbandes der Historiker Deutschlands zum Studium des Fachs Geschichte an den Hochschulen", in: GWU, Jg. 27, 1976, S. 223–25, 297–304, 566–69; dazu: J. Kocka, W. J. Mommsen, W. Schieder u. H.-U. Wehler, Rückzug in den Traditionalismus, in: GG, Jg. 2, 1976, S. 537–44.

[13] Vgl. G. Mann in: Die Zeit v. 13. 10. 1972, Nr. 41, S. 58. Zur angeblichen „Affinität zwischen dem Historiker und dem Konservativen", ihrem „geheimen Einverständnis" vgl. G.-K. Kaltenbrunner u. P. Berglar in Kaltenbrunner, Die Zukunft der Vergangenheit, S. 11 f., 71.

[14] Vgl. oben S. 42 ff.

[15] H.-U. Wehler, Geschichte als Historische Sozialwissenschaft, Frankfurt 1973, S. 22.

[16] Vgl. Lübbe (wie oben Anm. 6); Nipperdey (wie oben Anm. 12), S. 55 ff.

[17] Vgl. J. Habermas, Können komplexe Gesellschaften eine vernünftige Identität ausbilden?, in: ders., Zur Rekonstruktion des Historischen Materialismus, Frankfurt 1976, S. 92–126.

[18] Dieser Wortsinn fehlt nicht ganz bei Nipperdey (wie Anm. 12), S. 55 f.

IV. Sozialgeschichte in der Bundesrepublik

[1] S. 133, Anm. 1; S. 144 f., Anm. 1; S. 170, Anm. 1. – Für den Druck wurden sie Anfang 1977 überarbeitet und berücksichtigen die Literatur bis zu diesem Zeitpunkt.

[2] Siehe o. S. 51.

[3] Auch bestimmte problematische Argumente zu ihren Gunsten – Randerscheinungen allerdings – dürften heute nicht mehr zu lesen sein. Vgl. etwa die von der hier vertretenen Position her nicht voll zu akzeptierende Argumentation bei M. Asendorf, Deutsche Fachhistorie und Sozialgeschichte, in: I. Geiss u. R. Tamchina (Hg.), Ansichten einer künftigen Geschichtswissenschaft, München 1974, S. 24–42.

[4] Nach W. Zorn, Sozialgeschichte – eine Politische Wissenschaft?, in: P. C. Mayer-Tasch (Hg.), Münchner Beiträge zur Politikwissenschaft, Freiburg 1980, S. 50–67, 50, 58, 62, 67.

[5] Siehe o. S. 76–81, 82, 97–99, 108–111. Knapp zusammenfassend: J. Kocka, Art. „Sozialgeschichte, Gesellschaftsgeschichte", in: K. Bergmann u. a. (Hg.), Handbuch der Geschichtsdidaktik, Bd. 1, Düsseldorf 1979, S. 130–134, 132 f. (Neuaufl. 1985).

[6] Vgl. zuletzt P. N. Stearns, Social History and History: A Progress Report (MS 1984 / Vortrag vor der AHA-Jahrestagung Dez. 1984), S. 7: Social History „has three overlapping characteristics: First, a substantial focus on groups out of power, with the concomitant belief that these groups display some capacity to change and therefore some capacity to influence wider historical processes. Second, a fascination with aspects of life and society in addition to politics, which means a belief that there is some interrelationship between social functions such as family, government, sports and ideologies such that non-political acitivities and believes warrant serious analysis in there own right as part of understanding the past. And third, an approach to history that emphasizes patterns or processes of culture, power relationships and behavior rather than a series of events". – Vgl. auch H. Henning, Art. „Sozialgeschichte", in: Handwörterbuch der Wirtschaftswissenschaft, Bd. 6, Tübingen 1977, S. 661–689, 665: Sozialgeschichte als eine Form der Geschichte von Gesellschaft und aller auf die Gesellschaft einwirkenden Kräfte, wobei „Gesellschaft" als eine „Vielzahl zwischenmenschlicher Verhaltensweisen, Formen, Gebilde und Ordnungen" verstanden wird. – Siehe auch J. Kocka, Theory and Social History: Recent Developments in West Germany, in: Social Research 47 (1980), S. 426–457 (mit einer von der obigen Doppeldefinition leicht abweichenden Dreifacheinteilung).

[7] Hennings Definition (letzte Anm.) ignoriert die Sozialgeschichte als Teildisziplin ganz und damit eine wichtige, weiterhin sehr lebendige Tradition der Binnenorganisation und Unterteilung der Geschichtswissenschaft in Deutschland. Sie faßt Sozialgeschichte nur als Geschichte ganzer Gesellschaften, jedoch in anderer Weise als hier (und auf keinen Fall präziser). Zorns Kritik (Sozialgeschichte, S. 54, 67) halte ich nicht für zwingend. Er weist m. E. vor allem auf Mißverständnisse im Verständnis meiner Definitionsvorschläge hin (die ja

aufgeklärt werden können). Nichts gegen seine Betonung der Komplexität historischen Geschehens und der Offenheit der Geschichte (S. 66 f.), eine begriffliche Alternative bietet er aber in diesem Aufsatz nicht. Vgl. aber W. Zorn, Einführung in die Wirtschafts- und Sozialgeschichte des Mittelalters und der Neuzeit. Probleme und Methoden, München 1972, S. 9 f. Dort werden Wirtschaftsgeschichte und Sozialgeschichte (gleichgesetzt mit Gesellschaftsgeschichte) als besondere Aspekte der Geschichte bezeichnet, aber ihr Besonderes wird vor allem in der Ausrichtung auf Strukturen und langfristige Wandlungsvorgänge eines sozialen Systems (verstanden als Gesamtsystem) gesehen. Das heißt, hier wird Sozial- und Wirtschaftsgeschichte mit Struktur- und Prozeßgeschichte gleichgesetzt. Dagegen oben S. 76–81. Stearns' oben zit. Definition erscheint willkürlich. Vgl. auch E. J. Hobsbawm, in: Past and Present 86 (1980), S. 5: ,,social history", ,,that shapeless container for everything from changes in human physique to symbol and ritual, and above all for the lives of *all* people from beggars to emperors". – Die meiste, z. T. auch konstruktive Kritik richtet sich gegen den vorgeschlagenen Begriff der Gesellschaftsgeschichte und Grundsätze der Historischen Sozialwissenschaft – dazu weiter unten.

[8] NPL 19 (1974), S. 501–508.

[9] Als brauchbare, genaue, aber nicht vollständige Überblicke über die wirtschafts- und sozialgeschichtlichen Neuerscheinungen in der Bundesrepublik vgl. K. H. Kaufholds Sammelberichte in: Blätter für deutsche Landesgeschichte 115 (1979), S. 272–315 (über 1975–1977); 118 (1982), S. 430–497 (über 1978–1982); Fortsetzung in Vorbereitung. Sehr sachkundig und informativ, auch über französische Literatur: E. Weis, Neue Forschungsrichtungen in der Geschichtswissenschaft, insbes. der Sozialgeschichte, gezeigt am Beispiel der frühen Neuzeit (16. bis beginnendes 19. Jahrhundert), in: Historisches Jahrbuch 102 (1982), S. 390–417. S. auch S. Pollard, Current German Economic and Social History. Attitudes to Hermeneutics and Objektivity, in: South African Historical Journal 16 (1984), S. 6–25; R. Tilly, Soll und Haben II: Wiederbegegnung mit der deutschen Wirtschafts- und Sozialgeschichte, in: ders., Kapital, Staat und sozialer Protest in der deutschen Industrialisierung, Göttingen 1980, S. 228–251, 300–311. Zum Stand Mitte der 70er Jahre: H.-U. Wehler, Bibliographie zur modernen deutschen Sozialgeschichte (18.–20. Jahrhundert), Göttingen 1976; ders., Bibliographie zur modernen deutschen Wirtschaftsgeschichte (18.–20. Jh.), Göttingen 1976. – Überblick über den derzeitigen Stand und die jüngste Entwicklung der Sozialgeschichte in der DDR, Polen, Frankreich, England und USA (von H. Handke, W. Dlugoborski, Y. Lequin, M. Rose und S. P. Hays) in: J. Kocka (Hg.), Sozialgeschichte, Darmstadt vorauss. 1986. Über den Stand der Sozialgeschichte in verschiedenen Ländern Mitte der 70er Jahre die Artikel von H. Perkin, M. Perrot, E. H. Pleck u. H. Kaelble in: JSH 10 (1976), H. 4. Mit Betonung der Sozialgeschichte die instruktiven Überblicke in G. G. Iggers, New Directions in European Historiography, Middletown, Conn. (1975) 1984², bes. S. 175–206 zur Entwicklung der Geschichtsschreibung in Europa in den letzten zehn Jahren. Zur Entwicklung in der Bundesrepublik weiterhin: H.-U. Wehler, Geschichtswissen-

schaft heute, in: J. Habermas (Hg.), Stichworte zur ‚Geistigen Situation der Zeit', Bd. 2, Frankfurt 1979, S. 709–753 (jetzt auch engl. u. d. T. „Historiography in Germany Today", in: J. Habermas (Hg.), Observations on „The Spiritual Situation of the Age". Contemporary German Perspectives, Cambridge, Mass. 1984, S. 221–259); W. J. Mommsen, Gegenwärtige Tendenzen in der Geschichtsschreibung der Bundesrepublik, in: GG 7 (1981), S. 149–188. Kritischer gegenüber einer Reihe von Neuansätzen: W. Conze, Die deutsche Geschichtswissenschaft seit 1945. Bedingungen und Ergebnisse, in: HZ 255 (1977), S. 1–28.

[10] Vgl. D. Dowe, Bibliographie zur Geschichte der deutschen Arbeiterbewegung, sozialistischen und kommunistischen Bewegung von den Anfängen bis 1863, Bonn 1981[3]; K. Tenfelde u. G. A. Ritter (Hg.), Bibliographie zur Geschichte der deutschen Arbeiterschaft und Arbeiterbewegung 1863–1914, Bonn 1981; K. Klotzbach, Bibliographie zur Geschichte der deutschen Arbeiterbewegung 1914–1945, Bonn 1981[3]. – W. Conze u. E. Engelhardt (Hg.), Arbeiter im Industrialisierungsprozeß. Herkunft, Lage und Verhalten, Stuttgart 1979; dies., Arbeiterexistenz im 19. Jahrhundert. Lebensstandard und Lebensgestaltung deutscher Arbeiter und Handwerker, Stuttgart 1981; D. Langewiesche u. K. Schönhoven (Hg.), Arbeiter in Deutschland. Studien zur Lebensweise der Arbeiterschaft im Zeitalter der Industrialisierung, Paderborn 1981; G. A. Ritter (Hg.), Arbeiterkultur, Königstein/Ts. 1979; J. Kocka (Hg.), Arbeiterkultur im 19. Jahrhundert (= GG 5, 1979, H. 1); D. Langewiesche, „Arbeiterkultur". Kultur der Arbeiterbewegung im Kaiserreich und in der Weimarer Republik. Bemerkungen zum Forschungsstand, in: Ergebnisse. Zeitschrift für demokratische Geschichtswissenschaft 26 (1984), S. 9–23. Vgl. die sich erweiternde Bandbreite des ursprünglich sehr auf Arbeiterbewegungsgeschichte beschränkten Jahrbuchs AfS, vor allem seit 1972 (mit vorzüglichem Besprechungsteil, auch zur allgemeinen Sozialgeschichte); ähnlich IWK. – Ähnliche Tendenzen in der Arbeitergeschichte der DDR. Vgl. Autorenkollektiv unter der Leitung von D. Mühlberg, Arbeiterleben um 1900, Berlin 1983 (mit Überschriften wie „Proletarische Lebensweise als kulturelle Tradition des Sozialismus", „Arbeiterfreizeit" etc.); dies., Literatur und proletarische Kultur. Beiträge zur Kulturgeschichte der deutschen Arbeiterklasse im 19. Jahrhundert, Berlin 1983; sowie die „Mitteilungen aus der kulturwissenschaftlichen Forschung" des Lehrstuhls Kulturtheorie der Sektion Ästhetik und Kunstwissenschaften der Humboldt-Universität zu Berlin.

[11] Vgl. V. Hunecke, Überlegungen zur Geschichte der Armut im vorindustriellen Europa, in: GG 9 (1983), S. 480–512; Th. Fischer, Städtische Armut und Armenfürsorge im 15. und 16. Jahrhundert. Sozialgeschichtliche Untersuchungen am Beispiel der Städte Basel, Freiburg i. Br. und Straßburg, Göttingen 1979; Ch. Sachße u. F. Tennstedt, Geschichte der Armenfürsorge in Deutschland. Vom Spätmittelalter bis zum 1. Weltkrieg, Berlin 1980; dies. (Hg.), Bettler, Gauner und Proleten. Armut und Armenfürsorge in der deutschen Geschichte, Reinbek bei Hamburg 1983; W. Fischer, Armut in der Geschichte. Erscheinungsformen und Lösungsversuche der „Sozialen Frage" in Europa seit dem Mittelalter, Göttingen 1982.

¹² Zum Gesinde etwa: R. Engelsing, Zur Sozialgeschichte deutscher Mittel- und Unterschichten, Göttingen 1978², S. 180–283; M. Mitterauer, Gesinde- dienst und Jugendphase im europäischen Vergleich, in: GG 11 (1985), S. 177–204. – Zur Landarbeitergeschichte vgl. unten Anm. 15 (dort die letzten Titel); zu den Heimarbeitern unten Anm. 37.

¹³ Vgl. die bereits oben (S. 158, Anm. 104 u. S. 162, Anm. 128) zit. Werke von K. Tenfelde u. H. Schomerus; weitere Beispiele K. Ditt, Industrialisierung, Ar- beiterschaft und Arbeiterbewegung in Bielefeld 1850–1914, Dortmund 1982; Schüren (Anm. 15); A. Herzig u. a. (Hg.), Arbeiter in Hamburg, Hamburg 1983; W. Renzsch, Handwerker und Lohnarbeiter in der frühen Arbeiterbe- wegung. Zur sozialen Basis von Gewerkschaften und Sozialdemokratie im Reichsgründungsjahrzehnt, Göttingen 1980; R. Vetterli, Industriearbeit, Ar- beiterbewußtsein und gewerkschaftliche Organisation. Dargestellt am Beispiel der Georg Fischer AG (1890–1930), Göttingen 1978; G. Schulz, Die Arbeiter und Angestellten bei Felten & Guillaume. Sozialgeschichtliche Untersuchung eines Kölner Industrieunternehmens im 19. und beginnenden 20. Jahrhundert, Wiesbaden 1979; H.-J. Rupieper, Arbeiter und Angestellte im Zeitalter der Industrialisierung. Eine sozialgeschichtliche Studie am Beispiel der Maschi- nenfabriken Augsburg und Nürnberg (MAN) 1837–1914, Frankfurt 1982.

¹⁴ Vgl. H. Zwahr, Zur Konstituierung des Proletariats als Klasse. Strukturun- tersuchung über das Leipziger Proletariat während der industriellen Revolu- tion, Berlin 1978; J. Mooser, Arbeiterleben in Deutschland 1900–1970, Frankfurt 1984. Vgl. auch J. Kocka, Lohnarbeit und Klassenbildung, Berlin 1983, und bereits ders., Klassengesellschaft im Krieg. Deutsche Sozialge- schichte 1914–1918, Göttingen [1973] 1978², S. 3–5. – Neue Zusammenfas- sungen: F. Tennstedt, Vom Proleten zum Industriearbeiter. Arbeiterbewegung und Sozialpolitik in Deutschland 1800–1914, Köln 1983; D. Lehnert, Sozial- demokratie zwischen Protest- und Regierungspartei 1848–1983, Frankfurt 1983; H. Grebing, Arbeiterbewegung. Sozialer Protest und kollektive Interes- senvertretung bis 1914, München 1985.

¹⁵ Vgl. C. Huerkamp, Der Aufstieg der Ärzte im 19. Jahrhundert. Vom ge- lehrten Stand zum professionellen Experten: Das Beispiel Preußens, Göttin- gen 1985; W. Conze u. J. Kocka (Hg.), Bildungsbürgertum im 19. Jahrhundert. Teil I: Bildungssystem und Professionalisierung in internationalen Verglei- chen, Stuttgart 1985. – U. Engelhardt (Hg.), Handwerker in der Industrialisie- rung. Lage, Kultur und Politik vom späten 18. bis ins frühe 20. Jahrhundert, Stuttgart 1984 (mit einer Einführung in Stand und Entwicklung der hand- werksgeschichtlichen Forschung von K. H. Kaufhold); A. Grießinger, Das symbolische Kapital der Ehre. Streikbewegungen und kollektives Bewußtsein deutscher Handwerksgesellen im 18. Jahrhundert, Frankfurt 1981; F. Lenger, Zwischen Kleinbürgertum und Proletariat. Studien zur Sozialgeschichte der Düsseldorfer Handwerker 1816–1878, Phil. Diss. Düsseldorf 1985. – J. Kok- ka, Die Angestellten in der deutschen Geschichte 1850–1980. Vom Privatbe- amten zum angestellten Arbeitnehmer, Göttingen 1981; die in Anm. 13 zit. Arbeiten von Schulz u. Rupieper; M. Prinz, Vom neuen Mittelstand zum Volksgenossen. Die Entwicklung des sozialen Status der Angestellten von der

Weimarer Republik bis zum Ende der NS-Zeit, München vorauss. 1986. Vgl.
auch M. König, H. Siegrist u. R. Vetterli, Warten und Aufrücken. Die Angestellten in der Schweiz 1870–1950, Zürich 1985. – H. Reif, Westfälischer Adel
1770–1860. Vom Herrschaftsstand zur regionalen Elite, Göttingen 1979. – H.
Henning, Die deutsche Beamtenschaft im 19. Jahrhundert. Zwischen Stand
und Beruf, Stuttgart 1984. – J. Kocka, Le Buergertum dans l'histoire alle-
mande moderne: recherches et débats récents, in: Mouvement social 1986 (im
Erscheinen). Ab Januar 1986 wird ein DFG-Sonderforschungsbereich
„Sozialgeschichte des neuzeitlichen Bürgertums. Deutschland im internationalen Vergleich" an der Universität Bielefeld bestehen. 1986/87 wird am
Zentrum für interdisziplinäre Forschung, Bielefeld, eine Forschungsgruppe
über das Thema „Bürger, Bürgerlichkeit und bürgerliche Gesellschaft. Das 19.
Jahrhundert im europäischen Vergleich" arbeiten. – J. Mooser, Ländliche
Klassengesellschaft 1770–1848. Bauern und Unterschichten, Landwirtschaft
und Gewerbe im östlichen Westfalen, Göttingen 1984; R. Schüren, Staat und
ländliche Industrialisierung. Sozialer Wandel in zwei Dörfern einer deutsch-
niederländischen Textilgewerberegion 1830–1914, Dortmund 1985; W. Kaschuba u. C. Lipp, Dörfliches Überleben. Zur Geschichte materieller und sozialer Reproduktion ländlicher Gesellschaft im 19. und frühen 20. Jahrhundert, Tübingen 1982; D. Sabean, Power in the blood. Popular culture and vil-
lage discourse in early modern Germany, Cambridge 1984; weiterhin wichtig
der Zugang über die Agrarreformen, z. B. bei W. v. Hippel, Die Bauernbefrei-
ung im Kgr. Württemberg, 2 Bde., Boppard 1977. Zur Wirtschafts- und Sozialgeschichte des Landes stammen wichtige neuere Beiträge aus der DDR, z. B.:
H. Harnisch, Kapitalistische Agrarreform und industrielle Revolution. Agrar-
historische Untersuchungen über das ostelbische Preußen zwischen Spätfeudalismus und bürgerlich-demokratischer Revolution von 1848/49 unter besonderer Berücksichtigung der Provinz Brandburg, Weimar 1984; aus einem von W.
Jacobeit u. a. geleiteten volkskundlich-sozialhistorischen Forschungsprojekt:
H.-J. Rach u. B. Weissel (Hg.), Bauer und Landarbeiter im Kapitalismus in der
Magdeburger Börde. Zur Geschichte des dörflichen Alltags vom Ausgang des
18. Jahrhunderts bis zum Beginn des 20. Jahrhunderts, Berlin 1982; H. Plaul,
Landarbeiterleben im 19. Jahrhundert, Berlin 1979.

[16] Vgl. oben Anm. 13. – K. Tenfelde u. H. Volkmann (Hg.), Streik. Zur Geschichte des Arbeitskampfes in Deutschland während der Industrialisierung,
München 1981; L. Machtan, Streiks und Aussperrungen im Deutschen Kaiserreich. Eine sozialgeschichtliche Dokumentation für die Jahre 1871 bis 1875,
Berlin 1984; F. Boll, Streikwellen im europäischen Vergleich, in: W. J. Mommsen u. H.-G. Husung (Hg.), Auf dem Wege zur Massengewerkschaft. Die Entwicklung der Gewerkschaften in Deutschland und Großbritannien 1880–1914,
Stuttgart 1984, S. 109–134.

[17] Dazu die Diskussionsbeiträge von H.-G. Haupt u. K. Hausen, in: GG 3
(1977), S. 236–263; dort auch die Beiträge von Ch. Tilly u. H. Volkmann; ders.
u. J. Bergmann (Hg.), Sozialer Protest. Studien zu traditioneller Resistenz und
kollektiver Gewalt in Deutschland vom Vormärz bis zur Reichsgründung,
Opladen 1984 (ertragreicher, repräsentativer Überblick über den Stand der hi-

storischen Protestforschung in der Bundesrepublik); sehr heterogen und mit hochstapelndem Untertitel: M. Gailus u. a., Pöbelexzesse und Volkstumulte in Berlin. Zur Sozialgeschichte der Straße (1830–1980), Berlin 1984; sehr ertragreich: H.-G. Husung, Protest und Repression im Vormärz. Norddeutschland zwischen Restauration und Revolution, Göttingen 1983; vgl. auch R. Wirtz, „Widersetzlichkeiten, Exzesse, Crawalle, Tumulte und Skandale". Soziale Bewegung und gewalthafter sozialer Protest in Baden 1815–1848, Frankfurt 1981.

[18] Als thesenhafte Zusammenfassung: P. Blickle, Deutsche Untertanen: ein Widerspruch, München 1981. Als repräsentativen Überblick über die Forschung mit eindringlicher Einführung und Literaturangaben: W. Schulze (Hg.), Europäische Bauernrevolte der frühen Neuzeit, Frankfurt 1982. Ertragreiche Sammelbände: P. Blickle (Hg.), Aufruhr und Empörung? Studien zum bäuerlichen Widerstand im Alten Reich, München 1981, bes. der Forschungsbericht von P. Bierbrauer, S. 1–68; W. Schulze (Hg.), Aufstände, Revolten, Prozesse. Beiträge zu bäuerlichen Widerstandsbewegungen im frühneuzeitlichen Europa, Stuttgart 1982. – K. Gerteis, Frühneuzeitliche Stadtrevolten im sozialen und institutionellen Bedingungsrahmen, in: W. Rausch (Hg.), Die Städte Mitteleuropas im 17. und 18. Jahrhundert, Linz 1981, S. 43–58. Interessante Fallstudie: M. Meyn, Die Reichsstadt Frankfurt vor dem Bürgeraufstand von 1612–1614. Struktur und Krise, Frankfurt 1980. – Besondere Aufmerksamkeit wurde unter diesen Gesichtspunkten der Reformation und dem Bauernkrieg gewidmet, wobei allerdings die Eigenständigkeit religiöser und politischer Faktoren im Ergebnis stark hervortrat und die Aussagekraft sozialökonomischer Differenzierungen und Spannungen relativierte (wenn auch nicht aufhob). Vgl. E. Weis, Zur Problematik des deutschen Bauernkrieges, in: AfS 19 (1979), S. 590–596; H. Buszello u. a. (Hg.), Der deutsche Bauernkrieg, Paderborn 1984.

[19] Zuletzt zur Stadtgeschichte als Überblick mit Literaturangaben: R. Reulekke, Geschichte der Urbanisierung in Deutschland, Frankfurt 1985 (zum 19. und 20. Jahrhundert); ein gelungenes Beispiel: I. Fischer, Industrialisierung, sozialer Konflikt und politische Willensbildung in der Stadtgemeinde. Ein Beitrag zur Sozialgeschichte Augsburgs 1840–1914, Augsburg 1977. – Für die frühere Zeit sei verwiesen auf J. Ellermeyer, „Schichtung" und „Sozialstruktur" in spätmittelalterlichen Städten, in: GG 6 (1980), S. 125–149; sowie als Beispiele auch: U. Dirlmeier, Untersuchungen zu Einkommensverhältnissen und Lebenshaltungskosten in oberdeutschen Städten des Spätmittelalters (Mitte 14. bis Anfang 16. Jahrhundert), Heidelberg 1978; F. Irsigler, Die wirtschaftliche Stellung der Stadt Köln im 14. und 15. Jahrhundert. Strukturanalyse einer spätmittelalterlichen Exportgewerbe- und Fernhandelsstadt, Wiesbaden 1979. – Zur Bildungsgeschichte u. a. unter der Fragestellung des Zugangs oder Ausschlusses verschiedener sozialer Schichten vgl. z. B. P. Lundgreen, Sozialgeschichte der deutschen Schule im Überblick. Teil I u. II, Göttingen 1980/81; K. H. Jarausch (Hg.), The Transformation of Higher Learning 1860–1930, Stuttgart 1983, bes. S. 207–292; F. K. Ringer, Bildung, Wirtschaft und Gesellschaft in Deutschland 1800–1960, in: GG 6 (1980), S. 5–35; ders.,

Education and Society in Modern Europe, Bloomington 1979; kritisch dazu P. Lundgreen, in: GG 7 (1981), S. 262–275. – H. Kaelble, Historische Mobilitätsforschung. Westeuropa und die USA im 19. und 20. Jahrhundert, Darmstadt 1978; ders., Soziale Mobilität und Chancengleichheit im 19. und 20. Jahrhundert. Deutschland im internationalen Vergleich, Göttingen 1983; J. Kocka u. a., Familie und soziale Plazierung. Studien zum Verhältnis von Familie, sozialer Mobilität und Heiratsverhalten an westfälischen Beispielen im späten 18. und 19. Jahrhundert, Opladen 1980; zusammenfassend: J. Kocka, Family and class formation: intergenerational mobility and marriage patterns in nineteenth-century Westphalian Towns, in: JSH 17 (1983/84), S. 411–433. – St. Hochstadt, Migration and Industrialization in Germany, 1815–1977, in: Social Science History 5 (1981), S. 445–468; K. J. Bade, Auswanderer – Wanderarbeiter – Gastarbeiter. Bevölkerung, Arbeitsmarkt und Wanderung in Deutschland seit der Mitte des 19. Jahrhunderts, Ostfildern 1984. – H. Kaelble, Industrialisierung und soziale Ungleichheit. Europa im 19. Jahrhundert. Eine Bilanz, Göttingen 1983; die Beiträge zur Einkommensungleichheit von R. H. Dumke, C. L. Holtfrerich/W. Forstmann, P. B. Huber u. T. Pierenkämper, in: HSR/HSF 27, Juli 1983. – H.-U. Wehler (Hg.), Klassen in der europäischen Sozialgeschichte, Göttingen 1979.

[20] Dies zeigen die Arbeiten M. Mitterauers und seiner Gruppe in Wien, die im deutschsprachigen Raum wohl den stärksten Einfluß im Bereich der Familiengeschichte ausgeübt haben. Vgl. z. B.: M. Mitterauer, Auswirkungen von Urbanisierung und Frühindustrialisierung auf die Familienverfassung an Beispielen des österreichen Raums, in: W. Conze (Hg.), Sozialgeschichte der Familie in der Neuzeit Europas. Neue Forschungen, Stuttgart 1976, S. 53–146; zusammenfassend ders. u. R. Sieder, Vom Patriarchat zur Partnerschaft. Zum Strukturwandel der Familie, München 1977; dies. (Hg.), Historische Familienforschung, Frankfurt 1982; H. Rosenbaum, Formen der Familie. Untersuchungen zum Zusammenhang von Familienverhältnissen, Sozialstruktur und sozialem Wandel in der deutschen Gesellschaft des 19. Jahrhunderts, Frankfurt 1982; N. Bulst u. a. (Hg.), Familie zwischen Tradition und Moderne. Studien zur Geschichte der Familie in Deutschland und Frankreich vom 16. bis zum 20. Jahrhundert, Göttingen 1981; H. Reif (Hg.), Die Familie in der Geschichte, Göttingen 1982; W. H. Hubbard, Familiengeschichte. Materialien zur deutschen Familie seit dem Ende des 18. Jahrhunderts, München 1983, bes. Kap. 4. – J. Schlumbohm (Hg.), Kinderstuben. Wie Kinder zu Bauern, Bürgern, Aristokraten wurden 1700–1850, München 1983. – M. Anderson, Approaches to the History of Western Family, 1500–1914, London 1980 (Überblick über verschiedene Forschungsrichtungen).

[21] Vgl. R. Spree, Soziale Ungleichheit vor Krankheit und Tod. Zur Sozialgeschichte des Gesundheitsbereichs im Deutschen Kaiserreich, Göttingen 1981; D. Blasius, Kriminalität und Alltag. Zur Konfliktgeschichte des Alltagslebens im 19. Jahrhundert, Göttingen 1978; H. Reif (Hg.), Räuber, Volk und Obrigkeit. Studien zur Geschichte der Kriminalität in Deutschland seit dem 18. Jahrhundert, Frankfurt 1984; U. Frevert, Krankheit als politisches Problem 1770–1880. Soziale Unterschichten in Preußen zwischen medizinischer Polizei

und staatlicher Sozialversicherung, Göttingen 1984. – E. Hinrichs, Zum Alphabetisierungsstand in Norddeutschland um 1800. Erhebungen zur Signierfähigkeit in zwölf oldenburgischen ländlichen Gemeinden, in: ders. u. G. Wiegelmann (Hg.), Sozialer und kultureller Wandel in der ländlichen Welt des 18. Jahrhunderts, Wolfenbüttel 1982, S. 21–42.

[22] Vgl. etwa Th. Kohl, Familie und soziale Schichtung. Zur historischen Demographie Triers 1730–1860, Stuttgart 1985. – Andere Fragestellungen überwiegen bei T. Marschalck, Bevölkerungsgeschichte Deutschlands im 19. und 20. Jahrhundert, Frankfurt 1984; oder auch bei A. E. Imhof, Die gewonnenen Jahre. Von der Zunahme unserer Lebensspanne seit dreihundert Jahren…, München 1981.

[23] Vgl. K.-W. Grümer, Soziale Ungleichheit und Beruf. Zur Problematik der Erfassung des Merkmals „Beruf" bei der Sozialstrukturanalyse gegenwärtiger und historischer Gesellschaften, in: HSR/HSF 32, Okt. 1984, S. 4–36. – Die oben (S. 134 f.) genannten Veränderungen in der Arbeitergeschichtsschreibung weisen in die gleiche Richtung.

[24] Vgl. M. Richarz (Hg.), Jüdisches Leben in Deutschland. Selbstzeugnisse zur Sozialgeschichte, Bd. 1: 1780–1871; Bd. 2: im Kaiserreich; Bd. 3: 1918–1945, Stuttgart 1976–1982 (mit ausführlichen Einleitungen der Hg.); W. E. Mosse u. a. (Hg.), Revolution and Evolution 1848 in German-Jewish History, Tübingen 1981; R. Rürup (Hg.), Juden in Deutschland zwischen Assimilation und Verfolgung (= GG 9 (1983), Heft 3); E. G. Franz (Hg.), Juden als Darmstädter Bürger, Darmstadt 1984. – Demnächst erscheint eine umfangreiche Geschichte der deutsch-jüdischen Bourgeoisie im 19. und 20. Jahrhundert von W. E. Mosse. – Ch. Kleßmann, Polnische Berarbeiter im Ruhrgebiet 1870–1945. Soziale Integration und nationale Subkultur einer Minderheit in der deutschen Industriegesellschaft, Göttingen 1978. – Vgl. auch J. S. Hohmann, Geschichte der Zigeunerverfolgung in Deutschland, Frankfurt 1981.

[24a] Zusammenfassend und programmatisch: R. van Dülmen, Religionsgeschichte in der Historischen Sozialforschung, in: GG 6 (1980), S. 36–59. Vgl. auch H. Hörger, Dorfreligion und bäuerliche Gesellschaft. Strukturanalysen zur gesellschaftsgebundenen Religiosität ländlicher Unterschichten des 17. bis 19. Jahrhunderts, aufgezeigt an bayerischen Beispielen, Teil 1, München 1978; vorzüglich: W. K. Blessing, Staat und Kirche in der Gesellschaft. Institutionelle Autorität und mentaler Wandel in Bayern während des 19. Jahrhunderts, Göttingen 1982. Vgl. auch D. Blackbourn, Class, Religion and Local Politics in Wilhelmine Germany. The Centre Party in Württemberg before 1914, Wiesbaden 1980. Stärker als früher betont die Forschung über die soziale Basis des aufsteigenden Nationalsozialismus heute konfessionelle Faktoren. Vgl. z. B. Th. Childers, The Nazi-Voter. The Social Foundations of Fascism in Germany, 1919–1933, Chapel Hill 1983; R. F. Hamilton, Who voted for Hitler? Princeton 1982.

[25] Vgl. z. B. H. Schäfer, Die Industriearbeiter. Lage und Lebenslauf im Bezugsfeld von Beruf und Betrieb, in: H. Pohl (Hg.), Sozialgeschichtliche Probleme in der Zeit der Hochindustrialisierung (1870–1914), Paderborn 1979, S. 143–216; H. Reif, Soziale Lage und Erfahrungen des alternden Fabrikarbei-

ters in der Schwerindustrie des westlichen Ruhrgebiets während der Hochindu-
strielisierung, in: AfS 22 (1982), S. 1–94; K. Tenfelde, Jugend und Gewerkschaften in historischer Perspektive, in: Gewerkschaftliche Monatshefte 32
(1981), S. 129–143; W. H. Schröder, Lebenslaufforschung zwischen biogra-
phischer Lexikographik und kollektiver Biographik: Überlegungen zu einem
„Biographischen Handbuch der Parlamentarier in den deutschen Reichs- und
Landtagen bis 1933" (BIOPARL), in: HSR/HSF 31, Juli 1984, S. 38–62. –
Ganz individualisierend: W. Ruppert (Hg.), Lebensgeschichten. Zur deut-
schen Sozialgeschichte 1850–1950, Opladen 1980. – Mit weiterer Literatur: H.
Jäger, Generationen in der Geschichte. Überlegungen zu einer umstrittenen
Konzeption, in: GG 3 (1977), S. 429–452. Umfassend und gut zugänglich: U.
Herrmann u. a., Bibliographie zur Geschichte der Kindheit, Jugend und Fami-
lie, München 1980. – H. Konrad (Hg.), Der alte Mensch in der Geschichte,
Wien 1982; Ch. Conrad u. H. J. von Kondratowitz (Hg.), Gerontologie und Sozialgeschichte. Wege zu einer historischen Betrachtung des Alters, Berlin
1983. – Vgl. auch laufend das Jahrbuch des Archivs der deutschen Jugendbewegung, jetzt hg. v. J. Reulecke: Bd. 17 (1985/86).

[26] Vgl. dazu die Auseinandersetzung zwischen Annette Kuhn und mir in: Geschichtsdidaktik 6 (1981), S. 312–314; 7 (1982), S. 99–105, 325–330. Zu
Grundprinzipien wissenschaftlicher Rationalität, die es einzufordern und voll
zu verwirklichen, aber nicht zu verletzen gilt, und die andererseits offen genug
sind, um neuen Ansätzen eine Argumentations- und Durchsetzungschance zu
gewährleisten, s. oben S. 40–47. Dagegen: Auch beim „6. Internationalen Historikerinnentreffen" 1985 in Bonn wurden Männer durch Mehrheitsentschei-
dung ausgeschlossen. Vgl. Deutsches Allgemeines Sonntagsblatt Nr. 23, 9. 6.
1985, S. 5. – H.-J. Puhle, Warum gibt es so wenige Historikerinnen?, in: GG 7
(1981), S. 364–393.

[27] Dazu K. Hausen, Einleitung, in: dies. (Hg.), Frauen suchen ihre Geschichte.
Historische Studien zum 19. und 20. Jahrhundert, München 1983, S. 7–21, hier
S. 8; im selben Band vor allem G. Bock, Historische Frauenforschung: Frage-
stellungen und Perspektiven (S. 22–61).

[28] Vgl. J. C. Fout, Current Research on German Women's History in the Nineteenth Century, in: ders. (Hg.), German Women in Nineteenth Century. A Social History, New York 1984, S. 3–54; Frauen in der Geschichte, Bd. 1–6,
Düsseldorf 1979–1985; K. Hausen u. a., Frauenräume, in: Journal für Ge-
schichte, Ht. 2, 1985, S. 12–49; R. Bridenthal u. a. (Hg.), When Biology be-
came Destiny. Women in Weimar and Nazi-Germany, New York 1984; H. U.
Bussemer, Frauenemanzipation und Bildungsbürgertum. Sozialgeschichte der
Frauenbewegung in der Reichsgründerzeit, Weinheim 1985; H.-U. Wehler
(Hg.), Frauen in der Geschichte des 19. und 20. Jahrhunderts (= GG 7 (1981),
Ht. 3/4); darin u. a. K. Hausen, Women's History in den Vereinigten Staaten
(S. 347–363). S. auch die in Anm. 27 genannte Schrift.

[29] So auch U. Frevert, Zum fünften Mal – Historikerinnentreffen (Wien
1984), in: Gesichtsdidaktik 9 (1984), S. 301–303; G. Bock, Der Platz der
Frauen in der Geschichte, in: H. Nagl-Dodekal u. F. Wimmer (Hg.), Neue Ansätze in der Geschichtswissenschaft, Wien 1984, S. 108–127, bes. 119 ff.; sowie

die Kommentare von H. Nagl-Dodekal u. H.-J. Puhle, ebd., S. 128–132 (insgesamt mit wichtigen Perspektiven und Bocks Beitrag auch als Literaturbericht nützbar).

³⁰ Parallele Entwicklungen beobachtet man in der Soziologie. Vgl. R. Kreckel (Hg.), Soziale Ungleichheiten, Göttingen 1983, insbes. die Beiträge von Kreckel („Theorie sozialer Ungleichheiten im Übergang") u. Beck („Jenseits von Klasse und Stamd?").

³¹ Neben spezialisierten Zeitschriften (zur Arbeitergeschichte, zur Geschichte der Unternehmer und Unternehmungen, zur Stadtgeschichte – all das hat deutsche Parallelen) und einer sozialgeschichtlich geprägten, aber auf allgemeine Geschichte zielenden Zeitschrift wie „Past and Present" (vielleicht vergleichbar mit GG) gibt es in England nicht nur das primär wirtschaftsgeschichtliche Economic History Review, sondern eben auch seit 1976 mindestens eine sozialgeschichtliche Zeitschrift (Social History), die zwar in den USA (Journal of Social History seit 1967), aber nicht in Deutschland ihre Parallele hat. Die VSWG verbindet Sozial- und Wirtschaftsgeschichte, das AfS behandelt allgemeine Sozialgeschichte mit bes. Ber. der Arbeiter- und Arbeiterbewegungsgeschichte. Ohne wirkliche deutsche Parallele ist auch die sozialgeschichtliche Zeitschrift „History Workshop" (ebenfalls seit 1976). Die neue jetzt als No. 6 erscheinende Zeitschrift „Geschichtswerkstatt" folgt zwar den alltagsgeschichtlichen Tendenzen des „History Workshop", sie teilt aber nicht dessen sozialistische Orientierung und auch nicht dessen Neigung zu – bisweilen – hochtheoretischen Artikeln. – In England gibt es zahlreiche Lehrstühle und Studiengänge für „Sozialgeschichte". Vgl. dazu M. Rose, Good Times or Bad Times? The State of Social History in Britain, in: J. Kocka (Hg.), Sozialgeschichte, Darmstadt vorauss. 1986. In der Bundesrepublik sind zwei in der Mitte der 70er Jahre bestehende Professuren für Sozialgeschichte nach dem Tod der Inhaber nicht neu besetzt worden. – In England gibt es neben zahlreichen Spezialgesellschaften (z. B. für Arbeitergeschichte, für „Business History", für Stadtgeschichte etc.) und der Economic History Association auch eine Social History Society (seit 1976). Bei uns gibt es – trotz des kleinen und interessanten, von W. Conze gegründeten Arbeitskreises für Moderne Sozialgeschichte – nichts Vergleichbares. Die Gesellschaft für Sozial- und Wirtschaftsgeschichte jedenfalls ist viel weniger sozialgeschichtlich orientiert als die Social History Society. Man vergleiche einmal die Themen der Jahrestagungen bzw. Zweijahrestagungen der beiden Gesellschaften. In England: Elites (1976); Crime, Violence and Social Protest (1977); Professions and Professionalization (1978); Peasants and Proletarians (1979); The Family (1980); Work (1981); Popular Culture (1982); Total Institutions (1983); War and Society (1984); Sex and Gender (1985). – In der Bundesrepublik: Wirtschaftliches Wachstum, Energie und Verkehr (1975); Weltwirtschaftliche und währungspolitische Probleme seit dem Ausgang des Mittelalters (1977); Soziale und wirtschaftliche Auswirkungen von zyklischen Bewegungen der Wirtschaft (vom Spätmittelalter bis ins 20. Jahrhundert) (1979); Wirtschaftsentwicklung und Umweltbeeinflussung vom Mittelalter bis ins 20. Jahrhundert (1981); Gewerbe- und Industrielandschaften vom Spätmittelalter bis zum 20. Jahrhundert (1983); die

Auswirkungen von Zöllen und anderen Handelshemmnissen auf Wirtschaft und Gesellschaft vom Mittelalter bis zur Gegenwart (1985).

[32] H. Kellenbenz, Deutsche Wirtschaftsgeschichte, Bd. 1, München 1977, S. 6. Nach der Lektüre mag mancher Sozialhistoriker über diese Titelentscheidung erleichtert gewesen sein.

[33] Vgl. auch Zorn, Einführung in die Wirtschafts- und Sozialgeschichte, S. 9. – Handbuch Wirtschaftsgeschichte, hg. v. Institut für Wirtschaftsgeschichte der Akademie der Wissenschaften der DDR, Berlin 1981, Bd. 1, S. 11, 54: Konstatiert und gewünscht wird eine enge Verknüpfung zwischen Wirtschaftsgeschichte und Wirtschaftswissenschaft sowie entsprechend eine deutliche Abgrenzung zur Sozialgeschichte hin; hierüber scheint aber in der DDR keine volle Einigkeit zu bestehen. Für die Sozialgeschichte als Teildisziplin plädiert jetzt entschieden H. Handke, Sozialgeschichte. Stand und Entwicklung in der DDR, in: Kocka (Hg.), Sozialgeschichte, vorauss. 1986.

[34] Vgl. vor allem die knappe Einführung in die Forschungsentwicklung bei W. Dahlheim, Geschichte der Römischen Kaiserzeit, München 1984, S. 160–167; sowie W. Schuller, Griechische Geschichte, München 1982[2], S. 85–90; J. Bleicken, Geschichte der Römischen Republik, München 1982, S. 126f. (durchweg mit Literaturhinweisen). Vgl. auch H. Schneider (Hg.), Sozial- und Wirtschaftsgeschichte der Römischen Kaiserzeit, Darmstadt 1981.

[35] Vgl. statt Einzelstudien zwei Überblicksdarstellungen: E. Pitz, Wirtschafts- und Sozialgeschichte im Mittelalter, Wiesbaden 1979; K. Bosl u. E. Weis, Die Gesellschaft in Deutschland I: von der fränkischen Zeit bis 1848, München 1976. – K. Schreiner, Die mittelalterliche Stadt in Webers Analyse und Deutung des okzidentalen Rationalismus, in: J. Kocka (Hg.), Max Weber und die Geschichtswissenschaft, Göttingen vorauss. 1986.

[36] Vgl. K. Schmid u. a. (Hg.), Die Klostergemeinschaft von Fulda im frühen Mittelalter, 3 Bde., München 1978; Prosopographie als Sozialgeschichte? Methoden personengeschichtlicher Erforschung des Mittelalters. Sektionsbeiträge zum 32. Deutschen Historikertag Hamburg 1978, München 1978.

[37] Vgl. die Übersicht bei Kaufhold, Wirtschafts- und Sozialgeschichte 1978–1982 (wie oben Anm. 9), S. 471–79; etwa auch H. Matis (Hg.), Von der Glückseligkeit des Staates. Staat, Wirtschaft und Gesellschaft in Österreich im Zeitalter des aufgeklärten Absolutismus, Berlin 1981; oder P. Blickle (Hg.), Die Revolution von 1525, München 1977. Sehr brauchbar (und schon unter Aufnahme des Protoindustrialisierungs-Ansatzes): P. Kriedte, Spätfeudalismus und Handelskapital. Grundlinien der europäischen Wirtschaftsgeschichte vom 16. bis zum Ausgang des 18. Jahrhunderts, Göttingen 1980; W. Abel, Agrarkrisen und Agrarkonjunktur. Eine Geschichte der Land- und Ernährungswirtschaft Mitteleuropas seit dem hohen Mittelalter, Hamburg 1978[2]; St. Jersch-Wenzel, Juden und „Franzosen" in der Wirtschaft des Raumes Berlin/Brandenburg zur Zeit des Merkantilismus, Berlin 1978. – Zum Problem der Protoindustrialisierung oben S. 91 u. 161, Anm. 122; Mooser, Ländliche Klassengesellschaft (oben Anm. 15); W. Mager, Protoindustrialisierung und agrarisch-heimgewerbliche Verflechtung in Ravensberg während der Frühen Neuzeit. Studien zu einer Gesellschaftsformation im Übergang: GG 8

(1982), S. 435–474; zuletzt die Beiträge in: Annales. E.S.C. 39 (1984), S. 867–1008.

[38] Vgl. oben Anm. 10 u. 13.

[39] Vgl. die Zeitschrift für Unternehmensgeschichte, hg. v. H. Pohl u. W. Treue, mitsamt ihren Beiheften, die häufig Resultate der Tagungen der Gesellschaft abdrucken. S. auch N. Horn u. J. Kocka (Hg.), Recht und Entwicklung der Großunternehmen im 19. und frühen 20. Jahrhundert. Wirtschafts-, sozial- und rechtshistorische Untersuchungen zur Industrialisierung in Deutschland, Frankreich, England und den USA, Göttingen 1979; T. Pierenkämper, Die westfälischen Schwerindustriellen 1852–1913, Göttingen 1979 (eine der wenigen kollektiv-biographischen Studien in diesem Bereich, in dem sonst weiterhin sehr detaillierte Einzelstudien vorherrschen).

[40] Vgl. oben S. 90 f. u. stellvertretend: W. Abelshauser u. D. Petzina (Hg.), Deutsche Wirtschaftsgeschichte im Industrialisierungszeitalter. Konjunktur, Krise, Wachstum, Königstein 1981; H. Pohl, Wirtschaft und Gesellschaft 1871–1918, in: K. G. A. Jeserich u. a. (Hg.), Deutsche Verwaltungsgeschichte, Bd. 3, Stuttgart 1985, S. 16–71.

[41] Vgl. M. Mitterauer, Auswirkungen von Urbanisierung und Frühindustrialisierung auf die Familienverfassung an Beispielen des österreichischen Raums, in: W. Conze (Hg.), Sozialgeschichte der Familie in der Neuzeit Europas. Neue Forschungen, Stuttgart 1976, S. 53–146; oder: W. Jost, Gewerbliche Schulen und politische Macht. Zur Entwicklung des gewerblichen Schulwesens in Preußen in der Zeit von 1850 bis 1880, Weinheim 1982 (sowie die Rez. v. K.-E. Jeismann in HZ 240, 1985, S. 196).

[42] Vgl. J. Kocka, Lohnarbeit und Klassenbildung. Arbeiter und Arbeiterbewegung in Deutschland 1800 bis 1875, Berlin 1983; zu den Begriffen „Industrialisierung" und „Kapitalismus" vgl. auch J. Kocka u. B. Mütter, Wirtschaft und Gesellschaft im Zeitalter der Industrialisierung, München (1980), 1984, S. 11–15. – Zum „Property Rights-Ansatz" in der Wirtschaftsgeschichte, der vorübergehend in neoklassischen Begriffen Eigentumsverhältnisse und Verfügungsrechte in den Vordergrund des Interesses der Wirtschaftshistoriker rückte: K. Borchardt, in: J. Kocka (Hg.), Theorien in der Praxis des Historikers. Forschungsbeispiele und ihre Diskussion, Göttingen 1977, S. 140–156. – Grundsätzlich zur Entwicklung von Märkten, Marktklassen und Kapitalismus vor der Industrialisierung: M. Weber, Wirtschaftsgeschichte, München 1923, S. 238 ff.; K. Polanyi, The Great Transformation. The Political and Economic Origins of our Time (1944), Boston 1957; H.-U. Wehler, Vorüberlegungen zur historischen Analyse sozialer Ungleichheit, in: ders. (Hg.), Klassen in der europäischen Sozialgeschichte, Göttingen 1979, S. 9–32.

[43] S. 59 ff.

[44] Ausführlicher zu diesem Argument oben S. 91, 94–96. Zur weiterbestehenden Distanz gegenüber Theorie in der deutschen Wirtschaftsgeschichte (im Vergleich zu den USA, vielleicht auch zu England) Tilly, Soll und Haben II, S. 228–31 (wie oben Anm. 9).

[45] Neuerdings auch die ökologische Dimension. Siehe z. B. H. Kellenbenz (Hg.), Wirtschaftsentwicklung und Umweltbeeinflussung (14. bis 20. Jahrhun-

dert), Wiesbaden 1983. Überhaupt hat ja die Ernüchterung über die Möglichkeiten der hochmathematischen, nationalökonomisierten, szientistisch-hypothetischen Wirtschaftsgeschichte vom Typ der amerikanischen „New Economic History" der 60er Jahre sehr zugenommen. Siehe S. Pollard, The New Economic History Reassesed. Railroads and Slavery, in: Interdisciplinary Science Review 6 (1981), S. 229–238.

[46] Grundlegend: K. Marx u. F. Engels, Die deutsche Ideologie, in: MEW, Bd. 3, Berlin 1973, S. 5–77.

[47] Vgl. oben Anm. 31 die wirtschaftsgeschichtlich eingefärbten Themen der Gesellschaft für Sozial- und Wirtschaftsgeschichte.

[48] Vgl. F. Fischer, Griff nach der Weltmacht. Die Kriegszielpolitik des kaiserlichen Deutschland 1914/18, Düsseldorf 1961; E. Kehr, Der Primat der Innenpolitik. Gesammelte Aufsätze zur preußisch-deutschen Sozialgeschichte im 19. und 20. Jahrhundert, hg. v. H.-U. Wehler, Berlin 1965 (1976³). H.-J. Puhle, Agrarische Interessenpolitik und preußischer Konservatismus im Wilhelminischen Reich (1893–1914), Hannover 1966 (Bonn 1975²); H. Böhme, Deutschlands Weg zur Großmacht. Studien zum Verhältnis von Wirtschaft und Staat während der Reichsgründungszeit 1848–1881, Köln 1966 (1972²); H. Rosenberg, Große Depression und Bismarck-Zeit. Wirtschaftsablauf, Gesellschaft und Politik in Mitteleuropa, Berlin 1967 u. ö.; H.-U. Wehler, Bismarck und der Imperialismus, Köln 1969 (Frankfurt 1984⁵); ders., Krisenherde des Kaiserreichs 1871–1918. Studien zur deutschen Sozial- und Verfassungsgeschichte, Göttingen 1970 (1979²); ders., Das Deutsche Kaiserreich 1871–1918, Göttingen 1973 (1983⁵); D. Stegmann, Die Erben Bismarcks. Parteien und Verbände in der Spätphase des Wilhelminischen Deutschlands. Sammlungspolitik 1897–1918, Köln 1970; H.-P. Ullmann, Der Bund der Industriellen. Organisation, Einfluß und Politik klein- und mittelbetrieblicher Industrieller im Deutschen Kaiserreich 1895–1914, Göttingen 1976; H. A. Winkler, Mittelstand, Demokratie und Nationalsozialismus. Die politische Entwicklung von Handwerk und Kleinhandel in der Weimarer Republik, Köln 1972; H. Mommsen u. a. (Hg.), Industrielles System und politische Entwicklung in der Weimarer Republik, Düsseldorf 1974; H. Mommsen, Arbeiterbewegung und Nationale Frage. Ausgewählte Aufsätze, Göttingen 1979; J. Kokka, Ursachen des Nationalsozialismus, in: Aus Politik und Zeitgeschichte. Beilage zur Wochenzeitung „Das Parlament" B 25/80, 21. 6. 1980, S. 3–15.

[49] Cf. G. G. Iggers, New Directions in European Historiography, Middletown, Conn. 1975 (1984²), Kap. III; G. Eley, Die „Kehrites" und das Kaiserreich: Bemerkungen zu einer aktuellen Kontroverse, in: GG 4 (1978), S. 91–107; H.-J. Puhle, Zur Legende von der „Kehrschen Schule", in: ebd., S. 108–119; G. Roche, Un mouvement des nouvelles Annales en RFA?, in: Revue d'Allemagne 11 (1979), S. 405–420. Siehe auch „Federal Republic of Germany", in: International Handbook of Historical Studies. Contemporary Research and Theory, in: G. G. Iggers u. H. T. Parker (Hg.), Westport, Conn. S. 217–32.

[50] Vgl. F. Vittinghoff, Soziale Struktur und politisches System der hohen römischen Kaiserzeit, in: HZ 230 (1980), S. 31–55; W. Dahlheim, Geschichte der Römischen Kaiserzeit, München 1984, S. 167–180; P. Moraw, Reichsstadt,

Reich und Königtum im späten Mittelalter, in: ZHF 6 (1979), S. 385–424; P. Blickle (Hg.), Aufruhr und Empörung? Studien zum bäuerlichen Widerstand im Alten Reich, München 1981; E. Hinrichs, Einführung in die Geschichte der Frühen Neuzeit, München 1980, S. 183 ff.; zur Kritik an P. Andersons „Die Entstehung des absolutistischen Staats" vgl. W. Magers Rez. in GG 10 (1984), S. 155–161; E. Weis, Der Durchbruch des Bürgertums 1776–1847, Berlin [1978], S. 22–42; V. Press, Von den Bauernrevolten des 16. zur konstitutionellen Verfassung des 19. Jahrhunderts. Die Untertanen-Konflikte in Hohenzollern-Hechingen und ihre Lösungen, in: H. Weber (Hg.), Politische Ordnungen und soziale Kräfte im Alten Reich, Wiesbaden 1980, S. 85–112; Michael Müller, Säkularisation und Grundbesitz. Zur Sozialgeschichte des Saar-Mosel-Raumes 1794–1813, Boppard 1980; einführend in die neuere Forschung zur Französischen Revolution und zur Revolution 1848/49 vgl. E. Fehrenbach, Vom Ancien Régime zum Wiener Kongreß, München 1981, S. 17–50, 143–151; D. Langewiesche, Europa zwischen Restauration und Revolution 1815–1849, München 1985, S. 37–112, S. 150 ff.; G. A. Ritter (Hg.), Regierung, Bürokratie und Parlament in Preußen und Deutschland von 1848 bis zur Gegenwart, Düsseldorf 1983; F. Tennstedt, Sozialgeschichte der Sozialpolitik in Deutschland. Vom 18. Jahrhundert bis zum Ersten Weltkrieg, Göttingen 1981; G. A. Ritter, Sozialversicherung in Deutschland und England. Entstehung und Grundzüge im Vergleich, München 1983; W. J. Mommsen (Hg.), The Emergence of the Welfare State in Britain and Germany 1850–1950, London 1981.

[51] Vgl. G. D. Feldman, u. a. (Hg.), Die deutsche Inflation. Eine Zwischenbilanz, Berlin 1981; ders. (Hg.), Die Erfahrung der Inflation im internationalen Zusammenhang und Vergleich, Berlin 1984. H. A. Winkler, Von der Revolution zur Stabilisierung. Arbeiter und Arbeiterbewegung in der Weimarer Republik 1918–1924, Berlin 1984 (1985²); ders., Der Schein der Normalität. Arbeiter und Arbeiterbewegung in der Weimarer Republik 1924–1930, Berlin 1985. – Vgl. die oben in Anm. 24a zitierten Schriften von Hamilton und Childers; sowie J. W. Falter, Die Wähler der NSDAP 1928–1933: Sozialstruktur und parteipolitische Herkunft, in: W. Michalka (Hg.), Die nationalsozialistische Machtergreifung, Paderborn 1984, S. 13–28. Kritisch zu Hamilton: Th. Schnabel, „Wer wählte Hitler?" Bemerkungen zu einigen Neuerscheinungen über die Endphase der Weimarer Republik, in: GG 8 (1982), S. 116–133. – Vgl. auch G. A. Ritter u. M. Niehuss, Wahlgeschichtliches Arbeitsbuch. Materialien zur Statistik des Kaiserreichs 1871–1918, München 1980; O. Büsch u. a. (Hg.), Wählerbewegung in der deutschen Geschichte. Analysen und Berichte zu den Reichstagswahlen 1871–1933, Berlin 1978; P. Steinbach, Stand und Methode der historischen Wahlforschung. Bemerkungen zur interdisziplinären Kooperation von moderner Sozialgeschichte und den politisch-historischen Sozialwissenschaften am Beispiel der Reichstagswahlen im deutschen Kaiserreich, in: H. Kaelble u. a. (Hg.), Probleme der Modernisierung in Deutschland. Sozialhistorische Studien zum 19. und 20. Jahrhundert, Opladen 1978, S. 171–234.

[52] Vgl. D. Grimm, Die verfassungsrechtlichen Grundlagen der Privatrechtsge-

setzgebung, in: H. Coing (Hg.), Handbuch der Quellen und Literatur der neueren europäischen Privatrechtsgeschichte, Bd. 3/I, S. 17–173; die rechtshistorischen Beiträge in Horn/Kocka (Hg.), Recht und Entwicklung; H. Steindl (Hg.), Wege zur Arbeitsrechtsgeschichte, Frankfurt 1984; W. Hromadka, Das Recht der leitenden Angestellten im historisch-gesellschaftlichen Zusammenhang, München 1979.

[53] Vgl. z. B. B. Weisbrod, Schwerindustrie in der Weimarer Republik. Interessenpolitik zwischen Stabilisierung und Krise, Wuppertal 1978 sowie R. Neebe, Großindustrie, Staat und NSDAP. Paul Silverberg und der Reichsverband der Deutschen Industrie, in der Krise der Weimarer Republik, Göttingen 1981.

[54] Vgl. etwa J. Kocka, Capitalism and Bureaucracy in German Industrialization before 1914, in: The Economic History Review. 2 nd. ser. 33 (1981), S. 453–468.

[55] So die meisten Beiträge in den beiden Festschriften für Fritz Fischer: D. Stegmann (Hg.), Industrielle Gesellschaft und politisches System. Beiträge zur politischen Sozialgeschichte, Bonn 1978; dies. (Hg.), Deutscher Konservatismus im 19. und 20. Jahrhundert, Bonn 1983. Siehe auch als sehr gute Gesamtdarstellung: V. R. Berghahn, Modern Germany. Society, economy and politics in the twentieth century, Cambridge 1982.

[55a] G. Eley u. K. Nield, Why does Social History Ignore Politics?, in: SH 5 (1980), S. 249–271. Eley liebt spektakuläre Inszenierungen der Kritik, die oftmals ins Leere gehen. – Die starke Betonung des Staates in der deutschen Sozial- und Wirtschaftsgeschichte notiert auch Pollard, Current German Economic and Social History, S. 6 f. – Von 40 Heften der Zeitschrift GG, Bd. 1–10 (1975–84) (Doppelhefte zweifach gezählt) waren 37 thematisch gebunden. Von diesen lassen sich 13 dem Bereich „Politische Sozialgeschichte" oder Sozial- und Politikgeschichte zuordnen, z. B.: Imperialismus im Nahen und Mittleren Osten (1975/IV); Revolution und Reform in Lateinamerika (1976/II); Liberalismus im aufsteigenden Industriestaat (1978/I); Napoleonische Herrschaft und Modernisierung (1980/VI); Staatsfinanzen und Gesellschaft (1982/III); Demobilmachung 1918–1920 (1983/II); Politischer Radikalismus im 17. Jahrhundert (1984/IV).

[56] Geschichtswerkstatt No. 6 (Mai 1985) erschienen unter dem Titel „Schwierigkeiten beim Entdecken der Heimat". – Der obigen (S. 112–131) Bestimmung wünschenswerter Funktionen der Geschichtswissenschaft ist nichts Wesentliches hinzuzufügen. In der öffentlichen Diskussion erwartet man aber heute von der Geschichtswissenschaft nur selten Kritik, häufiger dagegen Beiträge zur Stiftung angeblich unterentwickelter kollektiver Identität. Zur Auseinandersetzung mit diesem Argument vgl. oben S. 167 sowie meinen Beitrag „Kritik und Identität" in: Geschichtsdidaktik 1986 (im Erscheinen). – Vgl. auch H. Lübbe, Die Gegenwart der Vergangenheit. Kulturelle und politische Funktionen des historischen Bewußtseins, Oldenburg 1985; E. Angehrn, Geschichte und Identität, Berlin 1985; W. Weidenfeld (Hg.), Die Identität der Deutschen, Bonn 1983.

[57] Dazu z. B. Th. Nipperdey, 1933 und die Kontinuität der deutschen Geschichte: HZ 227 (1978), S. 86–111.

[58] Sehr gut zeigt sich die neue Stimmung bei M. Broszat, Plädoyer für eine Historisierung des Nationalsozialismus, in: Merkur. Deutsche Zeitschrift für Europäisches Denken 39 (1985), S. 373–385. Was das Kaiserreich betrifft, vollzieht sich die Akzentverschiebung z. T. im Rahmen der „Sonderweg"-Diskussion. Vgl. als kritischen Überblick über die jüngere Diskussion: R. G. Moeller, The Kaiserreich Recast? Continuity and Change in Modern German Historiography, in: JSH 17 (1983/84), S. 655–683. Weiterhin: K. H. Jarausch, Illiberalism and Beyond: German History in Search of a Paradigm, in: JMH 55 (1983), S. 268–284. Siehe auch H. Grebing u. a., Debatte um den „Deutschen Sonderweg". 3 Kurseinheiten, Fernuniversität/Gesamthochschule Hagen, Fb. Erziehungs- und Sozialwissenschaften 1984/85 (mit zahlreichen Literaturangaben zur „Sonderweg"-Diskussion). Dafür besonders wichtig: D. Blackbourn u. G. Eley, Mythen deutscher Geschichtsschreibung, Berlin 1980 (jetzt auch engl. in erw. Form: The peculiarities of German history. Bourgeois society and politics in nineteenth-century Germany, Oxford 1984). Vgl. auch J. Kocka, Der „deutsche Sonderweg" in der Diskussion, in: German Studies Review 5 (1982), S. 365–379; s. auch R. J. Evans, The Myth of Germany's Missing Revolution, in: New Left Review 149, Feb. 1985, 67–94.

[59] Vgl. K. Irmschler u. E. Lozek, Historismus und Sozialgeschichte in der gegenwärtigen bürgerlichen Geschichtsschreibung, in: ZfG 27 (1979), S. 195–208, bes. 200; K. Irmschler, Zum „historisch-sozialwissenschaftlichen" Konzept einer bürgerlichen Gesellschaftsgeschichte in der Historiographie der BRD, in: ebd. 28 (1980), S. 1135–1147.

[60] Dazu weiterhin J. Kocka, Zur jüngeren marxistischen Sozialgeschichte. Eine kritische Analyse unter besonderer Berücksichtigung sozialgeschichtlicher Ansätze in der DDR, in: P. C. Ludz (Hg.), Soziologie und Sozialgeschichte, Opladen 1973, S. 491–514, bes. 501, 504 f.; ders., Theory and Social History, S. 451.

[61] Bes. abwegig: A. Heuß, Versagen und Verhängnis. Vom Ruin deutscher Geschichte und ihres Verständnisses, Berlin [1984], S. 161, 167 f., pass. Weitere Beispiele genannt und zutreffend kritisiert bei H.-U. Wehler, Geschichtswissenschaft heute, S. 746 f.

[62] Vgl. J. Kocka, Brennpunkte und Ergebnisse der Diskussion, in: ders. (Hg.), Arbeiter und Bürger im 19. Jahrhundert. Varianten ihres Verhältnisses im europäischen Vergleich, München 1986.

[63] Das beweisen sowohl E. P. Thompsons Schriften wie manche volkskundlich-kulturgeschichtlichen Forschungen aus der DDR. Dazu vgl. oben Anm. 10.

[64] Vgl. etwa Wehler, Vorüberlegungen zur historischen Analyse sozialer Ungleichheit, S. 10 f.: Macht und Herrschaft, ökonomische Lage und kulturelle Deutungsmuster gelten ihm als „Trias prinzipiell gleichrangiger Dimensionen" einer umfassenden Gesellschaftsgeschichte. – Vgl. auch die vorsichtige Formulierung bei D. Stegmann u. a. (Hg.), Industrielle Gesellschaft und politisches System, S. VI: Im Zentrum dieser „Beiträge zur politischen Sozialgeschichte" stehe die Frage, „ob und inwieweit die industriewirtschaftliche Entwicklung und das politisch-gesellschaftliche System mit seinen Normen voneinander ab-

hängig sind". – Vgl. Wehler, Geschichtswissenschaft heute, S. 736: ,,Inzwischen hat der ,Primat der Innenpolitik' als harter Keil auf einen groben Klotz seine Schuldigkeit getan." Eine Dogmatisierung müsse vermieden werden. Die Problematik der Interdependenz von innergesellschaftlichen und internationalen Konstellationen, der Interaktion von Innen- und Außenpolitik werde durch ein Primatdenken häufig verfehlt.

[65] So etwa in der Einleitung zu dem vielbeachteten Buch von R. Berdahl u. a., Klassen und Kultur. Sozialanthropologische Perspektiven in der Geschichtsschreibung, Frankfurt 1982, S. 9–19, bes. 9–13; H. Medick, Vom Interesse der Sozialhistoriker an der Ethnologie. Bemerkungen zu einigen Motiven der Begegnung von Geschichtswissenschaft und Sozialanthropologie, in: H. Süssmuth, Historische Anthropologie. Der Mensch in der Geschichte, Göttingen 1984, S. 49–56, bes. S. 54.

[66] Vgl. z. B. M. Warnke, Hof-Künstler. Eine Sozialgeschichte des modernen Künstlers, Köln 1985; T. Buddensieg, Industriekultur. Peter Behrens und die AEG, 1907–1914, Berlin 1979; C. Dahlhaus, Die Musik des 19. Jahrhunderts, Wiesbaden 1980; W. Voßkamp, Literaturgeschichte als Funktionsgeschichte der Literatur (am Beispiel der frühneuzeitlichen Utopie), in: Th. Cramer (Hg.), Literatur und Sprache im historischen Prozeß, Bd. 1, Tübingen 1983, S. 32–54. – Diese Momente jetzt sehr stark einbezogen bei Th. Nipperdey, Deutsche Geschichte 1800–1866. Bürgerwelt und starker Staat, München 1983, Kap. IV.

[67] Vgl. H.-W. Prahl, Sozialgeschichte des Hochschulwesens, München 1978; F. K. Ringer, Die Gelehrten. Der Niedergang der deutschen Mandarine 1890–1933, Stuttgart 1983 (engl. 1969); K. H. Jarausch, Students, Society, and Politics in Imperial Germany. The Rise of Academic Illiberalism, Princeton 1982; W. Hardtwig, Krise der Universität, studentische Reformbewegung (1750–1819) und die Sozialisation der jugendlichen deutschen Bildungsschicht. Aufriß eines Forschungsproblems, in: GG 11 (1985), S. 155–176. – H. Reinalter, Aufklärung, Bürgertum und Revolution. Versuch eines Literaturüberblicks in historischer Absicht, in: Innsbrucker Historische Studien 1978, S. 291–320; H. Kiesel u. P. Münch, Gesellschaft und Literatur im 18. Jahrhundert. Voraussetzungen und Entstehung des literarischen Markts in Deutschland, München 1977; G. Jäger u. J. Schönert (Hg.), Die Leihbibliothek als Institution des literarischen Lebens im 18. und 19. Jahrhundert, Hamburg 1980; U. Becher, Politische Gesellschaft. Studien zur Genese bürgerlicher Öffentlichkeit in Deutschland, Göttingen 1978; O. Dann (Hg.), Lesegesellschaften und bürgerliche Emanzipation. Ein europäischer Vergleich, München 1981 (1984²); R. Vierhaus (Hg.), Bürger und Bürgerlichkeit im Zeitalter der Aufklärung, Heidelberg 1981; U. Im Hof, Das gesellige Jahrhundert. Gesellschaft und Gesellschaften im Zeitalter der Aufklärung, München 1982; R. P. Kuhnert, Urbanität auf dem Lande. Badereisen nach Pyrmont im 18. Jahrhundert, Göttingen 1984; W. Ruppert, Bürgerlicher Wandel. Studien zur Herausbildung einer nationalen deutschen Kultur im 18. Jahrhundert, Frankfurt 1981. Viele Beiträge in Kocka/Conze, Bildungsbürgertum im 19. Jahrhundert. Siehe bereits R. Engelsing, Der Bürger als Leser. Lesergeschichte in Deutschland 1500–1800, Stuttgart 1974; H. Göpfert, Vom Autor zum Leser. Beiträge zur

Geschichte des Buchwesens, München 1977; R. Gruenter (Hg.), Leser und Lesen im 18. Jahrhundert, Heidelberg 1977.

[68] In enger Anlehnung an C. Geertz, Thick Description: Toward an Interpretive Theory of Culture, in: ders., The Interpretation of Cultures, New York 1973, S. 3–30; R. G. Walters, Signs of the Times: Clifford Geertz and Historians, in: Social Research 47 (1980), S. 537–556; P. Bourdieu, Zur Soziologie symbolischer Formen, Frankfurt 1974, S. 47–74, 125–158; P. Burke, Helden, Schurken und Narren. Europäische Volkskultur in der frühen Neuzeit (engl. 1978), Stuttgart 1981, S. 9 (aus dem Vorwort von R. Schenda); Geertz, Bourdieu und Burke werden oft von den Vertretern der neuen kulturgeschichtlichen Ansätze in Anspruch genommen. Sehr informativ mit breiten Literaturhinweisen: W. Lepenies, Arbeiterkultur. Zur Konjunktur eines Begriffs, in: GG 5 (1979), S. 125–136. Siehe auch bereits J. Kocka, Arbeiterkultur als Forschungsthema, in: ebd., S. 5–11, 8.

[69] Diese einzelne Erfahrungen überspannende Tradierbarkeit gilt wohl auch für das, was die häufig benutzten Kategorien „Mentalität" und „Lebensweisen" meinen, die oft ganz eng mit „Kultur" verknüpft werden. Vgl. R. Williams, Theorie und Verfahren der Kulturanalyse, in: ders., Innovationen. Über den Prozeßcharakter von Literatur und Kultur, Frankfurt 1977, S. 50; H. Medick, Plebejische Kultur, plebejische Öffentlichkeit, plebejische Ökonomie. Über Erfahrungen und Verhaltensweisen Besitzarmer und Besitzloser in der Übergangsphase zum Kapitalismus, in: Berdahl u. a., Klassen und Kultur, S. 157–204, 160.

[70] Dabei unterscheide ich zwischen Strukturen und Prozessen einerseits, Erfahrungen und Ereignissen andererseits wie oben S. 73 f. Vgl. auch Lepenies, Arbeiterkultur, S. 132: „Der analytische Vorzug [in Studien zur ‚Arbeiterkultur'] besteht darin, daß kulturelle Attitüden und Lebensweisen beständiger zu sein scheinen als politische Einstellungen und Handlungen; sie bieten sich daher als bevorzugte Objekte einer strukturgeschichtlich orientierten Betrachtungsweise an."

[71] Vgl. als kritisch-abgewogener Literaturüberblick: K. Tenfelde, Schwierigkeiten mit dem Alltag, in: GG 10 (1984), S. 376–94; zum Problem auch P. Borscheid, Plädoyer für eine Geschichte des Alltäglichen, in: P. Borscheid u. H. J. Teuteberg (Hg.), Ehe, Liebe, Tod. Studien zur Geschichte des Alltags, Münster 1983; Kontroversen in: F. J. Brüggemeier u. J. Kocka (Hg.), „Geschichte von unten – Geschichte von innen". Kontroversen um die Alltagsgeschichte, Fernuniversität/Gesamthochschule Hagen 1985 (Beiträge zur gleichnamigen Diskussion auf dem Historikertag in Berlin im Oktober 1984).

[72] Nicht überzeugend die Kritik an der sprachlichen und analytischen Trennung von „Dimensionen" in: Berdahl u. a., Klassen und Kultur, S. 11. Es gibt keinen ganzheitlichen Zugang zur sozialen und historischen Wirklichkeit in der Wissenschaft. Man muß analysieren, um dann wieder nach dem Zusammenhang fragen zu können.

[73] Vgl. H. Bausinger, Volkskunde. Von der Altertumsforschung zur Kulturanalyse, Darmstadt 1979 (zuerst 1971); G. Wiegelmann u. a. (Hg.), Volkskunde. Eine Einführung, Berlin 1977; Anthropology and History in the 1980s, in:

JIH 12 (1981), S. 252–278; H. Medick, „Missionare im Ruderboot"? Ethnologische Erkenntnisweisen als Herausforderung an die Sozialgeschichte, in: GG 10 (1984), S. 295–319; W. Kaschuba, „Volkskultur" zwischen Volkskunde und Sozialgeschichte. Anmerkungen zu einer alten und neuen Debatte, MS 1985, vorauss. in: Volkskultur in der Moderne, Reinbek 1986.

[74] Es ist ja keineswegs so, als ob die Sozialgeschichte vor der kulturgeschichtlich-alltagsgeschichtlichen Herausforderung der letzten Jahre diese Wirklichkeitsdimension gar nicht mitbehandelt hätte – obwohl manche Kritiker diesen Eindruck erwecken.

[75] Stark rezipiert wird Bourdieu. Vgl. Neue Sammlung 25 (1985), Ht. 3: Lebensstil und Lernform. Zur Kultursoziologie Pierre Bourdieus. Wirkungen gehen auch aus von N. Elias, Über den Prozeß der Zivilisation. Soziogenetische und psychogenetische Untersuchungen, 2. Bde., Bern 1969². Max Weber bietet viele Anregungen zur Erforschung des Zusammenhangs zwischen Kultur und Lebensführung.

[76] Manchmal – wie beim einflußreichen E. P. Thompson – kann man die Hinwendung zur *Kultur* der Arbeiterklasse (durchaus in marxistischen Kategorien ausgedrückt) geradezu als einen Akt der Selbstbefreiung aus marxistischer Orthodoxie und sozialökonomischem Determinismus verstehen, denen er vorher näherstand.

[77] Vgl. auch N. Schindler, Spuren in die Geschichte der ‚anderen' Zivilisation. Probleme und Perspektiven einer historischen Volkskulturforschung, in: R. van Dülmen u. N. Schindler (Hg.), Volkskultur. Zur Wiederentdeckung des vergessenen Alltags (16.–20. Jahrhundert), Frankfurt 1984, S. 13–77.

[78] Vgl. dazu generell J. Habermas, Die Neue Unübersichtlichkeit, Frankfurt 1985, S. 144–147; C. Offe, „Arbeitsgesellschaft": Strukturprobleme und Zukunftsperspektiven, Frankfurt 1984.

[79] Vgl. z. B. W. Schivelbusch, Geschichte der Eisenbahnreise. Zur Industrialisierung von Raum und Zeit im 19. Jahrhundert, München 1977; ders., Lichtblicke: Zur Geschichte der künstlichen Helligkeit im 19. Jahrhundert, München 1983; ders., Das Paradies, der Geschmack und die Vernunft. Eine Geschichte der Genußmittel, München 1981². Diese Bücher sind voll von Anregungen für die Sozialhistoriker, wenn auch selbst in gewisser Distanz zur Sozialgeschichte. Vgl. auch die vielseitigen Themen in van Dülmen/Schindler (Hg.), Volkskultur; oder: R. van Dülmen, Theater des Schreckens. Gerichtspraxis und Strafrituale in der frühen Neuzeit, München 1985. Siehe auch H. Medick u. D. Sabean (Hg.), Emotionen und materielle Interessen. Sozialanthropologische und historische Beiträge zur Familienforschung, Göttingen 1984; allerdings auch die Kritik von M. Anderson in SH 10 (1985), S. 231–233. Interessant auch die Wiederentdeckung Georg Simmels. Eine Gesamtausgabe seiner Schriften wird vorbereitet. Zunächst: Georg Simmel, Schriften zur Soziologie. Eine Auswahl, hg. v. H.-J. Dahme u. O. Rammstedt, Frankfurt 1983.

[80] Zu R. Braun vgl. oben S. 158, Anm. 104.

[81] Vgl. die oben Anm. 10 u. 15 (gegen Ende) genannten Arbeiten von Mühlberg u. a., Jacobeit, Plaul, Rach u. Weissel zur volkskundlich orientierten Sozialgeschichte der Magdeburger Börde. – Neben E. P. Thompsons Hauptwerk

vgl. ders., Plebejische Kultur und moralische Ökonomie. Aufsätze zur englischen Sozialgeschichte des 18. und 19. Jahrhunderts, hg. v. D. Groh, Frankfurt 1980; ders., Das Elend der Theorie. Zur Produktion geschichtlicher Erfahrung, Frankfurt 1980. Zur Kritik u. a.: J. Kocka, Klassen oder Kultur? Durchbrüche und Sackgassen in der Arbeitergeschichte, in: Merkur 36 (1982), S. 955–66.

[82] Vgl. oben Anm. 10. Die Stärke eines berufsgruppenspezifischen Ansatzes demonstriert z. B. K. Tenfelde, Bergarbeiterkultur in Deutschland. Ein Überblick, in: GG 5 (1979), S. 12–53. Daß sich kulturgeschichtliche Fragestellungen neuer Art auch verstärkt in der Handwerkergeschichte finden, zeigt sich in Engelhardt (Hg.), Handwerker in der Industrialisierung.

[83] Diesen Ansatz etwas übertreibend, aber voll von neuen Einsichten: A. Grießinger, Das symbolische Kapital der Ehre. Streikbewegungen und kollektives Bewußtsein deutscher Handwerksgesellen im 18. Jahrhundert, Frankfurt 1981; K. Tenfelde, Streik als Fest. Zur frühneuzeitlichen Bergarbeiterkultur, in: van Dülmen/Schindler (Hg.), Volkskultur, S. 177–202. Die Aufsätze über Katzenmusiken (Charivaris) sind Legion.

[84] Vgl. C. Lipp u. W. Kaschuba, Wasser und Brot. Politische Kultur im Alltag der Vormärz- und Revolutionsjahre, in: GG 10 (1984), S. 320–351; R. Schenda, Alphabetisierung und Literarisierungsprozesse in Westeuropa im 18. und 19. Jahrhundert, in: E. Hinrichs u. G. Wiegelmann (Hg.), Sozialer und kultureller Wandel in der ländlichen Welt des 18. Jahrhunderts, Wolfenbüttel 1982, S. 1–20; K. Vanja, Dörflicher Strukturwandel zwischen Überbevölkerung und Auswanderung. Zur Sozialgeschichte des oberhessischen Postortes Halsdorf, 1785–1867, Marburg 1978; G. Korff, Volkskultur und Arbeiterkultur. Überlegungen am Beispiel der sozialistischen Maifesttradition, in: GG 5 (1979), S. 83–102. Zweifellos *sind* dies sozialhistorische Arbeiten, kulturgeschichtlich interessiert und von Volkskundlern verfaßt. – Natürlich gibt es große Bereiche der Sozialgeschichte (insbes. in ihrer Verknüpfung mit Wirtschafts- oder Politikgeschichte), die weit von den Interessen, Themen und Methoden der Volkskunde entfernt sind, wie ja auch große Teile der Volkskunde weniger sozialgeschichtlich orientiert sind. Vgl. H. Fielhauer u. O. Bockhorn (Hg.), Die andere Kultur. Volkskunde, Sozialwissenschaften und Arbeiterkultur. Ein Tagungsbericht, Wien 1982.

[85] Hg. v. O. Brunner, W. Conze u. R. Koselleck, bish. Bd. 1–5, Stuttgart 1972–1984. Zur dahinter liegenden Konzeption vor allem R. Koselleck, Vergangene Zukunft. Zur Semantik geschichtlicher Zeiten, Frankfurt 1979, S. 107–129. Kritischere Einschätzungen: H. Berding, Begriffsgeschichte und Sozialgeschichte, in: HZ 223 (1976), S. 98–110; J. J. Sheehan, Begriffsgeschichte. Theory and Practice, in: JMH 50 (1978), S. 312–319.

[86] Das Pro und Contra abgewogen und am Ende für den Gebrauch des Begriffs entschieden: Kaschuba, „Volkskultur" zwischen Volkskunde und Sozialgeschichte. Kritischer: W. Brückner, Popular Culture. Konstrukt, Interpretament, Realität, in: Ethnologia Europaea 14 (1984), S. 14–24; K. Köstlin, Die Wiederkehr der Volkskultur. Der neue Umgang mit einem alten Begriff, in: ebd., S. 25–31; vgl. auch N. Schindler, Spuren; S. Hall, Notes on Deconstruc-

ting ‚The Popular', in: R. Samuel (Hg.), People's History and Socialist Theory, London 1981, S. 227–240. – Zu analogen Begriffsbildungen in anderen Zusammenhängen vgl. G. Rudé, Die Volksmassen in der Geschichte. Unruhen, Aufstände und Revolutionen in England und Frankreich 1730–1848, Frankfurt 1979[2] (erste engl. Aufl. 1964). – K. Bosl, Der kleine Mann – Die kleinen Leute, in: Dona Ethnologica. Beiträge zur vergleichenden Volkskunde. Leopold Kretzenbacher zum 60. Geburtstag, München 1973, S. 97–111. – R. H. Lutz, Wer war der gemeine Mann? Der dritte Stand in der Krise des Spätmittelalters, München 1979. – Bes. merkwürdig der Gebrauch des Volksbegriffs in der sozialhistorisch orientierten Zeitgeschichte, z. B. in: L. Niethammer (Hg.), „Die Jahre weiß man nicht, wo man sie heute hinsetzen soll". Faschismuserfahrungen im Ruhrgebiet. Lebensgeschichte und Sozialkultur im Ruhrgebiet 1930–1960, Bd. 1, Berlin 1983, S. 7 ff. (Einleitung des Herausgebers).

[87] Vgl. R. Muchembled, Kultur des Volks – Kultur der Eliten. Die Geschichte einer erfolgreichen Verdrängung, Stuttgart 1984[2].

[88] Wichtige Anregungen weiterhin bei G. Oestreich („Sozialdisziplinierung"). Vgl. St. Breuer, Sozialdisziplinierung. Probleme und Problemverlagerungen eines Konzepts bei Max Weber, Gerhard Oestreich und Michel Foucault, demn. in: Chr. Sachße u. F. Tennstedt (Hg.), Soziale Sicherung und soziale Disziplinierung, Frankfurt 1986. S. auch A. Gramscis kulturgeschichtlich erweiterte Kategorie von den „subalternen Klassen", z. B. in: Marxismus und Kultur, Hamburg 1983, S. 238. Für das späte 19. und 20. Jahrhundert von „Volkskultur" zu sprechen, ist offenbar noch schwieriger. Als brauchbarer erweist es sich, für die Kennzeichnung neuer, klassenübergreifender Deutungsmuster, Mentalitäten und Lebensweisen den Begriff der „Massenkultur" zu verwenden. Vgl. D. Langewiesche, Zur Freizeit des Arbeiters. Bildungsbestrebungen und Freizeitgestaltung österreichischer Arbeiter im Kaiserreich und in der Ersten Republik, Stuttgart 1979; Winkler, Der Schein der Normalität, S. 120 ff. („Arbeiterkultur und Massenkultur: Die proletarische Freizeit").

[89] Vgl. H. Reif, Westfälischer Adel, sowie die erfolgreich auf verschiedene Schichten und Klassen gerichtete Blickweise bei R. Braun, Das ausgehende Ancien Régime in der Schweiz, Göttingen 1984.

[90] Vgl. oben Anm. 75.

[91] So in den oben Anm. 6 u. 9 genannten Übersichtsartikeln von Stearns, Rose u. Hays.

[92] Jedenfalls zunächst in Form von Handbüchern. Zuletzt vgl. W. Fischer, Europäische Wirtschafts- und Sozialgeschichte von der Mitte des 19. Jahrhunderts bis zum Ersten Weltkrieg, Stuttgart 1985; Bd. 2 (Mittelalter) ist erschienen; Bd. 3 (vom Mittelalter bis zur Mitte des 17. Jahrhunderts) ist für 1986 angekündigt, die restlichen Bände (insges. 6) für 1987/88. – Vgl. natürlich auch H. Aubin u. W. Zorn (Hg.), Handbuch der deutschen Wirtschafts- und Sozialgeschichte, 2 Bde., Stuttgart 1971 u. 1976. Jedenfalls für die Organisation der wichtigsten Handbücher gilt offenbar weiterhin, daß die Wirtschafts- und Sozialgeschichte als separates Feld neben der allgemeinen – und das heißt dann primär politikgeschichtlich orientierten – Geschichte betrachtet wird. Denn das neue Handbuch tritt – nach Verlagsprospekt – ergänzend neben das von

Th. Schieder hg. „Handbuch der europäischen Geschichte". Über diese Aufteilung möchte das Konzept der „Gesellschaftsgeschichte" hinwegkommen.
[93] Vgl. oben S. 97. Knapp zusammengefaßt in: Bergmann u. a. (Hg.), Handbuch der Geschichtsdidaktik, Bd. 1, S. 132–34.
[94] So auch, offenbar unbeeinflußt von der methodologischen Diskussion der letzten Jahrzehnte, in der bei DVA erscheinenden Geschichte der Bundesrepublik Deutschland (bish. Bd. 1–4). Es handelt sich primär um eine Geschichte der inneren und äußeren „großen Politik" mit dem einen oder anderen sozialkulturgeschichtlichen Erweiterungskapitel (dies vor allem bei der Darstellung der Adenauer-Zeit bei Schwarz in Bd. 2 u. 3, während Hildebrands Darstellung der Jahre 1963–69 die Sozial- und Wirtschaftsgeschichte noch stärker vernachlässigt).
[95] Vgl. zur Debatte oben S. 169, Anm. 175; Wehler, Geschichtswissenschaft heute, S. 732 ff.; zur Kritik von marxistisch-leninistischer Seite: Irmschler, Zum „historisch-sozialwissenschaftlichen" Konzept, S. 1139.
[96] S. 40 ff.
[97] So die letztlich nicht überzeugende Kritik bei G. Ziebura, Frankreich 1789–1870, Frankfurt 1979, S. 9 ff.
[98] Dies gilt zweifellos für die wohl beste derzeit verfügbare Gesamtdarstellung: Deutsche Geschichte, Bd. 1–3, Göttingen 1985 (bestehend aus bereits vorher selbständig erschienenen Kapiteln von J. Fleckenstein, H. Fuhrmann, J. Leuschner, B. Moeller, M. Heckel, R. Vierhaus, K. O. Frh. v. Aretin, R. Rürup, H.-U. Wehler u. G. Schulz). Aber auch für: R. Vierhaus, Staaten und Stände. Vom Westfälischen bis zum Hubertusburger Frieden (1648–1763, Berlin 1984 (= Propyläen Geschichte Deutschlands, Bd. 5); wie auch für M. Stürmer, Das ruhelose Reich. Deutschland 1866–1918, Berlin [1983] und bes. für Nipperdey, Deutsche Geschichte. Es gilt auch für den sehr brauchbaren „Oldenbourg Grundriß der Geschichte", jedenfalls für die meisten seiner Bände, z.B. den von D. Langewiesche (1850–1890) u. E. Kolb (Weimarer Republik). Vorzüglich auch in dieser Hinsicht: G. Schmidt, Der europäische Imperialismus, München 1985.
[99] Siehe z.B. die an sich zu Recht sehr gelobte „Deutsche Geschichte 1800–1866" von Nipperdey, die ihre leitenden Fragestellungen nicht expliziert, über zusammenschließende Theorien nicht verfügt und in Wahrheit in einzelne große Blöcke zerfällt.
[100] Vgl. vor allem R. van Dülmen, Entstehung des frühneuzeitlichen Europa 1550–1648 (= Fischer Weltgeschichte, Bd. 24), Frankfurt 1982; W. Mager, Frankreich vom Ancien Régime zur Moderne. Wirtschafts-, Gesellschafts- und politische Institutionengeschichte 1630–1830, Stuttgart 1980; im Ansatz auch: R. Rürup, Deutschland im 19. Jahrhundert 1815–1871, Göttingen 1984 (= Teil der oben Anm. 98 genannten Deutschen Geschichte).
[101] Es sei nur auf einige Bielefelder Arbeiten der letzten Zeit hingewiesen, so von Reif (oben Anm. 89), Ditt (oben Anm. 13), Mooser (oben Anm. 15), Frevert (oben Anm. 21) u. Huerkamp (oben Anm. 15).
[102] Vgl. vor allem Deutsche Geschichte in zwölf Bänden, hg. v. Zentralinstitut f. Geschichte der Ak. d. Wissn. der DDR, bish. Bd. 1–4 (Von den Anfängen…

bis 1871), Berlin 1982–1984. Zu diesem Ansatz grundsätzlich: E. Engelberg u. W. Küttler (Hg.), Formationstheorie und Geschichte. Studien zur historischen Untersuchung von Gesellschaftsformationen im Werk von Marx, Engels und Lenin, Berlin 1978; zuletzt: W. Küttler (Hg.), Gesellschaftstheorie und geschichtswissenschaftliche Erklärung, Berlin 1985.

[103] Vgl. mit Literatur: J. Kocka, Organisierter Kapitalismus im Kaiserreich?, in: HZ 230 (1980), S. 614–631; H.-J. Puhle, Historische Konzepte des entwickelten Industriekapitalismus. „Organisierter Kapitalismus" und „Korporatismus", in: GG 10 (1984), S. 165–184; R. Torstendahl, Das Konzept des Organisierten Kapitalismus und seine Anwendung auf Schweden, in: GG 11 (1985), S. 90–98.

[104] Die Ablehnung der Modernisierungstheorien ist gängig, verteidigende Gegenstimmen sind selten. Vgl. aber P. N. Stearns, Modernization and Social History. Some Suggestions, and a Muted Cheer, in: JSH 14 (1980), S. 189–209; vgl. auch Wehler, Vorüberlegungen zu einer modernen deutschen Gesellschaftsgeschichte, S. 7–10.

[105] Vgl. oben Anm. 88, sowie: St. Breuer, Die Evolution der Disziplin, in: Kölner Zs. f. Soziologie u. Sozialpsychologie 30 (1978), S. 409–437; und vor allem: D, Peukert, Ist die Neuere Alltagsgeschichte theoriefeindlich?, in: Nagl-Docekal u. Wimmer (Hg.), Neue Ansätze, S. 7–17, bes. S. 16 ff. (mit Bezug auf M. Weber und Habermas). Allerdings: Wenn Alltagshistoriker, wie Peukert vorschlägt, solche „Großtheorien" (L. Nagl, ebd. S. 18) verwendeten, hörten sie auf, bloße Alltagshistoriker zu sein.

[106] Daß in der ersten 1. Aufl. dieses Büchleins zwar Webers Methodologie, nicht aber Webers „Säkulartheorien" rezipiert wurden, hat Guenther Roth in seiner sehr interessanten Rezension mit Recht kritisiert (Soziologische Revue 2, 1979, S. 3–8, 6 f.). Zu Webers Vorstellungen über Gesellschaftsgeschichte vgl. die unterschiedlichen Deutungen bei G. Abramowski, Das Geschichtsbild Max Webers. Universalgeschichte am Leitfaden des okzidentalen Rationalisierungsprozesses, Stuttgart 1966; W. Schluchter, Die Entwicklung des okzidentalen Rationalismus. Eine Analyse von Max Webers Gesellschaftsgeschichte, Tübingen 1979; ders., Rationalismus der Weltbeherrschung. Studien zu Max Weber, Frankfurt 1980; W. Mommsen, Universalgeschichtliches und politisches Denken bei Max Weber, in: HZ 201 (1965), S. 557–612, wd. in: ders., Max Weber. Gesellschaft, Politik und Geschichte, Frankfurt 1974, S. 97–143; jetzt auch ders., Max Webers Begriff der Universalgeschichte, in: Kocka (Hg.), Max Weber und die Geschichtswissenschaft. – H.-U. Wehler legt die Weberschen Kategorien seiner derzeit entstehenden deutschen Gesellschaftsgeschichte zugrunde. Vgl. Wehler, Vorüberlegungen zu einer modernen deutschen Gesellschaftsgeschichte, S. 15 f.; mit neuen Akzenten jetzt D. Peukert: Die „letzten Menschen": Beobachtungen zur Kulturkritik im Geschichtsbild Max Webers, in: GG 12 (1986), H. 2.

[107] So etwa bei R. Vierhaus, Art. „Kulturgeschichte", in: Bergmann u. a. (Hg.), Handbuch der Geschichtsdidaktik, Bd. 1, S. 146–149 (zu weiter, zu unscharfer Kulturbegriff). – Vgl. auch I. Baur, Die Geschichte des Wortes „Kultur" und seiner Zusammensetzungen, in: Muttersprache 71 (1961), S. 220–229.

108 So auch D. Peukert in den oben Anm. 105 u. 106 zit. Aufsätzen. Zur Diskussion über Fortschritt und Moderne vor allem J. Habermas, Theorie des kommunikativen Handelns, Frankfurt 1981, Bd. 2, Kap. VIII; ders., Der philosophische Diskurs der Moderne. Zwölf Vorlesungen, Frankfurt 1985; oder – willkürlich herausgegriffen – die meisten Beiträge in Merkur 39 (1985), Ht. 6; oder die Zeitschriften-Schau von S. Schober („Nietzsche auf dem Boulevard. Jüngere deutsche Denker und Dichter entdecken die Lust an der Unvernunft") in: Die Zeit, Nr. 29, 12. 7. 85.

109 Vgl. oben S. 70–82; mit Literatur in Bergmann u. a. (Hg.), Handbuch der Geschichtsdidaktik, Bd. 1, S. 135 f.

110 Dazu näher oben S. 83–89, 99–107; J. Kocka, Theorien in der Geschichtswissenschaft, in: ders. u. a., Theoriedebatte und Geschichtsunterricht, Paderborn 1982, S. 7–27 (mit weiterer theoretischer Literatur und Hinweisen auf theoretisch orientierte Forschungsarbeiten). Vgl. auch J. Kocka u. Th. Nipperdey (Hg.), Theorie und Erzählung in der Geschichte, München 1979; nicht überzeugende Kritik bei: D. Ruloff, Geschichtsforschung und Sozialwissenschaft. Eine vergleichende Untersuchung zur Wissenschafts- und Forschungskonzeption in Historie und Politologie, München 1984, S. 260–70; zuletzt: J. Meran, Theorien in der Geschichtswissenschaft. Die Diskussion über die Wissenschaftlichkeit der Geschichte, Göttingen 1985.

111 Zum Begriff „historische Sozialwissenschaft" H.-U. Wehler, Geschichte als Historische Sozialwissenschaft, Frankfurt 1973; zuletzt in überarb. Form in: ders., Historische Sozialwissenschaft und Geschichtsschreibung. Studien zu Aufgaben und Traditionen deutscher Geschichtswissenschaft, Göttingen 1980; R. Rürup (Hg.), Historische Sozialwissenschaft. Beiträge zur Einführung in die Forschungspraxis, Göttingen 1977, bes. S. 5–15 (Zur Einführung); Geschichte und Gesellschaft. Zs. f. Historische Sozialwissenschaft 1 (1975), S. 5–7 (Vorwort). Ein knapper Versuch zur Begriffsbestimmung in Bergmann u. a. (Hg.), Handbuch der Geschichtsdidaktik, Bd. 1, S. 136–138.

112 Vgl. die Titel oben in Anm. 65 auf S. 151 f.

112a Schon deshalb kann man den Aufstieg der Historischen Sozialwissenschaft nicht als „Paradigmawechsel" bezeichnen. Ob die Umorientierungen in der bundesdeutschen Geschichtswissenschaft seit den 50er oder 60er Jahren *insgesamt* (und im Vergleich zum vorangehenden Jahrhundert) den Ausdruck „Paradigmawechsel" rechtfertigen, kann man ebenfalls bezweifeln. Siehe dazu die Überlegungen von J. J. Sheehan in GG 7 (1981), S. 259–261; sie richten sich gegen Wehler, Geschichtswissenschaft heute, S. 710 ff., aber implizit auch gegen andere Verwendungen des Begriffs im Hinblick auf den historiographischen Wandel jener Zeit: etwa oben S. 67 ff.; oder H. Süssmuth, Historische Sozialwissenschaft und Historische Anthropologie, in: J. Rüsen u. H. Süssmuth (Hg.), Theorien in der Geschichtswissenschaft, Düsseldorf 1980, S. 138–173, S. 138 f., 166. Vgl. auch K. Repgen, Kann man von einem Paradigmawechsel in den Geschichtswissenschaften sprechen?, in: J. Kocka u. a., Theoriedebatte und Geschichtsunterricht, Paderborn 1981, S. 29–77; J. Kocka, Theorien in der Geschichtswissenschaft, in: ebd., S. 7–27, bes. 27. Zuletzt dazu I. Veit-Brause, Zur Kritik an der ‚Kritischen Geschichtswissenschaft': Tendenzwende oder Paradigmawechsel?, in: GWU 35 (1984), S. 1–24, die vorschlägt, besser von einer „Paradigmarevision" zu sprechen (S. 2). In der Tat hat nicht die Ersetzung eines alten Paradigmas stattgefunden, sondern eher dessen Veränderung, Erweiterung und Pluralisierung oder aber Ergänzung durch ein anderes. Das ist ja nicht wenig.

[113] Solche Verzeichnungen bes. stark in Veit-Brause, Zur Kritik (s. letzte Anm.); teilweise auch in R. Fletcher, Recent Developments in West German Historiography: The Bielefeld School and its Critiques, in: German Studies Review 7 (1984), S. 451–480 Ähnliche Fehleinschätzungen bei K. Repgen, Paradigmawechsel, u. G. Eley, Die „Kehrites" und das Kaiserreich: Bemerkungen zu einer aktuellen Kontroverse, in: GG 4 (1978), S. 91–107; s. auch ebd., S. 109–119 die Antwort von H.-J. Puhle. – Meine Position zur „Sonderweg"-Debatte in dem oben Anm. 58 angegebenen Aufsatz.

[114] Kritik u. a.: K. Repgen, Methoden- oder Richtungskämpfe in der deutschen Geschichtswissenschaft seit 1945?, in: GWU 30 (1979), S. 591–610; ders., Paradigmawechsel; die merkwürdigen Rundumschläge in den Anmerkungen bei Heuß, Versagen und Verhängnis; G. A. Craig, Der Historiker und sein Publikum, in: Erster Träger des Historikerpreises der Stadt Münster. Gordon A. Craig, hg. v. Presseamt der Stadt Münster, Juli 1982, S. 41–77 (gegen analytische Strukturgeschichte, für Erzählung); einflußreich, aber mit unscharfem Erzählbegriff: L. Stone, The Revival of Narrative: Reflections on a New Old History, in: Past and Present 85 (1979), S. 3–24; wd. in ders. (Hg.), The past and the present, London 1981, S. 74–96; dazu E. J. Hobsbawms Kommentar in: Past and Present 86 (1980), S. 3–8. – Der Parteilichkeitsvorwurf, ohne Nennung von Roß und Reiter, bei: Th. Nipperdey, Geschichte als Aufklärung, in: Die Zeit, Nr. 9, 22. 2. 1980, S. 16. – Zum Bedürfnis nach nationaler Identität und dazu angeblich notwendiger Paradigmaveränderung: Veit-Brause, Zur Kritik, S. 19 (überhaupt Kritik an Historischer Sozialwissenschaft). Zur älteren Auseinandersetzung vgl. Wehler, Geschichtswissenschaft heute, S. 745 ff.; dazu K.-G. Faber, Geschichtswissenschaft als retro-spektive Politik?, in: GG 6 (1980), S. 574–585; sowie W. J. Mommsen, Gegenwärtige Tendenzen in der Geschichtsschreibung der Bundesrepublik, in: GG 7 (1981), S. 149–188.

[115] Dazu ausführlicher: Kocka, Zurück zur Erzählung?, bes. S. 397 f. Vgl. zuletzt H. Günther-Arndt, Der grüne Wollfaden oder Was heißt „Geschichte erzählen" heute?, in: GWU 36 (1985), S. 684–704.

[116] Dazu ausführlicher: J. Kocka, Struktur und Persönlichkeit als methodologisches Problem der Geschichtswissenschaft, in: M. Bosch (Hg.), Persönlichkeit und Struktur in der Geschichte, Düsseldorf 1977, S. 152–169.

[117] Dazu als Replik auf Nipperdeys Kritik: Kocka, Legende, Aufklärung und Objektivität in der Geschichtswissenschaft, in: GG 6 (1980), S. 449–455; generell zum Problem: H. Nagl-Docekal, Die Objektivität der Geschichtswissenschaft, Wien 1982.

[118] Vgl. H. Mommsen, Arbeiterbewegung und nationale Frage, Göttingen 1979; H. A. Winkler, Der Nationalismus und seine Funktionen, in: ders. (Hg.), Nationalismus, Königstein/Ts. 1978, S. 5–48; ders. (Hg.), Nationalismus in der Welt von heute (= GG. Sonderh. 8), Göttingen 1982; J. Kocka, Probleme der

politischen Integration der Deutschen 1867 bis 1945, in: O. Büsch u. J. J. Sheehan (Hg.), Die Rolle der Nation in der deutschen Geschichte und Gegenwart, Berlin 1985, S. 118–136; etc.

[119] In Präzisierung von J. Kocka. Worum es geht, in: Brüggemeier/Kocka (Hg.), „Geschichte von unten – Geschichte von innen". Kontroversen um die Alltagsgeschichte; Kocka, Historisch-anthropologische Fragestellungen – ein Defizit der Historischen Sozialwissenschaft?, in: Süssmuth (Hg.), Historische Anthropologie, S. 73–83; Kocka, Klassen oder Kultur? Durchbrüche und Sackgassen in der Arbeitergeschichte, in: Merkur 36 (1982), S. 955–65 (dazu kritisch M. Broszat in ebd., S. 1244 f.). Vgl. weiter die oben Anm. 71 genannten Titel. Weiterhin: L. Niethammer, Anmerkungen zur Alltagsgeschichte, in: Geschichtsdidaktik 3 (1980), S. 231–42; J. Kuczynski, Geschichte des Alltags des deutschen Volkes. Studien, 5 Bde., Berlin/Köln 1980–1982 (kritisch dazu: H.-U. Wehler, Der Bauernbandit als neuer Heros, in: Die Zeit Nr. 39, 19. 8. 1981, wd. in ders., Preußen ist wieder chic…, Frankfurt 1983, S. 99–106); D. Peukert, Arbeiteralltag – Mode oder Methode?, in: H. Haumann (Hg.), Arbeiteralltag in Stadt und Land, Berlin 1982, S. 8–39; Peukert, Ist die Neuere Alltagsgeschichte theoriefeindlich?, in: Nagl-Docekal/Wimmer (Hg.), Neue Ansätze, S. 7–17; R. Sieder, Zur Theoriebedürftigkeit der Neuen Alltagsgeschichte, in: ebd., S. 24–41; vgl. auch P. Schöttler, Die Geschichtswerkstatt e. V. Zu einem Versuch, basisdemokratische Geschichtsinitiativen und -forschungen zu „vernetzen", in: GG 10 (1984), S. 421–425. Zuletzt H.-U. Wehler, Geschichte – von unten gesehen, in: die Zeit, Nr. 19, 3. 5. 1985, S. 61; V. Ullrich, Entdeckungsreise in den historischen Alltag. Versuch einer Annäherung an die ..neue Geschichtsbewegung", in: GWU 36 (1985), S. 403–414.

[120] So insbesondere H. Medick, Vom Interesse der Sozialhistoriker an der Ethnologie, S. 54; ders., „Missionare im Ruderboot?", bes. S. 306–314 (unter Berufung auf „eingeborene Theorien" und „thick description" à la Geertz).

[121] So D. Puls (Hg.), Wahrnehmungsformen und Protestverhalten. Studien zur Lage der Unterschichten im 18. und 19. Jahrhundert, Frankfurt 1979, S. 7 f. Im Tenor ähnlich: M. Henkel u. R. Taubert, Maschinenstürmer. Ein Kapitel aus der Sozialgeschichte des technischen Fortschritts, Frankfurt 1979. Zu welchen Fehlschlüssen das führen kann, zeigt R. Bochs Rez. des Buches von Henkel u. Taubert, in: Zs. d. Bergischen Geschichtsvereins 89 (1980/81), S. 174–78.

[122] Diese Sichtweise führt leicht in die Irre, so auch bei D. Groh, Der gehorsame deutsche Untertan als Subjekt der Geschichte?, in: Merkur 36 (1982), S. 941–955. Groh beschreibt (und übertreibt) den Widerstand der „kleinen Leute", ohne genügend zu würdigen, daß dieser Widerstand primär Reaktion auf dynamische Prozesse war, die ihrerseits nicht (oder kaum) vom Volke ausgingen: Prozesse der Staatsbildung, die Durchsetzung des Kapitalismus etc. Er unterbelichtet den konservativ-defensiven Charakter des Widerstands der „kleinen Leute", denen schon deshalb die großen historischen Veränderungen kaum zugerechnet werden können.

[123] Vgl. Kocka, Sozialgeschichte zwischen Struktur- und Erfahrungsgeschichte, in: W. Schieder u. V. Sellin (Hg.), Sozialgeschichte in Deutschland. Ent-

wicklungen und Perspektiven im internationalen Zusammenhang, Bd. 1, Göttingen vorauss. 1986.

[124] Dies betont zu Recht J. Martin, Die Integration von Erfahrungen, in: Brüggemeier/Kocka (Hg.), „Geschichte von unten – Geschichte von innen", S. 48–51.

[125] Vgl. etwa M. Broszat in: Alltagsgeschichte der NS-Zeit. Neue Perspektive oder Trivialisierung?, München 1984, S. 11–20; Bayern in der NS-Zeit, 6 Bde., München 1977–1983; D. Peukert, Volksgenossen und Gemeinschaftsfremde. Anpassung, Ausmerze und Aufbegehren unter dem Nationalsozialismus, Köln 1982; D. Peukert u. J. Reulecke (Hg.), Die Reihen fast geschlossen. Beiträge zur Geschichte des Alltags unterm Nationalsozialismus, Wuppertal 1981.

[126] In Deutschland auf diesem Gebiet bahnbrechend: L. Niethammer, Lebenserfahrung und kollektives Gedächtnis. Die Praxis der „Oral History" (1980), Frankfurt 1985; neben der oben Anm. 86 genannten Schrift von L. Niethammer vgl. ders. (Hg.), „Hinterher merkt man, daß es richtig war, daß es schiefgegangen ist". Nachkriegs-Erfahrungen im Ruhrgebiet (= Lebensgeschichte und Sozialkultur im Ruhrgebiet 1930–1960, Bd. 2), Berlin 1983 sowie ders. u. A. von Plato (Hg.), „Wir kriegen jetzt andere Zeiten". Auf der Suche nach der Erfahrung des Volkes in nachfaschistischen Ländern (= Lebensgeschichte und Sozialkultur im Ruhrgebiet 1930 bis 1960, Bd. 3), Berlin 1985, bes. S. 392–445.

[127] Ich folge mit dieser Illustration J. Martin (oben Anm. 124). Ich habe versucht, eine ähnliche Schlußfolgerung am Beispiel des Antisemitismus der hessischen Bauern der 1880er Jahre zu illustrieren: Alltagsgeschichte der NS-Zeit, S. 52 f. (leider mit entstellenden Fehlern in der Wiedergabe: es geht um den Antisemitismus der *hessischen* Bauern und um die ihn miterklärenden Phänomene, die in der Erfahrung der Bauern nicht präsent waren).

[128] Vgl. oben S. 154 f. Kosellecks „Sattelzeit"-Hypothese kann als theoretisches Mittel zur Analyse sprach-, mentalitäts- und deutungsgeschichtlicher (also kulturgeschichtlicher) Strukturen und Prozesse erwähnt werden. Vgl. oben S. 158 und Anm. 85.

[129] Dazu vor allem: J. Rüsen, Erklärung und Theorie in der Geschichtswissenschaft, in: Storia della storiografia 1983, Ht. 4, S. 3–29. Vgl. auch Rüsens Diskussionsbemerkung bereits in J. Kocka (Hg.), Theorien in der Praxis des Historikers. Forschungsbeispiele und ihre Diskussion, Göttingen 1977, S. 170–172; sowie Rüsen, Historische Vernunft. Grundzüge einer Historik I, Göttingen 1983 (Bd. II in Vorbereitung); ders., Für eine erneuerte Historik. Studien zur Theorie der Geschichtswissenschaft, Stuttgart 1976.

[130] So von M. Broszat in: Alltagsgeschichte der NS-Zeit, S. 17; ähnlich unscharf bereits in: Merkur 36 (1982), S. 1244 f.

[131] Dazu ausführlicher und mit Beispielen: J. Kocka, Theories and Quantification in History, in: Social Science History 8 (1984), S. 169–178.

[132] No. 35 erschien im Juli 1985, hg. v. Quantum, Köln. Vgl. auch G. Botz, B. Bolognese-Leuchtenmüller, M. Thaller u. V. Gerhardt zum Thema „Was gewinnt die Geschichtsforschung durch die Quantifizierung?", in: Nagl-Dodecal/Wimmer (Hg.), Neue Ansätze, S. 48–107; sowie H. K. Jarausch u.a.,

Quantitative Methoden in der Geschichtswissenschaft, Darmstadt 1985. Wichtig war bzw. sind die in Köln (Quantum), in Salzburg (G. Botz), in Berlin (A. Imhof) und anderswo durchgeführten, überregional einladenden Kurse zur Einführung in quantifizierende Methoden.

[133] Vgl. oben Anm. 120 (zu Medick); A. Lüdtke, Rekonstruktion von Alltagswirklichkeit – Entpolitisierung der Sozialgeschichte?, in: Berdahl u. a., Klassen und Kultur, S. 321–353.

[134] Vgl. allerdings die zusammenfassenden Darstellungen in den Reihen „Wissenschaftliche Paperbacks Sozial- und Wirtschaftsgeschichte" (hg. v. H. Pohl, Wiesbaden 1973 ff.) und „Neue Historische Bibliothek" (hg. v. H.-U. Wehler, Frankfurt 1983 ff.), in denen jeweils gut 20 Bände erschienen sind.

WEITERFÜHRENDE LITERATUR

Den neuesten Forschungsstand in den verschiedenen Bereichen vermittelt mit Literatur: *W. Schieder* u. *V. Sellin* (Hg.), Sozialgeschichte in Deutschland. Entwicklungen und Perspektiven im internationalen Zusammenhang, Göttingen vorauss. 1986 (4 Taschenbuch-Bände in der „Kleinen Vandenhoeck-Reihe"). – Mit Überblicken über den Stand der Forschung in der Bundesrepublik, der DDR, in Polen, Frankreich, England und den USA: *J. Kocka* (Hg.), Sozialgeschichte, Darmstadt vorauss. 1986 (enthält auch den Wiederabdruck zentraler Beiträge zur Theorie und Methode der Sozialgeschichte). – Sehr informativ: *H. Nagl-Docekal* u. *F. Wimmer* (Hg.), Neue Ansätze in der Geschichtswissenschaft, Wien 1984.

Weitere Einführungen: W. Conze, Art. „Sozialgeschichte", in: Religion in Geschichte und Gegenwart, Bd. 6, Tübingen 1962³, S. 169–176; *H.-U. Wehler* (Hg.), Moderne deutsche Sozialgeschichte [1966], Königstein 1981⁵ (wichtige Aufsätze); *W. Zorn,* Einführung in die Wirtschafts- und Sozialgeschichte des Mittelalters und der Neuzeit. Probleme und Methoden [1972], München 1974²; *ders.,* Das Fach Wirtschafts- und Sozialgeschichte im letzten halben Jahrhundert, in: *I. Bog* u. a. (Hg.), Wirtschaftliche und soziale Strukturen im säkularen Wandel. Fs. f. W. Abel, Bd. 1, Hannover 1974, S. 11–42; *H. Henning,* Art. „Sozialgeschichte", in: Handwörterbuch der Wirtschaftswissenschaft, Bd. 6, Stuttgart 1981, S. 661–689.
Die wichtigsten Einführungen, Bibliographien, Nachschlagwerke, Zeitschriften, Handbücher, Arbeitsbücher und Monographien zur deutschen und internationalen Sozialgeschichte nennt: *H.-U. Wehler,* Bibliographie zur modernen deutschen Sodzialgeschichte (= UTB 6207), Göttingen 1976. – Die wichtigste deutsche wirtschafts- und sozialgeschichtliche Literatur seitdem nennt und kommentiert *K.-H. Kaufhold* fortlaufend in: Blätter für deutsche Landesgeschichte 115 (1979), S. 272–315; 118 (1982), S. 430–497; Fortsetzung in Vorb. – Kommentierende Überblicke über jüngere Entwicklungen: *W. Conze,* Die deutsche Geschichtswissenschaft seit 1945. Bedingungen und Ergebnisse, in: HZ 255 (1977), S. 1–28; *H.-U. Wehler,* Geschichtswissenschaft heute, in: J. Habermas (Hg.), Stichworte zur ‚Geistigen Situation der Zeit‘, Bd. 2, Frankfurt 1979, S. 709–753; *W. J. Mommsen,* Gegenwärtige Tendenzen in der Geschichtsschreibung der Bundesrepublik, in: GG 7 (1981), S. 149–188; *G. G. Iggers,* New Directions in European Historiography [1975], Middletown, Conn. 1984² (demn. dt. Ausg. der Neuaufl. bei dtv). – Zur älteren Geschichte der Geschichtswissenschaft: *H.-U. Wehler* (Hg.), Deutsche Historiker, Göttingen 1973; als Fortsetzung: Deutsche Historiker VI bis IX, Göttingen 1980–1982. – *F. Gilbert,* European and American Historiography, in: J. Higham u. a., History, Englewood Cliffs 1965, S. 316–87; *E. Schulin,* Traditionskritik und Rekonstruktionsversuch. Studien zur Entwicklung von Geschichtswissenschaft und historischem Denken, Göttingen 1979.

Sehr brauchbar als Einführungen mit Literaturangaben auf dem neuesten Stand die meisten Artikel im Handbuch der Geschichtsdidaktik, hg. v. *K. Bergmann* u. a., 2 Bde. [1979], Düsseldorf 1985², vor allem Bd. 1 (Art. über „Historische Anthropologie", „Identität", „Historismus", „Hermeneutik", „Sozialgeschichte", „Kulturgeschichte", „Alltagsgeschichte" etc.).

Zur Einführung in theoretische Probleme weiterhin: *K.-G. Faber,* Theorie der Geschichtswissenschaft, München 1974³; *H.-U. Wehler,* Historische Sozialwissenschaft und Geschichtsschreibung. Studien zu Aufgaben und Traditionen deutscher Geschichtswissenschaft, Göttingen 1980; *Studiengruppe „Theorie der Geschichte",* Werner-Reimers-Stiftung, Bad Homburg, Beiträge zur Historik, Bd. 1–4, München 1977–1982 (Bd. 5 in Vorb.); *R. Koselleck,* Vergangene Zukunft. Zur Semantik geschichtlicher Zeiten, Frankfurt 1979; *J. Rüsen,* Historische Vernunft. Grundzüge einer Historik I: Die Grundlagen der Geschichtswissenschaft, Göttingen 1983 (Bd. II in Vorb.); *ders.,* Erklärung und Theorie in der Geschichtswissenschaft, in: Storia della storiografia 1983, H. 4, S. 3–29; *J. Meran,* Theorien in der Geschichtswissenschaft. Die Diskussion über die Wissenschaftlichkeit der Geschichte, Göttingen 1985. – *E. Engelberg* (Hg.), Theorie, Empirie und Methode in der Geschichtswissenschaft, Berlin [DDR] 1980; *W. Küttler* (Hg.), Gesellschaftstheorie und geschichtswissenschaftliche Erklärung, Berlin [DDR] 1985.

R. J. Antonio u. R. M. Glassman (Hg.), A Weber-Marx Dialogue, Lawrence, Kansas 1984 (ältere und neue Artikel zum Verhältnis von Marx und Weber); *J. Kocka* (Hg.), Max Weber und die Geschichtswissenschaft, Göttingen vorauss. 1986 (Beiträge zur Weber-Sektion auf dem Internationalen Historikerkongreß 1985).

Zur Frage der Aufgaben und Funktionen der Geschichte in der Gegenwart weiterhin die Aufsätze in: *W. Oelmüller* (Hg.), Wozu noch Geschichte?, München 1977; *ders.* (Hg.), Normen und Geschichte, Paderborn 1979; *J. Rohlfes,* Vermittlung und Rezeption von Geschichte. Ein Forschungs- und Literaturbericht, Stuttgart 1984; *E. Angehrn,* Geschichte und Identität, Berlin 1985.

Als Einführung in aktuelle Kontroversen: *J. Kocka, K. Repgen u. S. Quandt,* Theoriedebatte und Geschichtsunterricht. Sozialgeschichte, Paradigmawechsel und Geschichtsdidaktik in der aktuellen Diskussion, hg. v. P. Leidinger, Paderborn 1982; Geschichte und Gesellschaft 10 (1984), H. 3: Sozialgeschichte und Kulturanthropologie (darin vor allem die Beiträge von Medick, Tenfelde u. Kocka); *F. J. Brüggemeier u. J. Kocka* (Hg.), „Geschichte von unten – Geschichte von innen". Kontroversen um die Alltagsgeschichte, Fern-Universität Hagen 1985.

Jürgen Kocka

Klassengesellschaft im Krieg

Deutsche Sozialgeschichte 1914–1918. 2., durchgesehene und ergänzte Auflage 1978. X, 239 Seiten, kartoniert. Kritische Studien zur Geschichtswissenschaft 8

»Diese auch Sozialwissenschaftlern zu empfehlende Arbeit verdeutlicht, daß sozialwissenschaftliche Modelle und Theorien ohne die historische Dimension rasch zu voreiligen und die historische Wirklichkeit verzerrenden Ergebnissen führen können. Sie verdeutlicht auch, was eine theorieorientierte und methodenbewußte Geschichtswissenschaft zu leisten vermag.«

Historisches Jahrbuch

Angestellte zwischen Faschismus und Demokratie

Zur politischen Sozialgeschichte der Angestellten: USA 1890–1940 im internationalen Vergleich. 1977. 556 Seiten, kartoniert. Kritische Studien zur Geschichtswissenschaft 25

»In seiner Verbindung von Synthese und Analyse, Konkretheit und universaler Frage, methodischer Exaktheit und gelungener Darstellung ist das Buch ein Meisterstück politischer Sozialgeschichte. Fragen ('Erkenntnisinteresse'), Beweise und Beweiskriterien werden, ohne theoretischen Nebel, präzise dargestellt, die Analyse und die Urteile sind außerordentlich abgewogen, in den meisten Fällen kann der Leser, bei dem sich ein Einwand bildet, sicher sein, daß der Autor ihn binnen kurzem selbst aufnimmt und diskutiert.«

Historische Zeitschrift

Die Angestellten in der deutschen Geschichte 1850–1980

Vom Privatbeamten zum angestellten Arbeitnehmer. 1981. 235 Seiten, Paperback. Sammlung Vandenhoeck

»Die Publikation umfaßt ein halbes Dutzend zumeist bereits früher erschienener, jedoch gründlich überarbeiteter, ergänzter und aufeinander abgestimmter Studien, die – äußerst präzis argumentierend und dicht geschrieben – das Resümee einer langjährigen Auseinandersetzung mit der Sozialgeschichte angestellter Arbeitnehmer sind.«

Kölner Zeitschrift für Soziologie und Sozialpsychologie

Unternehmer in der deutschen Industrialisierung

1975. 173 Seiten, kartoniert. Kleine Vandenhoeck-Reihe 1412

»Kockas Buch ist ohne Zweifel der bisher gelungenste Anlauf zu einer systematischen Darstellung des deutschen Unternehmertums im Zeitalter der Industrialisierung.« *Jahrbücher für Nationalökonomie und Statistik*

Vandenhoeck & Ruprecht in Göttingen und Zürich

Jürgen Kocka (Hg.) · Theorien in der Praxis des Historikers
Forschungsbeispiele und ihre Diskussion. Acht Beiträge. 1977. 225 Seiten, Paperback. Geschichte und Gesellschaft, Sonderheft 3

Reinhard Rürup (Hg.) · Historische Sozialwissenschaft
Beiträge zur Einführung in die Forschungspraxis. Mit Beiträgen von Karin Hausen, Arthur E. Imhof, Wolf Lepenies, Peter Lundgreen. 1977. 161 Seiten, kartoniert. Kleine Vandenhoeck-Reihe 1431

Hans-Ulrich Wehler
Historische Sozialwissenschaft und Geschichtsschreibung
Studien zu Aufgaben und Traditionen deutscher Geschichtswissenschaft. 1980. 409 Seiten, kartoniert

Hans-Ulrich Wehler
Bibliographie zur modernen deutschen Sozialgeschichte
18.–20. Jahrhundert. Arbeitsbücher zur modernen Geschichte, Band 1. 1976. XII, 269 Seiten, Kunststoff. UTB Uni-Taschenbücher 620

Jörn Rüsen · Historische Vernunft
Grundzüge einer Historik I: Die Grundlagen der Geschichtswissenschaft. 1983. 157 Seiten, kartoniert. Kleine Vandenhoeck-Reihe 1489

Jörn Rüsen (Hg.) · Historische Objektivität
Mit Beiträgen von Hans M. Baumgartner, Karl G. Faber, Jörn Rüsen, Adam Schaff. 1975. 102 Seiten, kartoniert. Kleine Vandenhoeck-Reihe 1416

Siegfried Quandt / Hans Süssmuth (Hg.) · Historisches Erzählen
Formen und Funktionen. Zehn Beiträge. 1982. 225 Seiten, kartoniert. Kleine Vandenhoeck-Reihe 1485

Hans Süssmuth (Hg.) · Historische Anthropologie
Der Mensch in der Geschichte. Elf Beiträge. 1984. 166 Seiten, 1 Tabelle, kartoniert. Kleine Vandenhoeck-Reihe 1499

Vandenhoeck & Ruprecht in Göttingen und Zürich